钢桥疲劳与维护

吉伯海 傅中秋 著

人民交通出版社股份有限公司
China Communications Press Co.,Ltd.

内 容 提 要

本书系统介绍了钢桥疲劳基本理论和维护技术,是作者近十年来关于钢桥疲劳与维护研究的阶段成果。其中,理论研究方面包括疲劳开裂特征、基于随机实测车流的钢桥振动响应、焊接疲劳性能和构造对疲劳性能的影响;技术研究方面包括疲劳的评定技术、检测技术、钻孔止裂技术、冲击闭合技术、开裂修复技术,并对疲劳预防性维护进行了探讨。

本书内容全面,考虑实桥养护工作需求,可供从事钢桥维护及管理的技术人员和科研人员参考,亦可作为桥梁工程专业研究生教材使用。

图书在版编目(CIP)数据

钢桥疲劳与维护 / 吉伯海,傅中秋著. — 北京:人民交通出版社股份有限公司,2016.8
ISBN 978-7-114-13300-8

Ⅰ.①钢… Ⅱ.①吉… ②傅… Ⅲ.①钢桥—疲劳—研究 Ⅳ.①U448.36

中国版本图书馆 CIP 数据核字(2016)第 208117 号

书　　名:	钢桥疲劳与维护
著 作 者:	吉伯海　傅中秋
责任编辑:	卢俊丽　闫吉维
出版发行:	人民交通出版社股份有限公司
地　　址:	(100011)北京市朝阳区安定门外外馆斜街 3 号
网　　址:	http://www.ccpress.com.cn
销售电话:	(010)59757973
总 经 销:	人民交通出版社股份有限公司发行部
经　　销:	各地新华书店
印　　刷:	北京盛通印刷股份有限公司
开　　本:	787×1092　1/16
印　　张:	23
字　　数:	563 千
版　　次:	2016 年 8 月　第 1 版
印　　次:	2016 年 8 月　第 1 次印刷
书　　号:	ISBN 978-7-114-13300-8
定　　价:	78.00 元

(有印刷、装订质量问题的图书由本公司负责调换)

前　言

钢桥因其受力性能优越、跨越能力强以及经济合理等优点，在国内外得到了广泛应用，与此同时，钢桥的疲劳问题也一直是其设计及运营维护中受到重点关注的技术难题之一。尽管国内外针对钢桥疲劳与维护已开展了大量的研究和工程实践，但在桥梁实际运营维护中仍然有诸多问题有待解决。20世纪90年代以来，我国相继建设了一大批大跨径钢桥，无论是数量还是规模，均居世界前列。由于我国钢桥疲劳研究和实践累积时间相对较短，相关理论和技术支撑有待进一步完善和加强。随着我国大跨径钢桥规模的不断扩大，完善钢桥疲劳理论和实桥维护技术，提升钢桥设计和运营维护水平，已成为当前钢桥建设和管养的迫切需求，也是真正实现我国由桥梁"大国"到"强国"转变过程中面临的重要课题之一。

自2007年以来，作者依托江苏省内多座大跨径钢桥的实际维护需求，在多项国家自然科学基金、江苏省交通科学研究计划以及国际合作项目等资助下，主要针对大跨径钢桥的正交异性钢桥面板开展了钢桥疲劳与维护方面的系列研究工作，针对钢桥疲劳损伤机理、日常检查技术、病害检测及评估技术、疲劳开裂预防和修复技术等进行了初步探讨。本书内容主要是以上工作的阶段性研究成果总结。

本书共分为12章，第1章为绪论，介绍了本书研究背景和现状；第2章为疲劳开裂基本理论与研究方法；第3～6章为钢桥疲劳与维护机理，侧重疲劳萌生机理和各因素的影响研究介绍，包括疲劳开裂特征、基于随机实测车流的钢箱梁振动响应、焊接疲劳性能及构造对疲劳性能的影响；第7～12章为钢桥疲劳与维护技术，侧重疲劳维护过程中所涉及的各种维护技术及其实施效果，包括疲劳的评定技术、检测技术、钻孔止裂技术、冲击闭合技术、开裂修复技术、预防性维护技术等。

本书的研究工作得到了江苏省交通运输厅、江苏交通控股有限公司、南京重大路桥建设指挥部以及其他多家单位和高校的支持，感谢江苏省交通运输厅工程质量监督局、江阴长江公路大桥、泰州长江大桥、南京长江四桥、南京长江三桥等提供的实桥研究平台和相关资助，以及研究过程中多位专家和同行给予的指导和建议。

在本书的撰写过程中，课题组袁周致远、陈祥、李坤坤、张呈奕、刘天笳、谢曙辉、叶枝、王秋东、孔祥明等研究生参与了书稿内容的整理和图表的绘制。课题组已毕业研究生吕磊、孙媛媛、沈丹雯、田圆、李迪、朱伟、赵端端、王建民、王满满、程苗等人在学期间的研究成果也是本书的重要组成部分。河海大学桥梁所谢发祥副教授也为本书的撰写和研究工作付出了辛勤劳动。在此，作者对参加本书撰写和研究工作的全体成员表示衷心感谢。

本书的出版得到江苏高校品牌专业建设工程一期项目（PPZY2015B142）资助。由于作者水平有限，且本书为阶段成果，难以避免地存在错误或不足，恳请读者批评指正。

吉伯海

2016 年 5 月

目 录

第1章 绪论 ··· 1
1.1 研究背景 ·· 1
1.2 我国钢桥疲劳研究现状 ·· 3
1.3 缆索支承桥梁钢箱梁桥疲劳研究发展方向 ··· 7
1.4 结语 ·· 9
本章参考文献 ·· 9

第2章 疲劳开裂理论与研究方法 ·· 13
2.1 疲劳开裂机理 ··· 13
2.2 疲劳评估理论 ··· 23
2.3 疲劳研究方法 ··· 42
2.4 本章小结 ··· 61
本章参考文献 ··· 61

第3章 疲劳开裂特征 ··· 64
3.1 疲劳开裂主要截面位置 ··· 64
3.2 钢桥疲劳开裂细节 ··· 67
3.3 疲劳开裂扩展规律 ··· 77
3.4 疲劳开裂过程特征变化 ··· 86
3.5 本章小结 ··· 92
本章参考文献 ··· 92

第4章 随机车辆荷载下的钢桥动力响应 ··· 94
4.1 南京长江三桥随机车辆荷载模型 ··· 94
4.2 江阴长江大桥随机车辆荷载模型 ··· 99
4.3 斜拉桥动力响应分析——南京长江三桥 ·· 102
4.4 双塔悬索桥动力响应分析——江阴长江大桥 ·· 108
4.5 三塔悬索桥动力响应分析——泰州长江大桥 ·· 114
4.6 钢箱梁疲劳细节寿命评估 ·· 118
4.7 本章小结 ··· 121
本章参考文献 ··· 121

第5章 焊接接头疲劳性能 ··· 123
5.1 钢桥主要焊接接头 ··· 123
5.2 焊接工艺及材料特性 ·· 126
5.3 不同焊接方式的焊缝疲劳性能 ·· 129

5.4 焊接缺陷与金属疲劳 134
5.5 焊接热效应与接头疲劳 140
5.6 焊接接头性能改善 147
5.7 本章小结 150
本章参考文献 151

第6章 构造对疲劳的影响 154
6.1 钢桥面板板件厚度对疲劳的影响 154
6.2 钢桥面板构件参数对疲劳的影响 160
6.3 钢桥面板局部构造形式对疲劳的影响 164
6.4 铺装层对钢桥面板疲劳的影响 170
6.5 钢桥面板抗疲劳新型构造介绍 174
6.6 钢桁梁节点构造对疲劳的影响 181
6.7 本章小结 188
本章参考文献 188

第7章 典型病害检查与开裂评定技术 191
7.1 钢箱梁典型病害日常检查 191
7.2 钢箱梁腐蚀病害综合评分制评定 202
7.3 钢箱梁疲劳病害模糊综合法评定 214
7.4 本章小结 228
本章参考文献 229

第8章 疲劳开裂检测技术 231
8.1 现有钢箱梁疲劳裂纹检测技术及适用性分析 231
8.2 裂纹检测影响因素 242
8.3 钢箱梁疲劳裂纹综合检测方法 250
8.4 电阻法检测技术 252
8.5 疲劳裂纹几何特征超声波检测技术研究 257
8.6 本章小结 264
本章参考文献 264

第9章 钻孔止裂技术 267
9.1 钻孔止裂技术介绍 267
9.2 钻孔止裂效果影响因素 270
9.3 钢桥疲劳裂纹钻孔止裂试验 277
9.4 本章小结 284
本章参考文献 285

第10章 裂纹冲击闭合技术 287
10.1 技术特点及优势 287
10.2 局部特征改善效果 290
10.3 疲劳裂纹修复效果 298
10.4 本章小结 305

本章参考文献···306

第11章 疲劳开裂修复技术···308
11.1 钢桥疲劳开裂修复概况···308
11.2 钢桥面板疲劳开裂修复时机选取···310
11.3 裂纹焊合法修复技术及效果···319
11.4 碳纤维补强技术及效果···325
11.5 本章小结···329
本章参考文献···329

第12章 疲劳预防性养护技术探讨···331
12.1 焊接结构疲劳强度的主要影响因素···331
12.2 疲劳预防的主要途径与方法···334
12.3 钢箱梁的疲劳预防养护技术探究···340
12.4 焊缝磨削及其作用机理···341
12.5 锤击法及其作用机理···345
12.6 局部构造措施及其作用机理···351
12.7 预防措施对钢箱梁疲劳寿命的影响···353
12.8 本章小结···355
本章参考文献···356

第1章 绪　　论

1.1 研　究　背　景

相对于混凝土结构,钢结构轻质、高强,应用于桥梁结构,具有显著的受力及经济优势。国内外已建造了大量的钢桥,日本的公路桥梁中钢桥占41%,美国占到33%[1]。在大跨径桥梁中,钢桥已成为主要的结构类型。

20世纪90年代以来,我国国民经济高速发展,钢桥的发展也突飞猛进,材料、工艺、制造、架设等多项技术实现了历史性突破。尤其是缆索支承桥梁在中国大跨径桥梁领域崛起后,钢桥因其跨越能力强、施工周期短、工厂化程度高等优点,在公路、铁路及城市道路桥梁中被广泛应用,已成为缆索支承桥梁体系中最主要的结构类型。如图1-1所示为当代我国桥梁建设成就的里程碑。

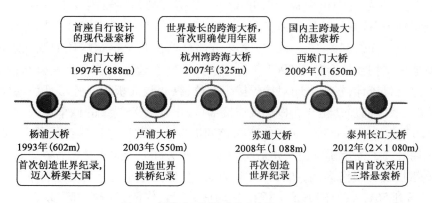

图1-1　当代我国桥梁建设成就的里程碑

我国已建成近百座大跨径钢箱梁或钢桁梁桥,截至2015年,世界跨径排名前十的已建斜拉桥和悬索桥中,约有一半位于中国,其中还有的是世界知名的大跨径钢桥。我国大跨径钢桥建设规模和数量已处于世界前列,钢桥建设的成就已支撑我国成为桥梁大国。如图1-2所示为世界历次最大跨径斜拉桥。

随着综合国力的不断增强和钢材产量及质量的大幅提高,钢桥将得到进一步的发展和应用[2,3]。但随着已建缆索支承桥梁服役年限的增长,其运营安全与维护问题亦日显突出。相关研究认为,钢桥病害主要有涂装劣化、腐蚀和疲劳三种类型。涂装劣化和腐蚀在维护过程中比较容易被发现,也可以及时采取相应的维护措施,而疲劳开裂产生机理复杂,初期不易被发现,具有检测及修复困难、修复成本高等特点,如英国Severn Cross悬索桥的疲劳损伤加固费用高达钢桥面板建设费用的2.5倍。且钢桥一旦发生疲劳裂纹,直接威胁到结构的受力安全,严重的可能会导致桥梁倒塌事故。国内对钢箱梁的疲劳问题研究理论滞后于实践,疲劳损伤是我国在役缆索承重桥梁安全运营面临的核心难题之一。

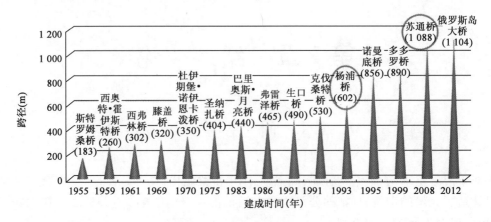

图1-2 世界历次最大跨径斜拉桥

我国钢桥相关的理论和技术的研究尚不成熟,尤其是疲劳相关问题。随着我国大量钢桥的建成,保障其运营安全已成为当前的主要工作。疲劳开裂是钢桥运营阶段的主要病害之一,直接影响结构受力安全,还会导致渗漏等次生病害。由于疲劳产生机理复杂、影响因素众多,钢桥面板疲劳损伤难以避免。自1966年第一座扁平钢箱梁桥(英国Severn桥)发现开裂以来,国外各国已大量发现钢桥面板疲劳开裂[4]。疲劳开裂初期较难发现,一旦发生裂纹数量和长度发展迅速,直接威胁结构受力安全。据美国土木工程学会(ASCE)统计,80%～90%钢结构的破坏与疲劳损伤有关[5]。一直以来疲劳都是钢桥乃至钢结构领域亟须解决的难点问题之一。日本钢结构委员会曾于2007年对日本阪神高速公路和首都高速公路钢桥面板钢桥的疲劳裂纹进行过统计,发现纵肋对接焊接头部位、纵肋与面板焊接连接部位、纵肋与横肋交叉部位、主梁腹板竖向加劲肋与面板焊接连接部位,出现疲劳裂纹的概率最大,分别占疲劳裂纹总数的3.6%、9.7%、56.3%、20.9%[6]。该四类疲劳裂纹均总计达到总裂纹数的90.5%。

我国大跨径缆索支承桥梁由于建造时间较短,疲劳开裂尚未大范围存在。尽管如此,我国已发现多座钢桥疲劳损伤案例,如,2002年、2007年虎门大桥疲劳裂纹分别为2条和103条,2008年就增长到561条;厦门海沧大桥在U肋嵌补段及纵隔板的端部发现了疲劳裂纹;位于江苏省内的某跨径悬索桥近年来的检查中发现了200多条疲劳裂纹;多座服役时间较短的钢桥也发现了少量的疲劳裂纹[7-9]。随着服役年限的增长,我国的钢桥面板疲劳开裂将大范围发生,钢桥面板疲劳问题也将日益突出。钢桥面板的疲劳问题已成为我国钢桥维护领域面临的主要工作之一[10-12]。

20世纪,疲劳科学得到了快速发展。首先是显微镜的发明,使人们认清了疲劳的微观机理,疲劳不仅是一个工程问题,更是一种物理现象。人们对钢桥疲劳问题的认识始于20世纪初,当时欧美等地区的一些铆接钢桥细节就出现了因疲劳而产生的裂纹,但当时并未引起人们的重视。到了20世纪中叶,一方面高强钢材的使用和设计技术的提高,减小了钢桥构件的截面尺寸,增大了结构活载与恒载之比;另一方面焊接技术在桥梁中的应用,使焊缝内部不可避免地留有初始缺陷而导致局部应力集中,加之结构构造形式的多样化等因素,使得钢桥疲劳裂纹的出现变得频繁,给桥梁运营带来了严重的安全隐患。1967年美国PoiniPleasant桥由于疲劳问题突然整体倒塌,造成46人死亡的重大事故,促使桥梁工程师开始对钢桥疲劳问题进行系统研究[13]。

由于疲劳产生机理复杂,早期关于钢桥疲劳性能的研究侧重开裂前局部应力分析和耐久性评估,后来在很多领域都发现了低应力下裂纹扩展导致结构脆断的现象,于是形成了基于断裂力学的疲劳损伤机理研究。基于断裂力学的疲劳裂纹扩展理论克服了 S-N 曲线的不足,着眼于从机理上解释疲劳现象,研究在微观和宏观两方面同时展开。在微观方面,主要是研究疲劳裂纹扩展的微观机制和建立相关的微观力学模型。关于疲劳损伤萌生的微观机制,已经提出了多种疲劳裂纹萌生模型,如滑移带"挤出"和"侵入"模型、位错塞积模型、位错反应模型。对于疲劳裂纹扩展微观机制的研究,Forsyth、Laird 等人提出了一些唯象模型和定量模型,对于晶体学扩展阶段(第Ⅰ阶段)以 Forsyth 的"Z字形"纯滑移机制为代表;对于非晶体学扩展阶段(第Ⅱ阶段)以 Laird 提出的塑性钝化理想模型为代表。Pearson 在 1975 年提出"短裂纹问题":疲劳短裂纹的扩展速率明显高于长裂纹,这是不能用现有的断裂力学的理论所解释的[14-16]。在宏观方面,主要是研究疲劳裂纹扩展的力学模型和疲劳裂纹扩展速率表达式,一般把裂纹扩展分为三个阶段:裂纹萌生阶段、稳定扩展阶段和失稳扩展阶段。最早由 Irwin(1957)指出可用"应力强度因子 K"表示裂纹顶端应力奇异性大小[17]。同年美国人 Paris. P. C. 提出在循环荷载作用下,裂纹尖端的应力强度因子幅值是控制构件疲劳裂纹扩展速率的基本参数,并于 1963 年提出了著名的指数幂定律 Paris 公式,即裂纹扩展速率公式[18]。J. W. Fisher 首先将该理论应用于实践,对美国及加拿大地区多座发生疲劳断裂的钢桥进行研究,并取得了良好的效果[19]。后来在解决工程实际问题时,许多学者对 Paris 公式的具体形式做了大量修正。如 Donahue(1972)等考虑门槛应力强度因子幅 ΔK_{th} 的影响,对 Paris 公式做出修正;W. Elber(1971)提出裂纹闭合理论,对裂纹扩展加速和迟滞现象做出了初步解释,并引入裂纹闭合参数来修正 Paris 公式[20];近年一些学者利用量子化的断裂力学理论提出了广义的疲劳裂纹扩展 Paris 公式,Taylor(2005)等已经成功地将量子断裂力学理论应用于静力失效和无限寿命设计中[21]。

1.2　我国钢桥疲劳研究现状

1.2.1　车辆荷载谱

公路桥梁承受的车辆荷载为随机动力荷载,不同时段、路段上作用的车辆荷载各不相同。车辆荷载的准确与否直接关系到疲劳研究结论的可靠性。美国、英国等国家对其国内的车流交通进行了广泛的研究及统计,并建立了适用于本国的疲劳车模型。国外很多规范,如 BS5400、AASHTO、Eurcode 等均对疲劳荷载进行了明确规定[22-24]。2015 年颁布的《公路钢结构桥梁设计规范》(JTG D64—2015)对我国的桥梁疲劳荷载形式及大小进行了明确的规定。在此之前,我国公路桥梁的抗疲劳设计中尚无疲劳验算荷载可以参照,并且公路桥梁规范仅对强度设计时不利布置的标准活荷载进行了规定。已有实测结果表明,标准活荷载与实际的车辆荷载对桥梁结构产生的损伤效应相差较大,采用标准车辆荷载进行结构疲劳设计不符合实际情况[25,26]。

《公路钢结构桥梁设计规范》(JTG D64—2015)针对不同的疲劳验算情况给出了三种疲

劳荷载模型,但这三种模型能否较好地适应我国车辆荷载的整体情况还需要进一步的研究分析。另外,我国交通量分布情况受地区影响较大,在满足规范要求的疲劳荷载基础上,结合本地区的交通量情况将疲劳荷载模型地区化,能够使桥梁的抗疲劳设计在社会经济上达到最优化。目前,国内已有部分研究针对局部地区交通状况给出了当地车辆荷载谱,如中交规划设计院统计分析了南京三桥、南京二桥及虎门大桥等车辆荷载,得到不同车型对桥面板损伤度[27-29]。河海大学根据2006年、2010年江阴大桥实测车流建立了随机车辆荷载谱[30-32],如表1-1所示。然而由于架桥位置的不同,桥梁的日交通车流量亦存在明显差异,如东部沿海发达地区和西部欠发达地区同等级公路的车流量最大相差有10倍之多。因此,仅参考现有的国外规范、我国现有的钢结构桥梁设计规范或我国部分地区的车辆荷载谱很难精确反映实桥的受荷状况,需要立足于当地具体情况并根据具体统计数据来分析。

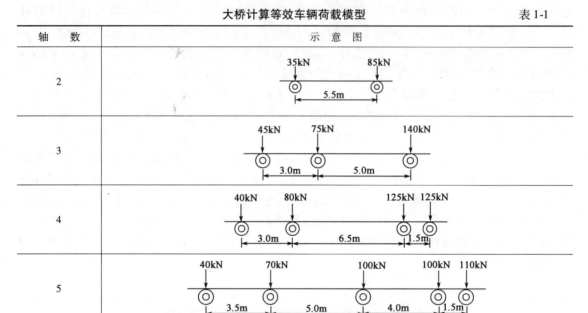

大桥计算等效车辆荷载模型　　　　表1-1

1.2.2 疲劳损伤机理

由于疲劳产生机理复杂,其设计方法有安全寿命设计、损伤容限设计和耐久性设计等,各种设计方法相互补充。安全寿命设计主要依据材料的 S-N 曲线和 Miner 累计损伤理论,损伤容限设计以断裂力学为理论基础,耐久性设计则是以经济寿命控制为目标,需要定义构造细节疲劳质量和初始疲劳损伤状态。对于钢箱梁疲劳性能的研究来说,由于裂纹的存在,安全寿命设计不能完全确保安全。基于断裂力学的疲劳裂纹损伤理论克服了 S-N 曲线的不足,着眼于从机理上解释疲劳现象,研究在微观和宏观两方面同时展开。

关于疲劳损伤萌生的微观机制,已经提出了多种疲劳裂纹萌生模型,如滑移带"挤出"和"侵入"模型、位错塞积模型、位错反应模型。在宏观方面,主要是研究疲劳裂纹扩展的力学模型和疲劳裂纹扩展速率表达式,一般把裂纹扩展分为三个阶段:裂纹萌生阶段、稳定扩展阶段和失稳扩展阶段。最早由 Irwin(1957)指出可用"应力强度因子 K"表示裂纹顶端应力奇异性大小[33]。同年美国人 Paris. P. C. 提出在循环荷载作用下,裂纹尖端的应力强度因子幅值是控制构件疲劳裂纹扩展速率的基本参量,并于1963年提出了著名的描述裂纹扩展速率的Paris公式[34]。后来在解决工程实际问题时,许多学者对Paris公式的具体形式做了大量修正。

但这些理论目前仍然存在应用的局限性。近50年来,国内外提出的裂纹扩展模型和表达式已达100多个,但这些表达式中含有部分物理意义不明确或测量结果均存在主观性的问题。较为成熟的疲劳裂纹扩展速率关系式,如Forman公式和Walker公式,均考虑了应力比的影响,Forman公式同时也将材料的断裂韧性K_c考虑为重要影响因素,但均存在由试验确定常数比较困难的问题[35]。实际钢箱梁结构中存在裂纹部位多为焊接接头,所处环境及应力状态多变,对疲劳裂纹的扩展机理研究尚停留在理论层面。对钢桥裂纹疲劳机理的认识,国内外至今仍停留在半理论半经验方法。

1.2.3 疲劳预测及评估

钢桥疲劳损伤的预测评估,主要依据钢桥实测或计算的应变时程数据,来判定关键构件的疲劳寿命,并给出疲劳微裂纹扩展趋势。20世纪后半叶,随着新的试验手段、计算机和有限元应力分析计算等的发展和完善,疲劳科学得到前所未有的发展。对疲劳现象的定性认识日臻完善,出现大量有关疲劳寿命预测的理论,也提出一些疲劳寿命预测模型[36,37]。早期国内外钢结构的疲劳预测及评估研究侧重开裂前局部应力分析和耐久性评估。

目前疲劳预测及失效评估方法,主要有以下几种:

一是通过裂纹尺寸特征及应力突变等进行判断,该方法直观、简便,国内和国际上疲劳试验多以应力突变和肉眼观测裂纹作为疲劳失效标准。

二是通过现有研究成果 S-N 曲线,计算疲劳累计损伤度判断剩余寿命,这是现在最简便、运用最广泛的方法,该方法需依赖较精确的荷载统计和应力计算或监测该方法基于其他成果的对比参照,将损伤度简化为一一对应关系,存在一定的经验或半经验性质,通常应用于疲劳开裂前的损伤判断,作为疲劳开裂寿命的评价。

三是基于断裂力学的临界值法,包括裂纹临界长度、临界应力强度因子、临界扩展速率等因素。通过断裂力学分析,研究疲劳开裂的发展规律以及疲劳裂纹扩展的全过程,判断各因素的变化规律,该方法考虑初始缺陷、扩展过程,结果更接近实际,但临界值较难判定、计算过程复杂。

四是基于可靠度分析方法,该方法考虑因素全面,理论依据充分,但分析时必须要做一定的模型假设和简化,且分析过程复杂,基于线弹性断裂力学的疲劳可靠性评估的理论已在国外得到了较多的应用,而在国内尚处于起步阶段。

目前这些方法在用于评估钢桥面板开裂后疲劳承载性能方面尚有许多细节有待研究。

1.2.4 钢箱梁疲劳损伤检测及修复

钢箱梁疲劳裂纹特征多样,产生原因复杂,维护方案的选择需要借助检测技术进行判断,然后确定对应修复方法。欧美、日本等国已将钢桥疲劳问题列为重点研究对象,并在桥梁维修手册中进行了一些规定和说明。我国现有的规范涉及钢箱梁疲劳裂纹成因和检测技术的内容较少,对于钢箱梁疲劳裂纹的检测,依然以目视检查为主,辅以必要的工具(如放大镜、游标卡尺、钢尺等)。如果需要精确判断较大裂纹的宽度和深度以及发现细微裂纹,则需要借助仪器检测。常用的疲劳裂纹检测方法,主要有无损检测和有损检测两种。由于有损检测会对结构造成一定的破坏,在役钢箱梁的疲劳裂纹检测一般不用。部分无损检测技术已用于钢箱梁疲劳裂纹的检测,但没有形成系统的检测方法。

常用疲劳裂纹无损检测方法,如磁粉检测法[图1-3a)]、超声波检测法[图1-3b)]、声发射检测法等,已应用于钢箱梁疲劳裂纹的检测,但各有其优缺点。磁粉检测法适用于铁磁性材料表面和近表面的无损检测,显示直观、结果可靠,但该方法难以正确判定缺陷性质和埋藏深度。超声波检测法探测速度快、灵敏度高,但是对于复杂的结构,评定结果受探伤人员的经验和技术熟练程度的影响较大。声发射检测法可检测动态裂纹,但受电噪声和机械声的影响较大,定位精度不高。其他无损检测技术,如X射线检测法、脉冲涡流检测法、红外线热成像检测法等[38,39],均有着各自的应用特点,在钢箱梁维护过程中的适用性有待研究。隐蔽位置的疲劳裂纹检测以及在交通荷载作用下的裂纹动态检测,目前仍有许多问题尚未解决。

a)磁粉检测　　　　　　　　　　　　b)超声波检测

图1-3　无损检测技术

针对疲劳裂纹的修复技术,目前在钢结构中常用的疲劳裂纹修复方法,主要有止裂孔法[图1-4a)]、裂纹焊合法、钢板补强法、碳纤维补强法[图1-4b)]及渗透填充法[40,41]。但考虑到钢箱梁复杂的局部构造,大多焊缝细节只有止裂孔法和裂纹焊合法适用,其他方法更多地适用于面板上的疲劳裂纹。但钢箱梁受力复杂,采用止裂孔法对疲劳裂纹进行临时性止裂以延缓其扩展速率所取得的效果并不好,一段时间后疲劳裂纹往往会穿过止裂孔,继续扩展;而裂纹焊合法虽然是对疲劳裂纹修复的一种比较彻底的方法,但该方法最大的缺点是对重焊的质量要求很高,否则会引入新的缺陷,易引起二次开裂。日本近几年提出了ICR处理的修复方法[图1-4c)],开裂试件经过ICR处理后,疲劳裂纹的开口产生闭合,其裂纹扩展速率大大降低,提高疲劳剩余寿命。这个方法还能够对焊缝进行预处理,通过塑性变形施加残余压应力,以提高局部疲劳强度[42-44]。但ICR处理技术的研究目前也处于起步阶段,国内无相关的研究,在实桥修复中的实用性、局限性等还需进一步分析研究。

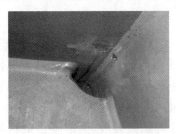  

a)止裂孔法　　　　　　b)碳纤维补强法(CFRP)　　　　　　c)ICR修复技术

图1-4　疲劳裂纹修复技术

1.3 缆索支承桥梁钢箱梁桥疲劳研究发展方向

1.3.1 试验手段

我国现阶段钢桥疲劳设计大多借鉴现有的国外规范,未有可参考的基于国内加工工艺水平针对钢桥面板的疲劳强度曲线。疲劳试验结果具有较大离散性,验证钢箱梁各焊接细节疲劳强度曲线需要进行大量疲劳试验。国内基于名义应力方法的大尺寸构造细节疲劳试验,大多采用 MTS 大型液压伺服疲劳试验机作为加载仪器[图 1-5a)]。这种试验机能够进行足尺寸的钢箱梁节段模型试验,但试验装置购置投入大、试验能耗高、加载频率低,往往得到一个数据点少则半个月长则半年以上。针对某一类构件细节总结其疲劳强度曲线需要至少几十个数据点,常规疲劳试验需要投入较多时间以及高昂费用。日本新研制的振动型疲劳试验机[图 1-5b)],通过电动机转动带动偏心激振器输出荷载,通过弹簧传力施加预应力和调节振幅,振动频率可达 20Hz,试验成本比传统疲劳试验大幅降低。

a)液压伺服式试验系统

b)振动型疲劳试验机

图 1-5 试验仪器

随着我国桥梁建设的推进,高强钢、新型结构用得越来越多,由于构件疲劳性能受构件细节、材料和制造工艺的影响较大,探索和发展新的试验手段,足尺大模型和细节模型试验相结合,成为疲劳试验发展趋势。

1.3.2 理论研究

近十几年来,许多公路桥梁车流量日益增长,超载问题越发严峻,铁路桥梁则需要适应更高的车速。与此同时,我国钢桥用材的屈服强度从 240MPa 提高到 420MPa,一些新型焊接细节和更优化的钢结构形式不断出现。这些都意味着我国钢桥疲劳的理论研究面临更大的挑战。

针对钢箱梁疲劳损伤理论的研究,我国可参考的规范尚停留在 20 年前。随着国际上疲劳理论研究的不断进步,原来钢桥领域尚未考虑到的复杂工况或条件得以继续更深入地研究。如钢箱梁的闭口加劲钢桥面板承受的车轮荷载作用位置与大小不断改变,焊缝处于弯曲、剪切与扭转引起的复杂多轴受力状态;再如钢箱梁结构由于各细节的应力水平相差不大,多处裂纹共同作用不可避免。这些问题都是切实存在,但以往由于理论限制而尚未深入讨论。如今,在其他领域已开展了很多类似的试验及理论研究,如在机械领域,针对焊接接头主应力轴旋转而引起的多轴疲劳,已建立多轴疲劳破坏准则、基于临界面法的多轴疲劳寿命预测方法等[45-47];在航空航天领域,国内外研究人员发表了许多的裂纹扩展概率断裂力学(PFM)模型,研究成果为钢桥多部位裂纹损伤分析方法奠定了初步的理论基础[48-49]。

我国还需加强工程实用的疲劳理论研究,如疲劳设计的目标量化、新材料的应用分析等,材料、工艺等制造因素的理论支持不可忽视。比如,加拿大Albert大学与Queen大学的研究成果与20世纪60年代各国的研究结果均显示,采用以往的焊接工艺,钢材在屈服强度上的优势不一定与焊接细节的疲劳成正比。我国传统焊接工艺不能满足高强钢抗疲劳要求,随着桥梁用钢不断向强度及性能更高的要求发展,必须在焊接工艺或焊缝处理手段方面开发新技术以支撑高强钢在钢桥领域的应用。

1.3.3　钢箱梁维护技术及其标准化

钢箱梁后期维护是目前国内外研究的热点问题之一。现阶段我国在钢桥维护方面的研究还比较滞后,特别是相应设计规范在这方面的研究还亟待进一步完善。维护手段仅停留在对检测出来的裂缝进行扩缝焊接或局部换板的处理上,实桥运营过程中,尽管也有健康检测系统进行实时监测,但其关注重点是桥梁整体状态(图1-6),对疲劳损伤的针对性不足。

a) 健康监测测点布置

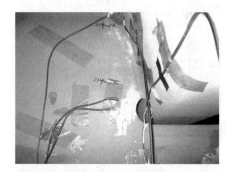
b) 疲劳应力测点布置

图1-6　钢箱梁局部应力测点布置对比

美国的桥梁养护手册中,比较重视桥梁耐久性不足的影响,尤其强调了对腐蚀病害检测和防治。美国重视无损检测技术的应用,并针对较成熟的无损检测技术(如雷达、冲击波法)制定了技术标准。但是由于各国钢桥所处环境迥异、材料及施工工艺也有较大不同,国外的钢桥养护技术准则并不一定适用于我国钢桥。另外,我国某些公路钢桥上车流量巨大,超载的情况严重,需要制定具有针对意义的养护规程。

我国针对钢箱梁已有疲劳病害的维护工作尚处于起步阶段,部分研究对大跨度桥梁设计寿命期内的监测、维护与管理策略做了一些原则性的规定[50],如江阴大桥管理中心编制的《大型桥梁养护管理》对钢箱梁出现疲劳裂纹时的处理做了一些规定[51]。但相比日本以及欧美等桥梁大国,这些研究目前大多都处于理论阶段,内容较为宏观,没有完善的检修方法,无法投入应用。我国现有的规范涉及钢箱梁病害评定及检修的内容较少,缺乏针对性,且可操作性较差。河海大学针对钢箱梁的评定、检测、修复等进行了系统的研究[52,53]，提出了考虑钢箱梁结构特点的针对性维护方法。对钢箱梁维护技术开展相关研究，编制相应的维护及修复技术指南具有十分重要的科学意义和工程应用价值。

1.4 结　语

钢箱梁的局部疲劳问题，无法通过设计及构造彻底避免，且贯穿桥梁整个运营阶段，影响因素众多。认识钢箱梁中存在的疲劳问题，不仅能为我国缆索支承桥梁中钢箱梁的维护工作提供理论与技术支持，而且对提高我国钢桥的设计和制造水平也具有非常重要的意义。目前我国钢箱梁疲劳损伤相关研究，已经成为桥梁领域的热点方向，深入研究并制定符合我国国情的公路桥梁疲劳荷载谱，并针对高强钢疲劳评价及多轴和多裂纹评估等问题进行研究，有利于我国的研究水平和研究成果缩短与国外差距，并可为制定符合我国国情的钢箱梁疲劳维护相关标准或规程提供依据。

本章参考文献

[1] 项海帆. 世界大桥的未来趋势——2011年伦敦国际桥协会议的启示[C]//第二十届全国桥梁学术会议论文集(上册). 北京：人民交通出版社，2012.

[2] 葛耀君，项海帆. 桥梁结构的耐久性和安全性思考[J]. 预应力技术，2011(01).

[3] 潘际炎. 中国钢桥[J]. 中国工程科学，2007，9(7)：18-26.

[4] American Railway Engineering and Maintenance-of-way Association. AREMA Manual for Railway Engineering. Chapter 15 Steel Structures. USA：American Railway Engineering and Maintenance-of-Way Association，2002.

[5] DOEBLING S W, FARRAR C R. The State of the Art in Structural Identification of Constructed Facilities[R]. The ASCE committee on Structural Identification of Constructed Facilities. Los Alamos：Los Alamos National Laboratory，1999.

[6] 土木学会鋼構造委員会. 厚板熔接継手に関する調査研究小委員会報告書[R]. 日本：2007.

[7] 张允士，李法雄，熊锋，等. 正交异性钢桥面板疲劳裂纹成因分析及控制[J]. 公路交通科技，2013，30(8)：75-80.

[8] WONG K Y. Structural Identification of Tsing Ma Bridge[J]. Transaction of the Hong Kong Institute of Engineers，2003，10(1)：38-47.

[9] 孔祥福，周绪红，狄谨，等. 钢箱梁斜拉桥正交异性桥面板的受力性能[J]. 长安大学学报：自然科学版，2007，27(3)：52-56.

[10] Xiao Z G, Yamada K, Inoue J, et al. Fatigue cracks in longitudinal ribs of steel orthotropic deck[J]. International journal of fatigue，2006，28(4)：409-416.

[11] Kwon K, Frangopol D M. Bridge fatigue reliability assessment using probability density functions of equivalent stress range based on field monitoring data[J]. International Journal of Fa-

tigue, 2010, 32(8): 1221-1232.

[12] TSAKOPOULOS P A, FISHER J W. Full-scale Fatigue Tests of Steel Orthotropic Decks for the Williamsburg Bridge[J]. Journal of Bridge Engineering, 2003, 10(2): 332-333.

[13] 吉伯海, 傅中秋. 近年国内桥梁倒塌事故原因分析[J]. 土木工程学报, 2010(S1).

[14] Forsyth P J E. Fatigue damage and crack growth in aluminiumal loys[J]. Acta Metallurgica, 1963, 11(7): 703-715.

[15] Uhnakova A, Pokluda J, Machova A, et al. 3D atomistic simulation of fatigue behaviour of cracked single crystal of bcc iron loaded in mode III[J]. International Journal of Fatigue, 2011, 33(12): 1564-1573.

[16] 黄学伟, 童乐为, 周锋, 等. 基于细观损伤力学的梁柱焊接节点断裂破坏预测分析[J]. 建筑结构学报, 2013(11).

[17] Irwin G R. Structural Aspects of Brittle Fracture[M]. Applied Materials Researeh. 1964, 3: 65-81.

[18] PARIS P C, ERDOGAN F. A critical analysis of crack propagation laws[J]. Journal of Basic Engineering, 1963, 85: 528-534.

[19] Fisher J W. Fatigue and fracture in steel bridges: case study[M]. John Wiley Sons, 1984.

[20] ELBER W. The significance of fatigue crack closure[J]. ASTM STP 486, American Society for Testing and Materials, 1971: 230-242.

[21] Taylor D, Cornetti P, Pugno N. The fracture mechanics of finite crack extension[J]. Engineering Fracture Mechanics, 2005, 72(7): 1021-1038.

[22] British Standard. Steel, concrete and composite bridges- Part10: Code of practice for fatigue [S]. 3rd Ed, London. 2001.

[23] American Association of State Highway and Transportation Officials (AASHTO). AASHTO LRFD Bridge design specifications[S]. 3rd Ed, Washington, D.C, 2004.

[24] Eurocode3, Design of Steel Structures-Part1.9: Fatigue Strength of Steel Structure[S]. PREN1993-1-9, 2002.

[25] 贡金鑫, 李文杰, 赵君黎, 等. 公路桥梁车辆荷载概率模型研究[J]. 公路交通科技, 2010, 27(6): 40-45.

[26] 童乐为, 沈祖炎, 等. 城市道路桥梁的疲劳荷载谱[J]. 土木工程学报, 1997, 30(5): 20-27.

[27] 周泳涛, 鲍卫刚, 等. 公路钢桥疲劳车辆荷载标准研究[J]. 土木工程学报, 2010, 43(11): 79-85.

[28] 周泳涛, 翟辉, 等. 公路桥梁标准疲劳车辆荷载研究[J]. 公路, 2009, 12: 21-25.

[29] 周泳涛, 鲍卫刚, 翟辉, 等. 公路钢桥疲劳设计荷载标准研究[J]. 土木工程学报, 2010, 43(11): 79-85.

[30] 史国刚, 马麟, 刘国光, 等. 江阴大桥车辆荷载谱研究[J]. 南京工业大学学报, 2010, 32(S): 37-42.

[31] 徐汉江, 吉伯海, 沈丹雯, 等. 基于实测车流的南京长江三桥车辆荷载分析[J]. 防灾减灾工程学报, 2011, 31(S), 48-51.

[32] JI Bohai, CHEN Donghua, MA Lin, et al. Research on Stress Spectrum of Steel Decks in Suspension Bridge Considering Measured Traffic Flow[J]. Journal of Performance of Constructed Facilities, 2012, 26(1): 65-75.

[33] Irwin G R. Structural Aspects of Brittle Fracture[M]. Applied Materials Researeh. 1964, 3:65-81.

[34] PARIS P C, ERDOGAN F. A critical analysis of crack propagation laws[J]. Journal of Basic Engineering, 1963, 85: 528-534.

[35] Forman R G, Kearney V E, Engle R M. Numerical analysis of crack propagation in cyclic-loaded structures[J]. Journal of basic Engineering, 1967, 89: 459.

[36] 任伟平. 焊接钢桥结构细节疲劳行为分析及寿命评估[D]. 成都:西南交通大学, 2008.

[37] Wolchuk R. Lessons from weld cracks in orthotropic decks on three European bridges[J]. Journal of Structural Engineering, 1990, 116(1): 75-84.

[38] 刘琪峰. 无损检测新技术新工艺与应用技术标准大全[M]. 北京:知识出版社, 2006.

[39] 于凤坤, 赵晓顺, 等. 无损检测技术在焊接裂纹检测中的应用[J]. 无损检测, 2007, 29(6): 353-355.

[40] 陈刚, 吴开斌. 用超声波相控阵检测钢箱梁桥面板U肋角焊缝熔深的试验研究[J]. 建设科, 2013, 08: 96-99.

[41] 宋红钢. 高架钢箱梁的焊接与焊后无损检测的应用[J]. 科技创新导报, 2013, 15: 116.

[42] Ishikawa T, Shimizu M, Tomo H, et al. Effect of compression overload on fatigue strength improved by ICR treatment[J]. International Journal of Steel Structures, 2013, 13(1): 175-181.

[43] Ishikawa T, Yamada K, Kakiichi T, et al. Extending fatigue life of cracked out-of-plane gusset by ICR treatment[J]. Doboku Gakkai Ronbunshuu A/JSCE Journal of Structural and Earthquake Engineering, 2010, 66(2): 264-272.

[44] 石川. ICR処理による面外ガセット溶接継手に発生した疲労き裂の寿命向上効果[J]. 土木学会論文集A, 2010, 66(2): 264-272.

[45] Gough H J. Crystalline structure in relation to failure of metals-especially fatigue. Proc. ASTM33 Prt II, 1993, 3.

[46] Mcdiarmid D L. A new analysis of fatigue under combined bending and testing. Aero. J., Roy Aero. Soc. London, 1974, 78: 325.

[47] Brown M W, Miller K J. A theory for fatigue failure under multiaxial stress and strain conditions. Proc. Inst[J]. Mechanical Engineers, 1973, 187: 745-755.

[48] Orisamolu I R. Probabilistic assessment of multiple site damage in aircraft structures[C]// Proceedings of the 37th AIAA/ASME/ASCE/AHS/ASC Structures, Structural Dynamics and Materials Conference, Salt Lake City, Utah, April. 1996: 15-19.

[49] Kuang J H. The failure of Ligaments Due to Multiple-Site Damage Using Interactions of Dugdale-type Cracks[J]. Fatigue & Fracture of Engineering Materials & Structures, 1998(21): 1147-1156.

[50] 曾勇. 大跨度悬索桥设计寿命期内的监测、维护与管理策略研究[D]. 上海:同济大

学,2009.
[51] 江阴大桥管理中心.大型桥梁养护管理[M].北京:人民交通出版社,2001.
[52] 姜竹生,瞿涛,吕磊,等.钢箱梁典型病害分析及其检测与维护技术研究[J].防灾减灾工程学报,2011,31(5):572-577.
[53] 吉伯海,赵端端,姜竹生,等.钢箱梁腐蚀病害综合评分制评定方法[J].世界桥梁,2013,06:81-85.

第2章 疲劳开裂理论与研究方法

2.1 疲劳开裂机理

2.1.1 裂纹萌生机理

宏观疲劳裂纹是由微观裂纹形成、长大及连接而成的。关于疲劳裂纹的萌生,目前尚无统一的尺度标准[1]。各式各样的萌生观点对应着种种破坏机制,这些机制分别说明微观裂纹是在晶界、孪晶界、夹杂、微观结构或成分的不均匀区,以及微观或宏观的应力集中部位形核[2]。大量研究表明,疲劳微观裂纹都是由不均匀的局部滑移和显微开裂引起的,主要方式有滑移带裂纹萌生、相界裂纹萌生、晶界裂纹萌生等[1]。

1) 滑移带裂纹萌生

材料承受反复的循环形变时,可能由于以下机制,导致不可逆的循环滑移:①由于螺位错的交滑移或位错结点、位错锁和割阶等的形成,致使滑移在疲劳循环的加载段和卸载段分别在不同的滑移面上进行;②试样形状变化或不同滑移面上滑移背应力不同导致滑移的不对称性;③位错增殖和湮灭间的动态平衡产生点缺陷;④滑移台阶的氧化或新形成的滑移台阶上外来原子的吸附而使净滑移不可逆[3]。循环形变与单向形变相比,最显而易见的一个差别是:在塑性变形晶体中,表面形貌发生不同的变化。单向加载导致形成表面滑移台阶,它们的几何形状与楼梯类似,而对于循环变形晶体,在试样表面出现尖锐的峰和谷,分别称为"挤出"和"侵入",如图2-1所示。这里应当注意,疲劳中积累的塑性应变量比在单向拉伸中看到的典型塑性应变量要大得多。Thompson、Wadsworth 和 Louat(1956)把这些滑移带称为"驻留滑移带"(Persistent Slip Band,PSB)。他们发现,在 Cu 和 Ni 中,即使用电解抛光方法把含有这种带的表面去掉一薄层再继续进行疲劳试验,还会在同样的位置再度出现这种带。

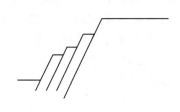
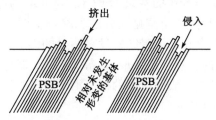

a) 单向塑性应变产生的一系列台阶　　b) 循环塑性应变产生的粗糙表面

图 2-1　滑移带

有关的早期工作是由 Ewing、Humfrey(1903)以及 Gough(1933)完成的。他们通过观察指出,沿着滑移特别强烈的那些带产生细裂纹,疲劳破坏将在这里萌发。包括 Laufer 和 Robert (1966),Lukas、Klesnil 和 Krejci(1968),Watt、Embury 和 Ham(1968),以及 Woods(1973)的工

作在内的大量研究已经明确肯定,PSB 是贯穿单晶整个体积的,粗滑移带只不过是它们在试样表面上的露头。疲劳加载后的静态变形试验(Broom 和 Ham,1959)和在疲劳引入的滑移带上进行的显微硬度测量(Helgeland,1965)都揭示,PSB 比基体软得多。目前普遍认为,形成 PSB 是纯晶体产生疲劳裂纹的先决条件。因此,存在形成 PSB 的门槛应力(或门槛应变)的试验结果自然就表明,材料存在疲劳(应力或应变)极限,荷载低于它时不会出现疲劳破坏(Laird,1976;Mughrabi,1978)。

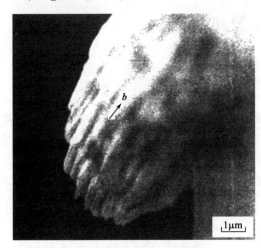

图 2-2 Cu 晶体中的 PSB 外形轮廓

如图 2-2 所示,显微像显示了 PSB 的外形轮廓,照相时直接聚焦在试样的棱上。Cu 试样在 77K 和塑性分解切应变幅为 0.002 下疲劳循环 35 000 周,从图中可以看到位于其侧面的突起。加载轴沿纸面的竖直方向,b 是初始柏格斯矢量的方向。在晶体的反向有类似的挤出和突起(没有展示在图 2-2 中)。

PSB 和基体间的界面是一个不连续面,在此面的两侧位错密度和分布会有个突变,因此可以想象,这些界面也可能成为疲劳裂纹萌生的有利地点。由 Essmane、Gosele 和 Mughrabi(1981)模型能得到这一结论。Hunsche 和 Neumann(1986),以及 Ma 和 Laird(1989)也已经得到裂纹在界面萌生的直接试验证据。

PSB 能够贯穿延性材料单晶体的整个横截面,而在多晶体中,Pohl、Meyer 和 Macherauch(1980)也在经受疲劳循环的多晶碳钢的内部截面上观察到 PSB。虽然 PSB 能够穿过小角度晶界,但不能穿过大角度晶界,在内部晶粒中形成的 PSB 所产生的滑移被限制在各个晶粒之内。在表面晶粒中材料能够大量转移,从而使其表面变粗糙,但是对于内部晶粒由于周围基体对它们有约束,不会发生这种现象。

Katagiri 等人(1977)在多晶 Cu 疲劳试样中获得了有关裂纹萌生和裂纹沿 PSB 作早期扩展的直接证据。他们用高分辨透射电子显微镜观察预裂纹前端的位错排列,清楚地看到在形成 PSB 的材料中,裂纹在 PSB 形核,并在这里作早期扩展。图 2-3 是一张透射电子显微像,该图显示某 Cu 试样中的两条 PSB(长 100μm,与晶粒尺寸相当);试样表面含有侵入的、厚约 2μm 的表面层已经用电解抛光方法剥除。从图中可以看到一条 PSB 中已经出现一条初生裂纹,而且裂纹的存在对位错结构没有明显的影响。图的左上角是裂纹的光学显微像,反映裂纹在自由表面上的位置。从 Katagiri 等人在 Cu 试样上得到的另一幅类似的透射电子显微像也可以看到,裂纹在表面侵入的根部沿 PSB—基体界面形核[2]。

2)晶界裂纹萌生

在致脆环境中(致脆介质优先腐蚀晶界和晶界上的第二相颗粒)或在高温条件下(高温可促进晶界滑动,并在这里形成孔洞),疲劳裂纹易于在晶界形核。在脆性固体中,至少在部分脆性材料中,相邻晶粒间的热收缩失配或晶界存在玻璃相会产生残余应力,这种残余应力通常也能诱发沿晶断裂(图 2-4)。对于延性固体,如果晶界上没有第二相颗粒,而且没有蠕变形变或环境效应,疲劳裂纹在晶界形核的机会通常相对较少。也有过一些沿晶粒界面发生纯力学疲劳断裂的报道(Porter 和 Levy, 1960; Kim 和 Laird, 1978; Figueroa 和 Laird, 1983; Watanabe, 1985)[3]。

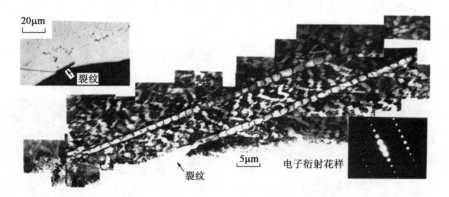

图 2-3 多晶 Cu 试样中的 PSB 萌生疲劳裂纹

Kim 和 Laird(1978)利用光学干涉技术对疲劳试样晶粒界面上的滑移台阶高度进行测量,结果指出,在满足下列条件时,疲劳裂纹可以在晶界形核:①晶界两侧的晶粒位向差极大;②至少有一个晶粒,其活动滑移系指向晶界与试样表面的交界线;③大角度晶界同自由表面的交线与拉伸应力轴的交角较大(30°~90°)。

一般来说,循环载荷作用下的晶界开裂机制有两种:

(1)在低和中等塑性应变幅,PSB 撞击晶界引起晶界开裂(Figueroa 和 Laird, 1953; Mughrabi 等人, 1983)。图 2-5 是这种裂纹萌生机制的一个例子,它表示 Cu 在 $\pm 5 \times 10^{-4}$ 的塑性应变下循环 7 000 周后在主滑移带与晶界相交处开裂。

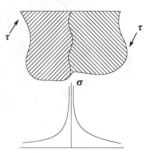

图 2-4 相邻晶粒应变不协调所造成的应力集中示意图

(2)在高塑性应变幅,由于在晶界形成表面台阶引起晶界开裂。图 2-5b)是这种过程的一个例子,它表示 Cu 多晶体在 $\pm 7 \times 10^{-3}$ 的塑性应变下对称循环 60 周后所形成的高 0.9μm 的滑移台阶的光学干涉图像。干涉条纹由左到右地移动表示表面不在同一高度。

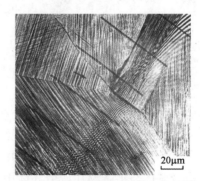

a)沿晶界的疲劳裂纹核(箭头所指)　　b)多晶Cu试样的晶界滑移台阶的白光干涉像

图 2-5 沿晶界开裂

体心立方金属,例如工业纯铁,在频率范围为 0.01~1 000Hz 的反复弯曲荷载或轴向拉—压荷载的作用下,裂纹也会沿晶界形核(Guin, Dubinak 和 Edward, 1982)。螺形位错在拉伸荷载和压缩荷载中的滑动所产生的滑移不对称可使体心立方单晶体的形状发生变化。在多晶体心立方金属中,例如在α-Fe中,近表面晶粒也会发生类似的形状变化,这种变化所造成的表面粗糙化也会使裂纹沿晶界形核(Mughrahi,Herz和Stark,1981)[2]。

3)相界面裂纹萌生

在工程结构构件中,可能存在孔洞、熔渣、气泡、夹杂等不连续区域,疲劳裂纹往往就在这些位置形核,如图2-6~图2-8所示。

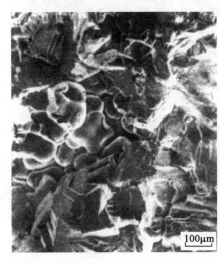

图2-6 疲劳裂纹在表面疏松缺陷处萌生

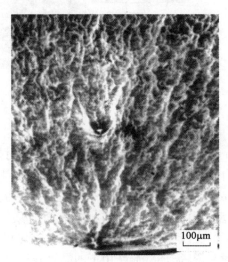

图2-7 疲劳裂纹在表面质点处萌生

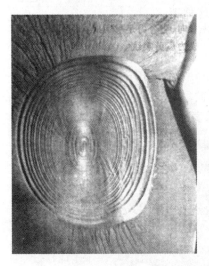

图2-8 疲劳裂纹在次表面夹杂物处萌生

许多金属材料中都不同程度地存在着夹杂或第二相粒子。对于较低强度的合金,夹杂和第二相粒子的存在对疲劳裂纹萌生并不起主要作用;对于较高强度的合金,它们复杂的显微组织在很大程度上抑制了滑移的产生,不易产生驻留滑移带表面裂纹和晶间裂纹。但是,在交变应力作用下,高强度合金中的夹杂和第二相粒子周围,由于质点和基体之间的热收缩系数不匹配及夹杂与基体间弹性模量不匹配会造成局部应力集中,还有其他形式的残余应力的相互作用在夹杂或第二相粒子周围会形成很大的局部应力集中,从而促成裂纹在夹杂或第二相粒子周围萌生[3]。

在缺陷部位萌生疲劳裂纹的机制与一系列力学因素、微观组织结构因素以及环境因素有关。这些因素包括基体的滑移特征、基体和缺陷的相对强度、基体—夹杂物界面的强度以及基体与夹杂物在疲劳环境中对于腐蚀的相对敏感性(Cummings,Stolen和Schulte,1958;Bowles和Schijve,1973)[2]。

图2-9表示了夹杂物边界疲劳裂纹萌生过程。材料在未承受交变应力之前,夹杂物与基体紧密连接;在交变应力作用下,夹杂物与拉伸轴相交的一面或两面首先与基体脱开;然后在水平轴方向的基体中形成小的空洞或挤出物(可称之为点缺陷)。然而这些点缺陷的附近并

没有出现可见的滑移线和滑移带;随着交变荷载次数的增加,点状表面缺陷进一步连接成微裂纹,并且逐渐与脱开的夹杂物边界相连;随着循环次数的进一步增加,微裂纹继续向一侧扩展;而在夹杂物的另一侧继续产生表面点状缺陷并连接形成微裂纹,最后连接成与应力轴垂直的微裂纹[3,50]。

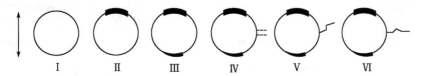

图2-9　夹杂物边界疲劳裂纹萌生示意图

2.1.2　裂纹扩展机理

1) 裂纹扩展阶段

循环受载构件的总寿命由裂纹萌生和裂纹扩展两个阶段组成。在循环加载条件下,大多数金属材料发生突发性失效之前要经历一段裂纹稳态扩展期,在这期间裂纹扩展量是相当大的[2]。

疲劳裂纹扩展的微观模式受材料的滑移特性、显微组织特征尺寸、应力水平及裂纹尖端塑性区尺寸等强烈影响。如图2-10、图2-11所示,可将疲劳裂纹的扩展分为两个阶段[50]。对于韧性材料,循环荷载引起的裂纹扩展可以理解为在裂纹尖端附近的滑移带内发生的急剧局部形变过程,通过剪切脱黏而形成新的裂纹面。当裂纹和裂纹尖端塑性区只局限在几个晶粒直径范围内时,裂纹主要沿主滑移系方向以纯剪切的方式扩展,如图2-12所示。Forsyth把这种导致Z字形裂纹扩展路径的纯滑移机制定义为第Ⅰ阶段裂纹扩展。在许多铁合金、铝合金和钛合金中,都已经观察到裂纹的第Ⅰ阶段扩展。在这些材料中,即使裂纹长度比晶粒尺寸大很多,只要裂纹尖端附近塑性区的尺寸比晶粒尺寸小(即ΔK很小),就会出现这种Z字形裂纹扩展。对于大多数合金来说,第Ⅰ阶段裂纹扩展通常都很短,一般只有2~5个晶粒。但是该阶段在总的疲劳寿命中所占的比例并不一定很小,当应力幅较低时,所占比例甚至可达总寿命的90%[2,3]。

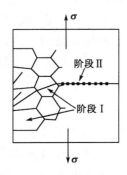

图2-10　疲劳裂纹扩展的两个阶段

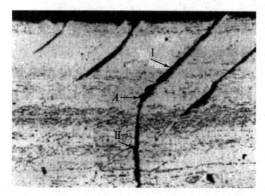

图2-11　从第Ⅰ阶段向第Ⅱ阶段的改变

当应力强度因子范围较高时,裂纹尖端塑性区跨越多个晶粒,这时裂纹扩展开始沿两个滑移系统同时或交替进行(图2-13),Forsyth把这种以双滑移机制扩展定义为第Ⅱ阶段扩展。对于拉伸型荷载,它导致形成垂直于远场拉伸轴方向的裂纹扩展路径。很多工程合金的此阶段断口上会形成疲劳条带。

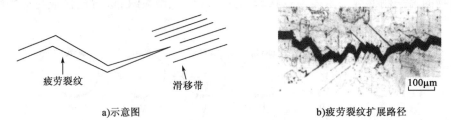

a)示意图　　　　　　　　　　　　b)疲劳裂纹扩展路径

图 2-12　疲劳裂纹扩展的第 Ⅰ 阶段

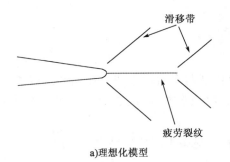

a)理想化模型　　　　　　　　　　b)Cu单晶的第Ⅱ阶段疲劳裂纹扩展图

图 2-13　疲劳裂纹扩展的第 Ⅱ 阶段

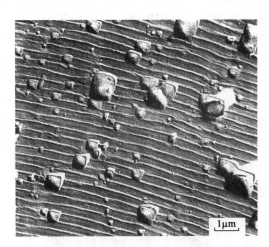

图 2-14　2024-T3 铝合金断口上的疲劳条带

疲劳条带是一系列相互平行的条纹,条带的法线方向与裂纹局部扩展方向一致,疲劳条带间距单调递增或递减[3]。Zappfe 和 Worden(1951)最早观察到这种条带,它们是位于断口上的一些波纹。图 2-14 是循环拉伸形成的疲劳条带的一个实例。对于疲劳裂纹扩展的 Paris 区的循环荷载来说,条带间距与试验测出的裂纹在每个循环中的平均扩展距离有对应关系。Forsyth 和 Ryder(1960)最早对这种对应关系作了报道,该关系在铝合金的第Ⅱ阶段裂纹扩展中表现得最为明显。在恒幅疲劳和变幅疲劳失效分析中,已广泛利用条带间距作为裂纹扩展史的事后鉴别依据[2]。

2)裂纹闭合机制

一般情况下,恒幅疲劳应力循环与疲劳条带并非一一对应关系,往往是几个疲劳循环才形成一个微观可见的疲劳条带。这样,因为扩展着的疲劳裂纹存在闭合效应和其他迟滞裂纹扩展的现象,当裂纹停滞以后,一般需要经过几个疲劳应力循环才会重新启动向前扩展。Elber 发现的裂纹闭合效应使人们第一次认识到,裂纹扩展速率不仅受裂纹尖端前缘状态的制约,而且受裂纹尖端后部裂纹面接触性质的影响。由于裂纹尖端后部的状态与加载历史、裂纹长度和应力状态这些因素有关,因此疲劳裂纹闭合效应揭示了加载历史对疲劳裂纹扩展速率也有很大的影响。

人们提出了许多种裂纹闭合机制,其中包括塑性诱发的裂纹闭合、氧化物诱发的裂纹闭合、裂纹面粗糙诱发的裂纹闭合、黏性流体诱发的裂纹闭合、相变诱发的裂纹闭合等,此外还有疲劳裂纹偏折等迟滞现象。图 2-15 示意地表示了塑性诱发的裂纹闭合、氧化物诱发的裂纹闭合、裂纹面粗糙诱发的裂纹闭合三种裂纹闭合机制。

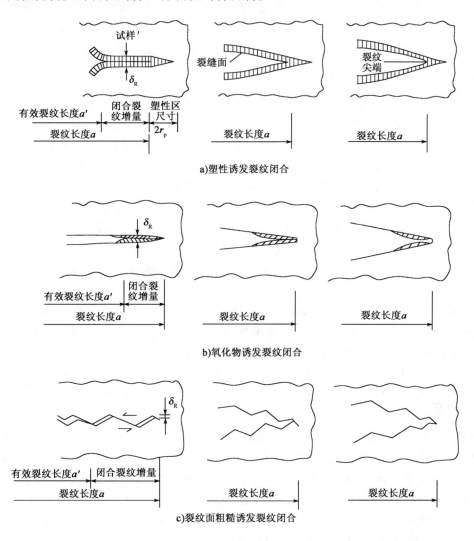

图 2-15 裂纹闭合的三种机制示意图

(1)塑性诱发的裂纹闭合

按传统的断裂力学思想,疲劳裂纹扩展时在拉伸加载循环期间裂纹保持完全张开。然而,Elber 发现,即使远场荷载为拉伸荷载,疲劳裂纹也能够闭合。他认为,当裂纹穿过尖端附近塑性区向前扩展时,新断裂面形成后其附近的材料只发生弹性恢复,而遗留下来一些残余延伸形变。随着裂纹的扩展,应力强度因子和塑性区尺寸都不断增大,原来处于塑性区内的并已发生永久变形的材料在裂纹尖端后部形成一个塑性包络区。图 2-16 示意地表示了恒幅循环拉伸应力作用下扩展的一条疲劳裂纹在三种不同长度状态下的塑性区和它周围的塑性包络区的形成过程。该塑性包络区使裂纹张开位移变小,裂纹扩展的表观"驱动力"下降。当远场拉伸荷载卸载时,裂纹面过早接触(闭合)。

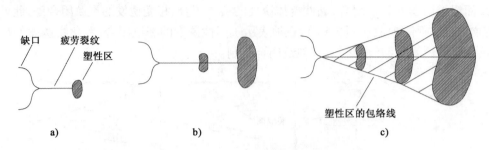

图2-16 扩展疲劳裂纹周围的塑性包络线区的形成过程

(2)氧化物诱发的裂纹闭合

为了解释环境对钢和铝合金的近门槛疲劳裂纹扩展影响的反常行为,人们逐步提出了氧化物诱发的裂纹闭合机制。在疲劳裂纹扩展过程中,潮湿气氛的存在可使新形成的断裂表面上产生表面氧化。当循环裂纹尖端张开位移的幅值较低时(即近门槛和低应力比的情况下),由于局部区域出现Ⅰ型和Ⅱ型复合模式的裂纹张开,加上断裂面的微观粗糙性和存在一些塑性诱发闭合,在拉伸疲劳过程中裂纹面发生反复接触的可能性增加,致使裂纹尖端后部的氧化物表皮连续破裂和再生成,这种"微振磨损"机制可导致形成具有一定厚度(与裂尖张开位移相当)的氧化层。由于裂纹表面腐蚀层的产生而引起裂纹面的过早接触就成为氧化物诱发的裂纹闭合。

在高应力比的条件下,在任何ΔK水平的裂纹尖端张开位移较大,裂纹面接触的可能性较小。另外,在高的ΔK水平时,裂纹扩展速率通常很快,在任何应力比下都不会发生大规模的氧化,微振磨损氧化机制对裂纹闭合的影响是非常小的。

研究发现,含湿气环境、高温、低应力比、低ΔK水平、高循环频率、低强度和粗晶显微组织有利于在断裂面的凹凸不平处发生微振磨损和摩擦,可促进氧化物诱发裂纹闭合。

(3)裂纹面粗糙诱发的裂纹闭合

在低ΔK水平的条件下,最大塑性区的尺寸,一般要小于特征显微组织尺寸(如晶粒尺寸),这有利于晶体学断裂过程的发展。这种疲劳裂纹扩展的第Ⅰ阶段机制使断裂表面形貌呈现高度锯齿状或小平面状,并使裂纹闭合应力提高,裂纹尖端的永久塑性变形和卸载过程中的滑移不可逆性可使两断裂面间的凹凸错位。这种晶体学扩展机制促成的曲折裂纹路径与裂纹面间的混合型滑动和裂纹面凹凸不平间的错配一起,使裂纹闭合程度得到提高。该机制很好地解释了材料的微观组织对表观疲劳裂纹扩展抗力的影响[3]。

下列诸因素可提高粗糙诱发闭合的程度:低应力强度因子水平,此时裂纹顶端塑性区的尺寸一般小于平均晶粒尺寸;小的裂纹顶端张开位移(低ΔK水平和低应力比),在这种情况下,张开位移的尺寸可能同断裂面凹凸不平的平均高度相当;由粗晶粒和可切变的共格沉淀相组成的显微组织,这种组织通常会发生具有高度平面性的晶体学滑移;由晶界、第二相粒子、复合材料增强剂或荷载突然变化引入的裂纹周期性偏折;较高的滑移不可逆性,特别是由滑移台阶在潮湿环境中的氧化所增强的滑移不可逆性。一旦显微组织诱发的裂纹偏折使相对两个疲劳断裂面之间提前接触,就会观察到最显著的粗糙诱发裂纹闭合效应。

裂纹闭合现象对疲劳裂纹扩展速率的影响强烈地受到显微组织、环境以及力学加载参量诸因素的控制。但是，该现象也有一些基本的特征，它们是多种材料和各种类型的裂纹闭合所共有的：

① 一般说来，在较低的 ΔK 水平和较低的应力比条件下，裂纹闭合现象表现得更为明显，因为此时疲劳循环的最小裂纹张开位移较小。对于塑性诱发或相变诱发裂纹闭合来说，在较高的 ΔK 水平和较大的应力比条件下，裂纹顶端后部的残留延伸量或相变区尺寸较大，这有可能使裂纹闭合程度得到提高。不过，这种提高闭合程度的倾向可能被较大的最小裂纹张开位移所抵消。

② 每一种闭合过程都相应有一个特征尺度。例如，对于塑性诱发裂纹闭合，该特征尺度为裂纹顶端后部的残留塑性延伸量；对于氧化物诱发裂纹闭合，它为断裂面氧化层的厚度；对于裂纹面粗糙引起的裂纹闭合，它为断裂面凹凸不平的高度（和 II 型位移的大小）；而对于由相变引起的闭合，它则为相变区在裂纹面垂直方向上的尺寸增加量。如果这些特征"闭合尺度"的尺寸与裂纹张开位移相当，就可能使裂纹面提前接触，从而对疲劳裂纹扩展速率产生明显的影响。

③ 当疲劳裂纹出现在自由表面或应力集中部位时，裂纹闭合的程度通常随裂纹长度的增加而得到提高，直到裂纹长度达到一饱和值为止。裂纹长度超过该饱和值后，闭合度通常与裂纹长度无关。

④ 导致疲劳裂纹闭合的作用机制可能涉及裂纹顶端，例如塑性形变或相变，也可能涉及裂纹顶端后部，例如断裂面的氧化。对于塑性形变和相变这两种裂纹顶端过程，只有当非弹性变形局限在裂纹顶端近旁的小区域内时，它们才有意义；如果整个试样部发生塑性形变或马氏体相变，它们对裂纹扩展过程就几乎没有影响了。

⑤ 关于应力状态对裂纹闭合程度的影响，目前尚未得到明确的结论。已经从试验和数值计算两个方面证实，对于循环拉伸下的塑性诱发裂纹闭合，在平面应力下比在平面应变下表现得更为明显。但在循环压缩条件下，从对裂纹扩展的影响看，情况正好相反[2]。

3）高载迟滞效应

在疲劳裂纹扩展过程中，以一次拉伸高载形式出现的，或以高幅—低幅交替变化的模块式加载形式出现的荷载变动对裂纹扩展有迟滞作用，甚至可以使裂纹扩展完全停滞。图 2-17 示意说明了一次拉伸高载后的裂纹扩展行为。

由于裂纹顶端的塑性形变会使这里出现永久残留拉伸位移，所以当裂纹顶端穿过早先形成的塑性区后，两裂纹面可能提前接触。Elber(1970,1971)指出，也可以用这种塑性诱发的裂纹闭合来说明高载引起的裂纹扩展瞬态迟滞现象。当疲劳裂纹扩展通过高载塑性区时，高载在裂纹顶端后部产生一个较大的塑性伸长（同基线 ΔK 比较）。伴随着断裂表面的接触，高载引起的塑性诱发的裂纹闭合水平得到

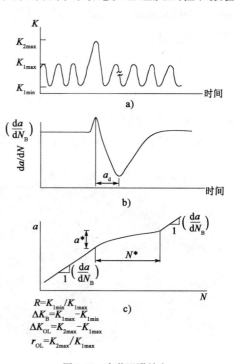

图 2-17 高载迟滞效应

进一步提高,这反过来又促进扩展速率的降低。为了残余塑性延伸引起裂纹顶端后部的提前闭合,需要一定量的裂纹扩展穿过高载塑性区,从而可以解释迟滞现象的出现。另外,有人认为(Von Euw,Hertzberg 和 Roberts,1972)增加裂纹闭合的程度和增加高载后裂纹面的摩擦接触,可以消除任何表面痕迹,例如条带。这种说法表面上与试验观察一致,对铝合金的观察表明,高载前的裂纹扩展区有条带存在,而高载后的擦伤表面没有条带痕迹。用推杆柔度规直接试验测量裂纹闭合也表明,在平面应力下作用拉伸高载引起较高的裂纹闭合程度(Fleck,1988)。

尽管有各种试验事实(如 Elber,1970;Himmelein 和 Hillberry,1976)支持塑性诱发裂纹闭合在影响迟滞效应中的作用,但在很多合金系统中对迟滞效应的许多观察是同这种机制不一致的:①塑性诱发的裂纹闭合一般导致有效 ΔK 在平面应力比平面应变下有较大的减少,但是已有报道表明,某些材料在平面应变条件下比在平面应力条件下有更大的高载迟滞程度(Suresh,1983)。②许多高载迟滞的特征,例如高载后破坏方式的改变和许多铝合金中显微组织对裂纹扩展效应的改变都与塑性诱发的裂纹闭合的概念不一致(Knott 和 Pickard,1977;Bucci 等,1980;Suresh,1983)。

循环拉伸受载的疲劳裂纹的前缘因反向屈服而产生残余压缩应力。当一个拉伸高载作用后,残余压缩区的尺寸增加了。对钢的疲劳裂纹前缘的应力场的 X 射线测定(Allison,1979;Taira 和 Tanaka,1979)也指明拉伸高载后残余压应力区扩大了(与高载前的情况相比)。人们认为(Willenborg,Engle 和 Wood,1971;Wheeler,1972)这种残余压应力可以迟滞高载后的裂纹扩展。某些广泛应用的寿命预测模型明显利用了残余压应力产生迟滞的概念。但是,仅用残余压应力去解释一系列迟滞问题会遇到一些困难:①最大的残余压应力存在于紧靠裂纹顶端的地方,因此应出现裂纹扩展的瞬态迟滞或停止,而不是迟滞的延长,这种预测同试验观察相矛盾。②试验表明(Suresh,1983),裂纹扩展的迟滞甚至可以持续到裂纹穿过预先估计的高载残余压应力区。

在一些具有平面滑移变形倾向的工程合金中以及在一定的平面应力加载条件下,拉伸高载将促使裂纹顶端偏离名义的 I 型裂纹扩展平面(Schijve,1974;Lankford 和 Davidson,1981;Suresh,1983)。图 2-18 给出欠时效的 Al-Li-Cu-Zr 合金中裂纹偏折的例子,它表示拉伸高载作用使紧凑拉伸试样裂纹顶端在整个厚度上严重分叉的情况,疲劳裂纹在远场拉伸应力完全卸载后仍保持钝化。由于这种材料中 $\delta'(Al_3Li)$ 沉淀相的存在而使平面滑移加强被认为是在疲劳裂纹顶端高应变区促进这种裂纹分叉的一个主要因素。

疲劳裂纹沿着偏折的路径扩展意味着偏离 I 型扩展平面有减少的裂纹扩展阻力,因此,在高载作用期间可能出现裂纹扩展速率的瞬时增加。但是根据连续力学的观点,在投影长度相同和远场 ΔK 相等的条件下,一个分叉的裂纹顶端比一条直裂纹承受较低的有效 ΔK。根据铝合金得到的试验结果及分叉裂纹的线弹性分析,仅裂纹偏折过程可使高载后的有效 ΔK 的减小近似达到 25%(Suresh,1983)。因此,拉伸高

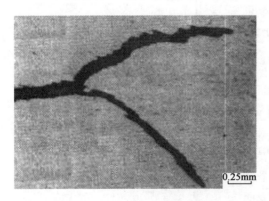

图 2-18　拉伸高载在欠时效合金中引起的疲劳裂纹分叉

载引起疲劳裂纹顶端分叉的几何影响在某些情况下主要贡献给迟滞效应。在变幅疲劳过程中,裂纹顶端几何形状的变化强烈依赖于微观结构、应力状态和基线 ΔK 水平。应该指出,在某些材料(如复合材料)中,如果裂纹择优沿着一个低断裂阻力的路径(如弱界面)偏折,高载可能加速而不是降低裂纹扩展速率。

当一个疲劳裂纹承受拉伸高载后,塑性诱发的裂纹闭合、残余压应力或裂纹偏折使得高载后的应力强度因子范围的有效值大大低于名义的基线值 ΔK_B。因此,即使当高载后的 ΔK_B 正好位于 Paris 疲劳裂纹扩展区域,相应的有效 ΔK 可能落入材料的近门槛值范围。在这种情况下,一些对恒幅近门槛疲劳有重要意义的疲劳裂纹扩展迟滞机制在高载后的区域也起作用(Suresh,1983)。对于许多合金来说,这些附加的迟滞机制一般包括第 I 阶段裂纹扩展、氧化物诱导和粗糙度诱导的裂纹闭合。图 2-19 给出了 7010-T7 铝合金在 ΔK_B 为 $7\sim10\mathrm{MPa\cdot m^{1/2}}$ 和应力比 R 为 0.33 的恒幅疲劳裂纹扩展中,每 8 000 个循环承受单次拉伸高载($K_{2\max}=1.8K_{1\max}$)时,氧化层在断裂平面形成的例子,氧化带的间距为 $0.3\sim0.4\mathrm{mm}$(在恒幅疲劳情况下,潮湿空气环境下的氧化物诱导裂纹闭合对这个范围的裂纹扩展并不重要)。这张图中所观察到的每一氧化物黑带对应于一次拉伸高载后受迟滞的裂纹扩展。

图 2-19　7010-T7 铝合金在潮湿空气中疲劳断裂表面上形成的氧化带

近门槛机制在高载后的开动不是迟滞作用的主要原因,而是一个延长迟滞作用的过程。这种解释同观察到的迟滞延长现象一致,因为在材料的典型近门槛扩展和闭合机制开始影响高载破坏之前,裂纹顶端的 ΔK 应首先被其他过程降到近门槛水平(在目前的讨论中,氧化物诱导和粗糙度诱导的裂纹闭合被认为是近门槛机制,主要因为它们在低 ΔK 水平对裂纹扩展有较强的影响)[2]。

2.2　疲劳评估理论

2.2.1　疲劳应力分析方法

钢桥疲劳损伤过程中,焊缝局部最大应力起着主导作用。由于焊趾或焊根处存在缺口,焊趾或焊根附近沿板厚方向的应力分布会受到干扰,存在应力集中,因此焊趾或焊根通常为疲劳裂纹萌生的关键部位。如图 2-20 所示为焊趾处板截面上的正应力沿板厚方向的非线性分布,可分解为三种应力之和:薄膜应力(σ_{men})、弯曲应力(σ_{ben})与非线性应力峰值(σ_{nlp})。

其中,薄膜应力(σ_{men})沿板厚为常数,大小为截面正应力沿板厚方向的平均值。弯曲应力(σ_{ben})沿板厚呈线性分布,且在中面上其值为 0,在板的上下表面达到最大值。剩余的部分即为非线性应力峰值(σ_{nlp}),非线性应力峰值的大小取决于焊缝的形状、尺寸以及焊趾的几何形状。若已知沿板厚方向的应力分布 $\sigma(x)$,可以通过以下解析方法求得各应力分量:

$$\left.\begin{aligned}\sigma_{\text{men}} &= \frac{1}{t}\int_{x=0}^{x=t}\sigma(x)\,\mathrm{d}x \\ \sigma_{\text{ben}} &= \frac{6}{t^2}\int_{x=0}^{x=t}(\sigma(x)-\sigma_{\text{men}})\left(\frac{t}{2}-x\right)\mathrm{d}x \\ \sigma_{\text{nlp}}(x) &= \sigma(x)-\sigma_{\text{men}}-\left(1-\frac{2x}{t}\right)\sigma_{\text{ben}}\end{aligned}\right\} \quad (2\text{-}1)$$

在焊接过程中,焊缝的尺寸、几何形状、缺陷等具有一定的随机性,因此精确计算焊趾或焊根处的最大应力是很困难的。为了分析焊缝附近的应力状态,评估焊接结构的疲劳强度,国际焊接学会(IIW)[4]推荐名义应力法、热点应力法及缺口应力法等方法进行疲劳应力分析,也有学者提出了一些新的疲劳损伤参量。

1) 名义应力法

依据 EuroCode 3(BS EN 1993-1-9:2005)[5],名义应力定义为潜在裂纹处,母材或焊缝依据弹性理论计算得到的应力,该应力包含构件宏观几何形状引起的应力集中,但不包含焊接接头对应力集中的影响。如图 2-21 所示。

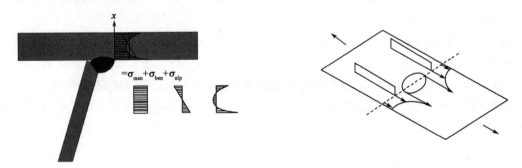

图 2-20 焊趾处沿板厚方向的正应力分布　　　　图 2-21 名义应力

名义应力法是最早形成的疲劳应力分析方法。对于受力明确的构件,名义应力法忽略了焊缝固有几何形状,使用简便且较为合理。在名义应力法中,影响焊接接头的疲劳强度主要因素是应力幅、结构构造细节和应力循环次数,以名义应力法为基础的焊接结构的疲劳设计规范大多采用应力幅和结构细节作为疲劳强度设计指标。

对于简单结构,其名义应力可以采用材料力学公式,表示为式(2-2)。其中 a 与 l_W 分别为焊喉与焊缝长度。但对于复杂结构形式的名义应力,不可能使用解析方法,在排除任何能引起应力增加的焊接接头结构细节时,可以采用有限元方法计算。

$$\sigma_W \quad \text{or} \quad \tau_W = \frac{F}{A_W} = \frac{F}{a \cdot l_W} \quad (2\text{-}2)$$

2) 热点应力法

由于焊趾处板表面在疲劳裂纹产生前要产生塑性变形,故焊趾处板表面的温度升高,所以称此点为热点[6]。热点处的结构应力(或几何应力)σ_{hs}考虑由结构宏观几何特征变化与焊接接头带来的结构不连续引起的应力集中效应,但不考虑焊缝处局部几何特征的变化引起的缺口效应。因此,热点应力(σ_{hs})包括线性分布的膜应力(σ_m)与弯曲应力(σ_b),而不包括缺口引起的非线性应力峰值,即

$$\sigma_{hs} = \sigma_m + \sigma_b \tag{2-3}$$

需要强调的是热点应力并不是结构真实的应力,而是人为假想出来的。严格意义上说,热点应力法仅适用于对焊趾的评估,但它可以推广到对包括焊根在内的其他潜在裂纹萌生点的评估中。

根据热点的位置,可以将热点分为两类:a类,位于板表面焊趾;b类,位于板边缘焊趾。如图2-22所示。

对于有复杂几何效应的结构细节,名义应力通常不明确或规范中没有类似的结构细节可对照,这时可以采用热点应力法进行评估。基于名义应力的疲劳构造细节分类中,多数具有相近的焊接节点类型,如对接、搭接、T形顶接及十字形顶接等。研究显示,相近焊接节点在焊趾处萌生裂纹,以热点应力为指标,可剥离焊接节点构造细节的结构影响,疲劳构造细节疲劳性能的差异由焊缝的疲劳性能区分[7]。

除了某些简单的情况,几乎没有现成的公式来计算结构的热点应力。通常,采用解析法计算复杂结构的热点应力是不可行的,所以只能采用有限元法来计算结构的热点应力。要把缺口引起的非线性应力峰值分离出来,可以通过沿板厚方向应力线性化法或表面应力外推法。对于板结构来说,现有四种方法得到焊趾处的热点应力。

(1)表面应力外推法

表面应力外推法,即根据离焊趾适当远处点的板表面应力,采用外推法得到焊趾处的热点应力,如图2-23所示。通常,距离焊趾$0.3t \sim 0.4t$(t为板的厚度)距离处点的应力不受缺口效应的影响。

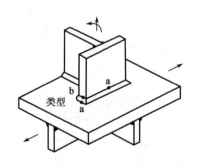

图2-22 热点类型

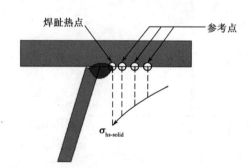

图2-23 焊趾附近板垂直于焊缝方向应力的变化

对于位于板件表面的a类热点来说,IIW建议焊趾处第一个单元的长度不得超过$0.4t$,采用两点线性外推法时,参考点应位于距焊趾$0.4t$和$1.0t$远处的节点上,外推公式为:

$$\sigma_{hs} = 1.67\sigma_{0.4t} - 0.67\sigma_{1.0t} \tag{2-4}$$

挪威船级社[8]建议以距焊趾$0.5t$和$1.5t$处为参考点,该方法适用于较为粗糙的有限元模型,外推公式为:

$$\sigma_{hs} = 1.5\sigma_{0.5t} - 0.5\sigma_{1.5t} \tag{2-5}$$

当事先知道焊趾附近的应力呈非线性增长,所施加外力的方向剧烈变化或者是厚板的情

形时,IIW 推荐采用 3 节点 2 次曲线外推法计算结构的热点应力,三个参考点的位置应与距离热点 $0.4t$、$0.9t$、$1.4t$ 的三个节点重合。热点应力可由式(2-6)得到:

$$\sigma_{hs} = 2.52\sigma_{0.4t} - 2.24\sigma_{0.9t} + 0.72\sigma_{1.4t} \quad (2-6)$$

而挪威船级社建议以距热点 $0.5t$、$1.5t$ 和 $2.5t$ 处为参考点,外推公式为:

$$\sigma_{hs} = 1.875\sigma_{0.5t} - 1.25\sigma_{1.5t} + 0.375\sigma_{2.5t} \quad (2-7)$$

对于位于板件边缘的 b 类热点来说,其焊趾处结构应力分布不依赖于构件厚度,外推点位置以绝对数值确定[9],IIW 建议焊趾处前三个单元长度应等于或小于 4mm。三个参考点的位置应与距离热点 4mm、8mm、12mm 的三个节点重合。采用 2 次曲线外推法的公式为:

$$\sigma_{hs} = 3\sigma_{4mm} - 3\sigma_{8mm} + \sigma_{12mm} \quad (2-8)$$

挪威船级社建议以距热点 5mm 和 15mm 处为参考点,采用两点线性外推的公式为:

$$\sigma_{hs} = 1.5\sigma_{5mm} - 0.5\sigma_{15mm} \quad (2-9)$$

(2)沿板厚方向应力线性化法

如前所述,在板厚方向热点应力(σ_{hs})可以分解为呈线性分布的膜应力(σ_m)和弯曲应力(σ_b)之和,线性化法即将板厚方向的非线性应力在保证合力和合力矩不变的情况下进行线性化得到膜应力和弯曲应力[10]。

(3)Dong 法

Dong 提出的方法是以离焊趾 δ(δ 为任一微小距离,如可取 $\delta = 2mm$)远处的应力为依据,根据平衡条件得到焊趾处的热点应力,计算原理如图 2-24 与式(2-10)所示,此法对网格的划分不敏感[11]。

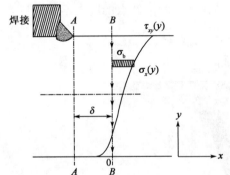

图 2-24 Dong 法计算原理

$$\left.\begin{array}{l}\sigma_m = \dfrac{1}{t}\displaystyle\int_0^t \sigma_x(y)\,\mathrm{d}y \\[6pt] \sigma_m \dfrac{t^2}{2} + \sigma_b \dfrac{t^2}{6} = \displaystyle\int_0^t \sigma_x(y) y\,\mathrm{d}y + \delta\int_0^t \tau_{xy}(y)\,\mathrm{d}y\end{array}\right\} \quad (2-10)$$

图 2-24 中,A-A 为裂纹面,B-B 为参考面。式(2-10)中,$\sigma_x(y)$ 为 B-B 参考面上 x 方向应力沿板厚方向分布,$\tau_{xy}(y)$ 为 B-B 参考面上剪应力沿板厚方向分布。求解该式即可得到膜应力(σ_m)和弯曲应力(σ_b),从而得到热点应力 σ_{hs}。

(4)表面以下 1mm 法

Xiao 和 Yamada 建议以焊趾处表面 1mm 以下点的应力来作为热点应力。对于焊根—顶板裂纹,此方法可消除板厚对热点应力强度的影响[12]。

(5)等效热点应力法

由于非线性应力峰值具有自平衡特性,所以在焊趾厚度方向上必然存在一点,该点处的非线性应力值为零,因此可以利用此点作为热点应力评定的参考点。

3)缺口应力法

依据国际焊接学会的技术文件,缺口应力定义为焊趾或焊根处的结构热点应力与非线性

应力峰值的总和,考虑焊趾局部缺口形状引起的应力集中。缺口应力是焊接结构应力集中区的峰值应力(图 2-25):

$$\sigma = \sigma_{hs} + \sigma_{nl} = \sigma_m + \sigma_b + \sigma_{nl} \qquad (2\text{-}11)$$

焊接结构中若由于焊缝质量导致尖锐缺口,不仅会降低整个结构的强度,更会引起强烈的应力集中。为了评估焊趾及焊根处的缺口效应,需要将焊趾及焊根的几何形状进行模型化处理,用虚拟的缺口替代实际的焊缝轮廓,计算替代后的有效缺口应力,以便于有限元分析。通过引入虚拟缺口曲率半径来反映焊趾及焊根的缺口效应,虚拟缺口曲率半径 ρ_f 定义为:

$$\rho_f = \rho + s\rho^* \qquad (2\text{-}12)$$

式中:ρ——实际缺口曲率;

　　　s——约束系数;

　　　ρ^*——材料微观结构尺度。

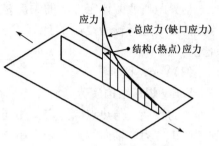

图 2-25　缺口应力与结构热点应力

IIW 推荐采用虚拟缺口曲率半径 $\rho_f = 1\text{mm}$ 的圆孔模拟缺口。对于厚度小于 5mm 的构件,文献[13]建议采用虚拟缺口曲率半径 $\rho_f = 0.5\text{mm}$ 的圆孔模拟缺口。

有效缺口应力或应力集中系数,可以通过参数方程、有限元或边界元计算得到。虚拟缺口尖端应与实际缺口根部一致。

通过引入虚拟缺口曲率半径 ρ_f,可以将各种类型接头的缺口应力进行分析,从而将用名义应力表示的焊接接头整体疲劳强度转化为用缺口应力表示的局部疲劳强度。图 2-26 为结构钢对接接头和角焊缝接头用缺口应力范围表示的疲劳强度,由此可见,采用缺口应力范围将不同接头类型的 S-N 曲线归一化,其疲劳质量可共同采用 FAT225 表示,改变焊脚及板厚尺寸的焊趾或者焊根缺口应力范围疲劳强度处在同一分散带内。

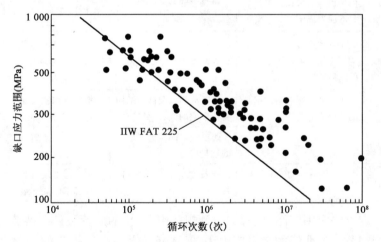

图 2-26　结构钢对接接头和角焊缝接头缺口应力范围与循环次数

4)其他应力分析方法

(1)临界距离法

Ostash 等[15]认为,缺口构件或者焊接结构的疲劳强度,不仅取决于缺口局部和焊接处的最大应力,而且还与围绕该最大应力点某一距离内的整体应力水平有关。我们把这块区域称为疲劳过程区，疲劳过程区的长度称为临界距离，用 a_0 表示。把围绕在缺口热点某一距离或体积内的平均应力作为疲劳分析的控制参量，当平均应力达到临界值时构件发生疲劳失效，该方法称为临界距离法。按计算应力方法的不同，可具体分为点法、线法、面法和体积法四种方法。临界距离参数 a_0 依赖于材料而变化，可以根据试验数据确定，也可由 EL Haddad 的短裂纹理论进行估算。

临界距离疲劳评定方法的关键是确定临界距离参数 a_0，采用这种方法进行焊接接头的疲劳分析需要进行较为复杂的计算或测试，在实际工程的应用和数据积累方面上需要进一步研究。

（2）Verity 评价法

Verity 焊接结构疲劳分析方法是在有限元计算过程中，将焊趾处结点荷载向周边单元进行等效的转换。与热点应力定义相同，由轴向线力 F 计算得到膜正应力，由线力矩 M 计算得到弯曲正应力。轴向线力和线力矩是由有限元方法计算得到的节点力计算得到。

Verity 评价法计算得到的结构应力对有限元网格不敏感，很好地解决了结构应力对有限元网格大小的敏感性问题与复杂焊接接头 S-N 曲线难以选择两项难题[16]。

5）不同应力分析方法的比较

由以上所述可知，在疲劳应力分析中每一种方法都考虑不同的应力集中类型，有各自不同的控制参量，即选取的评价应力各自不同，得到控制参量的计算方法也各自不尽相同，如表 2-1 所示。

不同应力评估方法的比较　　　　　　　　　　表 2-1

类型	疲劳评价方法	考虑的应力集中	控制参量	计 算 方 法
Ⅰ	名义应力法	构件的宏观几何效应，但不包括焊接接头本身引起的应力集中	母材上的名义应力	材料力学公式计算（简单构件）或有限元计算（复杂构件）获得
Ⅱ	热点应力法	Ⅰ+焊接接头带来的结构不连续，但不包括焊趾的缺口效应	焊趾或焊根热点应力	试验测试或数值分析方法并由表面外推法获得，或者由名义应力乘以热点应力集中系数获得
Ⅲ	缺口应力法	Ⅰ+Ⅱ+焊缝缺口引起的缺口应力集中	焊趾或焊根及微观结构特征影响的最大缺口应力	拟定虚拟缺口曲率半径，用数值分析方法计算求解局部最大非线性应力
Ⅳ	临界距离法	—	焊趾处局部应力平均化的当量应力	确定临界距离参数，经数值分析并积分获得当量应力
Ⅴ	Verity 评价法	—	焊趾或焊根及微观结构特征影响的最大缺口应力	拟定虚拟缺口曲率半径，用数值分析方法计算求解局部最大非线性应力

名义应力评定方法应用广泛，现行的设计规范中，钢桥的疲劳设计和疲劳寿命评估预测多数采用基于疲劳细节 S-N 曲线的名义应力法，但名义应力法存在一定的局限性。以名义应力为指标的 S-N 曲线依赖于焊接接头形式和荷载类型，疲劳评定较为繁琐。该指标不是具有普遍意义的疲劳控制参数，与具体结构细节尺寸等因素相关，试验数据回归得到的 S-N 曲线只是特定结构细节的疲劳性能，不具有普遍适用性。当实际钢桥的构造细节无法在规范中找到相应疲劳类别时，该构造细节的疲劳评估就难以实现。当规范中基于名义应力法给出的构造分级不明确时，构件细节的应力幅和细节分级均需征求专家意见。欧洲规范 EuroCode3 中列出

了 36～160MPa 共计 100 多种构造细节的 14 条 S-N 曲线，每种构造细节、每条 S-N 曲线都需要大量的结构疲劳试验。

高速发展的计算机性能及有限元分析技术，为焊接结构热点应力模拟提供保障。热点应力法疲劳评定的 S-N 曲线，提高了疲劳试验数据的利用效率。国际焊接学会 IIW 引入以热点应力为指标的疲劳评定方法，以克服名义应力评定方法的局限性，减少 S-N 曲线的分散性和对构造细节的依赖性，可将不同接头类型的 S-N 曲线归一化。IIW 的最新标准对结构钢焊接接头热点应力疲劳强度提出了三条 S-N 曲线，即 FAT90、FAT100 和 FAT112，较为详细地推荐热点应力有限元计算、试验测试、疲劳强度评价及损伤度预测方法。但目前在工程实际中，热点应力法仅仅局限于焊接接头焊趾的疲劳强度评估，不能直接应用于裂纹起始于焊根的疲劳分析。

缺口应力法为名义应力和结构应力评定方法的发展与延伸，要全面地反映焊接接头细节疲劳行为，需辅之以缺口应力分析。目前，国际焊接学会 IIW 的最新标准提供了 1 条结构钢焊接接头缺口应力疲劳强度 S-N 曲线，即 FAT225。

2.2.2 传统疲劳评估理论

疲劳问题可分为高周疲劳问题与低周疲劳问题。高周疲劳问题的循环次数较高（一般大于 10^4 次），作用的循环应力水平较低，最大循环应力不超过材料的屈服应力 S_y，也称为应力疲劳；低周疲劳问题的循环次数一般小于 10^4 次，最大循环应力大于材料的屈服应力 S_y，由于材料屈服后应变变化较大，应力变化相对较小，用应变作为疲劳控制参量更为恰当，故也称低周疲劳为应变疲劳[17]。

钢桥疲劳问题属于高周疲劳问题，传统的高周疲劳评估理论建立在 S-N 曲线和 Miner 线性累积损伤准则的基础上，结合 2.2.1 节所述疲劳应力分析方法，通过大量的疲劳试验获得各构造细节的疲劳寿命曲线，通过对荷载谱的分析，按照一定的损伤累积法则来计算结构的疲劳寿命。

1) S-N 曲线

S-N 曲线也称伍勒（Wöhler）曲线，是以应力幅 S_a 为纵坐标、疲劳寿命 N 为横坐标建立的关系曲线，如图 2-27 所示。为了获得 S-N 曲线，需要对特定的构造细节进行常幅疲劳试验，测得其在不同的应力幅下发生疲劳破坏时所对应的寿命值，然后利用回归分析的方法，将得到的大量成组试验数据转化成相应的 S-N 曲线。

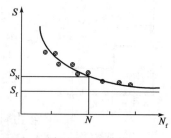

图 2-27 S-N 曲线

由 S-N 曲线确定的，对应于寿命 N 的应力，称为寿命为 N 循环的疲劳强度，记作 S_N。寿命 N 趋于无穷大时所对应的应力 S 的极限值 S_f，称为材料的疲劳极限。由于疲劳极限是由试验确定的，试验又不可能一直做下去，故在许多试验研究的基础上，所谓的"无穷大"一般被定义为：钢材，10^7 次循环；焊接件，2×10^6 次循环。

通常，将试验得到的 S-N 曲线拟合成数学表达式，以方便应用，常用的有以下三种形式。

(1) 幂函数式

描述材料 S-N 曲线的最常用形式是幂函数式，即

$$S^m N = C \tag{2-13}$$

式中:m、C——与材料、应力比、加载方式等有关的参数。

两边取对数,有:

$$\lg S = A + B\lg N \tag{2-14}$$

式中,材料参数 $A = \lg C/m$,$B = -1/m$。式(2-14)表示应力 S 与寿命 N 间有对数线性关系,这一点,可由观察试验数据 S、N 在双对数图上是否线性而确定。

(2)指数式

指数形式的 S-N 曲线表达为:

$$e^{ms} N = C \tag{2-15}$$

两边取对数后成为:

$$S = A + B\lg N \tag{2-16}$$

式中,材料参数 $A = \lg C/m\lg e$,$B = 1/m\lg e$。表示在寿命取对数,应力不取对数的图中,S 与 N 间有线性关系,通常称之为半对数线性关系。

(3)三参数式

有时也希望在 S-N 曲线中考虑疲劳极限 S_f,写成:

$$(S - S_f) N = C \tag{2-17}$$

式中比前两者多一个参数,即疲劳极限 S_f,且当 S 趋近于 S_f 时,N 趋于无穷大。

三种形式中最常用的是幂函数式表达的 S 与 N 间的双对数线性关系。需注意的是 S-N 曲线描述的是高周应力疲劳,故其使用下限为 $10^3 \sim 10^4$,上限则由疲劳极限定义[17]。

2)疲劳累积损伤准则

对于常幅循环荷载下的疲劳破坏,利用 S-N 曲线可以估计特定应力水平下的疲劳寿命;若给定了设计寿命,则可计算容许应力水平。然而,大部分结构所受的实际荷载是变幅荷载。本节介绍变幅循环荷载作用下的疲劳寿命估计方法,如图 2-28 所示。

(1)Miner 线性累积损伤理论

目前,应用最为广泛的疲劳累积损伤理论是线性疲劳累积损伤理论,该理论是指构件在循环荷载作用下,其疲劳损伤是可线性累加的,各个应力之间相互独立且互不相关,当疲劳损伤累积达到某一数值时,就认为结构构件发生疲劳破坏。

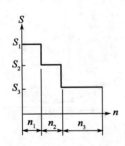

图 2-28 变幅荷载谱

在所用线性累积损伤理论中,最经典也是最常用的就是在 1924 年由科学家 Palmgren 提出的线性疲劳累积损伤理论。1945 年,在 Palmgren 的研究基础上,Miner 将线性累积损伤理论用公式表达出来了,故将此理论称为 Palmgren-Miner 理论,简称 Miner 理论,这也是 BS5400 规范建议采用的理论。根据 Miner 理论可知,构件在某恒幅应力水平 $\Delta\sigma_i$ 作用下,经受 n_i 次循环时的损伤为:

$$D_i = \frac{n_i}{N_i} \tag{2-18}$$

式中:n_i——应力幅 $\Delta\sigma_i$ 的循环次数;

N_i——按常幅应力幅 $\Delta\sigma_i$ 进行疲劳试验时,构件发生破坏时的循环次数。

显然,若 $n_i = 0$,则 $D_i = 0$,构件未受疲劳损伤;若 $n_i = n_i$,则 $D_i = 1$,构件发生疲劳破坏。

对任意构件在变幅应力幅($\Delta\sigma_i, n_i, i = 1, 2, \cdots, k$)作用下的损伤度可定义为:

$$D = \sum_1^k D_i = \frac{\sum_1^k n_i}{N_i} \quad (i = 1,2,\cdots,k) \tag{2-19}$$

根据 Miner 准则可知,当损伤度累积达到 1 时,就认为构件发生疲劳破坏,从而其临界损伤度 D_{cr} 为:

$$D_{cr} = \frac{\sum_1^k n_i}{N_i} = 1 \tag{2-20}$$

线性累积损伤理论存在以下几个假设:荷载必须是对称循环荷载;忽略荷载作用次序对疲劳损伤的影响;任意应力幅值对结构产生的疲劳累积损伤速率与结构的荷载史无关,即认为每次循环产生的疲劳损伤值相同。

如图 2-29 所示为最简单的变幅荷载(二水平荷载)下的累积损伤。从图中坐标原点出发的射线,是给定应力水平 $\Delta\sigma_i$ 下的损伤线。

(2)相对 Miner 理论

由于 Miner 理论只是一种近似的简单形式的累积损伤理论,对于实际受变幅荷载作用的构件,D_{cr} 可能大于 1,也可能小于 1,其具体取值与荷载作用次序及材料分散性有关。Walter Schutz 提出的相对 Miner 理论考虑荷载次序的影响,将式(2-20)修改为:

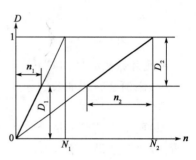

图 2-29 线性累积损伤

$$D_{cr} = \frac{\sum_1^k n_i}{N_i} = Q \tag{2-21}$$

对某具体构件,Q 的取值可以借鉴过去的、类似构件的使用经验或试验数据而确定,这样估计的 Q 值,可以反映实际荷载次序的影响。

相对 Miner 理论的实质是:取消损伤和 $D = 1$ 的假定,由试验或过去的经验确定 Q,并由此估算寿命。其使用条件:一是构件相似,主要是疲劳破坏发生的高应力区几何相似;二是荷载谱相似,主要是荷载谱型(次序)相似,荷载大小可以不同。对于许多改进设计,借鉴过去的原型,这两点常常是可以满足的。

3)循环计数方法

恒幅荷载作用下的疲劳寿命估算,可直接利用 S-N 曲线。变幅荷载谱下的寿命预测,如前所述,借助于 Miner 理论也可以解决。现在进一步介绍随机荷载的处理。如果能够将随机荷载谱等效转换为变幅或恒幅荷载谱,则可利用以前的方法分析疲劳问题。

将不规则的、随机的荷载—时间历程(图 2-30),转化成为一系列循环的方法,称为循环计数法。计数法有很多种,本节只讨论简单、适用且与变幅循环荷载下的应力—应变响应一致的雨流计数法。

雨流计数法,又可称为塔顶法,是 20 世纪 50 年代由英国科学家 M. Matsuiski 和 T. Endo 共同提出来的。他们认为结构之所以会产生疲劳损伤,是因为其具有塑性特性,具体表现在应力—应变的迟滞回线上。如图 2-31 所示,把应变—时间历程数据记录转过 90°,时间坐标轴竖直向下,数据记录犹如一系列屋面,雨水顺着屋面往下流,故称为雨流计数法。

图中1、2、3等表示应力极值点序号;2′、5′等表示雨滴流动中遇到上面流下的雨滴而停止的位置。

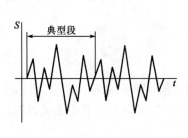

图2-30　随机荷载谱

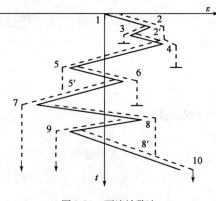

图2-31　雨流计数法

雨流计数法的规则如下：

(1)雨流在时程曲线的起点和依此在每一个峰值的内边(左半部)开始,亦即从1、2、3等尖点开始。

(2)雨流在流到峰值处竖直下滴,直到对面有一个比开始时最大值(或最小值)更大的最大值(或更小的最小值)为止。

(3)雨流在遇到上面屋顶流下的雨时就会停止,与此同时构成了一个循环。

(4)根据雨滴流动的起点和终点,画出各个循环,将所有循环逐一取出来,并记录其峰谷值。

(5)将每一次雨流的水平长度可以作为该循环的幅值。

根据以上雨流计数法的理论,可在计算机上编制相应的程序以实现各级应力幅循环次数的统计。所使用的雨流计数法程序事先不设定应力幅的等级,计数后得到的每个应力幅对应的循环次数有2个值:如果是全循环则为1,如果是半循环则为0.5。所以在计数后,需要将应力幅划分为若干区段,以将应力幅对应的循环数归并为若干应力幅等级,所得到的直方图即为疲劳应力谱。

2.2.3　基于断裂力学的疲劳评估理论

断裂力学是一门研究含裂纹的物体在外界条件(荷载、温度、介质腐蚀、中子辐射等)作用下裂纹的扩展、传播、失稳断裂和止裂规律的学科。这里所说的裂纹,是指材料制造或加工和使用过程中形成的类裂纹缺陷,除了物体中因开裂而产生的裂纹,还包括材料冶炼过程中的夹渣、气孔、加工过程中引起的刀痕、刻槽等。在实际结构中,这种裂纹的存在是难以避免的。

疲劳开裂问题是断裂力学的主要应用领域之一。19世纪60年代,Paris等人将疲劳裂纹扩展数据与应力强度因子幅值联系起来,从而开创并奠定了疲劳断裂理论[18]。

1)线弹性断裂力学理论

(1)裂纹分类

按裂纹的受力及扩展途径,即材料的开裂模式,可将裂纹分为Ⅰ、Ⅱ、Ⅲ型。

Ⅰ型裂纹即张开型裂纹[图2-32a)],裂纹受垂直于裂纹面的拉应力作用,裂纹上下表面沿作用力的方向张开。

Ⅱ型裂纹即滑开型裂纹[图 2-32b)],裂纹受平行于裂纹面且垂直于裂纹线的剪应力作用,裂纹上下表面相对滑开。

Ⅲ型裂纹即撕开型裂纹[图 2-32c)],裂纹受平行于裂纹面且平行于裂纹前沿线的剪应力作用,裂纹上下表面相对错开。

在这三种裂纹中,以Ⅰ型裂纹最为常见,也是最为危险的一种裂纹,所以在研究裂纹体的断裂问题时,这种裂纹是研究得最多的。

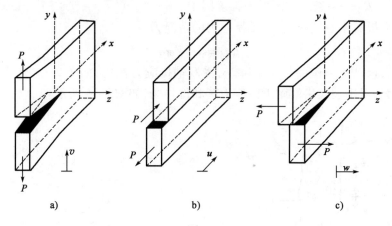

图 2-32 不同开裂模式的裂纹

(2)裂纹尖端的应力场与位移场

① Ⅰ型(张开型)裂纹。

$$\left.\begin{aligned}
\sigma_x &= \frac{K_\mathrm{I}}{\sqrt{2\pi r}}\cos\frac{\theta}{2}\left(1 - \sin\frac{\theta}{2}\sin\frac{3\theta}{2}\right) \\
\sigma_y &= \frac{K_\mathrm{I}}{\sqrt{2\pi r}}\cos\frac{\theta}{2}\left(1 + \sin\frac{\theta}{2}\sin\frac{3\theta}{2}\right) \\
\tau_{xy} &= \frac{K_\mathrm{I}}{\sqrt{2\pi r}}\cos\frac{\theta}{2}\sin\frac{\theta}{2}\cos\frac{3\theta}{2} \\
\tau_{xz} &= \tau_{yz} = 0 \\
\sigma_z &= \nu(\sigma_x + \sigma_y) \quad (\text{平面应变}) \\
\sigma_z &= 0 \quad (\text{平面应力})
\end{aligned}\right\} \quad (2\text{-}22)$$

$$\left.\begin{aligned}
u &= \frac{2(1+\nu)K_\mathrm{I}}{4E}\sqrt{\frac{r}{2\pi}}\left[(2k-1)\cos\frac{\theta}{2} - \cos\frac{3\theta}{2}\right] \\
v &= \frac{2(1+\nu)K_\mathrm{I}}{4E}\sqrt{\frac{r}{2\pi}}\left[(2k+1)\sin\frac{\theta}{2} - \sin\frac{3\theta}{2}\right] \\
w &= 0 \quad (\text{平面应变}) \\
w &= -\int\frac{\nu}{E}(\sigma_x + \sigma_y)\mathrm{d}z \quad (\text{平面应力})
\end{aligned}\right\} \quad (2\text{-}23)$$

$$k = \begin{cases} 3 - 4\nu & \text{(平面应变)} \\ \dfrac{3-\nu}{1+\nu} & \text{(平面应力)} \end{cases} \tag{2-24}$$

式中：r、θ——裂纹尖端附近点的极坐标；

$\quad\quad\quad\quad u$、v、w——位移分量；

σ_x、σ_y、τ_{xy}、σ_z、τ_{xz}、τ_{yz}——应力分量；

$\quad\quad\quad\quad E$——弹性模量；

$\quad\quad\quad\quad K_{\mathrm{I}}$——裂纹尖端应力强度因子。

对于无限大板有中心裂纹、受双轴拉应力的情况为：

$$K_{\mathrm{I}} = \sigma \sqrt{\pi a} \tag{2-25}$$

设一无限大板，中心有一裂纹，长为 $2a$，受双轴拉应力作用，如图 2-33 所示。按弹性力学的平面问题求解，得出裂纹尖端附近的应力场和位移场，如图 2-34 所示。

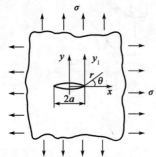

图 2-33 带中心裂纹无限大板受双轴拉应力

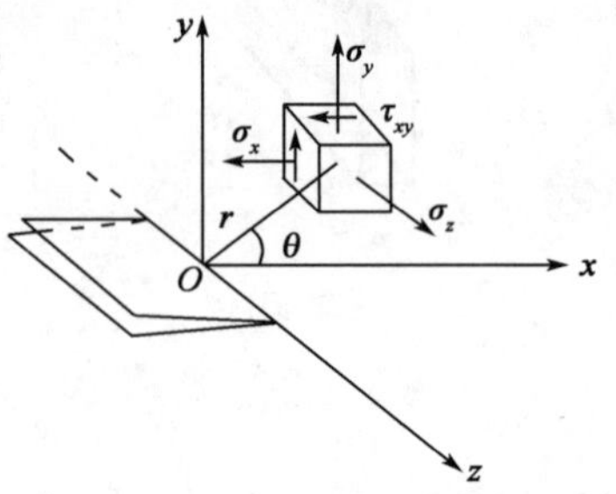

图 2-34 裂纹尖端附近的应力场和位移场

② Ⅱ 型（滑开型）裂纹。

设一无限大板，中心有一裂纹，长为 $2a$，无穷远处受剪应力作用，如图 2-35 所示。按弹性力学的平面问题求解，得出裂纹尖端附近的应力场和位移场如下：

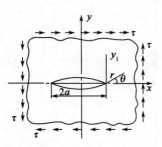

图 2-35 带中心裂纹无限大板受剪应力

$$\left. \begin{aligned} \sigma_x &= \dfrac{-K_{\mathrm{II}}}{\sqrt{2\pi r}} \sin\dfrac{\theta}{2}\left(2 + \cos\dfrac{\theta}{2}\cos\dfrac{3\theta}{2}\right) \\ \sigma_y &= \dfrac{K_{\mathrm{II}}}{\sqrt{2\pi r}} \sin\dfrac{\theta}{2}\cos\dfrac{\theta}{2}\cos\dfrac{3\theta}{2} \\ \tau_{xy} &= \dfrac{K_{\mathrm{II}}}{\sqrt{2\pi r}} \cos\dfrac{\theta}{2}\left(1 - \sin\dfrac{\theta}{2}\sin\dfrac{3\theta}{2}\right) \\ \tau_{xz} &= \tau_{yz} = 0 \\ \sigma_z &= \nu(\sigma_x + \sigma_y) \quad \text{（平面应变）} \\ \sigma_z &= 0 \quad \text{（平面应力）} \end{aligned} \right\} \tag{2-26}$$

$$\left. \begin{aligned} u &= \dfrac{2(1+\nu)K_{\mathrm{II}}}{4E}\sqrt{\dfrac{r}{2\pi}}\left[(2k+3)\sin\dfrac{\theta}{2} + \sin\dfrac{3\theta}{2}\right] \\ v &= \dfrac{2(1+\nu)K_{\mathrm{II}}}{4E}\sqrt{\dfrac{r}{2\pi}}\left[(2k-2)\cos\dfrac{\theta}{2} + \cos\dfrac{3\theta}{2}\right] \\ w &= 0 \quad \text{（平面应变）} \\ w &= -\int \dfrac{\nu}{E}(\sigma_x + \sigma_y)\,\mathrm{d}z \quad \text{（平面应力）} \end{aligned} \right\} \tag{2-27}$$

$$K_{II} = \tau\sqrt{\pi a} \qquad (2\text{-}28)$$

式中各符号意义同式(2-22)和式(2-23)。

③Ⅲ型(撕开型)裂纹。

设一无限大板,中心有一裂纹,长为2a,无穷远处受沿z轴方向的均匀剪切应力,如图2-36所示。按弹性力学的反平面应变问题求解,得出裂纹尖端附近的应力场和位移场如下:

$$\left.\begin{aligned}\tau_{xz} &= -\frac{K_{III}}{\sqrt{2\pi r}}\sin\frac{\theta}{2}\\ \tau_{zy} &= \frac{K_{III}}{\sqrt{2\pi r}}\cos\frac{\theta}{2}\\ \sigma_x &= \sigma_y = \sigma_z = \tau_{xy} = 0\end{aligned}\right\} \qquad (2\text{-}29)$$

$$\left.\begin{aligned}w &= \frac{K_{III}2(1+\nu)}{E}\sqrt{\frac{2r}{\pi}}\sin\frac{\theta}{2}\\ v &= u = 0\end{aligned}\right\} \qquad (2\text{-}30)$$

$$K_{III} = \tau\sqrt{\pi a} \qquad (2\text{-}31)$$

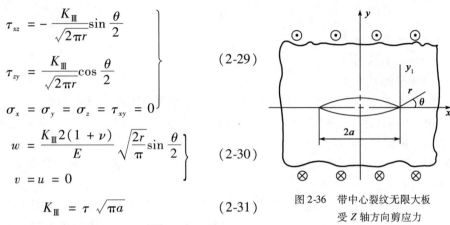

图2-36 带中心裂纹无限大板受Z轴方向剪应力

式中各符号意义同式(2-22)和式(2-23)[19]。

(3)应力强度因子与断裂韧性

三种类型的裂纹尖端邻域的应力场与位移场公式有相似之处,可把它们写成如下形式:

$$\left.\begin{aligned}\sigma_{ij}^{(N)} &= \frac{K_N}{\sqrt{2\pi r}}f_{ij}^N(\theta)\\ u_i^{(N)} &= K_N\sqrt{\frac{r}{\pi}}g_i^N(\theta)\end{aligned}\right\} \qquad (2\text{-}32)$$

式中,$\sigma_{ij}(i,j=1,2,3)$——应力分量;

$u_i(i=1,2,3)$——位移分量;

N——取Ⅰ、Ⅱ、Ⅲ,表示裂纹类型;

$f_{ij}(\theta)$、$g_i(\theta)$——极角θ的函数。

其中,应力场公式有如下特点:

(1)应力与$\sqrt{r}$成反比。在裂纹尖端处($r=0$),应力为无限大,即在裂纹尖端应力出现奇点,应力场具有$1/\sqrt{r}$的奇异性。只要存在裂纹,不管外荷载多么小,裂纹尖端应力总是无限大,按照传统的观点,就应该发生破坏,当然这与事实不符。这意味着,不能再用应力的大小来判断裂纹是否会发生扩展及破坏。

(2)应力与参量K_N成正比。同一变形状态下,不论其他条件怎样不同,只要K值相同,则裂纹尖端邻域的应力场强度完全相同。所以,应力强度因子$K_N(N=Ⅰ、Ⅱ、Ⅲ)$反映了裂纹尖端邻域的应力场强度。

式(2-25)、式(2-28)与式(2-31)所示三种类型的K值公式仅适用于荷载或位移对于裂纹中点的坐标轴是对称的或反对称的简单情况,而且所研究的问题限于无限大板穿透裂纹。对于一般的裂纹问题,应力强度因子由相应的应力场和位移场公式定义:

$$\left.\begin{array}{l} K_{\mathrm{I}} = \lim_{r \to 0} \sqrt{2\pi r}\, \sigma_y(r,\theta) \\ K_{\mathrm{II}} = \lim_{r \to 0} \sqrt{2\pi r}\, \tau_{xy}(r,\theta) \\ K_{\mathrm{III}} = \lim_{r \to 0} \sqrt{2\pi r}\, \tau_{yz}(r,\theta) \end{array}\right\} \tag{2-33}$$

也可表达为：

$$K = Y\sigma\sqrt{\pi a} \tag{2-34}$$

式中：σ——名义应力；

　　a——裂纹尺寸；

　　Y——形状系数。

K 值一般无法通过解析法得到，工程中广泛采用有限单元法求解。

由式(2-33)可见，K_N 与裂纹尖端邻域内点的位置坐标(r,θ)无关，它只是表征裂纹体弹性应力场强度的量，而不表征各种裂纹变形状态下的应力分布。由于 K_N 由问题的远场边界条件确定，所以一般说来与受载方式、荷载大小、裂纹长度及裂纹体的形状有关，有时还与材料的弹性性能有关。

应力强度因子这个参量，可作为判断裂纹是否进入失稳状态的一个指标。对于Ⅰ型裂纹，当 K_{I} 达到临界值——材料固有的抵抗脆性断裂的能力时，裂纹发生失稳扩展，即失稳扩展的临界条件是：

$$K_{\mathrm{I}} = K_{\mathrm{IC}} \tag{2-35}$$

这就是 G. R. Irwin 提出的应力强度因子断裂准则(或称断裂判据)。式中 K_{IC} 称为材料的断裂韧性(或称临界应力强度因子)，由试验确定。它是与试验温度、板厚、变形速度等参量有关的数值，一旦这些外部因素固定时，K_{IC} 即为表示材料性质的常数。

对于Ⅱ型裂纹问题和Ⅲ型裂纹问题有类似的临界条件，即

$$K_{\mathrm{II}} = K_{\mathrm{IIC}} \tag{2-36}$$

$$K_{\mathrm{III}} = K_{\mathrm{IIIC}} \tag{2-37}$$

应特别注意，应力强度因子 K 和材料的临界应力强度因子 K_C 是两个不同的概念。前者是由外荷载引起的反映力学效应(即裂纹尖端邻域应力场强弱)的一个参量，后者是反映材料性能的一个参量[20]。

2）疲劳裂纹扩展与剩余寿命预测

(1) 裂纹扩展速率

荷载交变一次产生的裂纹长度增加量，称为裂纹扩展速率，按导数的含义，记为 da/dN。将荷载的一次循环中Ⅰ型应力强度因子的最大值、最小值及幅度值分别记为 $K_{\mathrm{I}\max}$、$K_{\mathrm{I}\min}$ 和 ΔK_{I}，应力 σ 的幅值记为 $\Delta\sigma$，则：

$$\Delta K_{\mathrm{I}} = K_{\mathrm{I}\max} - K_{\mathrm{I}\min} = Y\Delta\sigma\sqrt{\pi a} \tag{2-38}$$

在实际应用中，如果应力强度因子出现负值，则幅值的计算只取正值部分。

在常幅和不变频率条件下，纯Ⅰ型裂纹试样的疲劳试验结果表明，裂纹扩展速率与应力强度因子幅之间存在确定的关系。在 $da/dN - \Delta K_{\mathrm{I}}$ 的双对数坐标系中，这个关系如图 2-37 所示。图 2-37 $\lg da/dN - \lg\Delta K_{\mathrm{I}}$ 曲线明显地分为三段，即低速段、中速段和高速段，分别用点Ⅰ以下部分、点Ⅰ与点Ⅱ之间部分和点Ⅱ与点Ⅲ之间部分表示对应的三个区间。

在中速段，$\lg da/dN$ 与 $\lg \Delta K_I$ 呈直线关系，因此可以描写为：

$$\frac{da}{dN} = C(\Delta K_I)^n \quad (2\text{-}39)$$

式中：C、n——材料常数，分别为 $da/dN - \Delta K_I$ 平面上直线的截距和斜率，它们与环境介质及试验温度等有关。

这就是 Paris 公式。

在低速段，da/dN 与 ΔK_I 的关系可以用修正的 Paris 公式描写：

$$\frac{da}{dN} = C[\Delta K_I(1-R)^{m-1}]^n \quad (2\text{-}40)$$

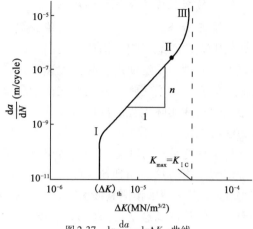

图 2-37　$\lg \dfrac{da}{dN} - \lg \Delta K_I$ 曲线

式中：R——应力比；

m——与材料和环境介质有关的常数。

在实际问题中，可以认为低于 10^{-8} m/次的扩展速率近似于零，即认为不扩展。这样一来，与它对应的 ΔK_I 之值可以由式（2-40）算出，并记为 ΔK_{th}：

$$\Delta K_{th} = \Delta K_0(1-R)^\gamma \quad (2\text{-}41)$$

式中，$\Delta K_0 = [h/C]^{1/n}$，$\gamma = 1 - m$，$h = 10^{-8}$ m/次。称 ΔK_{th} 为裂纹扩展应力强度因子的门槛值。而 ΔK_0 为 $R=0$，即脉动循环对应的门槛值。按门槛值的含义，当 $\Delta K_I < \Delta K_{th}$ 裂纹扩展速率为零，即不扩展。

高速段从 $\lg da/dN - \lg \Delta K_I$ 曲线出现转折点 II 开始，裂纹扩展速率随 ΔK_I 的增加而快速增加。一般地说，转折处应力强度因子幅 ΔK_C 约为 K_{IC} 值的 2/3。

研究疲劳裂纹的扩展速率，一般通过两种途径：一种是通过试验观察，根据试验结果，直接总结出表达裂纹扩展规律的经验公式；另一种是结合微观试验研究，提出裂纹扩展机理的假设模型，推导出裂纹扩展规律的理论公式。

（2）剩余寿命预测

从 Paris 公式出发，导出裂纹从初始长度 a_0 扩展到 a 相应的应力循环次数 N，将式（2-39）改写为：

$$N = \int_{a_0}^{a} \frac{da}{C(Y\Delta\sigma\sqrt{\pi a})^n} \quad (2\text{-}42)$$

这就是所要求的裂纹的初始长度 a_0、扩展后的长度 a 和相应的应力循环次数 N 的关系。它联系了 N、a、a_0、$\Delta\sigma$、C、n 和 L，共 7 个量。

由式（2-42）可以求裂纹从初始长度 a_0 扩展到构件断裂相应的应力循环次数 N_C。设断裂对应的裂纹长度为 a_C，即

$$K_I = Y\sigma\sqrt{\pi a_C} = K_{IC} \quad (2\text{-}43)$$

那么由式（2-42）得到[21]：

$$N_C = \int_{a_0}^{a_C} \frac{da}{C(Y\Delta\sigma\sqrt{\pi a})^n} \quad (2\text{-}44)$$

3) 与传统疲劳评估理论的比较

传统疲劳分析方法作为一种简单成熟的评价方法,应用十分广泛。但由于在工程结构寿命评估中无法考虑影响结构疲劳的诸多因素,传统疲劳分析方法对构件疲劳寿命的评估离散性较大。断裂力学法使用裂纹扩展速率来推断构件的剩余疲劳寿命,是目前较为先进的疲劳寿命评估方法。但实际工程结构往往十分复杂,从而导致其边界条件下应力强度因子的求解困难;同时,在实际工程结构疲劳评估中,疲劳结构裂纹的探测技术也在一定程度上制约了断裂力学法的广泛应用。

传统疲劳分析方法更适用于桥梁抗疲劳设计阶段。对于既有桥梁的疲劳性能评估,由于传统疲劳分析方法运用到 S-N 曲线,需要输入应力谱,而旧桥完整的过往交通量记录往往无法获得,因此无法精确预测其疲劳寿命。断裂力学法评估结构疲劳立足结构当前的实际状况,不需要知道结构的荷载历史,在一定程度上补充和发展了传统疲劳分析方法,为结构安全分析和破坏事故原因分析调查提供理论依据,如图 2-38 和表 2-2 所示。

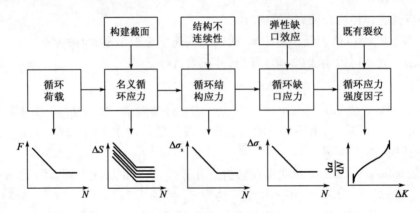

图 2-38 各种疲劳分析方法的递进补充关系

传统法与断裂力学法对比　　　　　　　表 2-2

评价方法	传统的疲劳分析方法	断裂力学的疲劳分析方法
初始假设	材料均匀连续不存在任何的初始缺陷	材料中存在各种存在初始缺陷(夹杂、气孔、未焊透等)
材料影响	材料强度高低直接影响疲劳强度和寿命	材料的强度与断裂韧性决定(如高强、低韧材料的临界裂纹尺寸较小,使用寿命短)
寿命评估	应力幅与 S-N 曲线估算寿命,无法计算检修维护周期,比较不经济	裂纹扩展速率估算疲劳寿命,能计算出检修维护周期
损伤评价	用 Miner 理论考虑累积损伤	用裂纹累积长度考虑疲劳损伤
适用范围	由疲劳试验得到不同构造细节的 S-N 曲线,复杂连接形式需咨询专家	可以在各种环境及荷载下求裂纹的扩展速率,以区分其影响,但其试验比传统的疲劳试验复杂
发展历史	使用时间较长,形式简单,应用广泛	是较新的疲劳强度计算方法,尚待进一步发展完善

2.2.4 疲劳可靠性分析

1) 结构可靠度理论

结构可靠性是指结构在规定的时间及条件下,完成预定功能的能力。由于受到各种不确定因素的影响,导致影响结构可靠性的各种因素(如荷载效应和结构抗力等)是随时间和空间而变动的,从而结构完成预定功能的能力不能事先确定,只能用概率的形式来描述[22]。

结构的功能函数,一般由荷载 S 和抗力 R 两个变量组成,而 S 和 R 是许多随机变量的函数,用 $X_i(i=1,2,\cdots,n)$ 表示结构中的独立随机变量,则结构的功能函数可以表示为:

$$Z = R - S = g(X_1, X_2, \cdots, X_n) \tag{2-45}$$

当 $Z>0$ 时,结构处于可靠状态;$Z<0$ 时,结构处于失效状态;$Z=0$ 时,结构处于极限状态。

在结构的可靠度分析中,为了计算和表达方便,常用失效概率来度量结构的可靠性。根据结构可靠度的定义和概率论的基本原理,假设结构中的随机独立变量 $(X_1, X_2, \cdots, X_n)$ 相应的概率密度函数为 $f_X(x_1, x_2, \cdots, x_n)$,则结构的失效概率表示为:

$$p_f = p(Z<0) = \iint\limits_{Z<0}\cdots\int f_{X_1}(x_1) f_{X_2}(x_2) \cdots f_{X_n}(x_n) \mathrm{d}x_1 \mathrm{d}x_2 \cdots \mathrm{d}x_n \tag{2-46}$$

假定 R 和 S 均服从正态分布,若其平均值和标准差分别为 $\mu_R \backslash \mu_S$ 和 $\sigma_R \backslash \sigma_S$,则功能函数 $Z=R-S$ 也服从正态分布,其平均值和标准差分别为 $\mu_Z = \mu_R - \mu_S$ 及 $\sigma_Z = \sqrt{\sigma_R^2 + \sigma_S^2}$,则可靠指标的表达式为:

$$\beta = \left(\frac{\mu_Z}{\sigma_Z}\right) = \frac{\mu_R - \mu_S}{\sqrt{\sigma_R^2 + \sigma_S^2}} \tag{2-47}$$

图 2-39 为结构正态功能函数 Z 的概率密度曲线,其中阴影部分的面积为失效概率,即

$$p_f = p(Z<0) = F_Z(0) = \int_{-\infty}^{0} \frac{1}{\sqrt{2\pi}\sigma_Z} \exp\left(-\frac{(Z-\mu_Z)^2}{2\sigma_Z^2}\right) \mathrm{d}Z \tag{2-48}$$

令 $t = \dfrac{Z-\mu_Z}{\sigma_Z}$,则:

$$p_f = \int_{-\infty}^{\frac{\mu_Z}{\sigma_Z}} \frac{1}{\sqrt{2\pi}} \exp\left(-\frac{t^2}{2}\right) \mathrm{d}t = \Phi(-\beta) \tag{2-49}$$

$$\beta = \Phi^{-1}(1 - p_f) \tag{2-50}$$

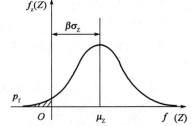

图 2-39　正态功能函数概率密度曲线

式中,$\Phi(\cdot)$——标准正态分布函数;

$\Phi^{-1}(\cdot)$——标准正态分布函数的反函数。

由图可见,可利用标准差 $\beta\sigma_Z$ 去表示 0 到平均值 μ_Z 之间的距离,即 $\mu_Z = \beta\sigma_Z$。β 与 p_f 之间存在如下关系:β 小时,p_f 大;β 大时,p_f 就小。因此,也可以将 β 作为一个衡量结构可靠性的指标。根据式(2-50)可得到 β 与 p_f 的对应关系,见表 2-3。

失效概率与可靠度之间的对应关系(正态分布)　　　　　表 2-3

p_f	10^{-1}	10^{-2}	10^{-3}	10^{-4}	10^{-5}	10^{-6}	10^{-7}	10^{-8}	10^{-9}
β	1.28	2.32	3.09	3.72	4.26	4.75	5.20	5.61	6.00

若 R、S 均服从对数正态分布,功能函数表示为 $Z = \ln(R/S) = \ln R - \ln S$,则通过类似的推导,得到 β 与 p_f 的对应关系见表 2-4。

失效概率与可靠度之间的对应关系（对数正态分布）　　表2-4

p_f	10^{-1}	10^{-2}	10^{-3}	10^{-4}	10^{-5}	10^{-6}
β	1.96	2.50	3.03	3.57	4.10	4.64

目标可靠度指标 β_{rarget} 是指结构所能接受的最小安全水平。钢桥疲劳寿命可靠性评估中，一项重要的工作就是确定合适的 β_{rarget}，在安全性和经济性之间找到一个平衡点，从而既能保证结构的可靠性，又能将维护费用保持在一个可接受的范围。Moses[23]研究分析了AASHTO规范中钢桥疲劳设计所隐含的可靠度，对于冗余钢桥构件，建议目标可靠度指标取3.90，而对于非冗余钢桥构件，则建议目标可靠度指标取5.28；Eurcode1规范规定钢桥疲劳的目标可靠度指标可取1.5~3.8。

2）基于传统疲劳理论的疲劳可靠性分析

传统的疲劳理论发展到今天已有200多年的历史，其中一些经典的内容，如 S-N 曲线、Miner线性累积准则至今仍有广泛的应用。随着可靠性理论在工程结构的广泛应用，逐渐形成传统疲劳理论与可靠性知识相结合，便于工程结构各领域使用的疲劳可靠性模型。

基于传统疲劳理论的疲劳可靠性模型，目前主要有累积损伤模型、剩余强度模型及疲劳寿命模型三种。这三种模型的区别在于采用描述疲劳损伤所选取的参量不同，最终建立起来的构件在疲劳荷载作用下的安全余量方程也有所不同。对于不同的结构受载状况、工作环境、结构体系、材料特性，要选择合适的模型，必要的时候对模型进行一定的修改来满足结构可靠性分析的需要。

（1）累积损伤模型

疲劳累积损伤模型很自然地与传统的结构疲劳寿命分析相衔接，同时该模型比较简单，涉及的统计信息较少，能反映疲劳破坏的基本趋势，因此许多学者对此进行研究并取得了一定进展[24-26]。工程结构的疲劳破坏是材料内部损伤的逐渐累积过程，这个累积过程是一个不可逆的能量耗散过程。因此随着循环次数的增加，材料内部的疲劳损伤单调增加，材料抵抗外载的能力单调下降。如果以累积损伤 $D(n)$ 作为控制参数，结构的安全余量 M_D 的基本形式为：

$$M_D = D(n) - D_C \tag{2-51}$$

式中：$D(n)$——累积损伤，随循环次数 n 单调增加；

D_C——临界损伤值。

构件的疲劳可靠度 P_r 可表示为：

$$P_r = P(D(n) - D_C \leq 0) \tag{2-52}$$

基于不同累积损伤模型的疲劳可靠性分析方法，只是对于如何处理瞬时累积损伤 $D(n)$ 和临界累积损伤 D_C 的方法不同。疲劳累积损伤模型如图2-40所示。当临界累积损伤 D_C 为一定值时，随着累积损伤 $D(n)$ 的增加，结构可靠度 P_r 逐渐下降。

（2）剩余强度模型

在疲劳荷载作用下，材料内部的损伤不断增加，性能不断恶化，导致材料抵抗外荷载的能力下降。这种能力可用剩余强度 $R(n)$ 来描述。此时，结构的安全余量 M_R 可表

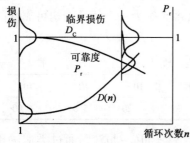

图2-40　疲劳累积损伤模型

达为:

$$M_R = R(n) - S(n) \tag{2-53}$$

式中:$R(n)$——剩余强度;

$S(n)$——疲劳荷载。

在常幅荷载作用下,剩余强度不断下降而荷载不变,构件的可靠性不断下降,这一过程可用图 2-41 进行描述。但是在变幅或随机荷载作用下问题就要复杂得多。

基于剩余强度的构件可靠性分析模型是建立在应力—强度干涉模型基础上的。应力—强度干涉模型是经典可靠性理论的基本分析方法,若构件抗力和所承受的荷载 S 相互独立,其概率密度函数分别为 $f_R(r)$ 和 $f_S(s)$,则构件的可靠度为:

$$P_r = \int_{-\infty}^{\infty} \left[\int_{x}^{\infty} f_R(r) \mathrm{d}r \right] f_S(s) \mathrm{d}s \tag{2-54}$$

或

$$P_r = \int_{-\infty}^{\infty} \left[\int_{-\infty}^{r} f_S(s) \mathrm{d}s \right] f_R(r) \mathrm{d}r \tag{2-55}$$

许多学者对应力—强度模型有一定的研究,但用剩余强度来进行疲劳可靠性分析的还不多。主要是因为剩余强度曲线的获得需要做大量的试验,目前对复合材料剩余强度的试验稍多些,而金属材料的试验还很少。

(3)疲劳寿命模型

疲劳寿命模型是以疲劳寿命 T_0 作为参数,结合疲劳累积损伤或裂纹扩展理论进行疲劳可靠性分析,结构的安全余量 M_T 的形式如下:

$$M_T = T_0 - T_D \tag{2-56}$$

式中:T_D——设计寿命,为给定值;

T_0——在一给定荷载谱下的疲劳寿命。

疲劳寿命模型可粗略地用图 2-42 解释。

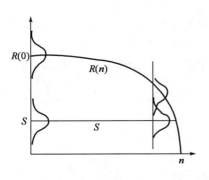

图 2-41　剩余强度模型

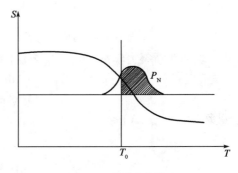

图 2-42　疲劳寿命模型

构件的疲劳可靠度 P_r 为:

$$P_r = P(T_0 \geq T_D) \tag{2-57}$$

可以看到疲劳寿命模型简便直观,便于进行可靠性设计。因为设计寿命 T_D 是确定性的量,所以用该模型进行疲劳可靠性分析的关键是不同时刻结构疲劳寿命的分布。

常幅荷载下结构构件疲劳寿命的分布,已有了足够的试验和理论研究。大量的疲劳试验结果表明,疲劳寿命可以用 Weibull 分布或者对数正态分布描述,从统计学的角度看三参数的 Weibull 分布或三参数的对数正态分布用于描述疲劳寿命分布都是很合适的。

但在变幅或随机荷载作用下,疲劳寿命的瞬时分布是难给出解析表达式的,对变幅荷载下瞬间疲劳寿命分布的研究还不多。目前大多数研究者将变幅荷载下的疲劳寿命看作 Weibull 分布或者对数正态分布,但是如何定量给出瞬时疲劳寿命的分布参数,还没有很好地解决。

除了上述提到的概率和可靠性模型,还有其他一些类似的方法,它们都主要是针对机械零件和构件的疲劳分析的需要发展起来的。在这些概率模型中,并没有哪个是能够作为统一的规范的模型或者说是绝对准确的,只是不同的概率模型适合不同的受载状况、工作环境、结构体系、材料特性等,所以选择概率模型来计算疲劳可靠性时,关键是选择跟所研究的对象或者说所要计算的结构体系的情况最吻合的概率模型。

3)基于断裂力学理论的疲劳可靠性分析

在 Paris 公式基础上可以定义裂纹尺寸从 a_1 扩展到 a_2 时的疲劳损伤累积方程 $\Psi(a_1, a_2)$,它表示裂纹尺寸从 a_1 到 a_2 时的疲劳损伤。

$$\Psi(a_1, a_2) = \int_{a_1}^{a_2} \frac{\mathrm{d}a}{(Y\sqrt{\pi a})^m} \tag{2-58}$$

$\Psi(a_1, a_2)$ 是随裂纹长度 a 单调增加的,将其视为基本变量时,疲劳破坏的极限状态方程如下:

$$\Psi(a_0, a_C) - \Psi(a_0, a_N) = 0 \tag{2-59}$$

式中:$\Psi(a_0, a_C)$——裂纹尺寸从初始值 a_0 增长到临界值 a_C 时的疲劳累积损伤;

$\Psi(a_0, a_N)$——裂纹从初始值 a_0 经过 N 次应力循环增长到 a_N 时的疲劳累积损伤。

对于一个特定的裂纹几何特性和材料特性,a_C 代表一个与断裂相关的极限状态,$\Psi(a_0, a_C)$ 则表示相应的累积损伤临界值。

使用疲劳损伤累积方程 $\Psi(a_1, a_2)$ 作为基本变量可以使得疲劳可靠性分析更加简单实用,同时在工程应用,如桥梁维修和检测方面更为有效。

根据公式(2-8),可以将 $\Psi(a_0, a_C)$ 和 $\Psi(a_0, a_N)$ 表示为:

$$\left. \begin{array}{l} \Psi(a_0, a_C) = \int_{a_0}^{a_C} \dfrac{\mathrm{d}a}{(Y\sqrt{\pi a})^m} \\ \Psi(a_0, a_N) = CS_{RE}^m(N - N_0) \end{array} \right\} \tag{2-60}$$

这样,基于线弹性断裂力学疲劳可靠度方法的极限状态方程可以表示为:

$$g(X) = \int_{a_0}^{a_C} \frac{\mathrm{d}a}{(Y\sqrt{\pi a})^m} - CS_{RE}^m(N - N_0) \tag{2-61}$$

当疲劳破坏发生时,$g(X) \leq 0$。

2.3 疲劳研究方法

2.3.1 模型试验方法

1)加载方式

按驱动方式,可以将疲劳试验机分为四类:电液式疲劳试验机、电磁式疲劳试验机、机械式疲劳试验机与气动式疲劳试验机。在钢桥疲劳研究中,常用的疲劳试验机包括电液式疲劳试验机与机械式疲劳试验机。

电液式疲劳试验机的工作机理是电液伺服阀按照输入信号的变化规律控制输入液压缸活塞两腔的液压油,实现活塞杆按照预期对试件施加荷载。图 2-43 是一种典型的电液式疲劳试验机,主要由油源、液压缸、电液伺服阀等设备组成。

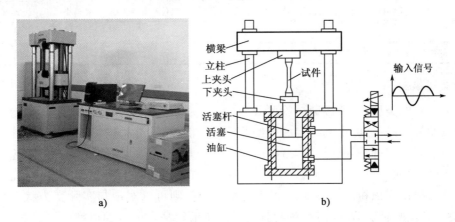

图 2-43 电液式疲劳试验机

电液式疲劳试验机的主要优点有:活塞杆输出荷载、振幅控制方便;活塞输出荷载波形控制方便;荷载重量比大。主要缺点是:其输出荷载的频率比较低(普遍低于 8Hz),由于钢桥疲劳试验的循环次数一般在 10^4 以上,疲劳试验消耗的时间会很长;另外,电液式疲劳试验机造价昂贵,对液压油的质量要求较高,系统维修复杂,易对环境造成油污染等[27]。

机械式疲劳试验机的工作原理如图 2-44 所示,将试件一端与机架固定,在悬臂端固定疲劳试验机,通过电机偏心块转动带动试件上下振动,实现对试件的疲劳加载。通过调节偏心块的夹角,粗调输出荷载大小;通过调节试验机内部偏心块的转动频率,微调输出荷载大小。机械式疲劳试验机输出正弦波形的垂直向拉压荷载。

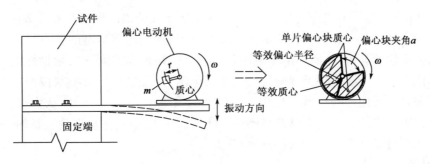

图 2-44 机械式疲劳试验机工作原理

由表 2-5 可见,相较于大型液压伺服疲劳试验机,机械式疲劳试验机具有使用能耗小、效率高等显著特点。但机械式疲劳试验机输出荷载相对较小;同时受机械结构所限,仅适用于部分钢桥疲劳细节的加载。因此,机械式疲劳试验机更适合针对单个疲劳细节局部足尺试件进行大批量试验,而针对节段足尺试件进行的疲劳试验普遍采用大型电液式疲劳试验机。

电液式疲劳试验机与机械式疲劳试验机对比 表 2-5

驱动方式	电液式疲劳试验机	机械式疲劳试验机
荷载能力	大	小
荷载类型	拉压、弯曲、扭转或复合荷载	拉压、弯曲
输出波形	波形可调	正弦
频率	(1)可使用频率有限,普遍低于8Hz;(2)受位移限制,位移越大加载频率越小	最大可达20Hz
功率	大	小
造价与维护成本	高	低

2) 荷载谱编制

按应力循环的类型,钢桥疲劳试验可分为:等幅疲劳试验、变幅疲劳试验与随机疲劳试验。等幅疲劳试验操作简单,可得到特定疲劳细节的 S-N 曲线,也可以按照一定的损伤定律对变幅及随机疲劳进行研究;但不能研究荷载顺序对疲劳的影响,无法对损伤定律进行模型验证。通常进行二级(或多级)变幅疲劳试验,改变荷载顺序与各级荷载下的循环次数,研究变幅荷载作用下的疲劳损伤累积和破坏准则。而随机疲劳试验则可以实现与实际受力状态相似的荷载,能够更好地反映真实情况,但是对疲劳试验机要求较高。进行随机疲劳试验时,必须在不影响荷载本质特征的基础上,将实测荷载简化成简单实用、具有代表性的典型荷载谱。编制典型荷载谱的方法通常可分为功率谱法和计数法两大类。功率谱法在实际应用中运算麻烦,应用非常少;而计数法以概率统计方法为基础来研究随机荷载,方法简单,应用广泛,当前国内外应用最多的是雨流计数法[28]。

国内外钢桥疲劳评估中,一般采用疲劳车辆荷载谱作为疲劳荷载模型,一些发达国家已经在本国桥梁疲劳设计规范中给出了相应的典型车辆荷载谱,其中以英国 BS5400 规范第 10 篇[29]中的最为全面。而对于我国公路和城市道路桥梁,目前还没有相关规范标准。疲劳车辆荷载谱一般有三种形式:典型车辆荷载谱、专用车辆荷载谱及标准疲劳车荷载谱。

(1) 典型车辆荷载谱

英国 BS5400 规范第 10 篇完整地给出了针对本国干线公路的典型车辆荷载谱。该荷载谱给出了 25 种典型商用车辆的总重、轴重及出现的频率,其中每类车型的轴重是由同类车辆的实测称重数据平均计算得到,而典型车辆出现的频率则是根据实际交通量抽样调查获得。该荷载谱基本涵盖了在干线公路上行驶的全部商用车辆,少量非常见车型则按照疲劳损伤等效原则折算后归并到最接近的典型车型中。所考虑的最小车重为 30kN,即认为重量小于 30kN 的车辆对结构疲劳损伤的影响可以忽略不计。此外,为了考虑同一车型载质量的变化,该荷载谱还将同一车型再细分为重载、中载和轻载三类。

(2) 专用车辆荷载谱

国外的典型车辆荷载谱是根据本国交通量统计分析后得出的,无论在车型还是在出现频率方面都与我国的实际情况有明显差异。此外,受国内地域差异影响,采用单一的典型车辆荷载谱也可能与实际情况存在较大偏差。因此,为了提高钢桥疲劳寿命预测的准确性,需要建立专用的疲劳车辆荷载谱。一般地,专用车辆荷载谱的建立可以分为两个步骤,即交通调查和车辆数据处理。交通调查主要是统计通过桥梁的各类车辆的数量、轴重及轴距等信息。常用的交通调查方法有两种:人工观测法和仪器测试法。对于以车辆总重表示的原始数据的简化方法则是将整个车重范围划分成若干个区间,把属于同一车重区间的车辆归为一组,统计每一车重区间内的车辆数目,并以每个车重区间的中值作为该组车辆的代表车重。对于以车辆型号表示的车辆原始数据,通常以车辆轴数划分类别,并建立每类车辆的代表车型。

(3)标准疲劳车荷载谱

为了进一步降低后续疲劳分析的计算量,还可采用基于标准疲劳车的疲劳车辆荷载谱。对于公路钢桥,标准疲劳车是一台特定的车辆,其原型通常为典型车辆荷载谱中对桥梁疲劳损伤贡献最大的车型。一些外国的抗疲劳设计规范中已经给出了标准疲劳车的模型,例如英国BS5400规范第10篇和美国AASHTO的《钢桥疲劳设计指导性规范》[30]等。英国BS5400规范第10篇给出的适用于公路桥梁的标准疲劳车是一台总重为320kN的4轴车辆,其具体特征如图2-45、图2-46所示。该标准疲劳车以典型车辆荷载谱中对桥梁疲劳损伤影响最大的4A-H车型为原型。

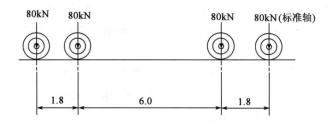

图2-45 标准疲劳车车轴布置(尺寸单位:m)

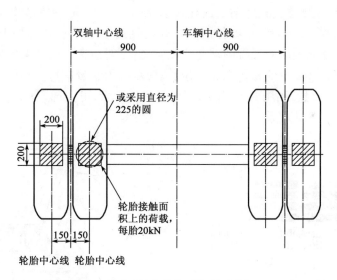

图2-46 标准疲劳车车轴平面图(尺寸单位:mm)

3)应变测量

针对应变测量的方法多种多样,在钢桥疲劳试验中,一般采用电学测量法,即用电阻应变片实现某一点的应变测量。图2-47为一枚电阻应变片,将之粘贴在待测物体表面,通过引线及接线端连接导线。电阻应变片的敏感栅是由很细的金属丝缠绕成的,试验过程中应变片与试件表面紧固粘贴,敏感栅随着试件表面同步变形,电阻值也随之改变,用应变仪采集电阻值信号并计算处理,即可得出应变数据。电阻应变片电测法已成为一种技术很成熟的物体表面平均应变测量方法,具有精度和灵敏度高、量程大、尺寸小方便操作等优点,但其工作原理也决定了它具有必须接触测量、只能测量表面平均应变和抗电磁干扰能力差等缺点。

图 2-47 电阻应变片测量应变

使用电测法测量疲劳应变,需要在加载前预先在试件上布置应变片。由于应变片需要粘贴在平整的物体表面,应变片通常布置在母材上,对于焊接结构,可以运用名义应力法、热点应力法等方法评估焊趾或焊根危险点的应力或应变。使用名义应力法评估焊焊趾或焊根应力时,应变片应布置在焊缝引起的应力集中区之外,焊缝引起的应力集中区可以通过有限元计算得到。运用热点应力法评估焊焊趾或焊根应力时,IIW 建议采用的应变片长度不超过 $0.2t$ (t 为板件厚度,下同),第一片应变片中心距离焊趾 $0.4t$ 或前缘距离焊趾 $0.3t$,详细布置方法与 2) 中热点应力的表面外推法计算取点一致。

近年来,接触与非接触式的光学应变测量技术在钢桥疲劳研究中也得到了应用(图 2-48)。其中,接触式的光纤光栅法将光纤粘贴或埋入物体内部,光纤随物体产生量级相等的变形,使传输光的相位发生改变,从而测出物体应变。非接触式数字图像相关法(DIC)利用 CCD 等视觉设备将变形前后物体表面的形貌图转化成数字图像,对所选定的图像区域作相关匹配运算,比较变形前后两幅数字图像的变化来获得位移、应变等力学量信息。利用单个 CCD 可实现物体表面 2D 应变场的测量,利用两个 CCD,即双目视觉测量,可实现 3D 应变场的测量。这种方法必须具备复杂的视觉处理系统,但可以做到全场测量[31]。

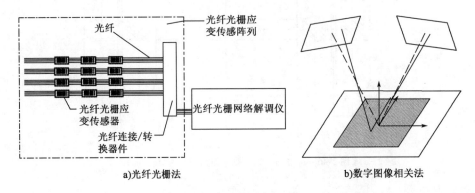

a)光纤光栅法　　　　b)数字图像相关法

图 2-48 光学应变测量技术

4)残余应力测量

残余应力的测量技术,主要可分为机械释放测量法和无损测量法两种。机械释放测量法是将具有残余应力的部件从构件中分离或切割出来使应力释放,由其应变的变化求出残余应力,该方法会对工件造成一定的损伤或破坏,但其测量精度较高、理论完善、技术成熟。主要包括钻孔法、环芯法、分割切条法等,其中尤以浅盲孔法的破坏性最小(图2-49)。无损测量法,即物理检测法,主要包括X射线法、X射线衍射法、中子衍射法、扫描电子声显微镜法、电子散斑干涉法、超声法和磁性法等。其对被测件无损害,但是成本较高,其中X射线法和超声法发展得较为成熟。

 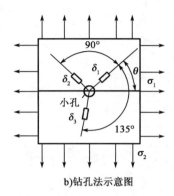

a)盲孔法残余应力测试仪　　　　　b)钻孔法示意图

图2-49　钻孔法测残余应力

(1)钻孔法

钻孔法是目前应用最广泛的残余应力测量方法,而且是已经标准化的测量方法。在存在残余应力的板材上钻孔,根据孔周围的变形求出残余应力。钻孔法对材料破坏性小且打孔、测量操作都十分方便,钻孔直径小,可以测量较小范围内的应力,适于测量梯度变化比较大的残余应力场,如焊接应力场。若在采用盲孔法的同时结合切块法可以实现三轴焊接残余应力的测量。

(2)X射线法

在残余应力的无损测量方法中,X射线法最为成熟。它的基本原理是,X射线对晶体晶格衍射并产生干涉现象,可以通过布拉格定律可以求出晶格的面间距。根据面间距的改变以及和无应力状态的比较,确定加载应力和残余应力。X射线法是一种测量表面残余应力的有效方法,测量深度约为$10\mu m$,特别适于测量薄层和裂纹尖端的应力分布。X射线法的最大优点在于它的非破坏性;它的缺点是只能测量表面应力,对被检测表面要求高,测量设备比较昂贵。

(3)超声波法

超声波法是以声弹性理论为基础,利用弹性介质中声速或者频谱的变化与弹性介质内部应力之间非常理想的线性关系来进行测量。与其他一些方法相比,具有下列特点:①超声波具有良好的方向性,可以实现定向发射。对于大多数介质而言,超声波的穿透能力较强,能无损测定实际构件表面和内部的应力分布。②采用新型电磁换能器,可以不接触实际构件进行应力测量,对表面质量要求低,使用安全、无公害,可实现服役状态下应力的检测。③超声测量仪器方便携带,可实现现场测量。如果配上相应的探头,还可用来探伤或测定弹性模量,可一机多用。④超声法在测量应力时,需做标定试验,且受探头与构件之间耦合层厚度变化、构件材料组织、环境温度等的影响[32]。

5)金相试验

为深入分析疲劳试验结果,通常选择典型疲劳断裂试样进行金相组织检验和断口微观形貌观察。将样品抛光和侵蚀处理之后,在金相显微镜下观察金属不同状态下的显微组织,总结出相变规律,通过找寻各种缺陷的根源判断出造成金属疲劳损伤的原因。

金相试验的方法是:如图2-50所示,对试件切割取样,砂纸粗抛取样断面,去除损伤层,砂纸细度逐次降低。再用如图2-51所示对抛光盘精抛,去除粗抛产生的表层损伤,使抛光损伤减到最小,抛光面在显微镜下无明显划痕。完成抛光后使用硝酸酒精化学腐蚀。待试样腐蚀合适后,清洗样品表面并除去水迹,金相显微镜观察试样抛光腐蚀表面,如图2-52所示。

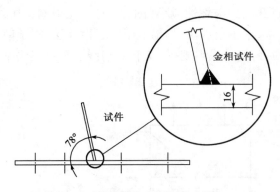

图 2-50 金相试件取位示意图(尺寸单位:mm)

图 2-51 抛光机精抛

图 2-52 金相显微镜观察试样表面

2.3.2 数值模拟方法

1) 多尺度建模方法

大跨度钢桥疲劳损伤部位多位于局部构造细节,而其实际受到的作用在整个结构范围,因此有必要在不同尺度上开展钢桥疲劳研究。按照模型尺度,研究钢桥疲劳的数值模拟方法可分为:基于全桥模型的建模方法、基于节段/桥面板模型的建模方法、基于构造细节模型的建模方法。

基于全桥模型的建模方法计算车流作用下主梁不同位置位移和内力的振动响应值,分析主梁应力变化的最大位置,从而确定主梁疲劳分析的关键位置。如图2-53所示,桥塔和主梁均采用梁单元模拟,箱形主梁简化为穿过截面形心的脊梁,并且钢箱梁的所有惯性与截面特性均赋予该脊梁。主缆和吊杆由杆单元模拟,将悬索与吊杆的设计索力换算为两者的初应变,在计算中形成初应力刚度矩阵。主缆与吊杆连接处的索夹采用质

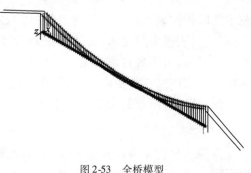

图 2-53 全桥模型

量单元进行模拟。为模拟车辆荷载在全桥结构上的运行过程,采用质量单元模拟车辆重量,并通过弹簧单元将质量单元与主梁进行连接[33,34]。

基于节段/桥面板模型的建模方法研究轮载作用、铺装厚度、构造细节等因素下的局部疲劳效应。如图 2-54 所示,建立节段模型,钢箱梁采用壳单元模拟,铺装层采用实体单元模拟,铺装层与钢桥面板之间固接,模型边界条件为约束两端的 3 个平动自由度。正交异性板钢箱梁第一体系对桥面板上各构造细节应力的影响不大,为调高计算效率,可仅建立桥面板模型,采用壳单元模拟。如图 2-55 所示,纵桥向取 4~6 道横隔板,横桥向取 5~8 道加劲肋。顶板四周和加劲肋两端采用简支约束,横隔板边缘采用固支约束。为提高构造细节疲劳效应的计算精度,可将钢箱梁节段模型作为粗糙模型,通过子模型法插值得到构造细节模型的边界条件,并在焊缝附近处进行网格加密。但考虑到壳单元的特性,一般不对连接焊缝进行模拟,而是在连接部位采用共节点的方式。由于壳单元不能反映应力在板厚度方向上的变化,而且在模拟焊缝形状上也有缺陷,若要求精确模拟焊缝局部,子模型宜采用实体单元[35-38]。

图 2-54　钢箱梁节段模型

由于疲劳与局部应力相关,只要模型能反映局部应力变化,可认为能反映该构造细节的疲劳应力情况[39]。基于构造细节模型的建模方法,以此为出发点,针对需要重点关注的疲劳细节进行深入研究。构造细节模型要求模拟焊缝形状,通常采用实体单元模拟,荷载及边界条件根据实际模型试验选取。

2) 单元精度影响

数值模拟计算结果的精度很大程度上取决于所建模型是否合理,尤其是单元尺寸、单元类型等直接影响了计算结果。这里以顶板与 U 肋连接细节为例,讨论不同单元尺寸、单元类型对模型分析精度的影响。

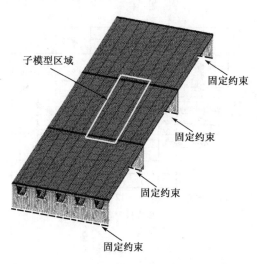

图 2-55　桥面板简化模型

车轮荷载作用下,顶板以受弯为主。在顶板上施加面外荷载,模拟实桥中顶板弯曲受力。试件尺寸如图 2-56a)所示,焊接形式为半熔透剖口焊,熔透率为 75%。顶板上焊脚尺寸与 U 肋上焊脚尺寸相同,均为 6mm。试件边界约束及加载如图 2-56b)所示,试件一端采用盖板固定约束,与顶板螺栓连接,另一端悬空,在试件悬臂端施加面外荷载,荷载大小为 4kN。采用通用有限元分析软件 Ansys,分别选用 8 节点实体单元 solid185 和 20 节点实体单元 solid186 建立桥面板实体单元模型。如图 2-57 所示,模型中模拟焊缝形状,并沿板厚方向设置多层单元。

分别针对 8 节点和 20 节点实体单元模型进

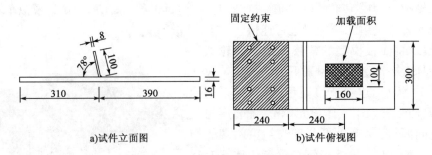

图 2-56 模型尺寸及加载(尺寸单位:mm)

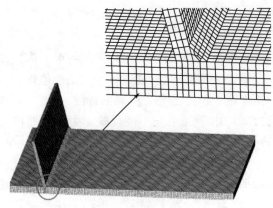

图 2-57 有限元模型

行分析,沿板件厚度方向分别设置 1、2、4、8、16、24、32 层单元,顶板表面应力分布(节点应力)如图 2-58 所示。随着单元尺寸的减小,顶板表面弯曲应力增大。

对于 8 节点模型,采用不同单元尺寸时,焊趾/焊根附近顶板表面应力相差较大。沿板厚方向设置 8 层以上单元时,应力计算结果较为稳定。靠近焊趾/焊根处应力先增加,后有减小趋势,与实际应力分布存在差异。对离焊趾/焊根 0.5t 及 1.0t 处点的应力,随单元尺寸的减小,应力增大,并逐渐收敛。对距焊趾/焊根 0.5t 处点,沿厚度方向设置 32 层单元计算所得的应力是沿厚度方向设置 1 层单元时计算所得应力的 1.5~2 倍。沿厚度方向设置 32 层以内单元时,焊趾/焊根处应力随单元尺寸的减小而增大,但无收敛趋势。

对于 20 节点模型,采用不同单元尺寸时,顶板表面距离焊趾/焊根 0.4t 距离以外点的应力相差不大。距离焊趾/焊根 0.5t 以内点的应力因受焊缝的影响,呈非线性增加。不论单元沿厚度方向设置为几层,距焊趾/焊根 0.75t 距离以外点的应力相同,不受单元尺寸的影响且

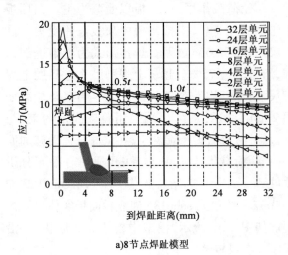

a) 8 节点焊趾模型

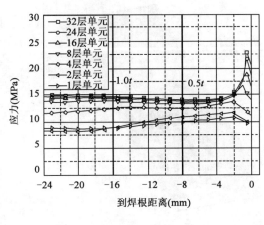

b) 8 节点焊根模型

图 2-58

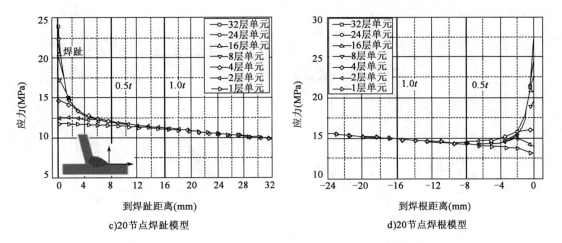

图 2-58 顶板表面应力分布

应力呈线性分布。距焊趾/焊根 $0.75t$ 距离以内点的应力随单元尺寸的减小而增大,且越靠近焊趾/焊根处,应力增大越明显。沿板件厚度方向设置 4 层以上单元时,距焊趾/焊根 $0.125t$ 距离以外点的应力相同,不受单元尺寸的影响。沿板件厚度方向设置 8 层以上单元时,距焊趾/焊根 $1/16t$ 距离以外点的应力相同,不受单元尺寸的影响。沿板件厚度方向设置 16 层以上单元时,各点应力分布几乎相等,仅在焊趾/焊根处(0.5mm 距离内)的应力存在差异。对距离焊趾/焊根 $0.5t$ 及 $1.0t$ 参考点处的应力,其值不受单元尺寸影响。沿厚度方向设置 32 层以内单元时,焊趾/焊根处应力随单元尺寸的减小而增大,但无收敛趋势。

分别针对 8 节点和 20 节点实体单元模型进行分析,沿板件厚度方向分别设置 1、2、4、8、16、24、32 层单元,顶板焊趾/焊根处沿板厚方向应力分布随单元尺寸的变化,如图 2-59 所示。板厚方向以弯曲应力为主。随单元尺寸的减小,弯曲应力增大。

对于 8 节点模型,沿板厚方向设置 4 层以内单元时,应力沿板厚方向呈线性分布,且应力受单元尺寸的影响较大。沿板厚方向设置 8 层以上单元时,表面 $0.1t$ 以下点的应力稳定,不受单元尺寸影响。且表面 $0.1t$ 以下应力沿板厚方向呈线性分布,不受焊缝的影响。表面 $0.1t$ 至焊趾/焊根之间点的应力因焊缝影响,呈非线性增加。对表面以下 $0.2t$ 处的应力,沿厚度方向设置 4 层以上单元应力收敛,其应力值是沿板厚方向设置 1 层单元的 1.2~2 倍。对表面以下 $0.1t$ 处的应力,沿厚度方向设置 8 层以上单元应力收敛,其应力值是沿板厚方向设置 1 层单元的 1.3~2 倍。对表面以下 $0.05t$ 处的应力,沿厚度方向设置 16 层以上单元应力收敛,其应力值是沿板厚方向设置 1 层单元的 1.5~2 倍。

对于 20 节点模型,沿板厚方向设置 1 层单元时,应力沿板厚方向呈直线分布。沿板厚方向设置多层单元时,应力沿板厚方向呈折线形分布,但应力变化不大。焊缝对板厚方向应力的影响范围与采用 8 节点实体单元计算所得的结果相同,在 $0.1t$ 左右。对表面以下 $0.2t$ 处的应力,随单元尺寸的减小,应力亦减小。沿厚度方向设置 4 层以上单元应力收敛,其应力值比沿板厚方向设置 1 层单元计算值小 7%~10%。对表面以下 $0.1t$ 处的应力,随单元尺寸的减小,应力先增大后减小。沿厚度方向设置 8 层以上单元,应力收敛,其值比沿厚度方向设置 4 层单元计算所得值小15%~20%。对表面以下0.05t处的应力,应力随单元尺寸不同的变化范围较大,在25%~40%。

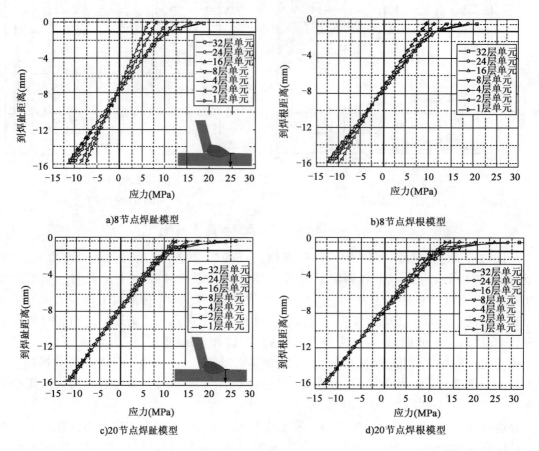

图2-59 沿板厚应力分布

取沿板厚划分为32层单元8节点和20节点实体单元模型,对比分析焊缝表面应力分布及沿板厚方向应力分布,如图2-60所示。对焊缝附近板表面0.5t以外的区域,采用20节点实体单元模型计算得到的应力比采用8节点实体单元计算所得的应力大5%左右。焊趾至焊趾前0.1t区域内,两种模型计算的应力差异较大且应力变化趋势相反。在板厚度方向,表面0.5mm以下区域,采用20节点实体单元计算得到的板厚方向的应力分布与采用8节点实体单元得到的应力几乎相等。仅在板表面至表面以下0.5mm处的应力存在差异。

3) 热点应力取值

根据单元精度分析,20节点单元模型应力计算更容易收敛,故应用20节点单元模型进行不同热点应力取值方法的计算。由图2-61可知,采用表面外推法得到的热点应力随网格尺寸的细化而收敛。采用3点表面外推法与2点表面外推法得到的热点应力几乎相等。采用沿板厚方向积分方法得到的热点应力随网格的细化而收敛。比采用表面外推法得到的热点应力小5%左右,其热点应力值几乎不受单元尺寸的影响。建议沿板厚方向设置不少于4层单元。取焊趾处板表面以下1mm处应力作为热点应力时,随单元网格的细化,应力先增大后减小,较不稳定。当厚度方向取32层单元时,得到的热点应力比表面外推法得到的热点应力小10%~15%[40]。

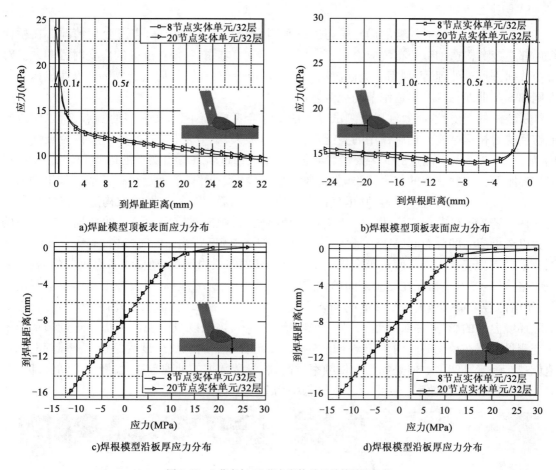

图 2-60　8节点与20节点实体单元计算结果比较

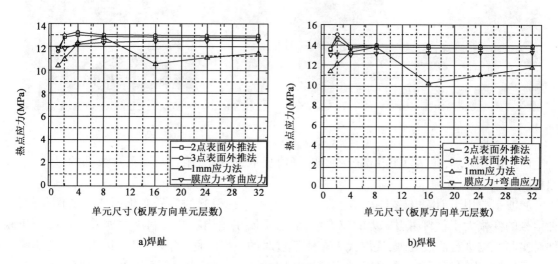

图 2-61　20节点实体单元热点应力计算结果

2.3.3 实桥测试方法

1) 疲劳应力测试

疲劳应力测试是对焊缝的局部应力进行实测,精确反映焊缝周边应力变化情况。在桥面板局部易疲劳构造细节处布置应力测点,进行疲劳应力监测,获得较准确的应变时程曲线。对应变数据进行预处理,再利用雨流计数法计算得到疲劳应力谱,最后基于 Miner 线性累积损伤准则和 S-N 曲线估算各构造细节的疲劳寿命[41]。

从测试的经济性、有效性以及测试设备情况综合考虑,不能布置太多的测点,所以应选择能够反映对桥梁结构起控制作用的关键点,即受力最大、细节复杂、最容易发生疲劳破坏的部位,如图 2-62 所示。测点的命名要清楚明了,以便能通过名字看出测点的内容和位置[42]。焊缝和焊趾等开裂敏感点的应力很难测量,故一般只能在附近测试,然后进行插值。如果构造细节与应变片的安装位置很接近,则可直接利用应变传感器记录的数据对该构造细节的疲劳进行评估。若构造细节与应变片的安装位置的距离较大,则应对应变片记录的数据乘以一定的系数以考虑应力的分布问题[43]。测量时间应该选在车辆运营均衡的时段内,避免在车辆趟数以及车辆类型变化大或节假日等客货运量比例失调的时段内测量,还应该考虑仪器的需要,避免线路检修、停电等情况在测量期间出现[44]。如图 2-63 所示,通常在大桥正常通车运营情况下,使用信号采集仪连续采集 24h 的动态应变。用应变片测试时,需采用外补偿法或自补偿法消除环境温度的影响,并对应变片、端子采用绝缘保护、接地以减少噪声干扰。测量频率是指应变测量仪器在单位时间内可记录下的连续应变历程数据的总数。显然,测量频率越高,测量值就越接近于真实值。但是如果测量频率过高,将导致数据的处理量过大,而精度增长却不明显,不利于提高工作效率。一般设置采样频率为 20~100Hz。

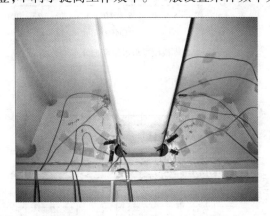

图 2-62 测点布置

图 2-63 动态信号采集

监测信号处理,包括以下几部分:滤波、峰值提取、小应力循环及不正常数据的过滤、基线漂移处理。

滤波主要用于消除电磁干扰引起的杂波。电磁干扰引起的信号变化远高于工作荷载,这种信号的变幅大于材料屈服应力的应力幅,显然不属于结构响应。利用数据采集处理分析软件对实测数据进行滤波处理,提取代表车辆经过时的应变时程,减少各环境因素产生的影响。

采样时,为保证应变采集数据的真实性和完备性。一方面采样频率设置的较高,另一方面采集的时间较长,导致数据量特别巨大,存在较多应变相同的重复数据,以及夹在应力峰值和谷值之间的数据。由于结构疲劳的损伤程度,只与应力历程中应力峰值和谷值的数据有关。通过信号压缩编辑,提高工作效率,得到真正有用的随机信号。基本原则是确保处理后的信号与原信号对结构的累计损伤一致,且不改变原有信号的先后顺序。

对小应力循环的过滤,主要是为了减少应力循环中微小波动对起关键作用的应力范围的干扰。实测结构的应力历程曲线中的应力循环可以分为主波、二级波及三级波三类。主波是指造成疲劳损伤的主要荷载循环,此类波基本代表构件的工作荷载。二级波是由结构构件的低阶回弹振动等因素引起的,应力范围较小。三级波是指远低于结构疲劳极限的高阶振动产生的波动,这些波动不会对疲劳寿命产生实质影响,对小应力范围的过滤即指对三级波的过滤。要确定需去除的应力范围的值,可以大致按材料疲劳极限的0.1取值。通常根据经验直接取"门槛值"为5MPa或2MPa,以方便计算。

不正常波,主要是指实测应力历程中突然出现的与实际应力变化极不相称的波,主要特征为应力值的突然增大、减小或幅值超出可能值。不正常波主要是由于设备受电磁干扰、电流不稳定等因素影响产生的,也可能是应变片松脱等原因造成的。对于不正常波的过滤包括不正常波的确定以及替换。不正常波的确定是指确定其位置,为了避免将正常冲击作用产生的应力波过滤,可以按正常情况下,最大荷载组合产生应力幅值的0.3倍来加以限制。仅将不正常波删除将导致正常波数据的减少,使计算疲劳寿命偏长,因此需要对不正常波进行替换。替换有两种方法,直接将正常波数据拷贝到不正常波的位置覆盖,或是在统计出正常波应力谱后用影响系数表示不正常波替换为正常波的影响。

结构低阶回弹振动及钢结构温度变化会引起信号零基准点的偏移,使监测信号在很长时段内产生误差,因此需要通过处理使监测过程中信号的基准点始终与初始基准点保持一致。为消除基线偏移,对信号进行拟合,然后由实测数据减去拟合得到的数据,即可对试验结果进行修正[47],如图2-64所示。图2-65为监测信号处理完毕后的典型应变时程曲线,总体来说,四分之一跨截面各测点经历的应力幅值水平和相应的循环次数要比八分之一跨截面相同测点大,更容易产生疲劳损伤。

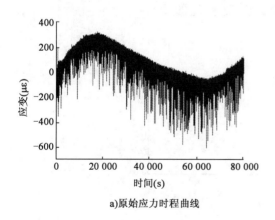

a)原始应力时程曲线

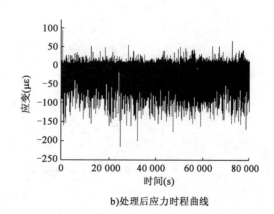

b)处理后应力时程曲线

图2-64 基线漂移处理

将应变时程数据乘以钢材的弹性模量得到应力时程数据。根据应力时程曲线,只能看到某一时间区间内结构构件应力随时间的变化趋势,无法知道各级应力幅对结构构件作用的循环次数。为了获得各级应力幅所对应的循环次数,目前普遍采用雨流计数法。根据雨流计数法的理论,可在计算机上编制相应程序以实现各级应力幅循环次数的统计。事先不设定应力幅的等级,计数后得到的每个应力幅对应的循环次数有两个值:如果是全循环为1,如果是半循环则为0.5。在计数后,将应力幅划分为若干区段,对应的循环数归并为若干应力幅等级,所得到的直方图即为疲劳应力谱。疲劳应力谱的普遍特点是低阶应力范围的循环次数明显多于高阶应力范围的循环次数,在双对数坐标下,基本按线性关系分布。图2-66为实际测得的循环次数累加分布曲线,研究认为应力幅值的概率密度函数一般服从Weibull分布,可采用最大似然法对Weibull分布的参数作出估计[45]。如图2-67所示,同一应力幅值条件下,慢车道U肋对接焊缝应力循环次数明显高于快车道,更易发生疲劳破坏[45]。

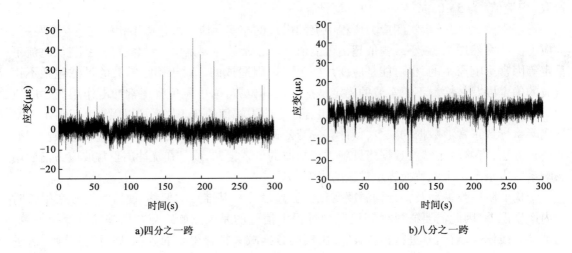

图 2-65 典型应变时程曲线

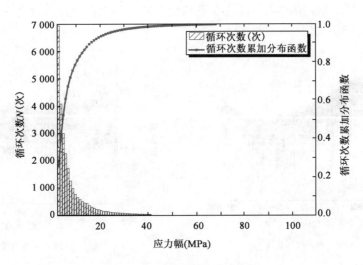

图 2-66 循环次数累加分布曲线

对某一长时间段的全部时程数据计数以得到应力谱对计算机硬件有较高的要求。测点每天的应变时程曲线类似,应力谱也相似,因此可对多天日应力谱进行平均得到平均日应力谱,

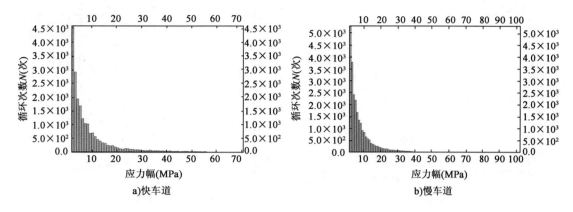

图 2-67 疲劳应力谱

称为"标准日应力谱"[46]。应力谱主要取决于当前的交通荷载流量,当桥梁上的交通流量发生变化时,应力谱需要定期更新。在更新时间内记录应变时程数据,连续监测时间至少为一周。考虑不同季节温度和车流量变化,四个季度至少要有一周的连续应变时程数据记录,分析后更新标准应力时程并进行疲劳寿命分析。根据得到的日应力谱,采用 Miner 线性累计损伤准则,就可以估算各构造细节的疲劳寿命。较小的应力幅虽然循环次数较多,但其单次循环对钢桥面板疲劳损伤贡献较小;较大应力幅虽然单次循环对钢桥面板疲劳损伤贡献较大,但其循环次数较少。如图 2-68 所示,实测江阴长江大桥 1/4 跨截面 U 肋对接焊缝疲劳损伤占主导作用的应力幅为 25～30MPa。根据日应力谱回归分析结果,江阴长江大桥 1/4 跨截面 U 肋对接焊缝处疲劳日损伤度服从双峰高斯分布[48],如图 2-69 所示。

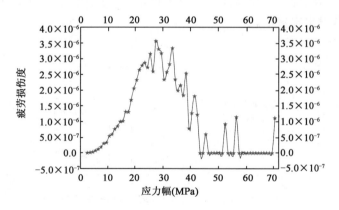

图 2-68 损伤度分布曲线

应该注意,疲劳分析的确定性方法已经广泛应用于结构的疲劳损伤评估研究中,但由于桥梁结构疲劳累积的过程中实际上存在很多不确定的因素,建立在可靠度理论基础上的概率方法近来应用于桥梁结构的疲劳损伤评估,可望得到更合理的估计。基于疲劳寿命分析概率模型,在给定的失效概率下可以对各构造细节的疲劳寿命进行可靠度评估。如图 2-70 所示,疲劳细节可靠度指标在服役前期下降较快,后期下降速率明显减缓。根据欧洲钢桥规范建议的目标可靠度为 3.5,江阴长江大桥过焊孔处顶板细节服役年限为 2.5 年,U 肋细节服役年限为 18 年。

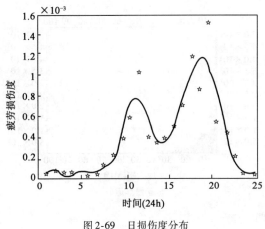
图 2-69 日损伤度分布

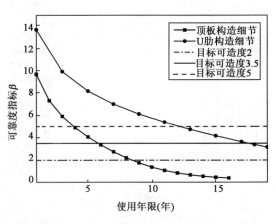
图 2-70 顶板与 U 肋过焊孔处疲劳细节可靠度曲线

2) 结构健康监测

结构健康监测(Structural Health Monitoring, SHM)是指利用现场的无损传感技术,通过分析包括结构响应在内的结构系统特性,达到检测结构损伤或退化的一些变化。如图 2-71 所示,一般健康监测系统包括以下四个部分:传感器子系统,感知结构的荷载和效应信息,并以电、光、声、热等物理量形式输出;数据采集与处理及传输子系统,包括硬件和软件两部分,硬件系统包括数据传输电缆/光缆、数模转换(A/D)卡等,软件系统将数字信号以一定方式存储在计算机中;数据管理子系统,管理结构建造信息、几何信息、监测信息和分析结果等全部数据;损伤识别、模型修正和安全评定与安全预警子系统,从数据管理子系统中读取结构反应信息,一旦识别结构发生损伤,即实施模型修正和安全评定,并将结果存入数据管理子系统,若出现异常,则由预警设备发出报警信息。

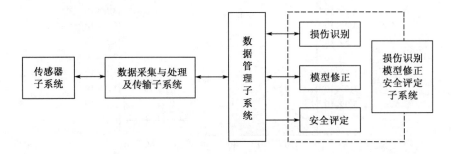

图 2-71 健康监测系统各子系统之间的关系与流程

结构健康监测系统的核心是结构损伤识别。结构损伤识别即对结构进行检测与评估,以确定结构是否有损伤存在,进而判断损伤的位置和程度,以及结构当前的状况、使用功能和结构损伤的变化趋势等。目前提出的损伤识别方法,大致有以下几种:动力指纹分析法,模型修正与系统识别法,神经网络法,遗传算法,小波变换法和 Hilbert-Huang 变换法。

结构发生损伤以后,其结构参数会发生改变,从而导致相应的动力指纹的变化,因而可以利用损伤出现前后结构动力特性指纹的变化来识别损伤。动力指纹分析法的核心是,首先对结构的损伤进行全面、正确的分类,建立起结构健康时的动力指纹库和预估的损伤对应的数据库,再将损伤后的动力指纹变化与损伤数据库中的损伤模式进行匹配,从而识别损伤。常用的动力指纹,包括频率、振型、柔度矩阵、应变模态等[50]。

固有频率是模态参数中最容易获得的一个参数,并且测量精度较高。一旦结构发生损伤,其质量和刚度均发生变化。基于固有频率变化进行损伤识别时,忽略结构质量的变化,仅考虑结构的刚度降低。这时,结构的固有频率降低,阻尼比增大。因此可以通过比较结构损伤发生前后固有频率的变化来识别结构损伤[52]。通过固有频率的变化可以判断结构是否存在损伤,但难以进行损伤定位和评估损伤程度,同时这种方法对结构早期的小损伤不敏感[50]。

基于振型变化进行损伤检测通常有三种途径:①直接比较损伤前后的振型变化来识别损伤是否产生;②由振型构造结构损伤的标识量,由标识量的变化或其取值的判断来识别损伤的产生;③基于振型的正交化条件来识别损伤的产生[52]。基于振型变化的损伤识别方法常用的动力指纹有模态保证准则(Modal Assurance Criterion, MAC),坐标模态保证准则(Coordinate Modal Assurance Criterion, COMAC),位移模态,曲率模态,应变模态等。振型(尤其是高阶振型)对局部损伤比较敏感,但却难以精确测量。曲率模态方法的识别率优于其他几种方法,但求解曲率模态需要很高的测量精度,同时需要非常密集的测点[50]。

结构发生较大的损伤时,其刚度将发生显著的变化,因此很多学者利用刚度矩阵的变化进行损伤识别研究。但是对于微小损伤时,这类方法对损伤识别效果非常有限。结构损伤会导致结构柔度的增加,因此,结构柔度矩阵的变化可作为损伤检测的依据[52]。在相同的试验模态参数条件下,基于柔度变化的损伤识别方法比刚度变化的方法对损伤更为敏感,并且只需一些低阶模态就可得到较为准确的柔度矩阵。但是通过柔度矩阵的变化也只能确定结构损伤的大致位置,不能得到损伤的准确位置及损伤程度[50]。

基于能量变化的损伤识别方法,主要有能量传递法和应变能法。能量传递法是基于能量传递比的变化来识别损伤,能量传递比在损伤处或靠近损伤处较大,而在远离损伤处较小。这种方法不仅能够判断损伤是否存在,而且能确定损伤的位置,比固有频率对损伤更敏感,并且应用时不需要有限元模型。其缺点是没有考虑噪声对能量传递比的影响,只考虑了结构的前几阶模态。应变能法是利用结构损伤前后应变能的变化进行损伤识别,但这种方法要同时使用到模态参数和有限元模型信息,而高阶模态很难获得,且有限元模型也只能较好地吻合实际结构的低阶模态。

模型修正与系统识别法的基本思想是使用动力测试资料,如模态参数、加速度时程数据、频率响应函数等,通过条件优化约束,不断地修正模型中的刚度分布,使其响应尽可能地接近由测试得到的结构动态响应。当两者基本吻合时,即认为此组参数为结构当前参数。这种方法在划分和处理子结构上具有很多优点,但是由于测试模态极不完备、测试自由度不足以及测量信噪比低的原因,很少能够给出修正所需的足够信息,导致了解的不唯一。同时采用传统方法进行参数估计时易产生病态方程。对这些问题,一方面可以考虑利用动边界条件进行子结构模型修正以减少未知数,另一方面可以通过良态建模、合理划分子结构以及最优测点布置来获取最大信息量予以解决。基于模型修正的损伤识别方法依赖于未损结构的精确有限元模型,而当前大部分结构不具备这方面的精确信息,从而影响了损伤识别的精度。

人工神经网络(Artificial Neural Network, ANN)是以生物神经系统为基础,在物理机制上模拟人脑信息处理机制的信息系统,是一种由简单神经元连接组成的具有高度非线性的超大规模网络系统,具有网络的全局作用、大规模并行分布处理和联想学习能力。神经网络用于损伤检测的基本原理是:利用数值求解法(如有限元法、能量法)或实测方法,获取结构的特征物理量(如固有频率、模态振型等)作为训练样本的输入变量,以结构的损伤(位置、程度)作为输出变量,利用神经网络具有很强的自组织、自学习和自适应能力的特点,通过一定数量的训练样本让网络学习,使神经网络记住这些知识,掌握从输入变量(如结构固有频率、模态振型等)到输出变量(结构损伤位置、程度)之间的非线性映射,从而实现结构的损伤检测。神经网络存在的问题主要有以下几点:①对于大型复杂结构,网络训练需要的损伤样本数目极为庞大,训练模式繁多且训练所需时间很长,网络收敛速度极慢,有时可能陷入局部收敛而网络全局不收敛。②对于不同的工程结构,采用不同的网络模型,所得的效果也不同。各种网络模型均有其优点及不足,针对工程结构的特点采用何种网络模型是需要进一步研究的问题。③对于不同结构所需的网络规模,目前没有统一的确定方法,实际中只能采取逐渐尝试的方法来确定[50]。

遗传算法(Genetic Algorithm,GA)是一类借鉴生物自然选择和自然遗传机制的随机化搜索算法,其基本原理是:将问题的求解表示成染色体(在计算机语言中一般用二进制码串表示),从而构成一个染色体群。将它们置于问题的环境中,遵循优胜劣汰的原则,通过不断循环执行选择、交叉、变异等操作,逐渐逼近全局最优解[50]。遗传算法是一种典型的全局优化方法,与传统优化方法相比有其自身特点:具有自组织、自适应和自学习能力,可以根据环境变化自动发现环境特性和规律,因此可以解决复杂的非结构化问题;具有本质并行性,非常适合大规模并行运算;搜索范围广,大大减少了陷入局部最优解的可能性;在求解各类问题时只需要定义目标函数,无需梯度等其他传统信息[52]。尽管遗传算法在结构损伤识别中的应用已经取得了一定的效果,但是还存在以下问题:①在工程实际问题中,许多模型的变量较多,而且多为实型数,精度要求高,使用二进制编码会占用大量的存储空间,且这种编码方案使得搜索空间极其庞大而影响遗传算法的性能。②关于遗传算子的选取过于简单。选择、交叉、变异等遗传操作随机性很大,降低了群体的平均适应度,从而导致群体规模过大,耗费的机时更长,进化的速度太慢。③直接用标准遗传算法处理结构损伤识别问题,尤其是较复杂的结构常导致较低的收敛速度,且求解效率和精度不高[51]。

结构损伤是一种典型的局部现象,小波变换在时域和频域上同时具有良好的局部化性质,能对不同的频率成分采用逐渐精细的采样步长,聚焦到信号的任意细节,非常适合于分析和识别结构响应中其他方法难以发现的局部损伤信息。结构在振动过程中,某些部位的振荡、摩擦、裂纹,甚至断裂,可能使振动信号出现奇异性或携带突变信息,而这些信息可反映结构的损伤情况。因此可利用小波分析进行奇异信号检测、信噪分离和信号频带分析来提取损伤特征,确定损伤的位置和程度[49]。由于每一个小波基函数都有自己的结构和特性,分析的效果也有所不同,但目前依然没有一套选取小波函数的合理原则,研究人员大都凭借经验选择适当的小波函数[50]。小波方法对结构损伤的分辨率还不太高,因此确定结构损伤程度的标准也比较难。如何从信号的时—频图中提取结构突变的损伤特征信息是一个难题[51]。

Hilbert-Huang变换(Hilbert-Huang Transform,HHT)方法是美籍华人Norden E Huang在Hilbert变换的基础上发展了一种专门针对非线性、非稳态时间序列进行分析的时频分析方法。它是一种适合分析非平稳过程的信号处理方法,而且基于Hilbert-Huang变换的Hilbert谱比小波谱更能清晰地刻画信号能量随时间、频率的分布。该方法主要分为两步,首先对信号进行经验模态分解(Empirical Mode Decomposition,EMD),得到一系列的本征模函数(Intrinsic Mode Function,IMF)或称本征模信号(Intrinsic Mode Signal,IMS),然后对IMF进行Hilbert变换,即可得到 Hilbert-Huang 谱,简称 Hilbert 谱。该方法以瞬时频率为基本量,以本征模信号为基本时域信号,与以往的时频分析方法相比更能反映信号的时域特征[50]。

2.4 本章小结

疲劳裂纹在微观结构或成分的不均匀区以及应力集中部位形核,主要方式有滑移带裂纹萌生、晶界裂纹萌生、相界面裂纹萌生等。驻留滑移带(PSB)比基体软得多,与基体间的界面两侧位错密度和分布有突变;致脆环境或在高温条件下,疲劳裂纹易于在晶界形核;工程结构中,疲劳裂纹往往在孔洞、熔渣、气泡、夹杂等相界面萌生。疲劳裂纹扩展可分为 Z 字形路径纯滑移机制的第 I 阶段、垂直于远场拉伸轴路径双滑移机制的第 II 阶段。扩展的微观模式受材料滑移特性、显微组织特征尺寸、应力水平及裂纹尖端属性等影响,存在裂纹闭合与高载迟滞等效应。裂纹闭合效应由塑性、氧化物、裂纹面粗糙等机制诱发;单次拉伸高载或高幅—低幅交替变化的荷载对裂纹扩展有迟滞作用。

现有钢桥疲劳评估理论,主要包括传统疲劳评估理论和基于断裂力学的疲劳评估理论。传统疲劳评估理论基于 S-N 曲线,结合累积损伤与循环计数方法,应用十分广泛。对于焊接结构,运用传统疲劳评估理论时需结合名义应力法、热点应力法及缺口应力法等方法进行疲劳应力分析。基于断裂力学的疲劳评估理论使用裂纹扩展速率来推断构件的剩余疲劳寿命,更适用于既有桥梁的疲劳性能评估,在一定程度上补充和发展了传统疲劳分析方法。工程实际中,大多数影响钢桥疲劳性能的参数都具有随机性,因此越来越多的学者将可靠性理论与疲劳评估理论结合,以更准确地对钢桥疲劳性能进行评估。

钢桥疲劳实验常用电液式或机械式疲劳试验机进行加载,荷载类型包括常幅荷载、变幅荷载及典型车辆荷载谱,试验过程中需采用电学或光学测量技术监测应变。此外,进行残余应力检测及金相试验可以深入分析试验结果。研究钢桥疲劳的数值建模方法可分为基于全桥模型、基于节段/桥面板模型、基于构造细节模型三类。单元尺寸、单元类型的选取将直接影响数值模拟的计算结果。就顶板与 U 肋连接细节构造模型而言,采用 8(20)节点实体单元计算时,建议板厚方向设置不少于 8(4)层单元。疲劳应力测试有以下三个环节:应力监测考虑测点布置、测试时间、采集频率等因素;数据预处理包括滤波、峰值提取、小应力循环过滤、基线漂移处理等;通过疲劳应力谱获取、损伤累积、剩余寿命或可靠度计算进行寿命评估。结构健康监测利用现场无损传感技术,通过分析结构系统特性,实现结构的损伤识别与安全评定。

本章参考文献

[1] 束德林. 工程材料力学性能[M]. 北京:机械工业出版社,2003.
[2] Suresh S. 材料的疲劳[M]. 2 版. 王中光,译. 北京:国防工业出版社,1999.
[3] 钟群鹏,赵子华. 断口学[M]. 北京:高等教育出版社,2006.
[4] Hobbacher A F. Recommendations for fatigue design of welded joints and components [M]. Berlin: Springer International Publishing, 2016.
[5] BS EN 1993-1-9(2005), Eurocode 3: Design of steel structures-Part 1-9: Fatigue[S].

[6] 王建民. 钢箱梁横隔板构造细节疲劳性能研究[D]. 南京:河海大学,2014.

[7] Niemi E, Fricke W, Maddox S J. Fatigue analysis of welded components: Designer's guide to the structural hot-spot stress approach[M]. Boca Raton, Fla.: CRC, 2006.

[8] Niemi E. Stress determination for fatigue analysis of welded components[M]. Cambridge: Woodhead Publishing, 1995.

[9] DNVGL-RP-0005:2014-06, RP-C203: Fatigue design of offshore steel structures [S].

[10] 文铖. 正交异性钢桥面板结构热点应力分析及可靠度评估[D]. 兰州:兰州理工大学,2014.

[11] Radaj D. Design and analysis of fatigue resistant welded structures[M]. Amsterdam: Elsevier, 1990.

[12] Dong P. A structural stress definition and numerical implementation for fatigue analysis of welded joints[J]. International Journal of Fatigue, 2001, 23(10): 865-876.

[13] Xiao Z G, Yamada K. A method of determining geometric stress for fatigue strength evaluation of steel welded joints[J]. International Journal of Fatigue, 2004, 26(12): 1277-1293.

[14] Takeshi Mori, Shiho Shigihara, et. Fatigue Tests on Welded Connections between Deck Plate and Trough Rib in Steel Plate Deck in Consideration of Weld Penetration[C]. 土木学会论文集, 2006, 62(3): 570-581.

[15] Ostash O P, Panasyuk V V. Fatigue process zone at notches[J]. International Journal of Fatigue, 2001, 23(7): 627-636.

[16] 李向伟,兆文忠. 基于Verity方法的焊缝疲劳评估原理及验证[J]. 焊接学报,2010,31(7):9-12.

[17] 陈传尧. 疲劳与断裂[M]. 武汉:华中科技大学出版社,2002.

[18] Paris P C, Erdogan F. A critical analysis of crack propagation laws[J]. Journal of Fluids Engineering, 1963, 85(4): 528-533.

[19] 程靳,赵树山. 断裂力学[M]. 北京:科学出版社, 2006.

[20] 沈成康. 断裂力学[M]. 上海:同济大学出版社, 1996.

[21] 张晓敏,严波,张培源. 断裂力学[M]. 北京:清华大学出版社, 2012.

[22] 任伟平. 焊接钢桥结构细节疲劳行为分析及寿命评估[D]. 成都:西南交通大学,2004.

[23] Fisher J. W., Keating P. B. Distortion-induced Fatigue Cracking of Bridge Details with Web Gaps[J]. Journal of Constructional Steel Research, 1989, 12(3-4): 215-228.

[24] Wirsching P H. Fatigue reliability for offshore structures[J]. Journal of Structural Engineering, 1984, 110(10): 2340-2356.

[25] 董聪,杨庆雄. 结构系统疲劳寿命可靠性分析理论与算法[J]. 航空学报, 1993, 14(5): 247-253.

[26] Deoliya R, Datta T K. Fatigue reliability analysis of microwave antenna towers due to wind [J]. Journal of Structural Engineering, 2001, 127(10): 1221-1230.

[27] 白继平. 谐振式电液高频疲劳试验机控制关键技术研究[D]. 杭州:浙江工业大学,2013.

[28] 朱红兵. 公路钢筋混凝土简支梁桥疲劳试验与剩余寿命预测方法研究[D]. 长沙:中南

大学,2011.
[29] BS 5400:Part 10:1980, Steel, concrete and composite bridges. Part 10. Code of practice for fatigue[S].
[30] AASHTO LRFD Bridge Design Specifications (6th Ed, 2012) [S].
[31] 沈小燕.光纤光栅应变传感及扩大应变传感范围的技术研究[D].天津:天津大学,2010.
[32] 赵翠华.残余应力超声波测量方法研究[D].哈尔滨:哈尔滨工业大学,2008.
[33] 吕磊,吉伯海,马麟,等.基于实测车流的大跨度悬索桥振动响应研究[J].土木工程学报,2011,44(S1):102-108.
[34] 陈策,吉伯海,刘荣.随机车辆荷载下三塔悬索桥钢箱梁疲劳关键断面分析[J].中国工程科学,2012,14(5):75-79.
[35] 杨沐野,吉伯海,傅中秋,等.钢桥面板U肋与顶板焊根疲劳寿命预测方法对比分析[J].郑州大学学报(工学版),2015,36(02):22-27.
[36] 赵月悦,吉伯海,傅中秋,等.钢箱梁构造细节对局部疲劳应力的影响研究[J].公路工程,2014,39(6):43-48.
[37] 吉伯海,陈祥,刘荣,等.钢桥面板顶板与U肋接头疲劳效应分析[J].建筑钢结构进展,2014,16(6):56-62.
[38] 傅中秋,吉伯海,王满满,等.考虑桥面铺装作用的正交异性钢桥面板应力幅分析[J].工业建筑,2015,45(5):143-151.
[39] 傅中秋,吉伯海,王满满,等.钢桥面板加劲肋焊缝位置热点应力数值分析[J].江南大学学报(自然科学版),2015,14(3):333-337.
[40] 王满满.基于热点应力法的钢桥面板顶板疲劳效应研究[D].南京:河海大学,2014.
[41] 程苗.基于实测应变的正交异性钢桥面板疲劳寿命评估研究[D].南京:河海大学,2014.
[42] 荣振环.芜湖长江大桥主桥长期实时监控疲劳损伤及寿命评估系统研究[D].北京:铁道部科学研究院,2005.
[43] 李星新.基于健康监测的钢桥面板疲劳寿命评估[D].长沙:中南大学,2012.
[44] 徐俊.铁路钢桥疲劳寿命评估方法研究[D].成都:西南交通大学,2003.
[45] 许国杰.实桥荷载下钢箱梁疲劳应力特征研究[D].南京:河海大学,2015.
[46] 李爱群,缪长青.桥梁结构健康监测[M].北京:人民交通出版社,2009.
[47] 王舜.基于实测应力谱的公路钢桥疲劳分析方法研究[J].上海公路,2015,(1):22-26.
[48] 朱伟.正交异性钢桥面板U肋对接焊缝疲劳性能研究[D].南京:河海大学,2015.
[49] 黄方林,王学敏,陈政清,等.大型桥梁健康监测研究进展[J].中国铁道科学,2005,26(2):1-7.
[50] 李宏男,高东伟,伊廷华,等.土木工程结构健康监测系统的研究状况与进展[J].力学进展,2008,38(2):151-166.
[51] 熊红霞.桥梁结构模态参数辨识与损伤识别方法研究[D].武汉:武汉理工大学,2009.
[52] 朱宏平,余璟,张俊兵.结构损伤动力检测与健康监测研究现状与展望[J].工程力学,2011,28(2):1-11.

第3章 疲劳开裂特征

3.1 疲劳开裂主要截面位置

3.1.1 钢桥疲劳开裂情况

大跨径缆索支承桥梁,由于其自重受到一定的限制,目前大多采用自重小、抗扭强度高、制作施工便捷的钢箱梁截面形式。但钢箱梁构造复杂,焊缝数量众多,易发生疲劳开裂问题。随着缆索支承桥梁服役年限的增加以及交通运输行业的快速发展,我国缆索支承桥梁钢箱梁疲劳损伤的问题日益突出[1,2]。

20世纪60年代英国、德国建造的钢桥在80年代就出现了不同程度的疲劳开裂。在荷兰,De Jong等对荷兰的多座钢桥进行了调查,发现这些钢桥在使用20~30年后钢桥面板均出现了不同类型的疲劳裂纹。而国内的桥梁虽然建设较晚,但随着服役年限的不断增加也不同程度地出现了疲劳开裂问题,如主跨888m的广东虎门大桥,通车6年后不断出现疲劳裂纹,虽经过多次修补但效果欠佳;厦门海沧大桥在U肋嵌补段及纵横隔板的端部发现了疲劳裂纹。

疲劳裂纹初期较难发现,一旦裂纹萌生则数量和长度发展迅速,直接威胁结构受力安全,还会导致渗漏等次生病害。因疲劳导致桥梁倒塌的例子也很多,比如1967年美国的银桥、1994年韩国的圣水大桥等,均是由于疲劳裂纹的产生导致局部构件产生断裂,从而导致了塌桥事故。据美国土木工程学会(ASCE)统计,80%~90%钢结构的破坏与疲劳损伤有关[1,2]。

疲劳裂纹的萌生及发展受到许多因素的影响,比如随机分布的焊接缺陷、应力集中、加工缺陷、残余应力等,这些因素是影响疲劳裂纹产生的细部原因。中小跨径的铁路或公路桥梁由于其跨径小,纵桥向刚度较大,车辆荷载作用下不同截面部位的动力响应一般区别不大,因此在这些桥梁中产生疲劳开裂主要由上述几个因素起主导作用。而大跨径桥梁由于跨径大,其纵桥向柔性较大,在车辆荷载作用下不用截面部位的动力响应区别较大,因此在大跨径缆索支承桥梁中除了关注不同构造易疲劳开裂细节外,还需对其整体的疲劳位置进行进一步的研究,从而对大跨径缆索支承桥梁的疲劳性能作进一步的认识。

3.1.2 悬索桥疲劳位置分析

悬索桥由于其较大的柔性及跨度,导致其局部及整体位移普遍较大。国内的悬索桥形式基本为双塔悬索桥,包括双塔单跨、双塔三跨等。近几年又新建了几座三塔两跨悬索桥,以2012年建成的泰州长江大桥和2013年建成的马鞍山大桥最为典型,其中泰州长江大桥是国内首座采用三塔两跨结构形式的悬索桥。不同的悬索桥桥型具有不同的疲劳性能,但疲劳裂纹的产生部位却具有一定的规律性。

依据某大桥(双塔三跨悬索桥)2011年裂纹统计数据,绘制如图3-1所示的疲劳裂纹分布图。左右两边的纵坐标轴分别表示主跨的两个主塔,从图中可以看出在主跨段内疲劳裂纹分布较为不均匀,其中在距每个主塔的1/8位置和1/4位置处的疲劳裂纹数量相对较多。说明对于双塔三跨悬索桥而言,其纵桥向的1/8跨河1/4跨位置是疲劳损伤最为严重的部位,而跨中的疲劳裂纹数量相对较少。

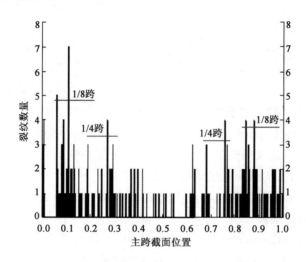

图3-1 某悬索桥裂纹分布情况

表3-1给出了国内外不同形式的悬索桥疲劳开裂情况。虎门大桥于1997年建成通车,到目前为止已经产生了较多的疲劳裂纹,病害较为严重。2003年养护人员在桥梁的U肋处发现2条贯通裂缝。2003年10月,虎门大桥全面翻新沥青桥面铺装时发现钢箱梁桥面板有局部变形,东行(广州—虎门)重车道有2处纵向裂缝。2007年9月,在桥梁下游侧的边车道发现103条贯穿裂缝,钢桥面板横向与纵向均有严重变形。2008年1月,西行重车道发现3条顺桥向裂缝。2008年3月,对虎门大桥下游侧的2个车道进行检测,共发现561条裂缝;通过对顶板483条裂缝的超声波检测,发现有一半以上裂缝深度超过板厚的1/2,裂缝长度大量集中在20~150mm。东行钢箱梁桥面板裂缝缺陷自2003年10月始发现,至2012年1月,重车道和主车道共处理裂缝1 211处,其中裂穿桥面板的裂缝有201处。

国内外悬索桥疲劳裂纹情况统计　　　　　　　　　　表3-1

桥　名	国家	建成时间(年)	桥跨形式	最大跨径(m)	主梁形式	疲劳裂纹情况
虎门大桥	中国	1997	双塔单跨	888	钢箱梁	裂纹纵桥向大部分在靠近主塔1/4跨左右范围内出现,横桥向在桥梁下游侧的重车道和主车道发现多条裂缝
厦门海沧大桥	中国	1999	双塔三跨	648	钢箱梁	焊缝裂纹顺桥向上主要出现在U肋嵌补段及纵隔板的端部,横桥向上主要出现在重车道和混行车道的轮迹带附近
韦拉扎诺海峡大桥	美国	1964	双塔三跨	1 298	钢箱梁	已发现少量疲劳裂纹,大多出现在纵向1/4跨左右位置的行车道和重车道位置

续上表

桥　名	国家	建成时间（年）	桥跨形式	最大跨径（m）	主梁形式	疲劳裂纹情况
亨伯桥	英国	1981	双塔三跨	1 410	钢箱梁	少量裂纹，焊缝裂纹横桥向多出现在重车道和行车道的轮迹带附近
明石海峡大桥	日本	1998	三跨二铰加劲桁梁式吊桥	1 991	钢桁梁	极少量疲劳裂纹
大贝尔特桥	丹麦	1998	双塔三跨	1 624	钢箱梁	极少量疲劳裂纹
李舜臣大桥	韩国	2012	双塔三跨	1 545	钢箱梁	通车年限较短，未发现疲劳裂纹

比较虎门大桥的裂缝数量及长度分布可知裂纹在全桥的分布主要发生在靠近南北塔的1/4跨左右位置处。从裂缝的横向分布看，虎门大桥的裂缝主要分布在重车道的车轮位置处。经过多年对虎门大桥焊缝裂纹的检测，裂纹主要是由于面外变形引起的纵肋与横隔板交叉部位的疲劳裂纹，由荷载引起的纵肋对接焊缝裂纹出现不多。

厦门海沧大桥也发现了疲劳裂缝。经实测统计，2008年4月，在一次钢箱梁例行检查中，发现钢箱梁共有6处焊缝裂纹；2011年4月，对钢箱梁进行全面的检查，发现多处焊缝裂纹，车流量从2008年4月的日均86 000辆增长到2011年4月的日均106 000辆。比较其裂缝数量及长度分布可知，裂纹在横桥向上主要出现在重车道和混行车道的轮迹带附近；在顺桥向上主要出现在U肋嵌补段及纵隔板的端部。

国内外桥梁的统计表明，已出现的疲劳裂纹，纵桥向一般发生在靠近两个主塔的1/4跨左右位置处，即在主跨全长的1/4位置处。而理论研究中，位移、内力振动响应较大的位置对应于实际中最易产生疲劳的位置，表明理论与实际的最不利位置相符。

3.1.3　斜拉桥疲劳位置分析

斜拉桥相比于悬索桥其跨径较短，刚度较大，并且主梁存在较大的轴向压力，这导致斜拉桥的疲劳性能与悬索桥存在一定的差异。图3-2给出了某斜拉桥2014年其中一个主塔钢箱

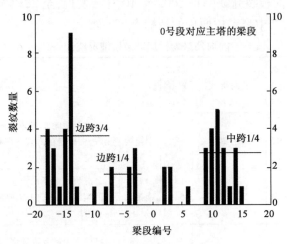

图3-2　某斜拉桥裂纹分布情况

梁裂缝检测情况。图中0号段表示斜拉桥主塔的位置,0号段左边表示边跨的梁段,右边表示中跨1/2的梁段。在中跨1/4位置处,产生了较多的疲劳裂纹,这与悬索桥疲劳裂纹产生的位置大致相同;同时在边跨1/4位置和3/4位置也存在较多的疲劳裂纹。

由于大桥的疲劳性能与其桥型有很大关系,而悬索桥和斜拉桥根据主梁与桥塔的连接形式的不同可以分为漂浮体系、半漂浮体系、塔梁固结体系等,因此现有的数据资料难以全面地概括不同桥型的疲劳损伤的部位。本章给出的疲劳裂纹总体分布位置只能够作为借鉴和参考。随着资料的不断收集和整理,针对缆索支承桥梁的易产生疲劳损伤的主要截面位置,将进行更进一步的深入分析。

3.2 钢桥疲劳开裂细节

3.2.1 钢桥连接部位结点疲劳细节

钢桥连接部位的结点采用焊接、铆接或栓接的方式连接,构造复杂。很多结点采用现场连接的方式,导致其结点的施工质量较低,难以采用常见的检测技术对其进行缺陷的检测,容易在局部产生较大的缺陷,形成较大应力集中部位。在荷载反复作用下,连接部位结点是疲劳损伤最为严重的部位之一,也广泛分布于桥梁各个构造细节中[3-5]。

1) 工字形钢盖梁端部

对局部焊有外层盖板的工字形钢梁而言,在其盖板焊缝部位容易产生疲劳裂纹,并且会沿着腹板向上扩展,如图3-3所示。此类疲劳裂纹已经在美国的Yellow Mill Pond桥、澳大利亚的Kings桥以及我国京包铁路的关沙河桥等桥上发现。

2) 纵横梁桥面系的梁端连接

纵横梁桥面系中,纵梁与横梁梁端连接处的影响线底边长度较短,每辆车通过时可能会产生多次应力循环,此外还要直接承受车辆荷载的冲击作用,易出现疲劳裂纹,如图3-4所示。疲劳裂纹主要产生在连接处的螺栓孔部位,严重时会引起结点断裂。

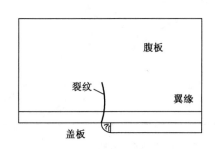

图3-3 外层盖板端部疲劳裂纹细节

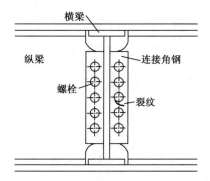

图3-4 横梁与纵梁的连接

3) 横梁和悬臂托架的连接板

当主梁与纵梁不同变形在连接板中产生面外变形,从而在连接板部位产生了很高的弯曲次应力,导致该部位容易萌生疲劳裂纹,产生疲劳损伤。疲劳裂纹细节如图 3-5 所示。

4) 主梁腹板加劲肋焊缝部位

该部位的裂纹起源于横向加劲肋与主梁腹板焊接处的上部,裂纹沿着对角向下发展(图 3-6),如果不对其进行修复处理,裂纹容易贯穿整个腹板厚度,在腹板与下部翼缘焊接处终止。

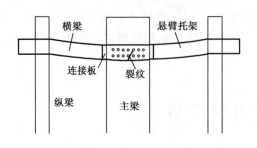

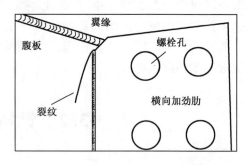

图 3-5 横梁和悬臂托架间连接板上的疲劳裂纹　　图 3-6 主梁腹板加劲肋焊缝裂纹

5) 主梁腹板连接板部位

水平连接板一般嵌着竖向加劲肋设置,通常用于把横隔板或水平连接系连接到桥梁的纵向主梁上。由于有交叉焊缝的存在,腹板在水平连接板的部位容易出现疲劳裂纹,大致沿着腹板向上扩展,严重时会导致腹板的突然脆断,并使受拉翼缘断开。如图 3-7 所示。

6) 纵向加劲肋拼接焊缝部位

由于该部位作为整体结构的次要部件,因此在焊接完成后往往不对该部位进行焊接质量控制或者焊后检查,导致该部位在实际荷载作用下容易产生疲劳开裂,裂纹大致沿着腹板向上或向下扩展,如图 3-8 所示。

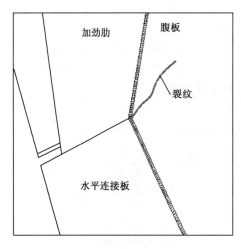

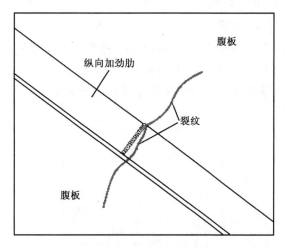

图 3-7 主梁腹板连接板焊缝裂纹　　图 3-8 腹板纵向加劲肋拼接焊缝裂纹

7) 腹板穿透处

纵梁的受压下翼缘穿过钢箱形横向构架腹板中的孔口与之连成刚性结构,纵梁的翼缘板与孔口用坡口焊焊接,由于质量不好,在翼缘板端部的腹板上会存在较大的未熔透区域,导致该部位疲劳强度低,易产生疲劳开裂。疲劳裂纹大致沿着钢箱型梁腹板扩展,如图 3-9 所示。

8) 纵梁腹板铆接部位

由于钉孔错位及铆钉损伤,使铆钉间作用力的分布极为不均匀,导致在超载铆钉的钉孔边缘产生高度应力集中。因此在钉孔边缘产生很大的拉应力集中,再加上反复荷载的作用,使得该部位容易产生疲劳裂纹,如图 3-10 所示。

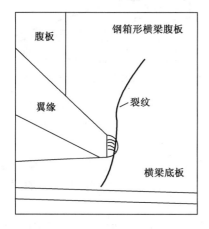

图 3-9 腹板穿透处焊缝裂纹

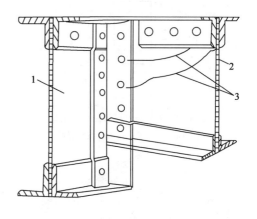

图 3-10 纵梁腹板铆接部位疲劳裂纹
1-横梁;2-纵梁;3-疲劳裂纹

9) 斜杆及吊杆铆接部位

斜杆和吊杆的铆接部位是钢桁架桥最严重又最为危险的疲劳损伤部位。据统计,该部位所有的疲劳裂纹都开始发生在第一排、第二排铆钉孔边缘最大应力集中点,裂纹大致沿着横向发展,如图 3-11 所示。在发生疲劳裂纹前,通常是构件连接部位的铆钉先出现问题,导致这类疲劳裂纹产生的原因,主要是由于车辆行驶过程中桁架桥过大的振动引起的,尤其是铁路桁架桥。

10) 鱼形板铆接部位

在纵、横连接处,由于弯矩产生的正应力很高,因此该部位也容易产生疲劳裂纹。一般情况下,疲劳裂纹产生在由横梁数起的第一排或第二排钉孔边缘,鱼形板疲劳裂纹出现前,锚固鱼形板的铆钉先产生损伤,如图 3-12 所示。

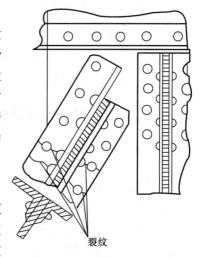

图 3-11 斜杆或吊杆板铆接部位疲劳裂纹

11) 角钢处的疲劳裂纹

常常在纵、横梁相连的连接角钢背棱上发现疲劳裂纹,纵梁上翼缘角钢水平肢的断裂是一种最常见的疲劳裂纹。该裂纹发生在桥枕下面靠近角钢背棱处,开始是沿角钢纵向发展,然后变成横向发展,最后延伸到角钢边缘断掉,如图 3-13 所示。

这种类型的损伤,发生在翼缘角钢内侧和外侧的都有。20 世纪 30 年代发现了第一批角钢肢断裂破坏,至今此类破坏已有数千起之多,它们一般都发生在未设上翼缘盖板的纵梁上,但在设有上翼缘盖板的纵梁上,偶尔也出现这种损坏现象。类似的损伤也在铺有桥枕的主梁和桁梁的翼缘上出现过。产生这些裂纹的主要原因,大多数情况下,是由于桥枕的压力在翼缘角钢水平肢中引起的局部应力超过由于弯矩作用在纵梁垂直面所产生的应力。角钢背横向正应力在列车通过桥梁时可达150～200MPa。轮载对通过时所引起的应力变化,从最大几乎降到零,而且应力循环频率较高。最高的变应力与最大循环次数相组合导致出现疲劳裂纹。

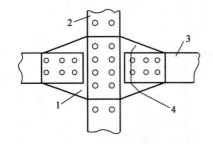

图3-12 鱼形板铆接部位疲劳裂纹
1-鱼形板;2-横梁;3-纵梁;4-裂纹

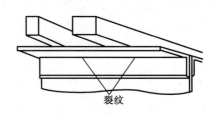

图3-13 纵梁翼缘角钢上的疲劳裂纹

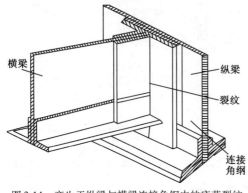

图3-14 产生于纵梁与横梁连接角钢中的疲劳裂纹

纵、横梁疲劳裂纹主要发生在纵梁与横梁、横梁与主梁相连的连接角钢上,如图3-14所示。

钢桥构件在静力或加载次数不多的动荷载作用下发生突然断裂,断裂前构件变形很小,裂缝开展速度很快。这种断裂称为脆性断裂。钢材的脆性断裂也与其韧性有关。钢材的韧性是钢材破坏前所吸收的能量。韧性不好的钢材,在低温或快速加载等不利的条件下,容易使钢材发生脆性断裂。

3.2.2 正交异性钢桥面板疲劳开裂细节

正交异性钢桥面板是由相互垂直的横、纵向加劲肋(横梁、纵梁)和桥面板通过焊接形成。正交异性钢桥面板不仅要承受车轮直接的荷载作用,而且作为主梁的一部分参与共同受力。正交异性钢桥面板结构构造复杂,又加上焊接产生的残余应力以及本身存在的缺陷和施工质量,往往容易产生疲劳损伤。正交异性钢桥面板可应用于大中跨径的缆索支承桥梁和钢桁架桥或钢拱桥,其中在缆索支承桥梁的钢箱梁内的应用最为普遍。

钢箱梁,一般由顶板、底板、横隔板和纵隔板等板件通过全焊接的方式连接而成。钢箱梁的顶板通常按桥面横向坡度要求设置,底板多采用平地板的构造形式。钢箱梁的顶板、底板通过横隔板、纵隔板等横纵向连接杆件连接成整体的受力体系。横隔板和纵隔板的刚度大小和布置形式对钢箱梁截面的变形起着决定性的作用,并对正交异性钢桥面板及其纵向加劲肋起着支撑作用。横隔板的形式有实腹式和桁架式两种。目前普遍采用的横隔板大多为实腹式构造形式,因为相比于桁架式,实腹式横隔板对钢箱梁截面畸变约束力大,钢箱梁整体性好,桥面集中荷载作用下横隔板应力扩散性能较好。但是在保证钢箱梁良好受力性能的基础上形成了其较为复杂的构造特点,导致在车轮荷载作用下局部构造细节容易产生较为严重的应力集中,并且局部约束的刚度越大,应力集中效应越明显。同时,由于钢箱梁全部采用焊接的方式进行拼装,存在大量的焊缝,导致焊接缺陷不可避免,并且焊接产生的残余应力会加剧应力集中的程度,对构造的受力性能及疲劳性能产生极为不利的影响。

据目前正交异性钢桥面板疲劳裂纹检测资料统计结果分析,在正交异性钢桥面板内易产生疲劳裂纹的位置主要可以分为以下三类[6,8]:一是纵肋对接焊缝部位;二是纵肋与顶板焊缝部位;三是横纵联结系焊缝或母材部位,如图 3-15 所示。其中,根据设计的不同,目前常用的纵肋分为开口纵肋和闭口纵肋,其中开口纵肋主要应用于钢桁架桥和钢拱桥中,而闭口纵肋往往在钢箱梁中应用最为普遍。横纵联结系包括横隔板和纵隔板。依据目前实桥正交异性钢桥面板疲劳裂纹统计结果分析,纵肋与顶板焊缝部位的疲劳裂纹占了总疲劳裂纹数量的 80%以上。

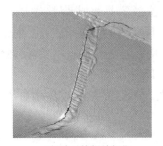 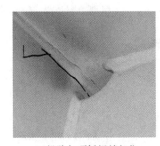 

a)纵肋对接焊缝部位　　b)纵肋与顶板焊缝部位　　c)横纵联结系焊缝或母材

图 3-15　钢箱梁典型疲劳细节

1)纵肋对接焊缝部位

(1)开口纵肋(Open Rib)对接焊缝的疲劳裂纹,一般只有一种形式,如图 3-16 所示。OR-1 裂纹起源于纵肋最下端的焊趾处,大致沿着焊缝的方向向上扩展。

(2)闭口纵肋对接焊缝(Close Rib)处的疲劳裂纹有三种主要的分布特征,以常见的闭口 U 肋对接焊缝(U-Rib Butt Weld)为例,如图 3-17 所示。

①UR-BW-1,裂纹起源于 U 肋下翼缘板与钢衬垫板定位焊缝处,大致沿着焊缝方向向外扩展。

②UR-BW-2,裂纹起源于 U 肋下翼缘板与对接焊缝焊根处,大致沿着焊缝方向向外扩展。

③UR-BW-3,裂纹起源于 U 肋下翼缘板与对接焊缝焊趾处,大致沿着焊缝方向向内扩展。

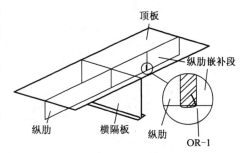

图 3-16　开口纵肋对接焊缝裂纹

这三种裂纹的共同特点在于当 U 肋下翼缘板裂透后,裂纹就会沿着纵肋腹板对接焊缝向上扩展,直到纵肋全部断裂。

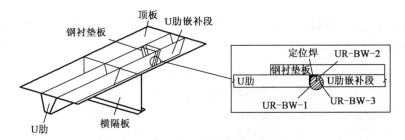

图 3-17　U 肋对接焊缝部位裂纹分布特征

对于早期修建的钢桥面板,通常采用嵌补段进行现场焊接连接。在桥梁服役期间车辆荷载反复作用下,U肋承受较大弯矩,其底部会产生较大的拉应力。如果对接焊存在初始缺陷,就会在U肋底部焊接接头处萌生疲劳裂纹。这种类型裂纹主要是由荷载引起的,有以下几个方面的影响:

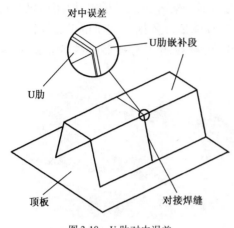

①U肋与其U肋嵌补段存在对中误差(图3-18),导致U肋传力不均匀,在过渡段(突变)位置会产生很大的应力集中,并由此引发疲劳裂纹。

②U肋对接焊接时,在其最下端往往是起弧或息弧的位置,在该部位最容易形成焊接缺陷。待焊接完成后,对于形状不规则的非板条肋很难对焊缝进行超声波探伤,一般只能用磁粉、渗透探伤检查表面或近表面的焊接缺陷。

③在对接焊接时,往往需要钢衬垫板作为辅助进行定位(图3-19)。而钢衬垫板一般较薄,在切割下料成型时,板件一般不太平整,与同样较薄的纵肋壁板之间贴合不紧密,存在一定的空隙,一则易在定位焊缝里存在焊接缺陷,二则会在焊根处产生较大的应力集中。

④以往的定位焊,一般采用不连续焊接方式,如图3-20所示。钢箱梁从工厂制造到装配到吊装需要经历半年左右的时间,而这段时间内钢箱梁一直处于露天存放,在钢衬垫板和闭口纵肋之间会产生腐蚀,而且比较严重。在现场对接焊接时,无法彻底清楚间隙内的铁锈,造成焊接缺陷,从而产生裂纹。

图3-18 U肋对中误差

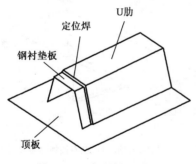

图3-19 U肋对接焊缝构造

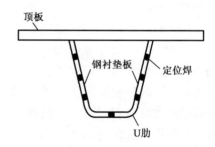

图3-20 定位焊不连续焊接形式

⑤U肋与U肋嵌补段的焊接,一般处于仰焊位置施焊,焊接质量难以保证,焊缝成型差且咬边深度大。

⑥现场焊接完成后,难以检测靠近钢衬垫板的焊接缺陷,对焊接质量难以评定。

2)纵肋与顶板焊缝部位

开口纵肋与顶板焊缝部位(Open Rib to Deck)的疲劳裂纹主要有三种形式,如图3-21所示。

①OR-D-1,裂纹起源于焊根,大致沿着焊喉方向扩展。

②OR-D-2,裂纹起源于焊根,在面板内向面板上表面方向扩展。

③OR-D-3,裂纹起源于焊趾,在面板内向面板上表面方向扩展。

U肋与顶板焊缝部位(U-Rib to Deck)的疲劳裂纹主要有六种形式,如图3-22所示。

①UR-D-1,裂纹起源于焊根,大致沿着焊喉方向扩展。
②UR-D-2,裂纹起源于焊根,在面板内向面板上表面方向扩展。
③UR-D-3,裂纹起源于焊趾,在面板内向面板上表面方向扩展。
④UR-D-4,裂纹起源于焊趾,在焊缝内向焊根方向发展。
⑤UR-D-5,裂纹起源于U肋内侧与面板顶紧部位(通常为未溶透部位),在面板内向面板上表面方向扩展。
⑥UR-D-6,裂纹起源于焊趾,在U肋内向U肋内表面方向扩展。

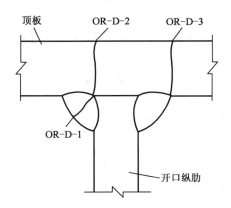

图3-21 开口纵肋与顶板焊缝部位裂纹分布特征

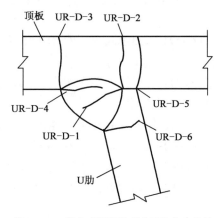

图3-22 U肋与顶板焊缝部位裂纹分布特征

其中,UR-D-1和UR-D-2裂纹的起始点位于焊根,容易形成内部裂纹;UR-D-5裂纹起点位于U肋内侧尖端处(未熔透部位),形成隐蔽裂纹。这三种裂纹都是难以检测的,其潜在危害性大。UR-D-3、UR-D-4、UR-D-6裂纹都起源于焊趾,较易形成表面可见裂纹,便于发现和修复,危害相对较小。

钢桥面板在车辆荷载的直接作用下,面板会发生面外变形(图3-23),使得U肋与顶板连接焊缝部位受到3个相互平衡的弯矩共同作用,当U肋内侧的弯矩 M_1 大于外侧的弯矩 M_2 时,或U肋弯矩 M_3 大于顶板合弯矩 M_1+M_2 时,裂纹就可能起始于焊趾,如图3-24a)所示;否则裂纹就可能起始于焊根,如图3-24b)所示。

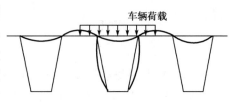

图3-23 车辆荷载作用下横桥向变形

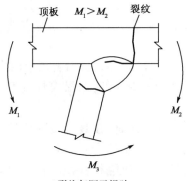

a)裂纹起源于焊趾

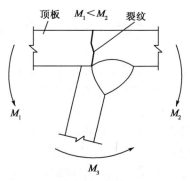

b)裂纹起源于焊根

图3-24 U肋与顶板焊接部位受力情况

3）横纵联结系焊缝或母材部位

横纵联结系焊缝或母材部位（Crossbeam Welded Joint or Base Metal）的疲劳裂纹，主要有两个分布位置，即横隔板与顶板、纵肋、纵隔板、相邻横隔板之间焊缝部位（C-WJ），以及横隔板开孔部位，包括过焊孔部位、纵肋底部开孔部位（C-BM）。

开口纵肋与横纵联结系焊缝（OC-WJ）或母材部位（OC-BM）的疲劳裂纹，主要有七种，如图3-25所示。

①OC-BM-1，裂纹起源于纵肋下端横隔板弧形开口处，大致沿着横隔板横向或斜向扩展。

②OC-WJ-1，裂纹起源于纵肋下端横隔板与纵肋连接焊缝部位，大致沿着焊缝方向向上扩展。

③OC-WJ-2，裂纹起源于纵肋下端横隔板与纵肋连接焊缝部位，沿着焊缝包脚处在纵肋面内扩展，大致呈U形。

④OC-WJ-3，裂纹起源于横隔板与顶板焊缝部位，沿着顶板向内部扩展。

⑤OC-WJ-4，裂纹起源于横隔板与顶板过焊孔部位，沿着顶板向内部扩展。

⑥OC-WJ-5，裂纹起源于横隔板与顶板过焊孔部位，沿着焊缝方向大致水平扩展。

⑦OC-WJ-6，裂纹起源于横隔板与顶板焊缝部位，沿着焊缝方向大致水平扩展。

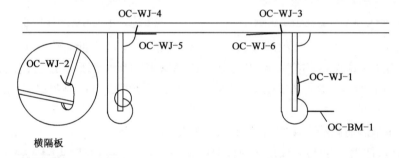

图3-25 开口纵肋横纵联结系焊缝或母材

闭口纵肋与横纵联结系焊缝（CC-WJ）或母材部位（CC-BM）的疲劳裂纹主要有七种：

①CC-BM-1，裂纹起源于U肋下端横隔板弧形开口处，大致沿着横隔板横向或斜向扩展。

②CC-WJ-1，裂纹起源于U肋下端的横隔板弧形开口部位，大致沿着焊缝的方向向上扩展。

③CC-WJ-2，裂纹起源于U肋下端的横隔板弧形开口部位，沿着焊缝包脚处在纵肋面内扩展，大致呈U形。

④CC-WJ-3，裂纹起源于横隔板与顶板连接焊缝的过焊孔部位，沿着顶板向内部扩展。

⑤CC-WJ-4，裂纹起源于横隔板与顶板连接焊缝的过焊孔部位，沿着焊缝方向大致呈水平扩展。

⑥CC-WJ-5，当采用多块横隔板通过焊接方式进行拼接时，在其焊接部位的端部容易产生疲劳裂纹，大致沿着焊缝的方向扩展。若采用整体式横隔板则无此裂纹。

⑦CC-WJ-6，钢箱梁内除了横隔板外还有纵隔板时，在纵隔板和横隔板交界处通过焊缝连接，在此部位容易产生疲劳裂纹，开裂方向大致沿着焊缝的方向发展。当无纵隔板时，则无此裂纹。

通过对比可以发现开口肋与横纵联结系以及闭口肋与横纵联结系的疲劳裂纹分布情况基本相似。这些裂纹都比较容易形成表面裂纹,用磁粉或超声波探伤就可找到裂纹位置。修复方便,危害相对于纵肋与顶板焊缝的内部裂纹和隐蔽裂纹较小。

横纵联结系焊缝或母材部位(图3-26)疲劳裂纹产生的原因主要有以下三点:

①面板和纵肋可视为弹性连续支承在横隔板上的连续梁,在纵向移动的车辆荷载作用下,纵肋反复绕曲变形迫使横隔板产生面外反复变形,如图3-27所示。当该面外变形受到约束时,将产生很大的次弯曲应力,约束刚度越大,次弯曲应力越大。

②横隔板在车辆荷载的作用下,将产生垂直于桥轴方向的竖向挠曲变形(图3-28),由于该弧形缺口的存在,在弧形缺口周边将产生较大的面内弯曲应力和剪应力。

③横隔板的间距、过焊孔弧形缺口尺寸、工艺等因素也会对裂纹的产生有一定的影响。

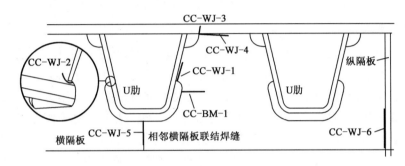

图 3-26　横纵联结系焊缝或母材

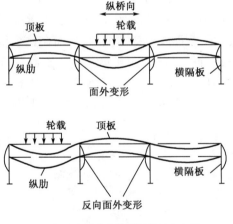

图 3-27　车辆荷载作用下纵桥向变形

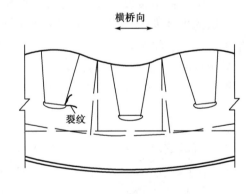

图 3-28　横隔板的竖向绕曲变形

3.2.3　缆索及锚箱疲劳开裂细节

1)缆索疲劳裂纹

缆索疲劳裂纹的产生,主要是振动疲劳和腐蚀综合作用下产生的[7,8]。随着缆索的腐蚀深度不断增大,在腐蚀点位处产生了较大的应力集中,再加上外部环境(风、车辆)作用下桥梁产生的反复振动,以及索力的不断变化,从而导致了缆索疲劳裂纹的产生,严重时会导致断索,如图3-29所示。

 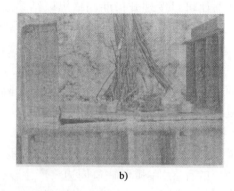

图 3-29 菜园坝大桥主缆断丝

2) 钢锚箱疲劳裂纹

钢锚箱的作用,主要用于传递拉索的水平分力,通过钢板传递到后拉索,然后通过连接件传递到混凝土。钢锚箱承受了较大的拉力,混凝土承受了较大的压力和较小的拉力,充分发挥了钢材抗拉强度高和混凝土抗压强度高的优点,克服了钢材承受较大压力容易失稳和混凝土承受较大拉力容易开裂的缺点。钢锚箱由于受力方式明确、施工方便等优点已在国内外许多缆索支承桥梁中得到了应用。但钢锚箱的各个连接件通过焊接方式进行连接,在拉索索力不断变化的情况下,局部承受较大的应力集中,同其他钢结构一样也容易产生疲劳裂纹[9,10]。

梁式锚箱疲劳裂纹的发生位置,可以按支承板的周边和桥面板的焊接来分类,如图 3-30 所示。在支承板的周围发生的裂纹中,裂纹1、裂纹2在加载板的下方,发生于相当早的阶段,且全部发生在锚箱腹板、隔板与支承板的熔透焊缝的末端。裂纹3、裂纹8发生于支承板和锚箱下翼缘的焊缝末端。试验中的加载板较大,支承板因受载而发生弯曲变形,从而在这个位置产生了裂纹。裂纹4发生于加载板角正下方的支承板表面,并向板边扩展。由于加载板和支承板处于接触状态,加载板的正下方认为有局部的大的压应力存在。裂纹5发生于锚箱前翼缘同桥面板的熔透焊缝的末端,裂纹6、裂纹7发生于桥面板的双重角焊缝(堆焊)的末端。

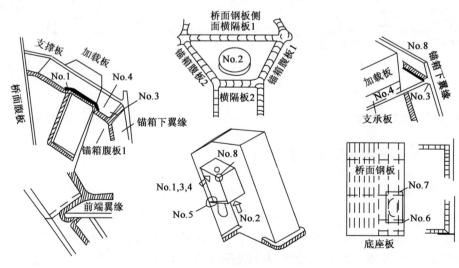

图 3-30 梁式锚箱的裂纹分布

柱式锚箱的裂纹分布情况如图 3-31 所示。裂纹 1 发生于支承板和主梁腹板的熔透焊缝的末端,是因为支承板弯曲而产生的。因为加载板较大,靠近主梁腹板和支承板也受荷载作用,且加之加劲板和主梁腹板不能焊接,裂纹的产生主要是由板弯曲所引起的。裂纹 2 发生在支承板和锚板 2 的熔透焊缝处。产生原因和梁式锚箱一样,是支承板的弯曲引起的。裂纹 3、裂纹 4 发生在支承板、锚板的加劲肋角焊缝处。裂纹是由于从加载板传来的轴向压力而产生的。

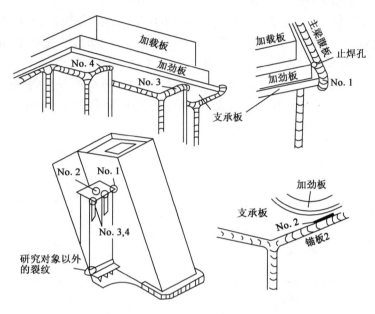

图 3-31 柱式锚箱的裂纹分布

3.3 疲劳开裂扩展规律

3.3.1 钢桥疲劳开裂扩展速率

钢桥中的构件受力时,通常情况下其表面的应力最大,再加上表面焊接缺陷众多,残余应力大,导致裂纹往往容易产生在表面,形成表面裂纹。表面裂纹的断面特征大致呈半椭圆形,如图 3-32 所示。图中 $2c$ 表示裂纹的长度,c 表示裂纹的半长,a 表示裂纹沿板厚方向的深度,t 为板厚,w 为板宽。文中所表示的字母与本图相对应。

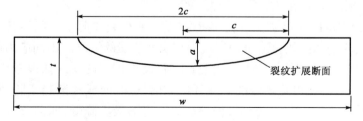

图 3-32 表面裂纹特征

1)裂纹长度与循环次数的关系($a\text{-}N$曲线)

(1)顶板与竖向加劲肋

试验中采用的顶板与竖向加劲肋试件分别采用平位焊和仰焊的方式进行焊接,其中平位焊时分别采用了角焊缝和全熔透焊缝两种形式。仰焊中均采用角焊缝的形式,并且将一组试件沿着焊缝进行了超声锤击处理。试验过程中根据名义应力幅分成三组加载,分别为55MPa、80MPa和100MPa,实际加载的名义应力幅浮动范围在10%之内。

同时,在预期的裂纹扩展路径上粘贴直径为0.04mm的绝缘细铜丝,并将细铜丝与疲劳试验机控制器连接形成一条回路。当裂纹扩展至细铜丝黏结位置时,细铜丝被切断,将导致试验机停止加载,记录裂纹长度与循环次数。细铜丝布置方式如图3-33所示。图中N_{toe}表示裂纹萌生时对应的循环次数,细铜丝形状大致呈"M"形;N_b表示裂纹扩展至两侧焊趾处时对应的循环次数,细铜丝紧贴焊趾两侧粘贴;N_{10}表示裂纹扩展至焊趾外10mm处时对应的循环次数;N_{30}表示裂纹扩展至焊趾外30mm处时对应的循环次数。

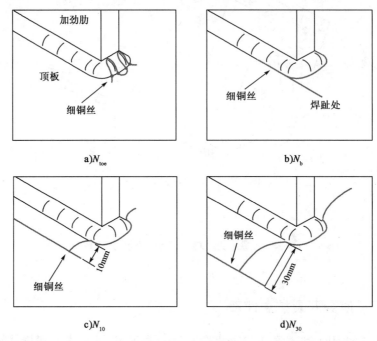

图3-33 细铜丝布置方法

依据试验结果,统计了顶板与竖向加劲肋的各组试件疲劳试验过程中的裂纹长度a与循环次数N之间的关系,得到了如图3-34所示的顶板与竖向加劲肋$a\text{-}N$曲线,并以不同应力幅为分类指标,对数据的试验结果进行了分类[12]。

由于试验过程中难以捕捉裂纹微裂纹萌生扩展,使得裂纹萌生阶段的长度和循环次数无法获得,因此图3-34中的曲线普遍呈现宏观裂纹快速扩展的情况。不同应力幅下的裂纹扩展的$a\text{-}N$曲线表现出一致的规律性,即应力幅较小时,裂纹扩展的$a\text{-}N$曲线较为平缓,而随着应力幅增大,$a\text{-}N$曲线逐渐变得陡峭。随着循环次数的增加,曲线逐渐趋于陡峭,说明疲劳裂纹扩展的速率不断加快。在高应力幅下,构件的疲劳寿命极大降低,而裂纹的扩展速率极大提高,对于构件的抗疲劳性能极为不利,因此在实际应用中须通过一定的措施降低构件所受的应力大小。

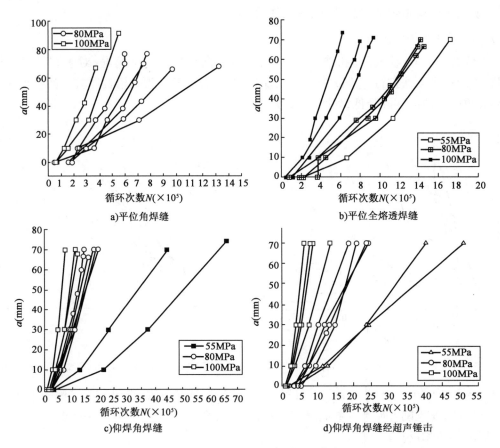

图 3-34 顶板与竖向加劲肋 a-N 曲线

（2）顶板与 U 肋

顶板与 U 肋构造细节是正交异性钢桥面板中最容易产生疲劳开裂的部位。试验中焊缝根据顶板厚度以及焊接工艺有所不同,设计了五种不同的加载工况,见表 3-2。加载方式与顶板与竖向加劲肋的疲劳试验一致,以常幅荷载加载至试件开裂,采用 50MPa、80MPa 和 100MPa 三种加载性能良好的应力幅进行加载,实际加载的名义应力幅浮动范围在 10% 之内。

不同组试件的尺寸及焊接工艺分类　　　　　　表 3-2

分组号	顶板厚度(mm)	材质	加载方向	工艺
SJ1	14		正加载	全熔透焊
SJ2	16		正加载	全熔透焊
SJ3	14	Q345qD	正加载	全熔透焊 + TIG 重熔 + 激冷处理
SJ4	14		正加载	80% 熔透焊
SJ5	16		正加载	80% 熔透焊

依据试验结果,统计了顶板与 U 肋的各组试件疲劳试验过程中的裂纹长度 a 与循环次数 N 之间的关系,得到了如图 3-35 所示的顶板与 U 肋 a-N 曲线,并以不同应力幅为分类指标,对数据的试验结果进行了分类[13]。

顶板与 U 肋疲劳裂纹扩展 a-N 曲线在不同应力幅下的变化规律与顶板与竖向加劲肋基本一致,说明不同构造细节对疲劳开裂扩展的影响不大。

2)裂纹深度与循环次数的关系

由于传统的 Paris 公式只能够描述裂纹沿长度方向扩展的基本情况,对于裂纹沿板厚方向,即裂纹深度则无法进行直观的表述。而现有试验结果表明,裂纹沿板厚方向的扩展速率随着循环次数的增加而逐渐降低,如图 3-36 所示。

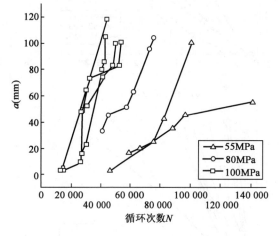
图 3-35 顶板与 U 肋疲劳裂纹 a-N 曲线

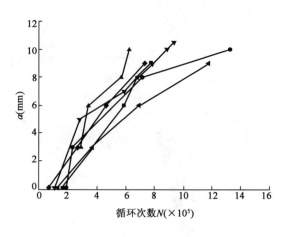
图 3-36 顶板与竖向加劲肋裂纹深度扩展曲线

由图 3-36 中的四组图可知,同一组试件的扩展趋势基本一致,说明疲劳试验结果较准确。整体观察曲线,发现随着循环次数的增加,疲劳裂纹在深度方向的扩展由快变缓,这与裂纹在表面扩展的趋势相反。

3.3.2 疲劳开裂扩展形态

由于钢桥疲劳裂纹大多数为表面裂纹,其开裂的扩展形态受到焊缝及构造因素的制约存在一定的不同,图 3-37 给出了顶板与竖向加劲肋表面疲劳裂纹开裂扩展过程中裂纹半长度 c 和深度 a 的变化情况。

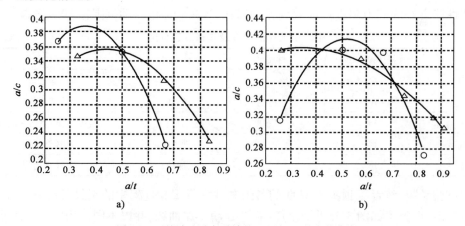
图 3-37 顶板与竖向加劲肋的 a/c 随 a/t 的变化曲线

随着循环次数的增加及裂纹的扩展,裂纹形态曲线都呈下降趋势,即随着裂纹的扩展,a/c 下降的速率大于板厚比 a/t 下降的速率,但裂纹扩展的初期,a/c 会有小幅度的增加。这是因为在疲劳裂纹扩展初期,沿深度方向的应力强度因子比表面应力强度因子大,导致初期裂纹沿深度方向扩展较快;随着裂纹长度增大,其表面应力强度因子逐渐大于深度方向的应力强度因子,导致表面裂纹的扩展速率加快,深度方向逐渐降低,从而产生了先略微上升然后下降的过程。

在 a/c-a/t 的变化曲线基础上,保持横坐标不变,将 a/c 与 a/t 之和作为纵坐标,得到 $a/c + a/t$ 随 a/t 的变化曲线,见图 3-38。

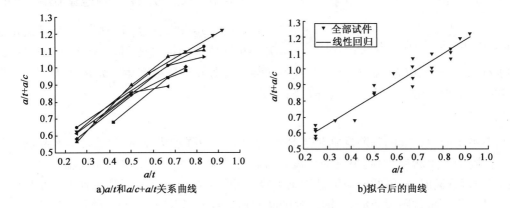

a) a/t 和 $a/c+a/t$ 关系曲线   b) 拟合后的曲线

图 3-38　$a/c + a/t$ 随 a/t 的变化曲线

可看出曲线分布情况基本呈线性。运用线性回归分析法获得了疲劳试件 $a/c + a/t$ 与 a/t 近似的线性函数:

$$y = 0.9x + 0.4 \tag{3-1}$$

将 $a/c + a/t$ 和 a/t 代入线性函数中,可以得到:

$$\frac{a}{c} + 0.1\frac{a}{t} = 0.4 \tag{3-2}$$

式中:a——裂纹深度;

c——裂纹的半长度;

t——板厚。

式(3-2)近似描述了疲劳开裂过程中裂纹形态的变化规律,式中的疲劳构件厚度 t 为已知常量,若检测出疲劳构件的表面裂纹的半裂纹长度 c,根据式(3-2)可以近似获得疲劳裂纹的深度 a 的大小,从而进一步判断该裂纹的危害性。当 $c = 40$mm,即裂纹的长度达到 80mm 左右时,通过公式计算得到的裂纹深度约为 12mm(t 取 12mm),说明此时裂纹可以认为已经穿透钢板,可以把裂纹长度为 80mm 作为顶板与竖向加劲肋试件产生疲劳破坏的临界长度,这与试件结果大致相同。由于试验中测量得到的裂纹长度和深度的误差较大,经线性回归得到的公式也存在一定的误差,为了降低误差,需要更多的试验数据对上述公式进行修正。

顶板与 U 肋 a/c 与 a/t 的变化曲线如图 3-39 所示,其变化曲线与顶板与竖向加劲肋的 a/c 与 a/t 曲线的变化趋势存在显著不同,图 3-37 中的曲线整体呈现下降趋势,而图 3-39 中的曲线整体上升。由此表明,顶板与 U 肋疲劳裂纹随着循环次数的增加,其裂纹深度和长度均不断增加,并且深度方向增加的速率较快,导致曲线整体呈上升趋势。

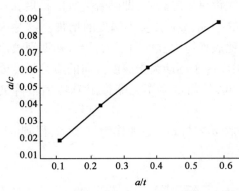

图3-39 顶板与U肋的 a/c 随 a/t 的变化曲线

通过对比可以看出,不同构造细节其疲劳裂纹开裂形态变化规律存在一定的差异,说明钢桥疲劳开裂特征极为复杂,须不断开展不同构造细节的疲劳试验研究,以便对不同疲劳开裂特征能够有进一步的认识,总结提炼出不同构造细节疲劳开裂特征的异同点,从而建立不同裂纹开裂特征的形态估算公式。

3.3.3 疲劳开裂扩展速率影响因素

裂纹尖端应力强度因子幅度 ΔK 是决定疲劳开裂扩展速率的最主要因素,但除了 ΔK 外,试验中的加载频率、平均应力、温度、构造特点等均会对疲劳开裂速率产生一定的影响[2]。本节介绍了这些因素对疲劳开裂速率的具体影响情况。

1) 温度

引起疲劳裂纹扩展的判断准则是当裂纹尖端的应力强度因子 K 大于材料本身的断裂韧性 K_C 时,则会产生断裂,引起裂纹的扩展。材料的断裂韧性与使用时的环境温度存在一定的关系,当温度升高时,材料的断裂韧性逐渐下降,如图 3-40 所示。而断裂韧性的大小反映了材料在荷载作用下抵抗断裂的能力,即材料的断裂韧性越大,其抗断裂能力越好。

同样,相关的理论分析和试验研究表明 Paris 公式中的 C、m 值也会随着温度的变化而变化,即当温度升高时,C 值增加而 m 值减小,如图 3-41 所示。

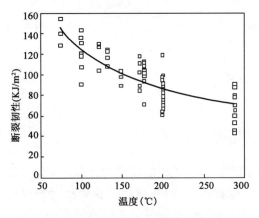

图3-40 断裂韧性与温度的关系

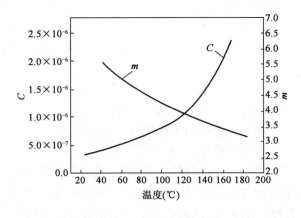

图3-41 C、m 与温度的关系

20 世纪 70 年代,Kitagawa 广泛地研究了不同材料在不同试验条件下 Paris 公式中 C、m 之间的关系,建立了它们之间的关系表达式:

$$m = a + b\ln C \tag{3-3}$$

式(3-3)可由 Paris 公式取对数并经变换得到。这个公式反映了材料在不同状态下的 $\ln(\mathrm{d}a/\mathrm{d}N)$-$\ln(\Delta K)$ 曲线存在一个共同的交点 P。在这点 P 上,某一具体材料在不同温度条件下的裂纹扩展速率和应力强度因子幅度都是相同的。

2)加载频率

目前现有的试验研究表明,不同的加载频率下疲劳开裂的扩展行为是不同的,即随着加载频率的变化,裂纹扩展曲线 da/dN-ΔK 的变化规律不同。Takezono S 利用有限元在不用加载频率下对长裂纹扩展行为进行了模拟,模拟结果表明频率越低,相同 ΔK 下应变幅度值和黏塑性应变幅度值越大,并且 ΔK 随应变幅度值 $\Delta\varepsilon_y$ 和黏塑性应变幅度值 $\Delta\varepsilon_y^{vp}$ 的增加呈单调增加趋势(图 3-42)。说明较低的加载频率会加快疲劳开裂的扩展速率,而较高的频率在一定程度上能够减缓疲劳开裂的扩展速率。

另外,频率对扩展速率的影响也可以从疲劳裂纹开裂扩展的微观组织的变化来描述:在较高频率作用下能够导致裂尖塑性区高密度滑移,其产生的裂尖塑性区较小,有效屈服应力高;而低频率有助于产生更为广泛的滑移分布,从而导致裂尖塑性区增大,有效屈服应力降低,因此在外力作用下,较低的屈服应力容易产生较大的应变速率变化,从而裂纹扩展速率加快。

3)应力比

研究表明,ΔK 及最大应力强度因子 K_{max} 较低时,其扩展速率由 ΔK 唯一决定,而 K_{max} 对疲劳裂纹的扩展基本上没有影响。当 K_{max} 接近材料的断裂韧性时,如 $K_{max} \geq (0.5 \sim 0.7) K_C$,$K_{max}$ 的作用相对增大,Paris 公式往往低估了裂纹的扩展速率。此时的 da/dN 需要由 ΔK 和 K_{max} 两个参量来描述。此外,对于 K_{IC} 较低的脆性材料,K_{IC} 对裂纹扩展的第Ⅱ阶段也有影响。为了反映 K_{max}、K_{IC} 和 ΔK 对疲劳裂纹扩展行为的影响,Forman 提出了如下表达式:

$$\frac{da}{dN} = \frac{C\Delta K^m}{(1-R)K_{IC} - \Delta K} \tag{3-4}$$

Forman 公式不仅考虑了应力比对裂纹扩展速率的影响,而且反映了断裂韧性的影响。即 K_{IC} 越高,da/dN 的值越小。图 3-43 给出了应力比对裂纹扩展速率的影响,发现应力比 R 越大,疲劳开裂扩展速率也会一定程度上增大,并且在高应力比下疲劳开裂时对应的应力强度因子门槛值也会随之减小。说明在高应力幅下,对材料或构件的疲劳性能极为不利。

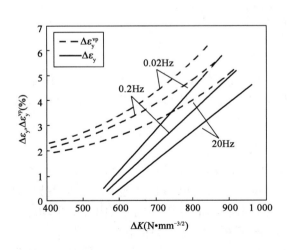

图 3-42 频率对 $\Delta\varepsilon_y$ 和 $\Delta\varepsilon_y^{vp}$ 的影响

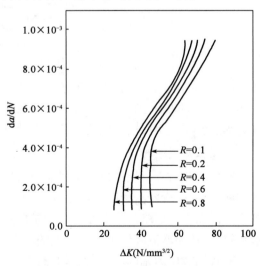

图 3-43 应力比对扩展速率的影响

4）熔透率

试验研究表明,不同的焊缝熔透率下疲劳开裂的扩展速率也存在一定的差异。图3-44给出了三组不同应力幅下80%熔透率和全熔透的试件疲劳裂纹扩展速率与循环次数之间的关系。随着循环次数的增加,疲劳开裂的扩展速率da/dN逐渐增大;而全熔透试件的疲劳开裂扩展速率整体上比80%熔透率的试件要低。随着加载应力幅的逐渐增大,疲劳开裂扩展速率变化离散性也逐渐增大,说明随着应力幅的逐渐增加,熔透率对疲劳开裂影响的程度逐渐降低,而应力幅的作用越来越大。

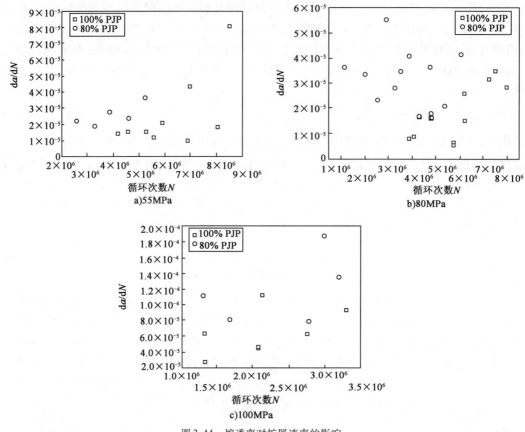

图3-44 熔透率对扩展速率的影响

熔透率的不同意味着焊接工艺和焊接时间的不同,导致焊接对母材产生的影响也不同,主要体现在焊接缺陷分布、热影响区大小、热影响程度等。通过对比可以发现,采用较高的焊缝熔透率能够在一定程度上提高构件的疲劳性能。

5）顶板厚度

通过试验研究对比了目前钢桥面板常用板厚(14mm和16mm)情况下全熔透焊缝疲劳开裂扩展速率变化情况,如图3-45所示。不同的板厚对应的疲劳开裂扩展速率无明显差异,但较厚的桥面板能够略微降低疲劳开裂扩展速率。在荷载作用下,板厚越厚,其内部的平均应力水平越低,从而略微降低了裂纹尖端的应力强度因子,延缓了疲劳开裂扩展。

随着加载应力幅的增大,数据的离散性也增大,同样说明了在高应力幅下顶板厚度的变化对疲劳开裂扩展速率的影响程度逐渐减小。

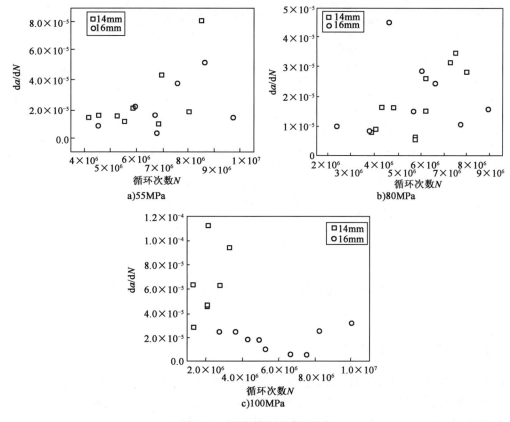

图 3-45 板厚对扩展速率的影响

6) 材料强度

Q345qD 和 Q420qD 两种常用的桥梁钢材在疲劳开裂过程中的扩展速率如图 3-46 所示，发现不同强度的材料疲劳开裂扩展速率均随着循环次数的增加逐渐增大，但两种材料的扩展速率大小无明显差异。由于桥梁中钢材应用最为广泛，这里不考虑其他金属的影响。因此对于桥梁用钢而言，材料强度的变化对疲劳开裂扩展无明显影响。同样，随着循环次数的增加，扩展速率分布离散性也逐渐增大，这一点充分说明了应力强度因子 ΔK 是控制疲劳开裂扩展速率的主要因素。

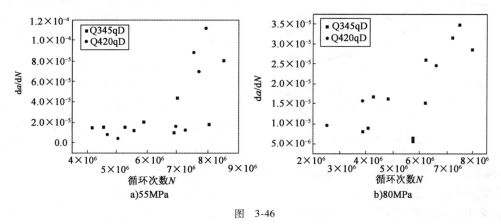

图 3-46

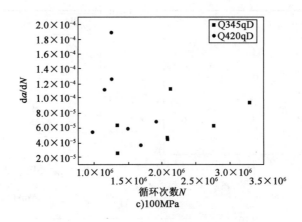

图 3-46 钢材强度对扩展速率的影响

3.4 疲劳开裂过程特征变化

3.4.1 局部应力变化情况

疲劳裂纹的形成往往是由荷载反复作用下表面晶粒屈服滑移而逐渐萌生,并且随着滑移范围的不断增大,逐渐形成疲劳开口。表面一旦形成疲劳裂纹开口后,其局部变形由荷载作用下的弹塑性变形和裂纹开口的刚体位移组成,从而导致裂纹开口部位的应力产生变化,即应力释放与转移的过程。许多试验也证实了疲劳开裂过程中裂纹附近和远端应力的变化规律,如图 3-47 所示。

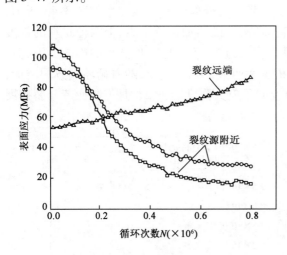

图 3-47 竖向加劲肋焊缝疲劳开裂过程应力变化

在裂纹开裂部位附近,测点所得到的表面应力随着循环次数的增加和疲劳开裂的发展逐渐降低。在初期应力下降较为缓慢,随后快速大幅下降,最后趋于平缓,说明在快速下降时已经可以认为在该测点附近产生了较为明显的疲劳裂纹开口,并且随着裂纹深度的不断增加,疲劳裂纹开口逐渐增大,表面刚体位移进一步增大而弹塑性变形进一步减小,从而所测得的应力值进一步减小。在开裂后期,裂纹开口处的应力变化趋于稳定,说明此时的裂纹深度已不再明显增加,表面的弹塑性变形达到最小,再进一步则容易产生疲劳断裂。但是在裂纹远端,即裂纹扩展路径上,随着裂纹的不断扩展,其应力逐渐增大直至产生疲劳断裂。

因此,对于一定长度的疲劳裂纹而言,其裂纹边缘的应力值要远比实际加载的名义应力大。如果采用止裂孔技术进行临时止裂时,由于裂纹边缘较大的应力使得止裂孔并不能够有效地对裂纹的扩展进行阻止,反而裂纹会迅速穿过止裂孔继续扩展。因此确定合适的止裂孔打孔时机对于有效地发挥止裂孔临时止裂作用具有一定的意义。

有限元的分析结果也验证了疲劳开裂前后表面应力的变化规律,如图 3-48 所示。

疲劳开裂过程表面应力的变化情况与裂纹扩展规律存在一定的关系。以正交异性钢桥面板顶板与竖向加劲肋为例,图 3-49 和图 3-50 给出了裂纹源附近和裂纹远端处在不同裂纹开裂长度下应力的变化程度。

当裂纹扩展到 0mm、24mm、44mm、84mm 左右时为基础,对比了该四个阶段的表面应力变化情况。图中百分比的正负表示应力增加和降低。对于裂纹源附近的表面应力在裂纹扩展初期的变化幅度最大,而随着裂纹长度的不断增大变化幅度逐渐减小。试验过程的裂纹开裂过程表明,在开裂初期裂纹沿长度方向的扩展较为缓慢,而沿深度方向扩展较快;但是随着裂纹长度的不断增加,裂纹的深度增加不明显。这种变化情况正好对应了疲劳开裂过程中表面应力的变化情况,即开裂初期裂纹深度增加较快,使得在荷载作用下表面产生了较大的刚体位移,降低了表面的弹塑性变形,从而导致开裂裂纹源表面应力下降程度较大;而开裂后期的裂纹深度增加不明显,应力下降的程度趋于稳定。

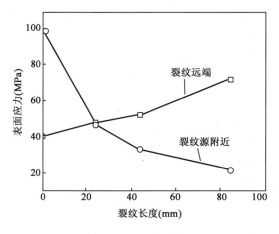

图 3-48 疲劳开裂过程应力变化有限元分析

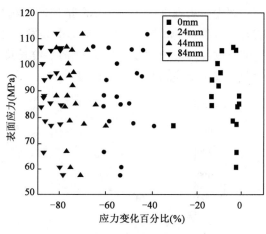

图 3-49 裂纹源附近

在裂纹远端处,由于初期疲劳开裂尚未扩展到测点部位,因此在开裂初期这些部位的应力较为稳定,变化不明显,而随着裂纹的不断扩展和深度的增加,逐步影响到了这些测点的表面应力,使得该测点表面应力产生了较大的变化。在裂纹开裂扩展后期随着深度的不断增加,应力变化幅度越来越大。整体的变化规律与裂纹源附近正好相反。在裂纹开裂初期远端处的应力较为稳定,在试验中通常在这些位置布置相应的测点以测量构件在荷载作用下的名义应力。

顶板与 U 肋构造细节焊缝疲劳开裂过程的应力变化情况如图 3-51 所示。随着循环次数的增加,在裂纹源附近的表面应力逐渐降低而裂纹远端的表面应力则显著增大,变化趋势与竖向加劲肋一致,但在循环初期,两条曲线的变化趋势较为平缓。由于顶板与 U 肋连接焊缝在沿焊缝方向上构造特征基本一致,无明显的构造应力集中,因此疲劳裂纹在焊缝方向的任一位置都可能产生,无法准确地判断疲劳开裂的具体位置,导致实际布置的测点与实际开裂位置存在一定的偏差,使得在裂纹扩展初期无法及时地捕捉到开裂部位的表面应力变化情况。但随着裂纹长度的不断增加,逐步逼近所布置的测点,从而检测到了表面应力随裂纹扩展的变化情况。

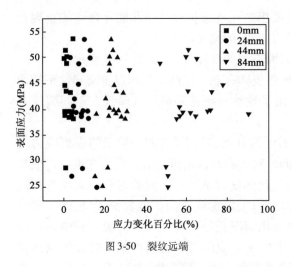
图 3-50 裂纹远端

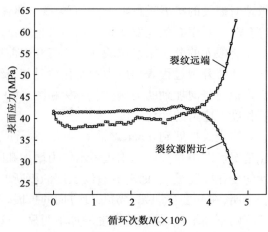
图 3-51 顶板与 U 肋焊缝疲劳开裂过程应力变化

3.4.2 应力强度因子变化情况

裂尖应力强度因子幅值 ΔK 是控制裂纹扩展速率的主要因素之一。通过前面的分析可知随着疲劳裂纹的扩展,其扩展速率也会发生相应的变化。扩展速率随裂纹长度的变化反映了疲劳裂纹尖端应力强度因子 K 会随裂纹长度的变化而变化。图 3-52 给出了竖向加劲肋焊缝疲劳裂纹尖端应力强度因子的变化情况。

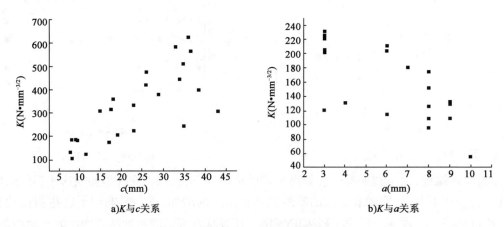

a) K 与 c 关系   b) K 与 a 关系

图 3-52 竖向加劲肋 K 随裂纹扩展的变化规律

随着裂纹长度(图中的 c 为裂纹的半长度)的增加,裂纹边缘尖端的应力强度因子 K 逐渐增大,说明在裂纹长度方向随着循环次数的增加其扩展速率加快。随着裂纹深度的增加,在深度方向的应力强度因子逐渐降低,说明在疲劳开裂过程中顶板与竖向加劲肋焊缝的疲劳裂纹沿深度方向的扩展速率逐渐减小。但由于深度方向前期具有较快的扩展速率,使得在该构造细节的疲劳裂纹在长度较短时具有较大的深度。这与实际疲劳开裂过程裂纹的扩展特征相同。

对于顶板与 U 肋构造细节而言,其裂尖的应力强度因子随裂纹的扩展规律与竖向加劲肋存在一定的差异,如图 3-53 所示。随着裂纹长度和深度的增加,裂尖的应力强度因子也逐渐增大,说明顶板与 U 肋构造细节焊缝疲劳裂纹的扩展速率随裂纹的扩展逐渐加快。

通过两个构造细节的对比发现,不同的构造细节其疲劳开裂特征存在差异,并且疲劳开裂过程中的某些特征参数也会随着不同的开裂特征而发生变化。为了对各个构造细节的开裂特征进行详细的描述,在后期的工作中还需对钢桥的不同构造细节开展对应的试验研究。

针对竖向加劲肋以裂纹深度 a 除以构件厚度 t 的值作为横坐标,以应力强度因子比 $K/(\sigma\sqrt{\pi c})$ 为纵坐标,得到如图 3-54 所示的数据点分布情况。

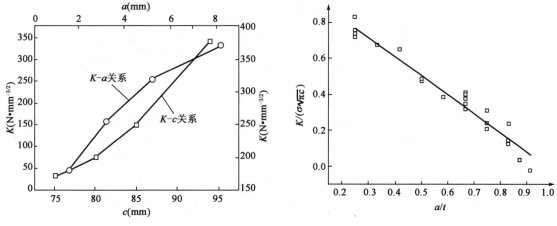

图 3-53　顶板与 U 肋 K 随裂纹扩展的变化规律　　　图 3-54　拟合曲线

从图中可以看出,两者近似呈直线关系,利用线性回归法得到了近似的线性函数:

$$x + y = 1 \tag{3-5}$$

将 x、y 对应代表的参数代入,得:

$$\frac{a}{t} + \frac{K}{\sigma\sqrt{\pi c}} = 1 \tag{3-6}$$

式中:a——裂纹的深度;

　　　t——板厚;

　　　K——裂纹深度方向上裂尖的应力强度因子;

　　　σ——名义应力;

　　　c——裂纹总长度的一半。

因此,若测量得到疲劳裂纹的深度,则可以根据式(3-6)计算出裂纹深度方向尖端的应力强度因子。这种近似的计算方法目前只针对竖向加劲肋构造细节焊缝的疲劳裂纹,针对其他构造细节的裂纹还需要进一步的补充和修正。式(3-6)也方便了工程中快速估算实际疲劳裂纹深度方向的应力强度因子,促进了断裂力学在工程中的应用。

3.4.3　显微硬度变化情况

材料疲劳损伤过程中,循环塑性变形是导致材料疲劳损伤积累的根本原因。循环塑性变形的作用反映在材料力学性能上时是对不同材料表现出的循环硬化与软化特征[15]。对于桥梁结构而言,由于疲劳损伤通常起源于材料局部薄弱区,导致疲劳损伤演化与材料局部薄弱区的变形的发生于发展存在一定的联系。目前试验研究表明,在材料疲劳损伤过程中其局部的显微硬度同样会产生变化[16]。

图 3-55 给出了不同应力幅下 45 钢和 16Mn 钢表面维式显微硬度(HV)统计均值和标准差

随循环周次 N_f 的变化规律[15-17]。从图中可以看出,45 钢材料表面发生了初始软化和随后硬化,以及疲劳后期再次软化的现象;而 16Mn 钢材料的铁素体与珠光体在疲劳后期同样出现了软化的现象。

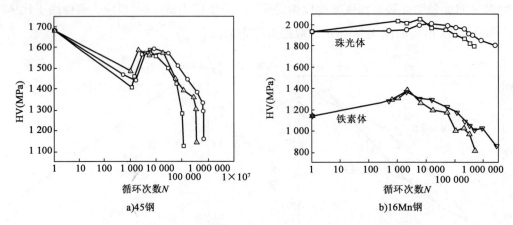

图 3-55 疲劳过程中结构钢表明显微硬度统计均值与标准离差变化规律

大量研究表明,材料硬度与流变应力之间存在一定的关系,经验公式如下:

$$HV = C_\theta^e \tag{3-7}$$

其中:

$$e = e_y + R(p) \tag{3-8}$$

式中:HV——材料的硬度;

C_θ——材料流变应力常数;

e——某一塑性变形 p 下的流变应力;

e_y、$R(p)$——材料的初始屈服应力与非线性应变硬化。

考虑硬度试验本身引起的应变硬化,结合损伤力学的应变等价性假设和有效应力概念,可以得到用硬度表示的损伤变量 D,即 Lemaitre 建立的用显微硬度变化计算疲劳损伤的公式为:

$$D = 1 - \frac{HV_D}{HV} \tag{3-9}$$

式中:HV_D——材料的显微硬度;

HV——材料应变硬化饱和时的硬度值。

在实际应用时,由于多晶材料的显微硬度测试值通常呈现较大的分散性,因此公式(3-9)应采用概率的形式。

利用公式(3-9)计算了图 3-55 中的疲劳试验过程中表明损伤量的大小,得到如图 3-56 所示的疲劳过程中表明损伤演化特征。图中分散带表示 $\pm D_\sigma$。从图中可以看出,采用显微硬度变化定义疲劳损伤值在循环初期均存在损伤潜伏期,且潜伏期的长短与材料的处理状态和作用应力大小有关。通过显微硬度变化计算得到的损伤演化规律与试验现象基本保持一致,说明通过测量显微硬度,能够反映构件疲劳损伤的过程。

显微硬度在疲劳过程中的变化规律同样可由材料内部错位组态的演变过程来分析,而疲劳后期显微硬度下降则与表面疲劳行为有关。伴随着整体材料的循环硬化与软化达到"饱和"状态,试样表面将逐渐形成具有软化特征的滑移带。且随着循环次数的增加,滑移带密度及体积分数不断增加,因此试样表面将出现与整体行为不同的循环软化现象。而显微硬度在疲劳中呈现出的离散特征反映了微观尺度上材料的力学性能有显著的非均匀性。

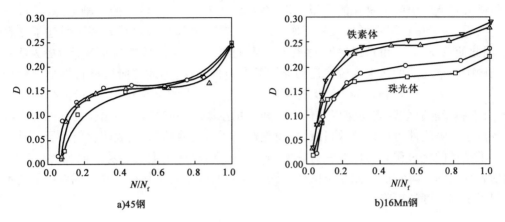

a) 45钢　　　　　　　　　　b) 16Mn钢

图 3-56　疲劳过程中表面损伤演化特征

3.4.4　力学性能变化情况

由于疲劳开裂过程是塑性变形不断累积的过程,因此在容易产生裂纹的部位,其力学性能也会产生一定的变化,如图 3-57 所示。

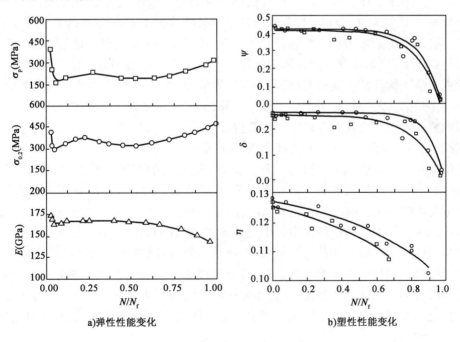

a) 弹性性能变化　　　　　　　　b) 塑性性能变化

图 3-57　材料疲劳损伤过程力学性能变化

在疲劳试验初期,σ_p 和 $\sigma_{0.2}$ 均表现为明显的下降趋势,但随着循环次数的增加 σ_p 和 $\sigma_{0.2}$ 均迅速增大,并在 20% 寿命时达到了饱和,随后又下降,到半寿命时,σ_p 和 $\sigma_{0.2}$ 呈现上升的趋势。弹性模量 E 的变化同样经历了先下降后略微上升,但经过一段准稳态饱和过程后持续下降的过程。而材料的弹性性能在整个疲劳过程中均表现出持续下降的趋势,尤其在疲劳后期更为显著。

材料弹性性能在疲劳过程中表现出的阶段性从本质上讲是来源于错位组态在循环中的变化。初始状态的错位结构主要以长直位错线和较低错密度为特征。在循环应力作用下,由于自由位错大量运动引起了材料的剧烈软化,因此表现为 σ_p、$\sigma_{0.2}$ 和 E 的急剧下降;经过一定的循环周次后,由于位错不断增值和相互作用以及位错在障碍物或晶界处塞积引起了材料循环硬化,因此使得 σ_p、$\sigma_{0.2}$ 和 E 迅速增大;循环次数的再增加,位错带结构外形变得更为清晰。由于带结构中位错偶墙的通道为位错运动提供了大的自由程,因此这阶段材料将由硬化转变为软化,导致 σ_p、$\sigma_{0.2}$ 和 E 表现为下降的过程。随着循环应力的继续作用,位错带结构发展为胞结构,由于胞壁能有效阻碍位错以及位错之间的相互作用,同时胞内自由位错在循环中将不断互毁及被胞壁吸收使可动位错数目减少,而胞壁则不断变薄而明锐,表明材料经历了软化过程又产生了循环硬化过程。因此在疲劳后期,σ_p 和 $\sigma_{0.2}$ 均表现出上升趋势。而弹性模量 E 在疲劳后期表现出的下降特征应归结于试样表面形成的大量裂纹及其在交变荷载作用下的不断扩展引起了试样刚度的下降。

3.5 本章小结

本章通过资料和现场调研,总结了钢桥疲劳开裂分布的主要位置,并结合钢桥构造细节特点给出了不同构造细节疲劳开裂的具体特征及裂纹类型。依据疲劳试验,以顶板和竖向加劲肋试件和顶板与U肋为例,分析了疲劳开裂过程中裂纹的扩展形态、速率的变化规律及其影响因素。最后结合试验现象,介绍了疲劳开裂过程中局部应力、硬度、力学性能等参数的变化规律。

大跨径钢桥中,悬索桥和斜拉桥的疲劳开裂产生的主要位置呈现一定的规律。钢桥疲劳开裂位置通常位于构件的截面突变部位和铆接、焊接部位,这些部位都具有较大的应力集中,并且存在较多缺陷。斜拉桥除了钢桥面板开裂外,其拉索锚箱的开裂也较为严重。正交异性钢桥面板的疲劳开裂主要发生在以下四个部位:纵肋与顶板焊缝部位,纵肋与顶板、横隔板连接部位,纵肋对接焊缝部位,纵肋底部横隔板开孔部位。

构造细节对裂纹扩展速率的影响不大。裂纹长度方向的扩展速度逐渐增大,而深度方向逐渐降低。表面裂纹的扩展断面大致呈半椭圆形,构造细节对裂纹扩展前期的形态有影响,对后期扩展形态影响不大。裂纹的长度和深度存在一定的关系,可以近似地通过表面裂纹的长度估算裂纹的深度。裂纹的扩展速率大小受到温度、加载频率、应力比、熔透率、板厚、材料强度等的影响,其中温度越高、加载频率越低、熔透率越低、板厚越薄均会增加裂纹的扩展速度,而应力比对非焊接部位的扩展速率有影响,对于焊接部位的影响不大。疲劳裂纹的萌生和开裂过程均伴有材料自身性能的变化,主要体现在局部应力的重分布、应力强度因子的改变、显微硬度的变化以及材料局部力学性能的变化。通过研究这些变化规律,也能够间接地对疲劳开裂情况进行评估。

本章参考文献

[1] 吉伯海.我国缆索支承桥梁钢箱梁疲劳损伤研究现状[J].河海大学学报:自然科学版,2014,42(5):410-415.

[2] 高文柱,吴欢,赵永庆. 金属材料疲劳裂纹扩展研究综述[J]. 钛工业进展,2008,24(6):33-37.

[3] 路巍. 钢管混凝土拱桥病害分析及改造加固研究[D]. 西安:长安大学,2011.

[4] 郭春华,任伟平. 焊接钢桥结构细节疲劳裂纹成因及解决对策[J]. 铁道建筑,2011,4:18-21.

[5] 金玉泉. 桥梁的病害及灾害[D]. 上海:同济大学,2006.

[6] 曾志斌. 正交异性钢桥面板典型疲劳裂纹分类及其原因分析[J]. 钢结构,2011,26(2):9-15.

[7] 袁周致远. 钢箱梁疲劳裂纹特征分析及检测技术研究[D]. 南京:河海大学,2013.

[8] 向桂兵. 悬索桥吊索疲劳裂纹扩展行为研究[D]. 长沙:长沙理工大学,2009.

[9] 田志强,闫昕,赵玉贤,等. 钢塔斜拉桥病害分析[J]. 公路交通科技(应用技术版),2012,10:12-15.

[10] 陈开利. 大跨度斜拉桥斜拉索锚固结构的试验研究[J]. 世界桥梁,2004,1:29-37.

[11] 何江. 超大跨径斜拉桥钢结构疲劳监测与评估[J]. 城市道桥与防洪,2013,7:209-213.

[12] 田圆. 钢桥面板顶板与竖向加劲肋连接焊缝疲劳性能试验研究[D]. 南京:河海大学,2014.

[13] 李迪. 钢桥面板顶板与U肋连接焊缝疲劳性能试验研究[D]. 南京:河海大学,2015.

[14] 张志明. 金属材料断裂韧性的研究[D]. 上海:上海交通大学,2011.

[15] 李佳,平安. 材料疲劳损伤过程描述的智能方法[J]. 东北大学学报:自然科学版,1999,20(6):591-593.

[16] 叶笃毅,王德俊. 结构钢表面疲劳损伤演化过程的显微硬度研究方法[J]. 钢铁研究学报,1998,10(6):52-55.

[17] 叶笃毅,王德俊. 疲劳损伤过程中45#钢剩余力学性能的变化特征[J]. 材料研究学报,2009,10(4):357-362.

[18] 叶笃毅,王德俊,平安. 中碳钢高周疲劳损伤过程中表面显微硬度变化特征的实验研究[J]. 机械强度,1996,18(2):63-65.

第4章 随机车辆荷载下的钢桥动力响应

4.1 南京长江三桥随机车辆荷载模型

4.1.1 随机车辆交通流预测

公路桥梁的交通流量变化是一个复杂的随机过程,受地理环境、地方经济状况、气候条件等多种因素影响。因此,难以找到十分精确的数学模型对其进行描述。但是,相对准确的公路桥梁交通流量预测工作,对于保证公路桥梁结构在正常使用年限内的安全性、耐久性具有重要的意义。

随机车流量预测是对相对于 t 时刻的下一时刻 $t+\Delta t$ 或以后若干时刻的交通流进行预测。目前,国内外对交通流量预测的方法主要有三种:基于概率论统计预测法、灰度理论预测法及神经网络预测法[1-2]。

(1) 基于概率论统计预测法

由于公路桥梁交通流的随机性,利用数理统计中的回归分析处理时间与交通流量之间的关系,得到变量之间的数学模型。通过组合回归分析的方法可以较好地反映不同时段交通流量样本数据的变化规律。

(2) 灰度理论预测法

灰度理论预测法将随机过程视为在一定范围内变化的、与时间相关的灰色过程。灰色量是采用数据生成的方法将杂乱的数据整理成有较强规律的数列进行研究。因此,灰度理论建立的不是原始数据模型,而是生成后的数据模型,需要进行逆生成处理。由于公路桥梁交通流的随机性,导致灰度理论进行预测具有一定的局限性。

(3) 神经网络预测法

神经网络预测法是由高度相关的数据单元组成,可以将输入的交通流量样本输出转化为非线性优化问题,并用迭代算法求解相应于学习记忆的问题。采用神经网络法进行交通流预测时,需要给预测模型输入很多训练样本进行学习,并不断修正模型结构的计算参数。但由于实际工程中交通流的样本数量不足,故神经网络法较少被用于公路桥梁的交通流量预测中。

根据南京长江三桥的交通流数据,在充分考虑以上三种交通流量预测方法的特点的基础上,采用基于概率论的统计预测法进行交通流量预测。一般认为仅载重较大的车辆才会引起桥梁结构的疲劳损伤,本书参考英国桥梁设计规范 BS5400,选择载重大于 50kN 的车辆数据作为研究对象[3]。

南京长江三桥收费与称重系统中详细记录了通车以来过往车辆数据[4]。在南京长江三桥收费与称重系统中,选择车辆荷载大于 50kN 的车辆数据作为研究对象,得到桥梁交通流的日变化趋势,如图 4-1 所示。由图可知,2006~2010 年,大桥 50kN 以上的车辆日平均流量分别为3 090辆、4 350辆、4 690辆、4 925辆及5 740辆,车流量年增长率分别为29.0%、7.2%、4.8%及14.2%。

根据2006~2010年间大桥50kN以上车辆的日平均流量数据,对其未来20年的交通流量进行预测,建立与交通流量相关的数学模型。货车日平均流量Q模型见式(4-1)~式(4-5),其中t为时间。其中,前四式是基于多项式回归建立的,式(4-5)是基于对数表达式回归建立的。五个不同模型预测结果对比见图4-2,由图可知,在前五年6条曲线的分布密集,离散性较小,回归曲线均可以较好地预测交通流发展趋势。2010年后,回归曲线出现了不同的变化趋势,仅有F曲线随时间变化平缓增长,与未来的交通流量发展趋势相吻合。

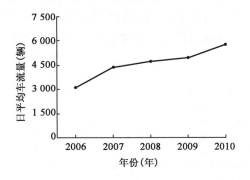

图4-1 2006~2010年大桥日交通流量变化

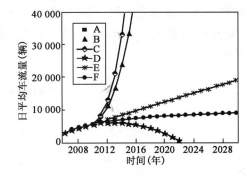

图4-2 大桥交通流量预测

$$Q_B = -5.42t^4 + 168.34t^3 - 927.09t^2 + 2\,024.17t + 3\,090 \tag{4-1}$$

$$Q_C = 135.84t^3 - 867.51t^2 + 1\,991.67t + 3\,090 \tag{4-2}$$

$$Q_D = -68.75t^2 + 937.5t + 3\,090 \tag{4-3}$$

$$Q_E = 662.5t + 3\,090 \tag{4-4}$$

$$Q_F = 1\,911.57\ln t + 3\,090 \tag{4-5}$$

图4-3为2006~2010年大桥50kN以上实测日平均车流量与数学模型推测的车流量比较。其中,2006~2010年间,根据Q_B曲线推算得到的日平均车流量与实测数据吻合最好。为准确描述交通流量未来的发展规律,采用组合回归方法进行预测。将式Q_B和Q_F组合,建立大桥50kN以上车辆日平均流量的预测模型,如式(4-6)所示。图4-4为两座桥梁通过组合预测模型得到的交通流量变化曲线,2006~2025年大桥日平均交通流量增长较快,2025~2070年大桥交通流量呈缓和增长趋势,2070年后交通流量趋于饱和。

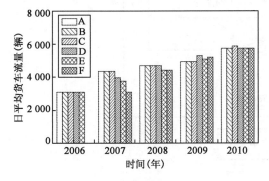

图4-3 大桥交通流量比较

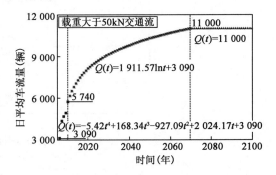

图4-4 日平均交通流量组合回归曲线

$$Q(t) = \begin{cases} -5.42t^4 + 168.34t^3 - 927.09t^2 + 2\,024.17t + 3\,090 & (0 < t \leqslant 4) \\ 1\,911.57\ln t + 3\,090 & (4 < t \leqslant 70) \\ 11\,000 & (t > 70) \end{cases} \quad (4\text{-}6)$$

4.1.2 车流的分类统计

根据数据库的车轴类型，编制 MATLAB 程序对过桥车辆数据进行重新分类整理，得到不同轴数的车辆轴重及数量，流程见图 4-5。以南京长江三桥 2006 年、2010 年 8 月大于 50kN 以上车辆的车流数据为基础，利用预测模型预测出 2030 年 8 月的车流，得到不同类型的车辆数量，见表 4-1。由表可知，6 轴、7 轴车辆所占比例很小，故在后续的钢箱梁疲劳损伤分析中不考虑其影响。

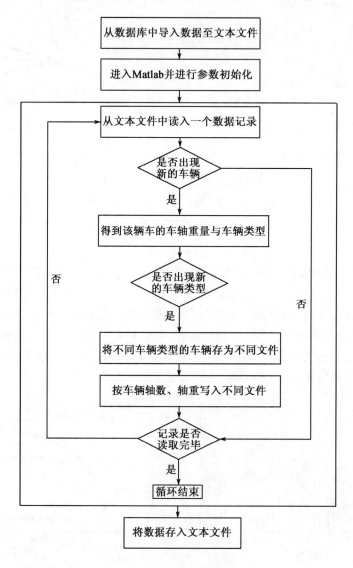

图 4-5 车辆构成及轴重统计流程

南京长江三桥各类车辆数量的月车流量 表 4-1

年份(年)	车轴数 2	3	4	5	6	7	总数
2006	58 488	48 573	103	4	1	1	107 170
2010	68 653	99 114	11 423	202	20	9	179 421
2030	127 630	138 250	888	160	17	8	274 950

4.1.3 疲劳车辆荷载模型建立

根据 2010 年 8 月车辆总荷载 50kN 以上的轴重数据,对各类车型的各个车轴都进行轴重的统计分析,得到各类车轴轴重与频次的关系图。图 4-6 为大桥三、四轴车的频次与轴重统计图。由图可知,车轴轴重的概率分布既服从常见的单峰概率密度函数,亦有呈现双峰概率分布的特征。

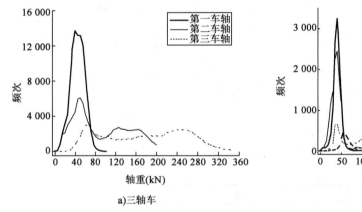
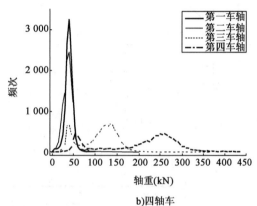

a)三轴车　　　　　　　　　　　b)四轴车

图 4-6　车轴对应轴重与频次图

根据轴重直方图反映的数据,按照等效疲劳损伤原理,求出每类模型车辆中各个轴的等效轴重,各个等效轴重之和为模型车辆的等效总重。

为了全面考虑作用于大桥上的车辆荷载,将 2006~2010 年每年 8 月的各类货车的等效轴重进行了比较,如图 4-7 所示。由图可知,大桥上各类车辆的等效轴重的变化趋势各不相同,故以各类货车各个年份的等效轴重平均值代表车辆的等效轴重[5],如表 4-2 所示。

大桥计算车辆等效轴重(单位:kN)　　表 4-2

车辆类型	第一车轴	第二车轴	第三车轴	第四车轴	第五车轴	车辆总荷载
2 轴车	35.45	87.70				123.15
3 轴车	45.92	76.47	141.44			263.83
4 轴车	41.38	79.24	123.70	125.98		370.30
5 轴车	39.96	72.47	97.83	100.10	110.72	421.08

根据表 4-2 中各类车型的计算等效轴重,并参考相关文献,查取各类车型的轴距尺寸(m)。得到大桥等效车辆模型,如图 4-8 所示。对比美国、英国及欧洲规范中规定的疲劳车辆荷载模型,各轴重均有不同程度的差异,规范所规定的疲劳车模型总重较大,偏于安全。

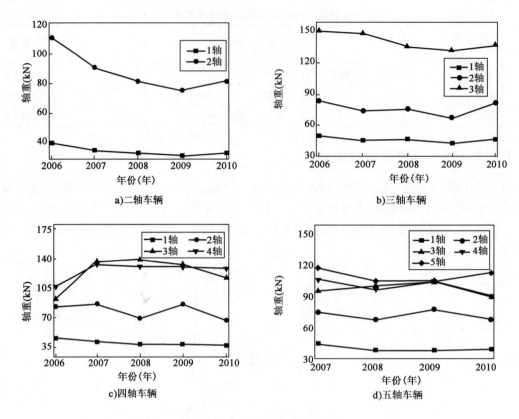

图 4-7 大桥各类车辆等效轴重比较

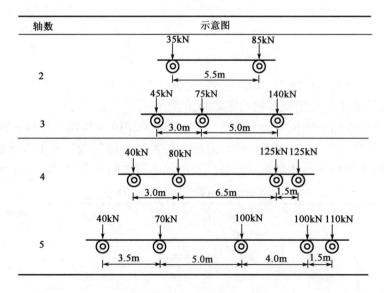

图 4-8 南京长江三桥计算等效车辆荷载模型

4.1.4 随机车辆荷载谱模拟

通过桥梁的车流状态是一随机过程,根据 Monte-Carlo 法可以产生的随机数来模拟随机车流。采用实际的车辆作用历程作为疲劳车辆荷载谱来计算桥梁构件的疲劳损伤。基于大桥 2010 年 8 月的车流数据统计得到的随机车流,根据表 4-1 统计结果确定各车型所占比例。车辆间距符合对数正态分布,一般运行状态其均值和标准差为 4.828m 和 1.116m,密集运行状态下的均值和标准差为 1.561m 和 0.280m。利用 MATLAB 统计程序,建立了与各车型比例及车辆间距间的对应关系,得到各车道的随机车流,如图 4-9 所示。可以看出,在车辆荷载谱中各车道以二轴、三轴及四轴的车辆为主。将随机车流与疲劳车辆荷载模型结合,可得到疲劳荷载谱。

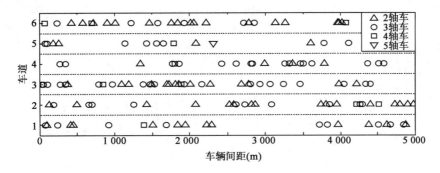

图 4-9 大桥各车道随机车流

4.2 江阴长江大桥随机车辆荷载模型

4.2.1 车流的分类统计

江阴长江公路大桥收费站统计了 2004~2009 年的车流数据,结果如表 4-3 所示。由表可见,与 2004 年车辆总数量相比,2009 年有较大幅度的提高,相比货车,客车流量占据了较大的比例。

交通流的构成　　　　　　　　　　　　　　表 4-3

统计时间	2004 年 8 月份北网		2009 年 8 月份北网	
车辆类型	客车	货车	客车	货车
数量	260 982	237 750	360 517	206 343
百分比(%)	52.33	47.67	63.60	36.40

江阴长江大桥根据图 4-5 轴重统计流程图对车轴数目分类,各类货车的车辆数目如表 4-4 所示。由表 4-4 可以看出,货车分类中以 2~6 轴的货车为主要车辆类型,6 轴以上的货车车辆极少出现,对下一步损伤分析的影响可以忽略,在车辆荷载谱中可以不考虑。比较来看,相对于 2004 年,2009 年车流中 5 轴以上的货车数量明显增加。

各类货车的车辆数目　　　　　　　　　　　　表 4-4

车辆类型	2	3	4	5	6	7	8	9
2004 年 8 月北网	145 743	73 439	8 371	8 219	55	4	0	0
2009 年 8 月北网	94 360	38 413	5 921	41 603	25 859	40	5	3

4.2.2 疲劳车辆荷载模型建立

江阴大桥收费站称重系统通过采集的各类过桥货车的轴重数据,对各类型货车的轴重进行统计,并以统计直方图的形式体现出来[6]。图4-10为大桥2009年4轴、6轴货车的典型轴重直方图,由于2~3轴、5轴车辆轴重直方图与图4-10相仿,暂不复述。从图4-10可见,江阴大桥4轴货车的各个轴重概率分布服从单峰概率密度函数,6轴货车的各个轴重概率分布既

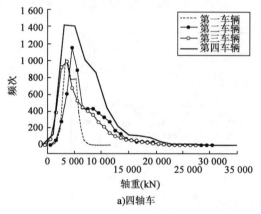
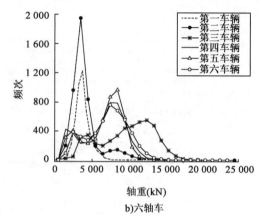

a) 四轴车   b) 六轴车

图4-10 车轴对应轴重与频次图(2009年8月北网)

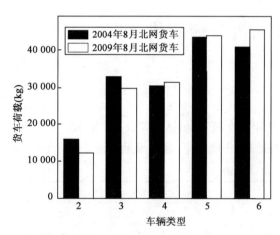

图4-11 各类型货车的总重比较

有服从单峰概率密度函数,亦有呈现双峰概率分布的特征[7]。

根据等效轴重的计算公式[8]计算出大桥2004年及2009年各类货车的等效轴重及车重,如表4-5所示。各类型货车的总重比较如图4-11所示。由图可见,相比于2004年,2009年车流中4轴以下的货车总重有所降低,4轴以上的货车总重有所增加,特别是6轴货车的总重增加明显。为进一步说明问题,将各类车的数量和总重相乘,得到如表4-6所示的月运输量。从表4-6中可知,2009年8月的货车总运输量大于2004年8月的货车总运输量。

大桥北网等效车辆模型轴重(单位:kg)   表4-5

车辆类型	时间(年)	第一车轴	第二车轴	第三车轴	第四车轴	第五车轴	第六车轴	总重
二轴车	2004	4 320	11 704					16 024
	2009	3 190	5 434					8 625
三轴车	2004	4 029	10 664	18 291				32 984
	2009	3 812	7 336	15 322				26 470
四轴车	2004	3 911	10 367	7 755	8 478			30 513
	2009	4 296	8 985	8 252	9 453			30 987
五轴车	2004	5 411	13 341	8 358	8 245	8 308		43 664
	2009	3 693	12 171	8 028	8 189	8 222		40 304

续上表

车辆类型	时间(年)	第一车轴	第二车轴	第三车轴	第四车轴	第五车轴	第六车轴	总重
六轴车	2004	4 967	7 948	7 552	5 509	6 659	8 402	410 404
	2009	3 541	5 120	10 919	7 645	7 522	8 162	42 911

各类型车辆月运输量(单位:t)　　　　　　　表4-6

时间(年) \ 车辆类型	2	3	4	5	6	总运输量
2004	1 802 025	2 190 649	264 186	361 351	2 508	4 620 719
2009	1 512 025	1 267 049	180 668	1 816 574	1 061 264	5 837 580

根据以上各种货车的等效轴重,查取各类货车轴距尺寸[9],得到江阴大桥2009年8月北网车流等效车辆模型如图4-12a)所示,将江阴大桥货车等效荷载模型与图4-12b)所示的辽宁省公路车辆荷载典型车[10]进行比较,发现江阴大桥的车辆等效轴重总体上偏轻,这表明不同地区的车辆荷载存在一定差异。同时,与国外规范规定的疲劳验算荷载相比,江阴大桥的车辆荷载也较小。

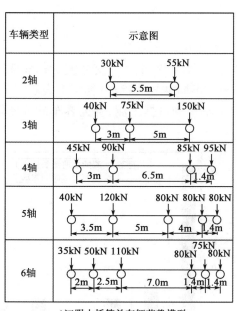

a)江阴大桥等效车辆荷载模型

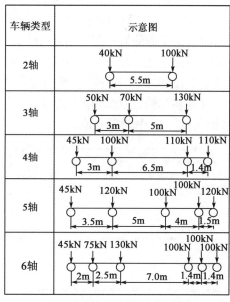

b)辽宁省公路车辆荷载典型车样式

图4-12　等效车辆荷载模型

4.2.3　随机车辆荷载谱模拟

为了以充分精度再现客观的交通现象,必须进行交通流的随机模拟。进行交通流微观模拟时,需要以交通分布的一般规律、交通调查经验为基础,全方位构造车辆到达、车辆类型、车流分布、车速、在路段上行驶状态等。交通模型主要由两部分构成:一是车辆的产生模型;二是车辆的行驶模型。

车辆产生模型就是车辆的输入部分,作用与被模拟路段的起始断面上,它依靠随机技术产生符合给定参数的泊松分布,向系统提供初值,并以经验概率分布于六个不同的车道。车辆的行驶模型即是反映车辆在路段上行驶状态变化的模型,本文根据交通流调查得出的一般车流车辆类型的分布将车辆分为6种类型,为固定车重的车辆,以各自不等的概率出现在模拟路段的车道上。车速根据江阴大桥测速雷达所测得货车平均车速60km/h。

本章中的随机车辆依据泊松分布原理的断面发车模型产生。车辆进入模拟路段是个随机性事件,因此,可将其转化为进入模拟路段的车辆之间的间隔时间视为随机量。根据车辆进入模拟路段本身的特点,理论上应满足下列条件:

(1)在不相重叠的时间区间内车辆的产生是互相独立的。

(2)对充分小的 Δt,在时间区间 $[t, t+\Delta t]$ 内有一辆车产生的概率与 t 无关,而与区间长度 Δt 成正比,即车辆的产生具有平稳性。

(3)对于充分小的 Δt,在时间区间 $[t, t+\Delta t]$ 内一条车道上有2辆或2辆以上车辆产生的概率极小。

$$P(k) = \frac{(\lambda t)^k e^{-\lambda t}}{k!} \tag{4-7}$$

式中:$P(k)$——在计数间隔 t 内到达 k 辆车的概率;

λ——单位时间间隔的平均到达率(辆/s);

t——每个计数间隔持续的时间或距离。

根据前述的交通流统计结果,随机模拟的车流如图4-13所示。

为说明模拟车流的概率特征能如实代表实际情况,将模拟车流的交通流的构成情况与实际情况做了对比,如图4-14所示,其中类型2~6表示不同轴数的货车,类型1表示客车,虽然客车中亦有多轴车辆,但比例很小,实际客车中以2轴车辆占据主流,各类客车的等效轴重和总重,根据文献[11]中规定取值。

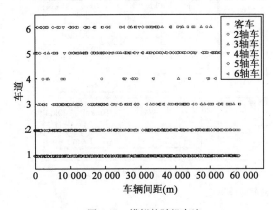

图4-13 模拟的随机车流

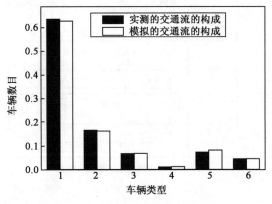

图4-14 模拟车流与实际车流的比较

4.3 斜拉桥动力响应分析——南京长江三桥

4.3.1 钢箱梁整体动力响应分析

在车辆动力荷载作用下,桥梁结构将产生振动、冲击等动力效应。为简化计算过程,将车辆荷载作为移动质量荷载进行讨论,采用上节得到的车辆荷载谱对全桥三维模型进行加载分析,其中计算车速取设计车速80km/h[12],随机车流过桥时间为160s。

图4-15为南京长江三桥钢主梁在随机车流作用下跨中、1/4跨与主塔位置的竖向位移时程曲线。由图可知,在跨中、1/4跨与主塔位置的竖向位移时程曲线均由若干个大的位移循环组成,动力响应曲线围绕静力响应曲线作小幅振动。跨中最大位移为0.927m,最大位移幅值达到0.104m。1/4跨位置,钢主梁动力响应曲线位移循环增加,振动更为明显,最大位移为0.533。主塔位置,钢主梁动力响应围绕静力响应小幅波动,竖向位移值很小,位移冲击系数为1.03。综上所述,在相同的随机车流荷载作用下,主梁1/4跨处的竖向位移振动更为明显,位移冲击系数达到1.18,与加拿大桥梁设计规范[12]中结构基频小于1.0Hz所取用的冲击系数值1.20接近。

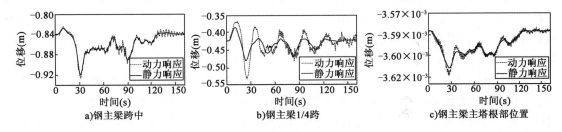

图4-15 钢主梁竖向位移时程曲线

绕Z轴的弯矩时程曲线见图4-16,由图可知:各位置的弯矩时程曲线主要由若干个大的弯矩循环组成,弯矩动力响应绕静力响应曲线作小幅振动。主梁跨中弯矩为正,最大弯矩值为$4.93 \times 10^7 \text{N} \cdot \text{m}$,最大弯矩幅值为$1.20 \times 10^7 \text{N} \cdot \text{m}$。1/4跨位置,主梁弯矩以正弯矩为主,部分时段出现负弯矩,内力冲击系数达到1.23,与BS5400中冲击系数1.25相接近。在主塔位置,主梁弯矩均为负值,最大负弯矩$-5.56 \times 10^7 \text{N} \cdot \text{m}$,最大弯矩幅值为$6.8 \times 10^6 \text{N} \cdot \text{m}$。钢主梁的弯矩变化是影响其应力幅的主要因素之一,以弯矩时程作为评价标准,认为钢主梁跨中节段的疲劳受力较为不利。同时,沿X轴的轴力时程曲线表明,以轴力时程作为评价标准,认为钢主梁跨中节段的疲劳受力较为不利,在此,轴力时程曲线暂不复述。

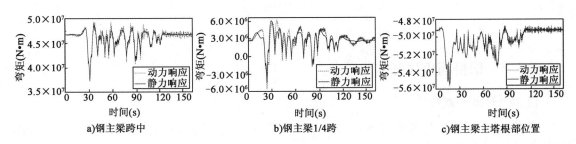

图4-16 钢主梁弯矩时程曲线

随机车流荷载作用是引起桥梁结构动力响应的主要因素之一,动荷载引起结构响应大于静荷载产生的结构响应,一般采用放大系数对结构的动力响应进行描述。动力放大系数是指汽车通过桥梁时对桥梁结构产生的竖向动力增大系数:

$$\beta = \frac{\sigma_{dmax}}{\sigma_{smax}} \qquad (4-8)$$

式中：σ_{dmax}——效应时间历程曲线上最大静力效应对应的最大动力值；

σ_{smax}——效应时间历程曲线上最大静力效应对应的最大静力值。

根据钢主梁时程曲线图可以得到南京长江三桥一系列响应值及动力放大系数，见表4-7。

钢箱梁上翼缘处的响应值及动力放大系数　　　　表4-7

位置	应力(MPa)		应力动力放大系数	弯矩(10^6 N·m)		弯矩动力放大系数	轴力(10^6 N)		轴力动力放大系数
	最大动力值	对应静力值		最大动力值	对应静力值		最大动力值	对应静力值	
跨中	45.89	44.74	1.03	49.36	47.53	1.04	24.81	22.88	1.08
1/4跨	−45.64	−44.90	1.02	6.22	4.18	1.49	−65.99	−65.79	1.00
主塔根部	−93.52	−93.43	1.00	−55.65	−55.33	1.01	−91.29	−91.07	1.00

由表4-7可知，钢箱梁跨中截面受拉力作用，1/4跨和主塔根部截面受压力作用。1/4跨位置的主梁弯矩以正弯矩为主，动力响应峰值达到了1.49，该弯矩动力最大值与对应的静力值本身很小，因此该处动力放大值不具有代表性。钢箱梁跨中、1/4跨和主塔附近截面最大应力幅处的动力放大系数在1.00~1.03。

主梁不同位置应力 β 变化曲线如图4-17所示，钢箱梁跨中位置动力与静力响应导致的主梁应力值波动较大，时程内应力放大倍数介于0.8~1.2。我国《公路桥涵设计通用规范》（JTG D60—2015）认为当桥梁结构基频小于1.5Hz时，冲击系数取0.05，折算成动力放大系数为1.05。本书计算结果与之接近。

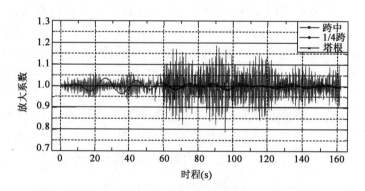

图4-17　主梁不同位置的应力动力放大倍数变化曲线

4.3.2　钢桥面板局部应力分析

1) 车轮计算荷载确定

参考《公路桥涵设计通用规范》（JTG D60—2015）[13]，车轮荷载的轮胎作用面积，单轮沿横桥向、顺桥向作用长度分别取0.3m与0.2m，双轮沿横桥向、顺桥向作用长度分别取0.6m与0.2m。具体作用方式如图4-18所示。车轮荷载值取最大轴载140kN（即车轮荷载70kN），作用频次可采用前文中交通流统计的结果。

车辆在行驶过程中会偏离轮迹中心线，产生车轮的横向分布。由于钢桥面板的纵向、横向应力影响线均较短，因此，在接下来的分析中，忽略车轮作用的相互影响作用，仅考虑单个车轮在顺桥向、横桥向的作用效应。同济大学的吴冲等[14]以虎门大桥的车轮轨迹分布进行了统计分析，得到了虎门大桥车轮横向分布特性。Eurocode与荷兰的NEN6788[15,16]本书参考虎门大桥车轮轨迹统计分析结果,假定横桥向以150mm为一种分布情况,各位置车轮轮迹的分布概率如图4-19所示。车轮荷载有单轮与双轮两种形式,横向加载位置见图4-20。

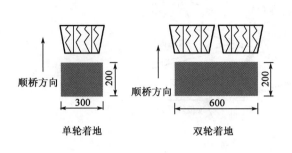

图4-18 轮载作用方式(尺寸单位:mm)

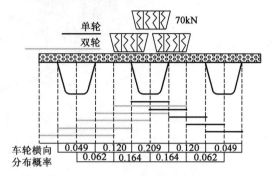

图4-19 车轮轮迹横向分布情况

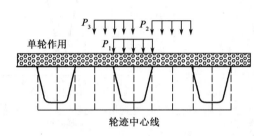

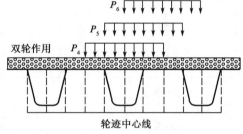

图4-20 车轮横向加载示意图

2) 钢桥面板计算模型的确定

本节中计算采用的正交异性钢桥面板模型以南京长江三桥的钢箱梁结构尺寸为依据,分别建立钢桥面板混合单元有限元模型[17]与简化计算模型。其中跨中节段的钢箱梁宽度为32.8m,高度为3.2m,顶板厚度为14mm/16mm,顶板下U肋尺寸为300mm×8mm×280mm,横隔板间距为1.75m/3.5m。钢桥面板基本构造见图4-21。钢桥面板顶板疲劳细节示意见图4-22。

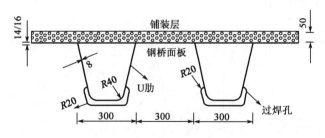

图4-21 钢桥面板基本构造(尺寸单位:mm)

采用单轮P_1作用方式,对两种模型进行加载分析,并提取顶板疲劳细节、横隔板疲劳细节的应力影响线进行比较。如图4-23所示为钢桥面板顶板细节在两种模型下分析得到的应力影响线,由图可知,P_1作用下两种模型分析得到的顶板细节、横隔板细节应力幅相差均小于5.0%。采用简化计算模型分析得到的结果合理且可以提高计算效率,下文分析中均采用简化计算模型。

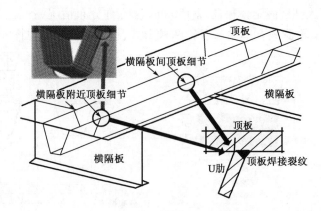

图4-22 钢桥面板顶板疲劳细节示意图

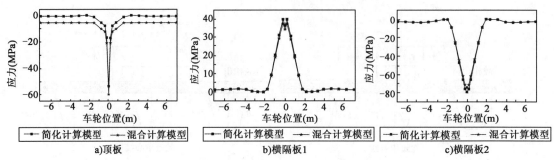

图4-23 不同模型 P_1 作用下应力影响线

3）钢桥面板细节应力计算

分别提取在单轮及双轮加载形式下顶板细节、横隔板细节的应力指标，分析不利的横向车轮加载位置。图4-24为单轮横向加载作用下对应的顶板细节、横隔板细节应力影响线。由图可知，在顶板（横隔板）位置处，单轮 P_1^1 的横向加载位置，对疲劳细节受力较为不利，横向应力峰值达到 -53.51 MPa，单轮 P_1^2 作用下，疲劳细节应力峰值为正值，可能是由U肋与横隔板交接处刚度突变引起的；对横隔板两处位置受力不利的横向加载位置均为 P_3^1，主应力峰值分别为 53.24 MPa 与 -101.35 MPa。

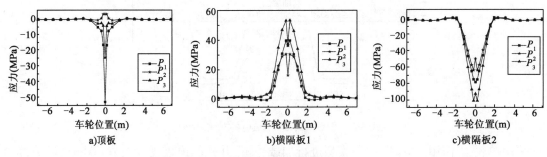

图4-24 单轮作用下应力影响线

而在双轮加载形式下，在顶板细节横隔板位置处，双轮 P_4 的横向加载位置对疲劳细节受力较为不利，对横隔板两处位置受力影响不利的横向加载位置均为 P_5。对于不同位置的横隔板细节，横向不利加载位置是确定的，面外受力对横隔板细节受力更为不利。对比单轮双轮加载形式可以看出,在相同轮载作用下,单轮引起的轮胎压力更大,最大横向应力峰值均是由单轮作用产生的,钢桥面板受力的局部效应明显。

图4-25为三轴、单轴车轮作用下疲劳细节的应力影响线,均采用单轮P_1的横向加载方式。在三轴车轮作用下,顶板细节出现3个明显的横向应力峰值,一次车轮通过引起一个应力循环,且后轴横向应力峰值最大。单轴作用引起的横向应力峰值与三轴加载吻合,顶板细节的横向应力影响线很短,车轮纵向间的相互影响很小。在三轴车轮作用下,横隔板细节主要有3个明显的主应力峰值,车辆前两车轴距离较小,相互间受力略有影响。单轴作用引起的主应力峰值与三轴加载基本吻合。因此,对于顶板细节、横隔板细节,忽略纵向多车应力幅叠加效应,采用单轴加载的假设可行。

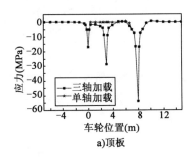
a)顶板

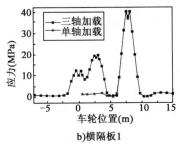
b)横隔板1

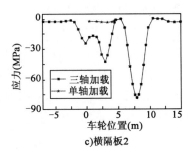
c)横隔板2

图4-25 单轮作用下应力影响线

根据上节顶板与横隔板疲劳细节应力影响线,采用泄水计数法提取疲劳细节的应力幅与应力循环次数,剔除较小的应力循环,将疲劳细节应力幅按Miner线性等效损伤原理计算等效应力幅。等效应力计算公式如式(4-9)所示:

$$\Delta\sigma_{eq} = \left(\sum_{i=1}^{n} n_i \Delta\sigma_i^{m}\right)^{\frac{1}{m}} \tag{4-9}$$

式中:$\Delta\sigma_{eq}$——等效应力幅;
n——应力循环次数;
n_i——第i级应力幅对应的应力循环次数;
$\Delta\sigma_i$——第i级应力幅对应的应力幅;
m——S-N曲线的斜率参数,一般取3.0。

对式(4-9)计算得到的等效应力幅进行冲击系数修正、车轮轮迹修正,冲击系数修正参考BS5400取$\beta=1.25$。车轮轮迹修正系数按图4-19中车轮轮迹横向分布情况进行计算,得到典型疲劳车辆单轮作用下顶板、横隔板细节横向最不利加载对应的计算应力幅及修正等效应力幅,如表4-8所示。

顶板、横隔板细节修正等效应力幅   表4-8

疲劳细节类型	车型	计算应力幅(MPa)					修正等效应力幅(MPa)
		1	2	3	4	5	
顶板细节	2轴	13.50/11.48	32.71/27.80				25.92/22.03
	3轴	17.05/14.49	28.76/24.45	53.78/45.71			44.10/37.48
	4轴	15.13/12.86	30.63/26.04	50.39/42.83	50.00/42.50		51.00/43.36
	5轴	15.20/12.92	26.92/22.88	38.50/32.73	38.48/32.71	38.67/32.87	44.92/38.18

续上表

疲劳细节类型	车型	计算应力幅（MPa）					修正等效应力幅（MPa）
		1	2	3	4	5	
横隔板细节1	2轴	10.88/9.68	24.20/21.54				22.73/20.23
	3轴	13.86/12.34	21.41/19.05	40.07/35.66			38.80/34.52
	4轴	12.25/10.90	22.80/20.29	36.01/32.05	36.44/32.43		43.56/38.76
	5轴	11.85/10.54	20.68/18.41	29.13/25.93	31.61/28.13	32.56/28.98	42.54/37.86
横隔板细节2	2轴	24.51/21.57	54.46/47.92				49.06/43.17
	3轴	24.29/21.38	42.72/37.61	79.37/69.84			73.49/64.66
	4轴	28.09/24.72	55.82/49.12	85.56/76.17	87.61/77.09		100.54/88.47
	5轴	28.53/25.11	50.48/44.42	72.51/63.81	72.03/63.39	79.88/70.29	98.27/86.47

注：上表中数据前者是顶板厚度为14mm对应的数值，后者是顶板厚度为16mm对应的数值。

为计算大桥顶板细节、横隔板细节的疲劳累积损伤度，本节基于4.1节大桥车流统计并预测得到的疲劳车辆荷载，采用Miner线性累积损伤理论计算三个构造细节2006～2010年的疲劳累计损伤度及损伤度最大的车道，并进行比较分析。计算公式如下：

$$D = \sum \frac{n_i}{N_i} \tag{4-10}$$

式中：n_i——第i个应力幅的循环数；

N_i——对应于第i个应力幅的疲劳失效寿命。

根据式(4-10)，计算三个构造细节2006～2010年的疲劳累积损伤度，结果见表4-9。

不同疲劳细节对应的疲劳损伤度　　　　表4-9

车道	疲劳细节	累计损伤度
5	顶板与纵肋连接处顶板细节	0.031 9
5	横隔板与纵肋焊缝末端细节	0.021 2
3	横隔板弧形缺口细节	0.039 9

4.4 双塔悬索桥动力响应分析——江阴长江大桥

4.4.1 钢箱梁整体动力响应分析

以江阴大桥主梁竖向位移为分析对象，提取主梁跨中、1/4跨以及1/8跨三处不同位置0～500s内的振动响应计算结果，竖向位移振动响应曲线如图4-26所示。由图可知，在车流荷载作用下江阴大桥主梁跨中位置竖向位移响应极值达到0.5m，1/4跨位置竖向位移极值达到0.6m，主梁跨中和1/4跨位置竖向位移较为接近；主梁1/8跨位置竖向位移较小，竖向位移极值为0.13m，将主梁各个位置竖向位移极值与文献[18]进行比较，计算值与动载试验值符合度较高。同时，考虑车—桥耦合情况[19-21]下大桥位移振动响应曲线总体上与静力响应曲线趋势接近；考虑耦合效应时的位移振动响应曲线和不考虑耦合时的动力响应曲线符合程度较高，且都围绕静力响应曲线做小幅波动。

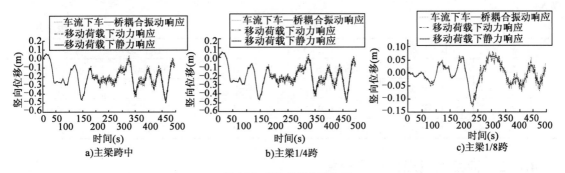

图 4-26　竖向位移响应比较

选取大桥主梁跨中、1/4 跨以及 1/8 跨的弯矩作为内力指标进行振动响应分析,内力振动响应曲线如图 4-27 所示。从图可见,车流荷载作用下大桥主梁不同部位内力振动响应曲线总体波动趋势与静力响应曲线相似。考虑耦合效应时的内力振动响应曲线和不考虑耦合时的动力响应曲线符合程度较高,且都围绕静力响应曲线做小幅波动。同时由图可见,主梁 1/8 跨位置内力循环变化幅度较小,为 $4.2 \times 10^8 \mathrm{N \cdot m}$,跨中位置内力循环变化幅度最大,达到 $6.8 \times 10^8 \mathrm{N \cdot m}$。主梁内应力变化幅度主要是因为弯矩变化而产生的,而位移振动响应是主梁整体产生,对于主梁应力变化影响较小。因此,可认为主跨跨中节段受力最不利。

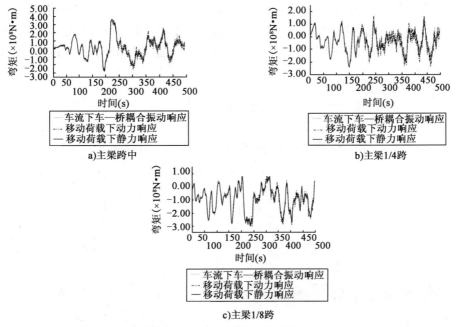

图 4-27　主梁弯矩响应比较

为进一步分析车流作用下的大桥振动响应特征,对大桥不同位置不同效应下的竖向位移及内力动力放大系数进行比较,见表 4-10。由表可知,当考虑车—桥耦合效应时,会对动力放大系数产生一定影响,对位移动力放大系数的影响比对内力动力放大系数的影响明显。动力放大系数最大值为考虑耦合效应时跨中处的内力放大系数,这是由于跨中位移受到全桥车辆的影响,而不同位置处车辆振动并不完全同步,其作用存在部分抵消,而跨中内力更容易受到局部范围内的车辆振动影响,因此考虑车—桥耦合效应时内力动力放大系数比位移动力放大系数大。

动力放大系数   表4-10

位移			内力		
位置	考虑耦合	移动荷载	位置	考虑耦合	移动荷载
跨中	1.055 5	1.096 4	跨中	1.106 9	1.096 3
1/4跨	1.052 2	1.094 0	1/4跨	1.068 5	1.060 5
1/8跨	1.056 3	1.095 9	1/8跨	1.028 2	1.017 8

4.4.2 钢桥面板局部应力分析

1)钢箱梁局部位置应力分析

(1)钢箱梁局部应力分析位置

本节列举货车荷载加载在各个车道上的工况进行分析,车辆荷载在1车道上的布置如图4-28所示,车轴中心线与车道中心线一致,2、3车道车辆布置情况与1车道一致。分析时选取桥轴方向第2道横隔板处U肋与桥面板连接处d_1点,U肋下缘t_1点;距横隔板$L/4$($L=3.2m$,横隔板间距3.2m)位置U肋与桥面板连接处d_2点,U肋下缘t_2点;距横隔板$L/2$处(两道横隔板跨中处)U肋与桥面板连接处d_3点,U肋下缘t_3点;顶板选取横隔板处b_1,距横隔板$L/2$处b_2;同时选取横隔板与纵向U肋连接处v_1点进行应力分析,以上应力分析位置均在轮载作用正下方,进行2、3车道时应力分析时,分析位置的选取与1车道下分析位置一致,均为右侧轮载正下方处U肋与顶板连接处(d_1,d_2,d_3),横隔板与纵肋连接处v_1以及顶板(b_1,b_2),U肋下缘(t_1,t_2,t_3)。

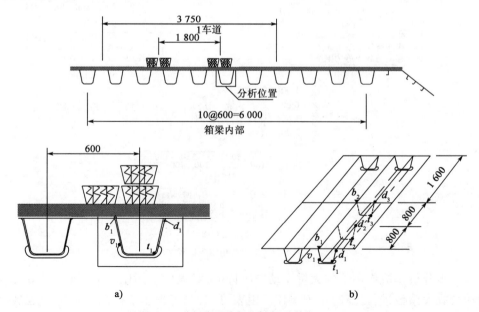

图4-28 分析位置分布示意(尺寸单位:mm)

根据英国BS5400规范对于钢结构疲劳设计关键位置的细节分类,本研究中将钢箱梁应力分析位置分级,如表4-11所示。

损伤关键位置分级　　　　　　　　　表4-11

分 析 位 置	应力方向	损伤分级(参考BS5400)
桥面顶板(b_1,b_2)	纵向应力	C
U肋下缘(t_1,t_2,t_3)	纵向应力	F
顶板与纵肋连接处(d_1,d_2,d_3)	主应力	D
横隔板与U肋连接处(v_1)	主应力	F2

(2) 车载作用下钢箱梁局部应力计算

根据4.2节中得到的大桥等效车辆荷载模型,考虑江阴大桥钢箱梁在横截面方向完全对称,将各类车辆荷载分别加载到钢箱梁1~3车道进行局部动力分析。在进行应力分析时,根据文献[22],只需考虑单辆车行驶时轮重对钢箱梁损伤的贡献,忽略多车效应。单个轮胎和钢箱梁的接触面积简化为300mm×320mm的矩形,前轮单轮,后轮为双轮,荷载分布采用均布面荷载,车速设定为60km/h,轮距取1.8m,车道布置如图4-28所示。本节中以1车道应力计算结果为例进行分析,其他车道应力计算结果与1车道相仿,暂不复述。

①顶板与纵肋连接处(d_1、d_2、d_3)位置应力如图4-29所示。

如图4-29所知,当多轴车辆各个车轴经过顶板与纵肋连接处(d_1、d_2、d_3)位置时,该位置在轴重作用下将产生多次的应力循环。2轴车后周引起的峰值应力达到20MPa外,其他轴数车辆经过时峰值应力达到45MPa附近;2轴车与3轴车的每个车轴经过分析点时,都单独产生1次应力循环,4~6轴车由于部分车轴轴距很小,因此2个或3个接近的车轴产生1次应力循环;距横隔板$L/2$($L=3.2$m)处分析位置d_3的峰值应力大于d_2(距横隔板$L/4$)和横隔板处的d_1的峰值应力。

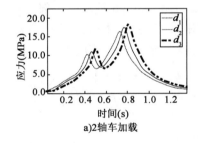
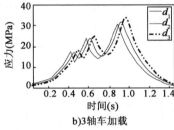
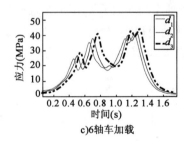

a)2轴车加载　　　　　　b)3轴车加载　　　　　　c)6轴车加载

图4-29　1车道顶板与纵肋连接处(d_1、d_2、d_3)位置应力图

②纵向U肋下缘(t_1、t_2、t_3)位置应力如图4-30所示。

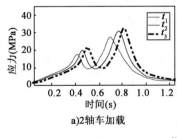
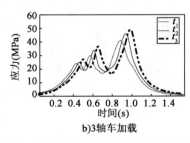
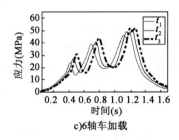

a)2轴车加载　　　　　　b)3轴车加载　　　　　　c)6轴车加载

图4-30　1车道U肋下缘(t_1、t_2、t_3)位置应力图

从图4-30可见,当多轴车辆各个车轴经过U肋下缘(t_1、t_2、t_3)位置时,该位置将产生峰值

应力,2轴车峰值应力在30MPa附近,其他车辆经过时峰值应力达到50MPa左右,2轴车与3轴车的每个车轴经过分析点时,都单独产生1个应力循环,4~6轴车由于部分车轴轴距很小,2个或3个接近的车轴产生1次应力循环;同时,从图中可以看见,距横隔板$L/2$($L=3.2m$)处分析位置t_3的峰值应力大于t_2(距横隔板$L/4$)和横隔板处的t_1的峰值应力。

③顶板(b_1,b_2)位置应力如图4-31所示。

从图4-31可见,当多轴车辆各个车轴经过桥面顶板(b_1,b_2)位置时,该位置随之产生峰值应力,2轴车经过时峰值应力在25MPa附近,其他车辆后轴引起的峰值应力达到50MPa左右。2轴车与3轴车的每个车轴经过分析位置时,都单独产生1次应力循环,4、5、6轴车由于部分车轴轴距很小,导致2个或3个接近的车轴产生1次应力循环;同时,从图中可以看见,距横隔板$L/2$($L=3.2m$)处分析位置b_2的峰值应力大于横隔板处顶板位置b_1的峰值应力。

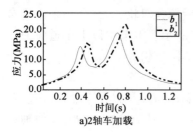 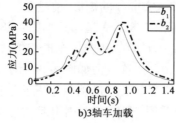 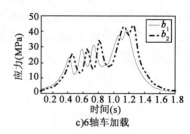

a)2轴车加载　　　　b)3轴车加载　　　　c)6轴车加载

图4-31　顶板(b_1、b_2)位置应力图

④横隔板与U肋连接处(v_1)应力计算结果如图4-32所示。

从图4-32可见,当多轴车辆各个车轴横隔板与U肋连接处(v_1)位置时,该位置随之产生峰值应力,2轴车经过时峰值应力在25MPa附近,其他车辆经过时峰值应力达到35MPa左右。2轴车与3轴车的每个车轴经过分析位置时,都单独产生1次应力循环,4~6轴车由于部分车轴轴距很小,导致2个或3个接近的车轴才会产生1次应力循环;同时,从图中可以看见,距横隔板$L/2$($L=3.2m$)处分析位置b_2的峰值应力大于横隔板处顶板位置b_1的峰值应力。

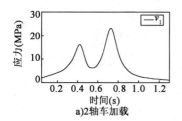 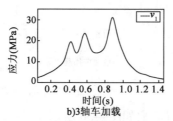 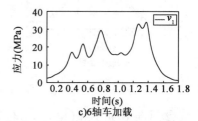

a)2轴车加载　　　　b)3轴车加载　　　　c)6轴车加载

图4-32　横隔板与U肋连接处(v_1)位置应力图

综上,根据钢箱梁不同位置应力波形图显示可见,当不同车辆作用在钢箱梁行车道时,总体上每一个车轴都会引起钢箱梁局部区域的1次应力循环。当车辆轴数增多时由于部分车轴距离较近(部分轴距为1.4m),2个或3个轴重将共同产生1次应力循环。当轮重作用在钢箱梁分析位置前后时,分析位置会产生峰值应力,且峰值应力大小直接取决于1个或多个较近的车辆轴重。

2)钢箱梁局部应力谱分析

(1)钢箱梁局部位置1h应力谱统计

根据上节中得到的车载作用下钢箱梁局部位置的应力时程数据以及随机车流模拟结果,

统计车载作用下钢箱梁局部位置的应力谱,分析钢箱梁在车载作用下可能发生损伤的位置。因为钢箱梁节段在横断方向上为完全对称,在计算中只选取了1、2、3车道的数据进行分析:钢箱梁1车道测点处的应力幅出现频率明显高于2车道及3车道,这是由于1车道为重车道,相比普通在1车道上存在更多的货车,从而引起更多的应力循环;同一车道处不同纵向位置测点的应力幅值略有不同,距离较远的测点出现了较大的应力幅值。

(2)钢箱梁不同位置1h损伤度分析

基于统计得到的测点1h应力谱,根据公式(4-10)可以计算钢桥面1～3车道局部区域分析位置的1h损伤度,进行比较分析。本文根据英国桥梁规范BS5400中对于 $\sigma_r - N(S-N)$ 关系规定进行计算,如式(4-11)所示：

$$N \times \sigma_r^m = K_0 \times \Delta^d \tag{4-11}$$

式中：N——在应力幅 σ_r 作用下构件发生破坏所需要的次数；

K_0——由统计分析结果的均值线决定的常数项；

Δ——$\lg N$ 的标准差反对数的倒数；

m——$\lg\sigma_r$-$\lg N$ 均值线斜率的倒数；

d——概率因子,取 $d=2$ 时,对应失效概率为2.3%。

局部区域关键位置损伤分级及各参数的取值如表4-12所示。计算得到 d_1、t_1 位置在铺装层不同弹性模量下1h损伤度。

损伤度计算参数取值　　　　表4-12

级别	K_0	Δ	m	d
C	1.08×10^{14}	0.625	3.5	2.0
F	1.73×10^{12}	0.605	3.0	2.0
D	3.99×10^{12}	0.617	3.0	2.0
F2	1.23×10^{12}	0.592	3.0	2.0

根据式(4-10)及式(4-11),计算1～3车道下 d_1、t_1 位置在铺装层不同弹性模量下1h损伤度,计算结果见表4-13。

测点损伤度计算结果　　　　表4-13

车道号	关键位置	损伤度	关键位置	损伤度	关键位置	损伤度	关键位置	损伤度
1	d_1	4.003×10^{-7}	t_1	4.131×10^{-6}	b_1	4.095×10^{-8}	v_1	2.485×10^{-6}
	d_2	8.168×10^{-7}	t_2	1.580×10^{-5}				
	d_3	2.153×10^{-6}	t_3	2.238×10^{-5}	b_2	8.135×10^{-8}		
2	d_1	3.236×10^{-7}	t_1	2.791×10^{-6}	b_1	3.729×10^{-8}	v_1	1.717×10^{-6}
	d_2	4.218×10^{-7}	t_2	1.078×10^{-5}				
	d_3	1.812×10^{-6}	t_3	1.205×10^{-5}	b_2	5.074×10^{-8}		
3	d_1	2.973×10^{-7}	t_1	7.212×10^{-7}	b_1	3.609×10^{-8}	v_1	1.271×10^{-6}
	d_2	3.726×10^{-7}	t_2	9.787×10^{-6}				
	d_3	1.612×10^{-6}	t_3	9.617×10^{-6}	b_2	4.896×10^{-8}		

综上所述,根据计算得到的钢箱梁局部区域关键位置1h损伤度,对于不同车道进行横向比较,1车道(慢车道)下各位置损伤度计算值大于2车道(普通车道)以及3车道(超车道),1

车道(慢车道)损伤情况较为严重;对于同一车道下相同局部位置(如d_1,d_2,d_3)进行比较,可发现临近横隔板处的损伤情况小于距横隔板较远处($L/2,L=3.2m$)的损伤度;对于车道下不同局部区域而言,U肋下缘1h损伤度大于横隔板与U肋连接处(v_1)1h损伤度大于顶板与U肋连接处1h损伤度大于顶板处1h损伤度。以上结果表明,在钢箱梁中应更多地关注U肋下缘以及顶板与U肋连接处的损伤情况;同时考虑到在横隔板与U肋连接处存在开孔并且细部构造较为复杂,存在应力集中及焊接残余应力等因素影响,因此对该位置的损伤情况需予以更多关注。

4.5 三塔悬索桥动力响应分析——泰州长江大桥

4.5.1 钢箱梁整体动力响应分析

三塔双跨悬索桥作为多跨悬索桥的一种典型形式,与双塔悬索桥相比,可以大大减小主跨跨径,显著减小主缆拉力及锚碇规模,降低综合造价,在大跨径桥梁建设中具有竞争力。然而,三塔悬索桥其结构受力特点与传统的双塔悬索桥有较大的差异,悬索桥中主塔由边塔和中塔组成,中塔本身的刚度决定了悬索的受力与桥梁的变形。同时,在不对称荷载作用下,桥塔可能产生较大的纵向位移,中塔两侧主跨箱梁受力相互影响,较双塔悬索桥更为复杂。因此,本书以泰州长江大桥为例,对三塔悬索桥钢箱梁的整体动力响应进行了详细的分析。

如图4-33所示为随机车流作用下钢主梁左、右侧1/4跨、跨中、3/4跨的竖向位移时程曲线。由图可知,计算得到的主梁1/4跨、跨中、3/4跨位置的竖向位移时程曲线均由若干个大的位移循环组成,动力响应与静力响应变化趋势基本一致,动力响应曲线围绕静力响应曲线作小幅振动。当随机车流集中在一跨时,该跨的竖向位移响应增加明显,另一跨钢主梁向上翘曲,竖向位移响应减小,两跨间的位移响应相互影响。根据数值计算得到,主梁左、右侧跨中的最大竖向位移分别为1.56m、1.55m,位移值接近。在主梁左、右侧1/4跨位置,最大竖向位移分别为1.42m、0.77m;3/4跨位置,最大竖向位移分别为0.79m、1.39m,两侧钢主梁在对应截面位置处的竖向位移值相差显著,可能是由中塔对主梁的不同约束程度引起的。综上所述,在相同的随机车流荷载作用下,主梁跨中处的竖向位移振动更为明显。

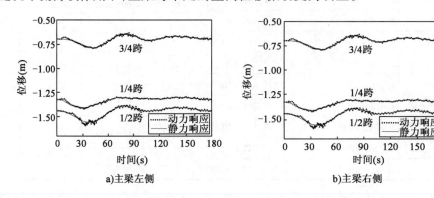

图4-33 钢主梁竖向位移时程曲线

图 4-34 为大桥钢主梁在对称车流作用下的弯矩响应,图中分别为左、右两侧跨中、1/4 跨、3/4 跨处的主梁弯矩动力、静力响应。由图可知,车流荷载作用下,大桥主梁不同部位内力振动响应曲线总体波动趋势与静力响应曲线相似,弯矩动力响应围绕静力响应小幅波动。主梁左、右两侧的跨中位置的弯矩最大变化幅值分别为 $6.19 \times 10^7 \mathrm{N} \cdot \mathrm{m}$,$7.45 \times 10^7 \mathrm{N} \cdot \mathrm{m}$。左、右侧 1/4 跨处的弯矩最大变化幅值分别为 $4.87 \times 10^7 \mathrm{N} \cdot \mathrm{m}$,$7.19 \times 10^7 \mathrm{N} \cdot \mathrm{m}$。左、右侧 3/4 跨处的弯矩最大变化幅值分别为 $5.80 \times 10^7 \mathrm{N} \cdot \mathrm{m}$,$6.49 \times 10^7 \mathrm{N} \cdot \mathrm{m}$。钢主梁的弯矩变化是影响其应力幅的主要因素之一,以弯矩时程作为评价标准,可以认为钢主梁跨中节段的疲劳受力较为不利。

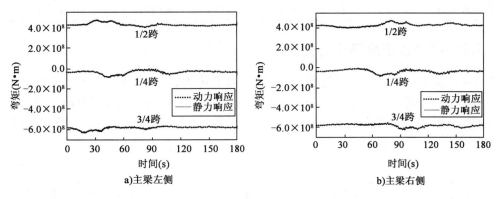

图 4-34 钢主梁弯矩时程曲线

图 4-35 为大桥钢主梁在对称车流作用下的轴力响应,图中分别为左、右两侧跨中,1/4 跨,3/4 跨处的主梁轴力动力、静力响应。由图可知,主梁左、右两侧的跨中位置的轴力最大变化幅值均为 $3.32 \times 10^5 \mathrm{N}$。左、右侧 1/4 跨处的轴力最大变化幅值分别为 $2.21 \times 10^4 \mathrm{N}$,$7.14 \times 10^5 \mathrm{N}$。左、右侧 3/4 跨处的轴力最大变化幅值分别为 $6.94 \times 10^5 \mathrm{N}$,$2.55 \times 10^4 \mathrm{N}$。钢主梁的轴力变化也是影响应力幅的主要因素之一,因此,以轴力时程作为评价标准,也可以认为钢主梁跨中节段的疲劳受力较为不利。

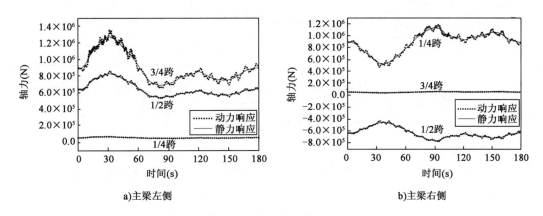

图 4-35 钢主梁轴力时程曲线

根据上述钢主梁时程曲线图可以得到泰州长江大桥一系列响应值及动力放大系数,见表 4-14。

由表 4-14 可知,钢箱梁跨中、1/4 跨和 3/4 跨截面最大应力幅处的动力放大系数在 1.00~1.05;钢主梁跨中位置处内力动力放大系数相对较小,可能与主梁结构的局部刚度相关。我国《公路桥涵设计通用规范》(JTG D60—2015)认为当桥梁结构基频小于1.5Hz时,冲击系数取0.05,折算成动力放大系数为1.05。本书计算结果与之接近。

钢箱梁上翼缘处的响应值及动力放大系数 表4-14

位置	位移(m)		位移动力放大系数	弯矩(×10⁸N·m)		弯矩动力放大系数	轴力(×10⁴N·m)		轴力动力放大系数
	最大动力值	对应静力值		最大动力值	对应静力值		最大动力值	对应静力值	
1/4跨	1.4198	1.4050	1.0105	6.2609	6.2370	1.0038	6.7960	6.5977	1.0301
跨中	1.5926	1.5523	1.0259	4.7337	4.7242	1.0020	86.175	82.521	1.0456
3/4跨	0.7896	0.7866	1.0038	0.8650	0.8273	1.0455	135.01	127.98	1.0549

4.5.2 钢桥面板局部应力分析

参考4.3.2节中车轮荷载的轮胎作用面积,取单轮荷载为100kN,双轮荷载为200kN,车轮荷载横向加载位置见图4-36。分别选取在单轮及双轮加载形式下纵肋与顶板连接处 A_1 点、纵肋对接焊缝处 A_2 点、纵肋与横隔板连接处 A_3 点的应力指标进行,研究车轮荷载作用下钢桥面板局部受力特点,如图4-37所示。

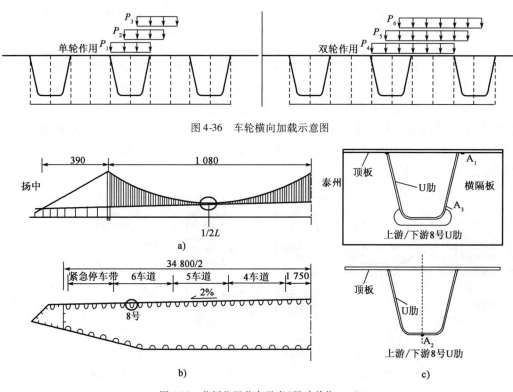

图4-36 车轮横向加载示意图

图4-37 分析位置分布示意(尺寸单位:mm)

图4-38为单轮横向加载作用下对应的纵肋与顶板连接焊缝顶板细节、纵肋与横隔板连接焊缝纵肋腹板细节的应力影响线[23]。由图可知,在纵肋与顶板连接位置处,当车轮荷载作用在该细节正下方时,该点的应力值最大,为压应力,当车轮荷载作用在距该点0.2m以外的距离时,在该点引起拉应力,车轮荷载驶过时,在该点只引起1个主要的应力循环;在纵肋与横隔

板焊缝纵肋腹板处,车轮荷载作用下,该点处于受压状态,当车轮荷载作用离该点0.6~1.2m时,在该点引起最大压应力,当车轮荷载作用在该点正上方时,在该点引起的应力为零,车轮荷载作用下,在该点引起2个主要的应力循环,应力关于横隔板对称。

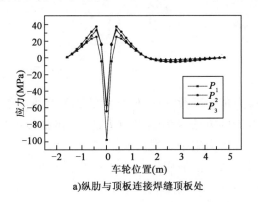
a)纵肋与顶板连接焊缝顶板处

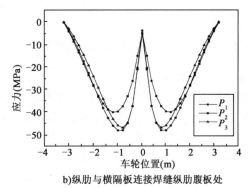
b)纵肋与横隔板连接焊缝纵肋腹板处

图4-38 单轮作用下应力影响线

图4-39为双轮横向加载作用下对应的纵肋与顶板连接处顶板细节、纵肋与横隔板连接焊缝纵肋腹板细节的应力影响线。对比不同加载位置下的应力,可以发现,当双轮荷载作用在纵肋上及纵肋间的顶板上(P_4加载位置处)时,在两个细节处引起的应力幅最大,分别为170MPa和70MPa,相比单轮横向加载作用下产生的应力值,可以发现,最大横向应力峰值均是由双轮作用产生的。因此,在单轮或双轮作用下,对于不同的细节处,可以初步判定横向不利加载位置为纵肋上及纵肋间的顶板上。

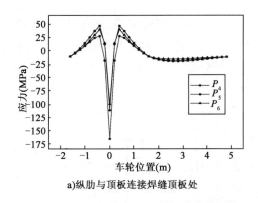
a)纵肋与顶板连接焊缝顶板处

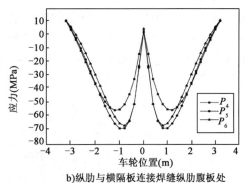
b)纵肋与横隔板连接焊缝纵肋腹板处

图4-39 双轮作用下应力影响线

根据疲劳细节的应力影响线,采用泄水计数法可提取疲劳细节的应力幅与应力循环次数,剔除较小的应力循环,将疲劳细节应力幅按Miner线性累积损伤原理可计算疲劳细节1h的疲劳累积损伤度,本节以顶板与纵肋连接焊缝顶板细节和纵肋与横隔板连接焊缝纵肋腹板细节为例,计算该疲劳细节在慢车道位置处的疲劳累积损伤度,计算结果见表4-15。

顶板与纵肋连接处顶板细节对应的疲劳损伤度 表4-15

车道	疲劳细节	累积损伤度
慢车道	顶板与纵肋连接焊缝顶板细节	2.0890×10^{-6}
	纵肋与横隔板连接焊缝纵肋腹板细节	1.0160×10^{-5}

4.6 钢箱梁疲劳细节寿命评估

4.6.1 疲劳寿命评估基本理论

(1) 名义应力法原理

根据结构构件疲劳危险部位的名义应力和应力集中系数,以构件材料的 $S\text{-}N$ 曲线为基础,并按照一定的损伤累积法则来计算构件的疲劳寿命的方法称为名义应力法,它包括传统的名义应力法和应力集中系数法。

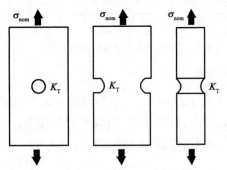

图 4-40 名义应力法的基本假定

名义应力法的适用性取决于两个重要因素:一是严格按照名义应力的定义,采用材料力学的方法精确确定待评估结构细节的名义应力;二是在相关设计规范、标准或文献中有相对应的目标结构细节,从而能精确地确定 $S\text{-}N$ 曲线。

名义应力法的基本假定:对于任意构件,当它们的制作材料和应力集中系数相同时,在同样的荷载谱下它们的疲劳寿命是相同的。图 4-40 中 K_T 为应力集中系数,σ_{nom} 为构件上的名义应力。

(2) $S\text{-}N$ 曲线

为了获得 $S\text{-}N$ 曲线,需要对特定的构造细节进行常幅应力疲劳试验,测得其在不同的常应力幅 σ_r 条件下发生疲劳破坏时所对应的寿命值 N。然后,利用回归分析的方法,将得到的大量成组试验数据转化成相应的 $S\text{-}N$ 曲线。$S\text{-}N$ 曲线是以应力幅为纵坐标、疲劳寿命 N 为横坐标建立的关系曲线,如图 4-41 所示。

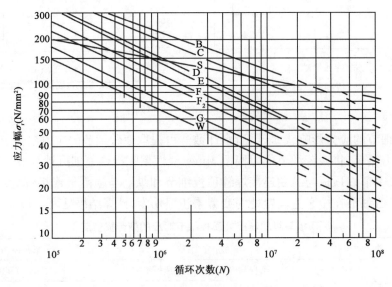

图 4-41 $S\text{-}N$ 曲线(BS5400 规范推荐)

图 4-42 中的 S-N 曲线通常满足下列关系：

$$N \times \sigma_r = K_2 \quad (4\text{-}12)$$

两边取对数，可得：

$$\lg N = \lg K_2 - m \lg \sigma_r \quad (4\text{-}13)$$

式中：m——S-N 曲线的负倒数，对于焊接钢桥构造细节，一般可近似取 3；

K_2——与材料相关的常数。

(3) 疲劳累积损伤准则

目前，常用的疲劳累积损伤理论主要包括三种：线性累积损伤理论、修正的线性累积损伤理论和非线性累积损伤理论。其中线性疲劳累积损伤理论是应用最为广泛的，该理论是指试件或构件在循环荷载作用下，其疲劳损伤是可线性累加的，各个应力之间相互独立且互不相关，不考虑不同应力幅作用的先后顺序，当疲劳损伤累积达到某一数值时，就认为结构构件发生疲劳破坏。

在所用线性累积损伤理论中，最经典也是最常用的就是在 1924 年由科学家 Palmgren 提出的线性疲劳累积损伤理论。1945 年，在 Palmgren 的研究基础上，Miner 将线性累积损伤理论用公式表达出来了，故将此理论称为 Palmgren-Miner 理论，简称 Miner 理论，这也是 BS5400 规范建议采用的理论。根据 Miner 理论可知，各个变幅应力幅 $\Delta\sigma_i$ 对结构造成的疲劳损伤可用 n_i/N 来定量表示，且可以线性叠加。因此，对任意构件在变幅应力幅 ($\Delta\sigma_i, n_i, i=1,2,3\cdots$) 作用下的损伤度可定义为：

$$D = \sum_{i=1}^{\infty} \Delta D_i = \sum_{i=1}^{\infty} \frac{n_i}{N_i} \quad (4\text{-}14)$$

式中：n_i——应力幅 $\Delta\sigma_i$ 的循环次数；

N_i——按常幅应力幅 $\Delta\sigma_i$ 进行疲劳试验时，构件发生破坏时的循环次数。

根据 Miner 准则可知，当损伤度累积达到 1 时，就认为构件发生疲劳破坏，从而其临界损伤度 D_{cr} 为：

$$D_{cr} = \sum_{i=1}^{\infty} \frac{n_i}{N_i} = 1 \quad (4\text{-}15)$$

线性累积损伤理论存在以下几个假设：荷载必须是对称循环荷载；忽略荷载作用顺序对疲劳损伤的影响；任意应力幅值对结构产生的疲劳累积损伤速率与结构的荷载无关，即认为每次循环产生的疲劳损伤值相同。

4.6.2 疲劳寿命评估步骤

4.6.1 节已经介绍了几种估算结构疲劳寿命的方法。一般情况下，在常幅荷载作用下，可以应用有关 S-N 曲线预测结构的循环疲劳寿命。但在实际工程中，结构承受的荷载都是复杂的变幅疲劳荷载，因此直接使用 S-N 曲线进行结构寿命估算是不合适的，也是不现实的，因此，有必要使用工程可用的疲劳累积损伤方法进行结构寿命的估算。

基于线性累积损伤理论，可利用疲劳细节的应力时程曲线计算得到疲劳寿命，具体评估步骤如下：

(1) 根据应力—应变之间的关系，将应变时程数据转化为相应的应力时程数据。

(2) 利用编制的雨流计数法程序，提取出整个应力时程中的应力循环，从而可得到疲劳应力谱。

(3) 根据 BS5400 规范,确定各构造细节的疲劳等级。
(4) 选择合适的失效概率因子 d,确定各构造细节的疲劳极限 σ_0:

$$\sigma_0 = \left(\frac{K_0 \Delta^d}{10^7}\right)^{\frac{1}{m}} \tag{4-16}$$

(5) 计算各构造细节的疲劳寿命

日应力谱中各级应力幅值 $\sigma_r(i)$ 所对应的循环次数为 n_i,其对构造细节的疲劳损伤值为 n_i/N_i。

当 $\sigma_r(i) \geqslant \sigma_0$ 时:

$$\frac{n_i}{N_i} = \frac{n_i \sigma_r^m(i)}{K_0 \Delta^d} = \frac{n_i}{10^7}\left[\frac{\sigma_r(i)}{\sigma_0}\right]^n \tag{4-17}$$

对于低于疲劳极限 σ_0 的 σ_r,根据 BS5400 规范中的"低值应力循环的处理"方法,按式(4-18)处理。

当 $\sigma_r(i) \leqslant \sigma_0$ 时:

$$\frac{n_i}{N_i} = \frac{n_i \sigma_r^{m+2}(i)}{K_0 \Delta^d} = \frac{n_i}{10^7}\left[\frac{\sigma_r(i)}{\sigma_0}\right]^{m+2} \tag{4-18}$$

累计损伤值:

$$\sum \frac{n}{N} = \frac{n_1}{N_1} + \frac{n_2}{N_2} + \cdots + \frac{n_P}{N_P} \tag{4-19}$$

疲劳寿命(年):

$$T = \frac{\left(\sum \frac{n}{N}\right)^{-1}}{365} \tag{4-20}$$

4.6.3 疲劳细节寿命预测

前文已经介绍了评估疲劳寿命的 Miner 线性累积损伤理论,本节基于该理论和 BS5400 规范中对构造细节疲劳等级的分类,以慢车道为例,分别对南京长江三桥、江阴长江大桥、泰州长江大桥不同疲劳细节处的累积损伤度进行进一步计算分析,预测得到三座大桥不同疲劳细节处的疲劳寿命,计算结果如表 4-16 所示。

不同疲劳细节对应的累积损伤评估结果 表 4-16

桥 名	疲 劳 细 节	预测寿命(年)
南京长江三桥	顶板与纵肋连接处顶板细节	86
	横隔板与纵肋焊缝末端细节	134
	横隔板弧形缺口细节	79
江阴长江大桥	顶板与纵肋连接处顶板细节	53
	横隔板与纵肋焊缝末端细节	46
	纵肋下缘	28
泰州长江大桥	顶板与纵肋连接处顶板细节	55
	横隔板与纵肋焊缝纵肋腹板细节	11

4.7 本章小结

本章主要介绍了现有规范中疲劳荷载的基本概念及荷载谱相关内容,以南京长江三桥和江阴长江大桥为例,通过统计分析公路桥梁收费站收费系统以及称重系统数据库中所记录的海量交通流和轴重数据,分别建立了上述两座桥梁的车辆荷载模型,并与国外规范中及国内公路桥梁的车辆荷载模型进行对比。在此基础上,基于实测车流运用数值仿真技术分析了南京长江三桥、江阴长江公路大桥与泰州长江大桥在车流荷载作用下的振动响应结果和动力放大系数,并对三座大桥不同疲劳细节处的疲劳寿命进行了预测。

车流荷载作用下江阴大桥主梁1/4跨位置竖向位移响应最大,而内力响应极值出现在主跨跨中位置。考虑车—桥耦合效应计算所得内力动力放大系数比位移动力放大系数大,位移动力放大系数与现行规范规定的动力放大系数符合度较高。南京长江三桥中主塔根部弯矩及轴力绝对值最大,跨中截面弯矩及轴力幅值最大,而在主梁1/4跨位置的竖向位移值并非最大,振动却最为明显。跨中和1/4跨节段的受力情况值得关注。根据泰州长江大桥全桥振动分析得到的钢箱梁动力响应时程曲线可知:相比于1/4跨与3/4跨,主梁跨中截面的位移、弯矩和轴力变化幅值总体更大,更容易导致钢箱梁应力幅变化显著。

在南京长江三桥实测车流荷载作用下,钢箱梁跨中、1/4跨和塔根截面的应力动力放大系数在1.00~1.03,系数值比单考虑弯矩或轴力时稳定。考虑弯矩与轴力综合效应的应力动力放大系数能够更精确地表现实桥主梁受到的冲击荷载状况。在泰州长江大桥实测车流荷载作用下,钢箱梁跨中、1/4跨和3/4跨截面最大应力幅处的动力放大系数在1.00~1.05,其中钢主梁跨中位置处内力动力放大系数相对较小,可能与主梁结构的局部刚度相关。

基于Miner线性累积损伤理论和BS5400规范中疲劳细节的分类,分别对南京长江三桥、江阴长江大桥、泰州长江大桥慢车道不同疲劳细节处的累积损伤度计算分析,预测得到三座大桥不同疲劳细节处的疲劳寿命。

本章参考文献

[1] 王军,许宏科,等. 基于BP神经网络的高速公路动态交通流预测[J]. 公路交通科技,2007,1:150-153.

[2] 郭牧,孙占山,等. 短时交通流预测方法研究[J]. 计算机应用研究,2008,25(9):2676-2678.

[3] Institute B S—1993, Code of practice for: Fatigue design and assessment of steel structures [S].

[4] 徐汉江. 基于实测车流的斜拉桥钢桥面板局部应力及疲劳损伤研究[D]. 南京:河海大学,2012.

[5] 李永乐. 风—车—桥系统非线性空间耦合振动研究[D]. 成都:西南交通大学,2004.

[6] 吕磊. 基于实测车流荷载谱的悬索桥钢箱梁动力响应研究[D]. 南京:河海大学,2011.

[7] 梅刚,秦权,林道锦. 公路桥梁车辆荷载的双峰分布概率模型[J]. 清华大学学报,

2003, 43(10): 1394-1397.

[8] 周立. 大跨度桥梁风振和车辆振动响应及其疲劳性能研究[D]. 上海:同济大学,2008.

[9] 应朝阳. 强制性国家标准 GB 1589—2004《道路车辆外廓尺寸、轴荷及质量限值》主要技术内容简介[J]. 公安交通科技窗, 2004, 5:44-46.

[10] 翟辉, 鲍卫刚, 刘延芳. 公路桥梁标准疲劳车辆荷载研究[J]. 公路, 2009, 12: 21-25.

[11] 贡金鑫, 李文杰, 赵君黎, 等. 公路桥梁车辆荷载概率模型研究(一)——非治超地区[J]. 公路交通科技, 2010, 27(6) 40-45.

[12] James P. Wacker, James Groenier. Comparative Analysis of Design Codesfor Timber Bridges in Canada, the United States, and Europe[J]. Transportation Research Record, 2010, 6: 163-168.

[13] 中华人民共和国行业标准. JTG D60—2015 公路桥涵设计通用规范[S]. 北京:人民交通出版社股份有限公司,2015.

[14] 崔冰, 吴冲, 丁文俊, 等. 车轮轮迹线位置对钢桥面板疲劳应力幅的影响[J]. 建筑科学与工程学报, 2010, 27(3):19-23.

[15] Standards B—2007, Eurocode 3-Design Of Steel Structures-Part 2: Steel Bridges[S].

[16] VAN'T WOUT J. W, KUIJPER E. J, VERWEIJ P. E, et al. Nieuwe ontwikkelingen in de antifungale therapie: fluconazol, itraconazol, voriconazol, caspofungine = New developments in antifungal therapy: fluconazole, itraconazole, voriconazole, caspofungin[J]. Nederlands Tijdschrift Voor Geneeskunde, 2004.

[17] 孔祥福, 周绪红, 等. 钢箱梁斜拉桥正交异性桥面板的受力性能[J]. 长安大学学报, 2007, 27(3):52-56.

[18] 吉林, 冯兆祥. 江阴大桥动静载试验与分析[J]. 华东公路, 2001, 128(1): 36-39.

[19] 丁南宏, 钱永久, 林丽霞, 等. 双链式悬索桥在单车荷载下的振动特征[J]. 振动与冲击,2010, 29(7): 216-220.

[20] 韩万水. 风—汽车—桥梁系统空间耦合振动研究[D]. 上海:同济大学, 2006.

[21] 马麟. 考虑驾驶员行为的风—汽车—桥梁空间耦合振动研究[D]. 西安:长安大学,2008.

[22] 项海帆. 高等桥梁结构理论(研究生教学用书)[M]. 2版. 北京:人民交通出版社, 2013.

[23] 陈策. 三塔悬索桥钢箱梁疲劳特性与构造优化研究[D]. 南京:河海大学,2014.

第5章 焊接接头疲劳性能

5.1 钢桥主要焊接接头

20世纪70年代以来,钢桥已全面进入了焊接结构时代。焊接连接结构细节对疲劳较为敏感,产生裂纹的危险性较大,焊接构件一旦产生裂纹,裂纹扩展将不受阻力,直至整个构件断裂。焊接钢桥疲劳裂纹通常发生在焊接接头几何形状发生突变或焊接缺陷等应力集中处,因此对构件细节的几何形状、表面状态、焊接工艺、加工过程以及使用环境等因素比较敏感。焊接接头不可避免地会存在夹渣、气孔、咬边等初始缺陷,焊接接头焊缝区往往存在的残余拉应力亦会对焊接钢桥疲劳裂纹的产生造成一定影响。钢桥疲劳破坏的产生不仅与设计相关,而且与制造加工质量密切相关,有必要针对钢桥焊接方式及接头质量对钢桥焊接接头疲劳影响作进一步分析,为钢桥制造焊接过程提供参考。

5.1.1 钢桥整体节点的典型焊接构造细节

钢桥整体节点[1]改变了之前大量利用螺栓连接钢梁的做法而采用焊接技术来连接钢节点,使钢桥连接从以栓为主向以焊为主,继而向全焊接发展的重要技术过渡。相比传统钢桥连接方式,整体节点具有以下优点:
①提高了钢梁工厂化制造程度。
②整体性好。
③节省钢材和高强度螺栓、造型美观。
④方便工地安装。

钢桥的整体节点汇交的杆件众多、构造复杂、受力很大,处于典型的空间复杂受力状态,节点的承载安全性是桥梁结构整体安全性的关键。钢桥的整体节点为焊接结构,焊缝密集,既有对接焊缝,又有棱角焊缝和角焊缝。对于采用整体节点的大跨径钢桁梁桥,因其承受较大的动荷载作用,与整体节点密切相关的焊接材料、焊接工艺、各种焊接接头、交叉焊缝、杆件节点外拼接接头等细节的疲劳强度以及整体节点的疲劳强度往往控制结构设计。

典型的整体节点弦杆结构如图5-1所示,杆件腹板及上下盖板的对接焊缝均要求熔透焊接,下盖板和腹板采用棱角焊缝,腹板和上盖板采用坡口角焊缝,平联节点板、横梁节点板和腹板采用熔透角焊缝。隔板焊缝起落弧处、大节点板两端棱角焊

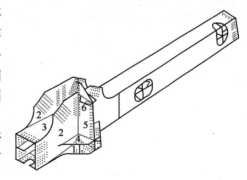

图5-1 典型整体节点杆件结构
1-下盖板;2-侧腹板;3-上盖板;4-平联节点板;5-横梁腹板接头板;6-横梁面板接头板;7-加劲肋

缝与角焊缝过渡区、平联节点板两端部均要求打磨匀顺,其中平联节点板两端焊缝焊肢处还要求进行锤击并修磨匀顺过渡。

根据已建成的孙口黄河大桥、长寿长江大桥和芜湖长江大桥等的整体节点构造,总结出钢桁梁整体节点典型焊接构造细节如下[2]:

(1) 箱形弦杆棱角接头及其焊缝

箱形弦杆是钢梁的核心构件,也是钢梁的重要受力杆件。箱梁各板间通常采用棱角焊缝连接而成,其具有板厚、截面受力大、在整体节点部位构造和受力均很复杂的特点,故对其进行研究极为重要。

(2) 弦杆与平联节点板焊接

在钢桁梁桥中,平联节点板的设置一般有两种方案:一种是将节点板焊在箱形杆竖板上;另一种是在箱形杆盖板上焊连。对于带有节点板的箱形杆构件,疲劳强度随着节点板设置部位、相应纵向焊缝的长度及相应板厚、节点板两端几何形状、焊缝终端加工状态等不同而不同。

(3) T形(十字)接头角焊缝

T形接头焊缝主要用于节点板与隔板、箱形杆隔板等构造部位,一般为未开坡口的非熔透双面角焊缝。十字接头是T形接头的一个特例,即在板的两面对称采用T形接头。

(4) 不等厚板对接焊缝

不等厚对接焊是利用焊接将两块厚度不等的钢板连接。在钢桥整体节点中主要用于箱形弦杆腹板与整体节点板的对接。

(5) 箱形弦杆与横隔板交叉焊缝

由于存在着弦杆封闭端隔板横向角焊缝与弦杆板件纵向焊缝的交叉,此处有较大的残余应力。此外,由于基材金属经过反复施焊,发生多次重熔和焊接热影响,使材料力学性能变差。

5.1.2 工字钢梁盖板端部连接

常见工字钢梁盖板端部的几何形状如图 5-2 所示,对于有外层盖板的工字钢梁而言,无论盖板端部有无横向焊缝,还是改变盖板端部的几何形状,盖板端部细节处的疲劳强度均很低,车辆荷载作用下该细节极易产生疲劳开裂破坏,且疲劳裂纹一般均萌生在盖板末端与翼缘的连接角焊缝焊趾处,是钢梁疲劳强度的决定性因素之一[3]。

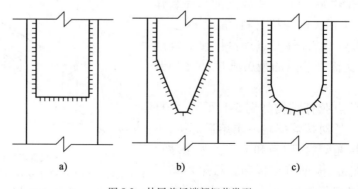

图 5-2 外层盖板端部细节类型

5.1.3 平纵联节点板与主梁的连接

连接平纵联杆件与主梁的节点板通常需焊连到主梁的翼缘(连在翼缘侧边或搭在翼缘上面)或腹板上,见图5-3。大量实例和试验研究表明,平纵联节点板连接焊缝端部的疲劳强度相当低,基本接近于各国规范疲劳强度分级的最低等级,稍有不慎此细节处极易产生疲劳开裂破坏[4,5]。

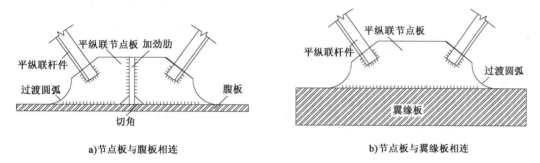

图 5-3 平纵联节点板焊缝细节

5.1.4 钢板梁竖向加劲肋焊缝端部细节

钢板梁竖向加劲肋与腹板间连接角焊缝端部曾因设计不合理而出现过大量的疲劳开裂事例,如我国京山线的北运河桥、京九线的饮马河桥、湘桂线的浪江桥等。此类疲劳裂纹产生的原因,是由于加劲肋的刚度比腹板的面外弯曲刚度大得多,腹板的面外弯曲变形集中发生在加劲肋焊缝端部与受拉翼缘之间的微小间隙处,即在该小间隙处就产生了小变形大应变。研究表明最大弯曲应力就产生在加劲肋与腹板连接角焊缝的端部焊趾处,且该处的主拉应力的方向为竖向,所有疲劳裂纹通常都是从加劲肋焊缝端部焊趾处产生并基本沿水平方向扩展。板梁竖向加劲肋焊缝端部细节如图5-4所示。

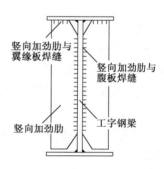

图 5-4 钢板梁竖向加劲肋焊缝端部细节

5.1.5 正交异性板结构主要焊接接头

正交异性板是钢箱梁的主要结构形式,正交异性板主要焊接接头形式有对接接头和角接接头两种,其中角接接头又包括熔透坡口角接焊缝、普通坡口角焊接及T形角接接头,其中主要的接头形式有顶、底板的对接焊缝,横隔板的立位对接,横隔板、腹板与顶板接板的仰横位对接,纵肋与顶、底板的坡口角接,横隔板、腹板与底板的角焊缝,斜顶板与人行道面板、斜顶板与顶板自然坡口熔透角焊缝,坡口角接以及抗风支座、竖向支座的各类熔透焊缝等[6]。正交异性钢桥面板典型焊接细节如图5-5、图5-6所示。

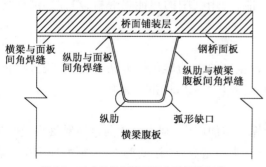

图 5-5 正交异性钢桥面板典型焊接细节

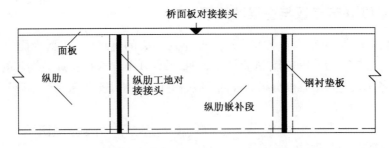

图 5-6 纵肋和钢桥面板的工地焊接细节

5.2 焊接工艺及材料特性

5.2.1 焊接类别

钢桥焊接工艺复杂,针对不同钢种及不同接头形式采用不同的焊接工艺,用以保证焊接接头的多项性能。

依据焊接位置的不同,焊缝可分为俯焊、立焊和仰焊。俯焊是将焊件放平俯身施焊,由于俯焊具有焊缝质量好、效率高、操作条件方便等特点,在进行构件制造时应尽量创造俯焊位置;立焊是在立面上对水平或竖直焊缝施焊,生产效率和焊接质量稍差;仰焊是指仰望向上施焊,由于施焊困难,焊缝质量不易保证,故在工地安装连接中应尽量减少仰焊位置。

焊接方法有很多类型,我国桥梁建设基本上都采用埋弧焊,肋板角焊缝则采用 CO_2 气体保护焊,在点固焊和某些比较难焊的位置才用手工焊,箱型结构的安装焊接采用手工焊。对于钢桁梁杆件的焊接,尤其是箱型截面杆件的焊接有一系列特别的工艺处理要求,目前,工厂焊接大量采用埋弧自动焊、CO_2 气体保护焊及手工焊三种。钢桥焊接中常用的焊接技术有以下几种:

(1) 电弧焊

电弧焊是以焊接电弧作为热源的焊接方法。焊接电弧是指由焊接电源供给的、具有一定电压的两电极间或电极和焊件间,在气体介质中产生的强烈而持久的放电现象。借助于这种特殊的放电过程,使电能转化为热能、机械能和光能,利用其中的热能将焊材、焊件局部熔化,而形成连接。

(2) 气焊

气焊以气体火焰作为热源,是一种由化学能转化为热能的熔化焊方法,具有火焰温度低、热量分散、焊缝金属保护差等缺点,适用于焊接厚度为 0.5~2mm 的薄钢板。

(3) 电阻焊

电阻焊又称接触焊,是指通过电极对组合后焊件施加压力,利用电流通过接触接头及邻近区域产生的电阻热进行焊接的方法。电阻焊具有接头质量高、焊接变形小、无须添加焊接材料等特点,同时焊接自动化程度高、生产效率高、辅助工序少、劳动条件好。

5.2.2 焊接钢桥结构材料

1) 钢材的类型

钢桥用钢材的基本要求是在保证一定强度同时具有优良的塑性和低温韧性,特别是在高速、重载、大运量的条件下运行时,对钢材强韧性的要求更高。目前,我国已建成钢桥中广泛应用的是15Mnq钢,而自20世纪90年代以来新建的桥梁中,"九江桥"采用国产15MnVNq钢;"孙口桥"采用了从日本和韩国进口的SM490C钢,这是由于其采用了"整体节点结构",焊接接头直接传力,有应力集中以及焊接残余应力,因此要求高的韧性和屈强比限制。芜湖长江大桥采用了由武钢生产的与SM490C相似的14MnNb钢。王元良等[7]对各种桥梁用钢的实际成分及性能进行了统计,见表5-1。

几种桥梁用钢成分及性能比较　　　　表5-1

牌号	S(mm).M/成分	$\omega(C)$ (%)	$\omega(Si)$ (%)	$\omega(Mn)$ (%)	$\omega(P)$ (%)	$\omega(S)$ (%)	其余 (%)
16Mnq	24①	0.15	0.35	1.34	0.023	0.018	—
14MnNbq	32①	0.15	0.38	1.34	0.023	0.025	0.025Nb
SM490C	20②	0.14	0.29	1.47	0.018	0.006	0.029Nb
SM490C	24③	0.12	0.28	1.41	0.011	0.002	0.029Nb
15MnVNqC	56①	0.16	0.42	1.52	0.016	0.014	0.14V,0.01N
60cF	50③	0.06	0.22	1.31	0.012	0.005	0.16Cr,0.16Mo
62cF	50①	0.08	0.38	1.32	0.02	0.005	0.24Cr,0.23Mo
DOMEX600MC	—	≤0.12	≤0.30	≤1.90	≤0.025	≤0.010	Ni,V,Ti
DOMEX650MC	—	≤0.12	≤0.40	≤2.00	≤0.025	≤0.010	Ni,V,Ti
DOMEX700MC	—	≤0.12	≤0.30	≤2.10	≤0.025	≤0.010	Ni,V,Ti,Mo
牌号	C_{eq}	P_{CM}	σ_b(MPa)	σ_a(MPa)	δ(%)	冲击韧性 W/J④	
16Mnq	0.39	0.17	522	352	25	65	
14MnNbq	0.39	0.17	550	416	28	146	
SM490C	0.4	0.16	550	444	26	158	
SM490C	0.37	0.13	569	502	23	200	
15MnVNqC	0.44	0.26	610	434	30	87	
60cF	0.36	0.16	615	544	29	62	
62cF	0.44	0.21	690	600	19	130~172	
DOMEX600MC	0.32	—	≥650	≥600	≥15		
DOMEX650MC	0.32	—	≥700	≥650	≥15		
DOMEX700MC	0.37	—	≥750	≥700	≥15		

注:①为中国,②为韩国,③为日本,④为-40℃下冲击韧性,表中数据为试板中随机抽样。

2) 材料技术要求

过去结构材料的强度σ_s、σ_b、延性δ都要求大于等于一定值,由于考虑到铁路钢桥的疲劳荷载,设计上提出了σ_b值和σ_s/σ设上限的要求。提高C和合金元素含量可提高强度,但这样会降低其韧性。由表 5-1 可看出,采用低碳和多元微合金元素是提高强度和韧性的重要途径,同时也提高了焊接性和焊接接头的韧性[7]。

3) 桥梁用高强钢

大跨径钢桥用高强钢建议选用 CF50 或 CF52 无裂纹钢,其强度比 15MnVNq 高,低温韧性比 15MnVNq 好,表征焊接冷裂倾向的 C_{eq} 和 P_{CM} 比 15Mnq 钢低,CF52 的 P_{CM} 只略高于 15Mnq 钢,CF50 甚至还略低于 15Mnq 钢。现在国外大力发展多元微合金化焊接用钢,如瑞典推出的 DOMEX 钢[7]。

5.2.3 焊接方法及材料匹配

每一种焊接方法根据所用材料、焊接形式的不同而采用不同的焊条型号或焊丝,使其焊接性能与基材相匹配。

由于铁路钢桥焊接接头重要性和高可靠性的要求,过去大多用牌号以 7 字结尾的碱性焊条,韧性好,现在已有多种高韧性的手工焊条,其提高焊缝韧性的途径与母材类似,即在药皮中掺入微量合金元素和镍;国外广泛应用药芯焊丝气体保护焊来代替手工焊和 CO_2 气体保护焊用以提高焊缝性能。在现场箱型结构的安装焊接时,国外采用自保护药芯焊丝半自动焊和自动焊。随着我国药芯焊丝和全自动焊机的发展,自保护药芯焊丝半自动焊和自动焊必将在桥梁焊接中得到广泛应用[7]。

文献[7]中目前我国部分已建钢桥焊接方法及匹配材料如表 5-2 所示。在"九江桥"上,15MnVNq 用 H08MnMoA 和 HJ350 碱性熔炼焊剂。"孙口桥"和"芜湖桥"改用 SJ101 碱性烧结焊剂,增强了掺合金功能,提高了焊缝韧性,同时大大节约了焊剂生产和焊接时重熔所需的电能。这是一个很大进步,焊丝材料也有一定进步。如从"孙口桥"的 H10Mn2 焊丝过渡到 H08Mn2E,降低了碳、硫、磷含量,提高了焊缝韧性,达到了"芜湖桥"的要求,在研究中还力推含 Mo、B、Ti、Re 多元微合金化的 H08D、H08C 和 WQ1 焊丝。前者性能适中但未成产品,后两种焊缝韧性比 H08Mn2E 高很多,但强度超过当时的标准未被采用。

部分焊接材料匹配表　　　表 5-2

钢　材	焊缝类型	焊接方法	焊　丝	焊　剂
15Mnq	角焊缝	埋弧自动焊	H08MnA	HJ431 酸性熔炼焊剂
15Mnq	对接焊缝	埋弧自动焊	H10Mn2	HJ431 酸性熔炼焊剂
15MnVNCq	—	埋弧自动焊	H08MnMoA	HJ350 碱性熔炼焊剂
SM490C	—	埋弧自动焊	H08MnMoA	SJ101 碱性烧结焊剂
14MnNbq	定位焊	手工焊	SHJ507Ni	—
14MnNbq	普通角焊缝	手工焊	SHJ507Ni	—
14MnNbq	普通角焊缝	CO_2 气保焊	E712C	—
14MnNbq	对接焊缝	埋弧自动焊	H08Mn2E	SJ101q 碱性烧结焊剂
14MnNbq	坡口焊缝	埋弧自动焊	H08Mn2E	SJ101q 碱性烧结焊剂
14MnNbq	熔透角焊缝	埋弧自动焊	H08Mn2E	SJ101q 碱性烧结焊剂
14MnNbq	T 形接头角焊缝	埋弧自动焊	H08MnE	SJ101q 碱性烧结焊剂

随着高强高韧结构材料的发展,多元微合金化的焊丝仍然是提高焊缝及熔合区韧性的一个重要方向。埋弧焊的焊缝及熔合区韧性通常要低于高韧性焊条手工焊和高韧性药芯焊丝焊,原因是埋弧焊焊丝粗线能量大,而优质的高韧性焊丝难求,但用同质细焊丝埋弧焊可提高焊缝及熔合区韧性。文献[7]对几种焊丝、母材匹配的韧性进行了比较,结果显示,不同匹配的焊缝差异很大,以同样焊丝 H08MnA 焊接日本 SM490C 和国产 4MnNbq、15MnCu 钢,前者最好;以不同焊丝焊接成分相近的日本、韩国的 SM490C 和国产 14MnNbq 钢的焊缝,在 $-40°C$ 以下的低温区比较,H08C 为最好;在 14MnNbq 厚板焊接试验中将线能量比正常情况提高 50% 以上仍具有较高的低温韧性。采用微合金化的焊丝配碱性烧结焊剂是桥梁焊接材料的发展方向,但必须解决高韧性与不超强的矛盾。

5.3　不同焊接方式的焊缝疲劳性能

5.3.1　焊缝形式

文献[8,9]针对钢桥面板顶板与竖向加劲纵肋焊接接头进行疲劳分析,分别采用角焊缝及全熔透试件对疲劳影响做了试验研究。以裂纹开裂 10mm 疲劳寿命 N_{10} 为疲劳破坏评价标准,分别对 SJ1 和 SJ2 系列试件疲劳强度进行分析,其中:

SJ1 系列试件——角焊缝焊接试件;

SJ2 系列试件——全熔透焊接试件。

SJ1 角焊缝试件和 SJ2 全熔透焊缝试件均采用了 CO_2 气体保护焊的形式,当采用全熔透的焊接形式时需要切割坡口,坡口如图 5-7a)所示。焊接时由于需要填满坡口 1 道焊无法完成,需要进行 2 道焊接,左右侧焊道数一共 4 道,SJ1 试件和 SJ2 试件焊道顺序分别如图 5-7b)、c)所示。

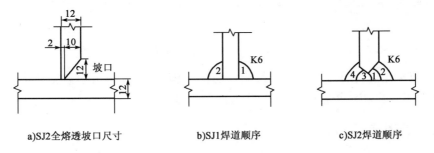

a)SJ2全熔透坡口尺寸　　　b)SJ1焊道顺序　　　c)SJ2焊道顺序

图 5-7　试件坡口尺寸及焊道顺序(尺寸单位:mm)

通过金相试验对 SJ1 角焊缝试件和 SJ2 全熔透焊缝试件进行焊接熔合区域比较。采用金相微观显微镜对对金相试验的角焊缝及全熔透焊接接头断面进行扫描,得到焊接熔合线宏观显像,描绘焊接熔合线见图 5-8。

采用 JSSC-G 的疲劳曲线评价这两种不同焊接类型的试件疲劳性能分析,如图 5-9 所示。可以看出,相较于角焊缝试件,全熔透试件在高应力幅下疲劳强度较高,而在低应力幅下疲劳强度普遍低与角焊缝试件。相较于 SJ1 系列试件,采用 JSSC-G 疲劳曲线评价该疲劳细节下 SJ2 系列全熔透焊缝性能偏安全。

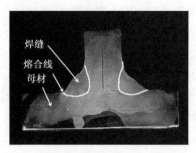
a) SJ1金相试验宏观照片

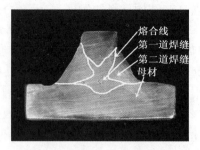
b) SJ2焊接熔合线示意图

图 5-8　SJ1 及 SJ2 试件金相试验宏观照片

以裂纹开裂 30mm 疲劳寿命 N_{30} 为疲劳破坏评价标准,对 SJ1 和 SJ2 系列试件疲劳强度进行分析。相较于角焊缝试件,全熔透试件试验结果离散性更小,且依旧表现出在高应力幅下疲劳强度较高,而在低应力幅下疲劳强度普遍低于角焊缝试件。SJ1 和 SJ2 系列全部试件数据点落在 JSSC-G 疲劳曲线上方。可采用 JSSC-G 的疲劳曲线来评价 SJ1 系列角焊缝试件,结果偏安全。另可采用 JSSC-F 的疲劳曲线来评价 SJ2 系列全熔透焊缝试件,见图 5-10。

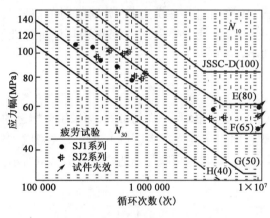

图 5-9　SJ1 和 SJ2 系列疲劳寿命(N_{10})比较

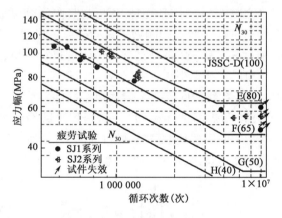

图 5-10　SJ1 和 SJ2 系列疲劳寿命(N_{30})比较

综上,焊缝类型对焊缝疲劳性能的影响表现在,全熔透焊缝的试验数据结构离散性更小,相较于角焊缝显示出相对较强的疲劳性能。

5.3.2　熔透率

焊缝熔透率这个因素在以往的国内规范中并没有明确规定,在涉及熔透率的日本规范[9]中也只是表明,坡口焊缝熔透率必须大于 75%,美国规范[10]规定熔透焊缝熔透率不能低于 80%。各国规范中多以焊缝熔深以及焊喉尺寸为标准来控制焊接质量。文献[11]在规范要求的 80% 熔透率的基础上,针对钢桥面板顶板及 U 肋焊接接头,选取了两种具有代表性的熔透参数焊缝作为研究对象进行试验研究,分别是 80% 熔透焊缝和全熔透焊缝,如图 5-11 所示。

每种焊缝细节制作 20 个试件,采用相同的方式进行加载,比对研究焊缝熔透率对顶板与 U 肋细节疲劳的影响。两组试件中,SJ1 和 SJ2 系列试件各 10 个设计为全熔透焊缝,SJ3 和 SJ4 系列试件各 10 个设计为 80% 熔透率焊缝。对两组试件试验结果进行比对如下。

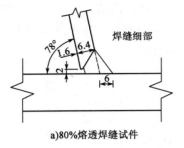
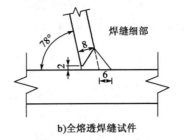

a) 80%熔透焊缝试件　　　　　　　b) 全熔透焊缝试件

图 5-11　试验试件焊缝类型(尺寸单位:mm)

以 N100 为试验疲劳破坏标准,对 SJ1、SJ3 和 SJ2、SJ4 两个对比组进分析。首先对 SJ1 和 SJ3 系列试件进行分析,SJ1 的全熔透焊缝试件数据的离散性与 SJ3 的 80%熔透焊缝试件数据没有明显差别,如图 5-12 所示,SJ1 系列试件在三个相同的等级应力幅下的疲劳寿命都比 SJ3 系列试件长。另如,如表 5-3 所示,SJ1 系列试件的平均疲劳寿命总体比 SJ3 系列试件的平均疲劳寿命长。SJ1、SJ3 系列试件试验数据点落在 JSSC-F 疲劳曲线上方。可采用 JSSC-F 疲劳曲线来评价这两个系列试件,结果偏安全。

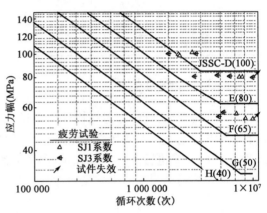

图 5-12　SJ1 和 SJ3 系列比较

表 5-3　SJ1 和 SJ3 系列疲劳寿命

应力幅	SJ1 系列	平均疲劳寿命	应力幅	SJ3 系列	平均疲劳寿命
55MPa	8 498 200	7 738 300	55MPa	5 236 800	5 024 350
	6 978 400			4 811 900	
80MPa	7 482 600	7 724 000	80MPa	6 036 000	4 553 900
	7 965 400			2 888 900	
100MPa	2 078 100	2 324 033	100MPa	4 736 800	2 334 700
	2 763 500			2 992 100	
	2 130 500			1 677 300	

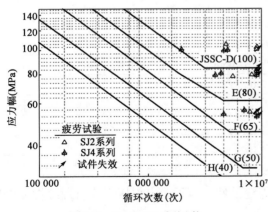

图 5-13　SJ2 和 SJ4 系列比较

SJ2 和 SJ4 系列对比分析如图 5-13 所示。SJ2 系列的全熔透试件数据离散性比 SJ4 系列数据小,在三个相同的应力幅等级下 SJ2 系列试件疲劳寿命都比 SJ4 系列试件长。另如表 5-4 所示,SJ2 系列试件的平均疲劳寿命总体比 SJ4 系列试件的平均疲劳寿命长。SJ2 和 SJ4 系列试件试验数据点落在 JSSC-F 疲劳曲线上方。可采用 JSSC-F 疲劳曲线来评价,结果偏安全。

综上,焊缝熔透率对焊缝疲劳性能的影响表现在全熔透焊缝试件的平均疲劳寿命总体比80%熔透焊缝试件长,疲劳寿命提高显著,相比而言数据离散性更小。可以看出提高焊缝熔透率可以明显提高钢桥面板顶板与U肋连接焊缝构造细节的疲劳寿命,有利于提高其疲劳性能。

SJ2 和 SJ4 系列有效疲劳寿命 表 5-4

应力幅	SJ2 系列	平均疲劳寿命	应力幅	SJ4 系列	平均疲劳寿命
55MPa	8 629 300	9 160 250	55MPa	7 654 700	6 311 250
	9 691 200			4 967 800	
80MPa	8 900 700	7 465 000	80MPa	4 698 700	4 433 250
	6 029 300			4 167 800	
100MPa	5 277 400	7 638 700	100MPa	2 026 900	4 135 833
	10 000 000			5 367 800	
	—			5 012 800	

5.3.3 仰焊及俯焊

Hatami 等[12]通过试验对钢构件制造过程中多种焊接位置疲劳强度进行了研究,对三种不同焊接位置采用不同的焊趾半径作为对比量化分析,每批包含12个标本十字接头试件。最后,对测试的结果进行 S-N 曲线评价,参考曲线采用 IIW(国际焊接学会)。结果表明,局部焊接结构对焊接结构强度的影响显著,焊趾半径较大的试件样本具有更高的疲劳强度。

文献[8]中四组试件 SJ1、SJ2、SJ3、SJ4 采用不同的焊接位置,并对不同的焊接位置对钢桥面板顶板及纵向垂直加劲肋接头疲劳的影响进行了对比分析。其中:

SJ1、SJ2 系列试件——俯焊;

SJ3、SJ4 系列试件——仰焊。

俯焊及仰焊的焊接位置分别见图 5-14,SJ1 及 SJ3 加工工艺参数见表 5-5。

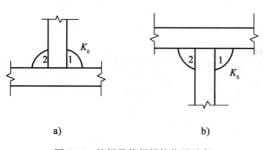

图 5-14 俯焊及仰焊焊接位置示意

SJ1 及 SJ3 系列试件焊接加工工艺参数 表 5-5

试件	SJ1 系列	SJ3 系列
焊丝类型	ER50-5	ER50-5
焊丝规格	$\phi1.2$	$\phi1.2$
焊接形式	CO_2 气体保护焊($CO_2 \geq 99.5\%$)	CO_2 气体保护焊($CO_2 \geq 99.5\%$)
焊接方法	实心焊丝气体保护焊 GMAW	实心焊丝气体保护焊 GMAW
电流(A)	240 ± 20	180 ± 20
电压(V)	28 ± 2	28 ± 2
焊速(mm/min)	350	210
气体流量(L/min)	15 ~ 20	15 ~ 20
线能量(kJ/cm)	1.15 ~ 1.34	1.44 ~ 1.71

其中 SJ1 和 SJ3 均为未进行锤击处理的角焊缝试件。为了确定焊接方式对焊缝性能的影响,对 SJ1 和 SJ3 系列试件试验结果进行比对如下:

(1) 以 N10 为疲劳破坏评价标准，对 SJ3 和 SJ1 系列试件疲劳强度进行分析。SJ1 系列试件为俯焊角焊缝焊接试件，SJ3 系列试件为仰焊角焊缝试件。相较于 SJ1 试件，SJ3 试件在高应力幅下疲劳强度较高，而在低应力幅下疲劳强度普遍低于 SJ1 试件。数据点全部落在 JSSC-G 的疲劳曲线上方，见图 5-15。

(2) 以 N30 为疲劳破坏评价标准，对 SJ1 和 SJ3 系列试件疲劳强度进行分析。SJ1 和 SJ2 系列全部试件试验点落在 JSSC-G 疲劳曲线上方，且相互落在对方点群内，总体数据离散性较小。可采用 JSSC-G 的疲劳曲线来评价 SJ1 系列角焊缝试件，结果偏安全。另可采用 JSSC-F 的疲劳曲线来评价 SJ3 系列仰焊角焊缝试件，见图 5-16。

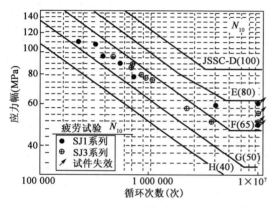

图 5-15　SJ1 和 SJ3 系列疲劳寿命（N_{10}）比较　　图 5-16　SJ1 和 SJ3 系列疲劳寿命（N_{30}）比较

采用仰焊的焊接形式时，焊接过程控制参数与俯焊的角焊缝焊接差异较大，主要表现在焊接线能量和焊接速度，仰焊焊接速度比俯焊焊接速度要小，相应的焊接线能量要大于俯焊，考虑该因素可能对仰焊角焊缝性能产生积极的影响，因此仰焊试件 SJ3 在高应力幅下疲劳性能表现更好。基于本批次试件的加工工艺，仰焊的角焊缝疲劳性能相较于俯焊角焊缝疲劳性能更好一些。但由于本批次试件在加工厂内进行加工，虽然同样是仰焊，但是由于焊接环境和工作量等因素影响，和实桥实际加工质量还有一定的区别。相比俯焊，仰焊具有施焊困难、焊缝质量不易保证的特点，容易产生引起应力集中的焊接缺陷。俯焊试件 SJ1、SJ2 在低应力幅下，疲劳性能表现强于仰焊试件 SJ3，实桥疲劳应力幅以低疲劳应力幅为主，且具有焊缝质量好、效率高、操作条件方便等特点，在进行构件制造时应尽量创造俯焊位置，尽量减少仰焊位置。

5.3.4　焊接角度

郭宁生等[13]采用有限元法研究平焊焊接的焊接角度对焊接结构连接件应力分布的影响，进而采用名义应力法分析其对结构疲劳性能的影响。结果发现，采用平焊工艺时，焊接角越大，应力集中越严重，焊接件的疲劳性能越差。焊接件疲劳寿命与焊接角之间呈现出指数衰减关系。

焊接角度位置如图 5-17 所示，依次选取 α 为 15°、35°、55° 和 75°。图 5-18 给出了焊接角度和焊接区最大 Mises 应力关系曲线。可以看出，随着焊接角度增大，焊接区应力呈现递增趋势，焊接区最大应力随焊接角度的增大而增大。

郑修麟[14]给出的较完善的疲劳裂纹起始寿命表达式，可以

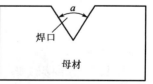

图 5-17　焊接角度位置

分析不同存活率下的疲劳寿命。所给公式如下：

$$N = C_i \left[\Delta\sigma_{eqv}^{\frac{2}{1+n}} - (\Delta\sigma_{eqv})_{th}^{\frac{2}{1+n}} \right]^{-2} \quad (5-1)$$

$$\Delta\sigma_{eqv} = \sqrt{\frac{1}{2(1-R)}} K_t \cdot \Delta S = \sqrt{\frac{(1-R)}{2}} K_t \cdot S_{max} \quad (5-2)$$

式中： C_i ——始裂抗力系数，是与拉伸性能有关的材料常数；

$\Delta\sigma_{eqv}$ ——当量应力幅；

$(\Delta\sigma_{eqv})_{th}$ ——用当量应力幅表示的始裂门槛值，是与拉伸性能和疲劳极限有关的材料常数；

n ——应变硬化指数；

ΔS ——名义应力幅范围；

R ——应力比；

K_t ——理论应力集中系数，在这里用上面的计算公式得到；

S_{max} ——最大名义应力幅值，当 $R = -1$ 时 S_{max} 为最大名义应力峰值。

根据以上分析，得到不同焊接角度下的结构在 S_{max} =150MPa、应力比 $R = -1$ 下的疲劳寿命，如表5-6所示。可看到，随着焊接角度的增大，焊接区应力集中系数增大，疲劳寿命减少。

不同焊接角度下的疲劳寿命　　　　　　　　　　　　　表5-6

焊接角(°)	应力集中系数	疲劳寿命(循环周次)	焊接角(°)	应力集中系数	疲劳寿命(循环周次)
15	1.14	14 327	55	1.20	11 889
30	1.18	12 538	75	1.21	11 535

疲劳寿命随焊接角的增加而减小，疲劳寿命随焊接角的变化情况见图5-19，可以良好地符合指数衰减函数。

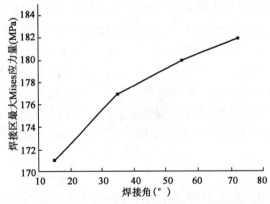

图5-18　焊接角度和焊接区最大 Mises 应力关系曲线

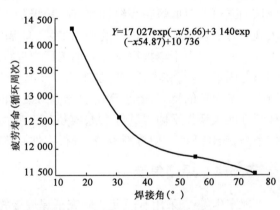

图5-19　焊接角对疲劳寿命的影响

5.4　焊接缺陷与金属疲劳

5.4.1　焊接缺陷

焊接接头的质量是保证大型钢桥安全的基础，钢桥的焊缝往往存在初始缺陷，容易引起应力集中,是结构的薄弱环节。相比铆接和栓接接头,焊接接头细节对疲劳更为敏感,其原因一方面是因为焊接残余应力的影响,另一方面就是焊接接头中难以完全避免非连续性缺陷的产生。焊接缺陷的产生过程十分复杂,既有冶金的原因,也有应力和变形的作用。焊接缺陷对结构的承载能力具有非常显著的影响,尤其是与缺陷同时存在着应力和变形。焊接缺陷容易出现在焊缝及其附近地区等结构中拉伸残余应力最大的地方,焊接缺陷之所以会降低焊接结构的强度,其主要原因在于焊接缺陷减小了结构承载横截面的有效面积,并且在缺陷周围产生了应力集中。

较大的焊接缺陷主要有两种产生原因:一种是焊缝非重要传力焊缝而导致其焊接质量欠佳;另一种是质量控制手段难以控制的超容限缺陷。焊接缺陷一般包括有未焊透、未熔合、裂纹、夹渣、气孔、咬边、焊穿和焊缝成形不良等。焊接缺陷是平面的或立体的,平面类型的缺陷比立体类型的缺陷对应力增加的影响要大得多,因而也危险得多。属于前者的有裂纹、未焊透、未熔合等;属于后者的有气孔、夹渣等。图5-20、图5-21为焊接制造过程中,对接焊缝及角焊缝产生的主要缺陷类型。

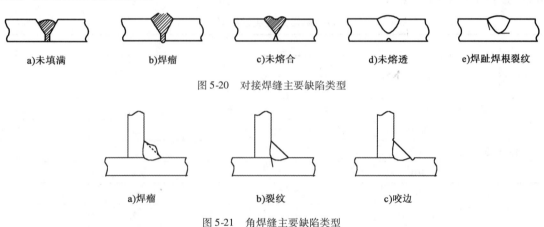

图5-20 对接焊缝主要缺陷类型

图5-21 角焊缝主要缺陷类型

5.4.2 焊接缺陷与材料应力集中

焊接钢桥结构在焊接接头部位常出现几何尺寸、化学成分、组织结构及力学性能等方面的不连续性,而这种不连续性在出现焊接缺陷时往往表现得更加明显。焊接结构的应力集中程度受焊接缺陷形状的影响,当承受外荷载作用时,常在接头部位产生应力集中,如不合理的接头形式及结构设计、各种工艺缺陷都能引起较大的应力集中。

在各种接头形式中,对接接头的形状的变化程度较小,应力集中系数最低,但如果在对接接头中出现较大的余高和过渡处圆弧半径较小时,则应力集中系数将增大[19]。如将焊缝余高加工掉,使焊缝与焊件表面一样平,就可以试验出焊缝中裂纹、气孔、夹渣等焊接缺陷对应力集中系数的影响。

根据弹性理论及试验分析[15],椭圆孔的最大应力集中系数 K_t 为:

$$K_t = 2 + \frac{a}{b} \tag{5-3}$$

式中:a——垂直于拉伸方向的椭圆轴长;
b——平行于拉伸方向的椭圆轴长。

由式5-3可看出，b越小、a越大时(相当于垂直于外力作用方向的横向裂纹)，则应力集中系数K_t越大；当$a=b$时(相当于存在具有圆孔的夹渣、气孔等缺陷)，则$K_t=3$，应力集中程度就小。

对于无限宽板中与受力方向垂直的裂纹尖端的应力集中系数，可用式(5-4)估算：

$$K_t = 1 + 2\sqrt{\frac{\alpha}{\rho}} \tag{5-4}$$

式中：α——裂纹半长；

ρ——裂纹尖端半径。

当ρ越小、α越大时，K_t越大。即得出与受力方向垂直的裂纹尖端的应力集中系数，随裂纹尺寸的增大、裂纹尖端半径的减小而增大。

由上可见，由于焊接缺陷的种类、尺寸、形状、方向和位置不同，应力集中系数大小就不相同，因而缺陷对接头性能的影响也各有差异。龙占云等[17]对焊接缺陷接头性能影响程度进行分析，如表5-7所示。

焊接缺陷对接头性能影响　　　　　　　　　　　　　　　　表5-7

焊接缺陷		接头性能			
		强度	塑性	疲劳	腐蚀
变形		●	△	△	
组织结构不连续		●	●	△	△
表面缺陷	咬边		●	△	△
	折叠			△	△
	裂纹		△	△	△
内部缺陷	气孔			●	
	单个夹渣			●	
	链状夹渣	●	●	△	
	未焊透	△	△	△	●
	未熔合	△	△	△	●
	裂纹	△	△	△	●
残余应力		●	△	△	●
焊缝硬化				●	●

注：△-缺陷对焊接接头有影响；●-缺陷对焊接接头性能影响不大。

5.4.3　焊接缺陷与疲劳强度

影响结构疲劳强度的因素较多，如应力集中、截面尺寸、表面状态及加载状况等都会对疲劳强度产生影响。在焊接结构中焊接缺陷对疲劳强度的影响不可忽视，因为大量试验结果表明，焊接接头的抗疲劳性能和母材相比要低得多，其中最主要的原因是焊接缺陷使焊接结构产生了应力集中，而疲劳裂纹极易在高应力峰值部位萌生，降低了焊接接头的疲劳寿命。从而焊接缺陷对疲劳强度影响比对静载强度的影响要大得多，Kihara等[16]得到的关于焊接缺陷对低碳钢焊件疲劳强度的影响如图5-22所示，与上述结论一致。

龙占云等[17]通过对 WFG35Z、D35 钢等材料试验表明,在 T 形焊接接头及带有余高的对接焊接接头的试验中,其疲劳裂纹均在焊趾处产生并优先从试样表面开裂,然后不断扩展形成失效。因此焊趾处的应力集中是影响焊接接头疲劳裂纹形成的决定因素。表 5-8 中数据是用 WFG35Z、D35 钢对接焊接接头时,应力集中对低周疲劳寿命的影响。

随应力集中系数 K_t 的增加,在总变幅基本一致 $\Delta\varepsilon_t/2 = 0.23\% \sim 0.25\%$ 的条件下,疲劳裂纹形成寿命及整个疲劳寿命均降低;在同一应力集中条件下,总应变幅增加,即名义应力增加,疲劳寿命 N_t 及疲劳失效循环数 N_f 均下降;当焊趾处存在咬边时,在相同应变幅下,疲劳寿命显著降低。

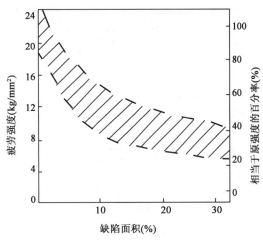

图 5-22 低碳钢焊件由缺陷引起的疲劳强度的降低

应力集中对疲劳寿命的影响　　　　　　　　　　表 5-8

焊接接头形式	应力集中系数 K_t	总应变幅 $\Delta\varepsilon_t/2(\%)$	疲劳裂纹形成寿命 N_t	疲劳失效循环数 N_f
无余高	0	0.25	5 400	10 800
有余高	2.2	0.25	2 100	4 200
有余高	2.2	0.31	1 300	1 750
有咬边	3.4	0.23	500	910

在试验中证实,当咬边深度在 2mm 以下时,疲劳强度的降低与咬边深度没有关系。该结论与国外一些学者如日本佐藤邦彦[18]等人研究的结论相同。

将焊缝余高加工掉以消除焊趾缺口及咬边等影响,进一步研究了焊缝中各种缺陷的破坏作用,认为各种焊接缺陷,由于种类、尺寸、形状、方向和位置的不同,对疲劳强度影响上的差异更为明显。以夹杂物为例,对板厚为 12mm 左右的中强钢横向对接焊缝,当夹杂物长度增加一个数量级可导致疲劳强度降低 20%~30%。单个夹杂物比其多个夹杂物影响要弱些;如夹杂物位于焊缝中心,并且有残余压应力作用时,影响几乎可忽略;在无残余压应力作用时,夹杂物间断分布,疲劳强度降低量少,如连续分布则降低量多,如果夹杂物分布在焊缝表面,疲劳强度将降低 40%。

王红等[19]对各种主要焊接缺陷对疲劳强度的影响进行了分析总结,各种主要缺陷类型对疲劳强度的影响如下。

(1) 未焊透对疲劳强度的影响

由于不同的材料具有不同的缺口敏感性,对于同样大小的缺陷,焊接结构强度也会因材料不同而异。图 5-23 为未焊透对五种材料疲劳强度的影响。可以看出,随着未焊透百分比的增大,疲劳强度迅速下降。但对于不同的材料,对焊接结构疲劳强度的影响也是不同的。以 12Cr18Ni9Ti 奥氏体钢的下降幅度为最大。

(2) 气孔对疲劳强度的影响

气孔对疲劳强度的影响相对较小,但当接头中存在密集气孔时,其影响也会很大。试验证

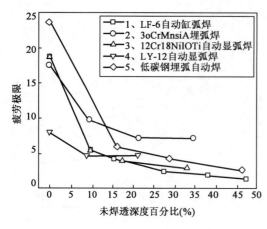

图 5-23 未熔合对疲劳强度的影响

明,如气孔截面总量只占工作截面的5%,气孔对屈服极限和强度极限的影响不大。当焊缝增高量没有除掉或焊接金属强度高于基本金属强度时,即使实际气孔量比标准允许气孔量大2~4倍,仍能满足结构的使用条件。但当成串气孔总截面超过焊缝截面2%时,接头的强度极限急速下降,其主要原因是由于焊接时保护气体的中断,在出现成串气孔的同时焊缝金属的机械性能下降。焊缝表面或邻近表面的气孔比深埋气孔危险,成串或密集气孔比单个气孔更危险。

Homes[20]针对密集气孔对低碳钢对接焊缝疲劳强度影响进行了试验研究,结果表明,存在少量密集气孔时,疲劳强度会急剧降低,但随着缺陷严重程度的增加,这种降低趋势却明显减慢。因此,在焊接过程中应尽力避免少量密集气孔的出现。

(3)夹渣对疲劳强度的影响

由于夹渣或夹杂物截面积的大小成比例地降低材料的抗拉强度,但对屈服强度的影响较小。试验证明,这类缺陷的尺寸和形状对强度的影响较大,单个的间断小球状夹渣或夹杂物比同样尺寸和形状的气孔危害小。直线排列、细小的且排列方向垂直于受力方向的连续夹渣较危险。

试验证明,夹渣缺陷的存在会降低焊接结构疲劳强度。球状夹渣对疲劳强度的影响较小,但当其接近或露出表面时,影响就会增加。若夹渣形成尖锐缺口,则其对疲劳强度的影响会相当大。当接头中存在大量的夹渣时,由于该缺陷削弱了接头的有效工作截面,对疲劳强度就会产生很大的影响。

(4)咬边对疲劳强度的影响

几何形状造成的不连续性缺陷,如咬边、焊缝成形不良或烧穿等,不仅降低构件的有效截面面积,还会产生应力集中。咬边多出现在焊趾处或接头表面,对于疲劳强度的影响要比气孔和球状夹渣大得多。图 5-24 为咬边对焊接接头疲劳强度的影响示意图。可见当对接接头存在咬边缺陷时,抗拉疲劳强度随着咬边深度的增加而下降,当咬边深度约 1mm 时,抗拉疲劳强度已下降接近 50%;角接时留下的咬边对疲劳强度同样有不良影响。

(5)初始裂纹对疲劳寿命的影响

裂纹是最危险的焊接缺陷。由于尖锐裂纹易产生尖端缺口效应,当出现三向应力状态和温度降低等情况时,裂纹可能失稳和扩展,造成结构的断裂。裂纹在结构中本身就构成初始裂纹源,使构件在交变荷载下本应具有的裂纹扩展寿命大大缩短,高周疲劳时甚至可能

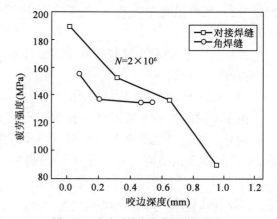

图 5-24 咬边对接头疲劳强度的影响

会丧失达到80%~90%。裂纹一般是在拉伸应力场和热影响区显微组织段中产生的,在静载非脆性破坏条件下,如果塑性流动发生于裂纹失稳扩展之前,则结构中的残余拉伸应力将无有害影响,也不会产生脆性断裂。

5.4.4 TIG 熔修对接头焊接缺陷的改善作用

文献[21]通过采用 TIG 熔修法提高含咬边缺陷焊接接头疲劳强度,针对含缺陷十字接头焊态、不含缺陷十字接头焊态及含缺陷十字接头 TIG 熔修处理态三种情况进行了试验研究。试验结果表明:咬边等焊接缺陷降低院士焊接接头疲劳强度10%~20%,与含缺陷焊态试件相比,TIG 熔修处理后十字接头的疲劳强度提高70%,疲劳寿命提高5~8倍,与不含焊接缺陷的焊态试件相比,疲劳强度提高34%,疲劳寿命延长3~4倍;原始咬边缺陷对 TIG 熔修处理后焊接接头的疲劳性能基本没有影响。

含缺陷十字接头焊态、不含缺陷十字接头焊态及含缺陷十字接头 TIG 熔修处理态三种情况下的对比 σ-N 曲线见图 5-25。

根据相关试验结果,按疲劳强度的常规确定方法给出了 TIG 熔修处理前后含咬边缺陷的试件在循环周次为 2×10^5 时的疲劳强度,结果列于表 5-9。

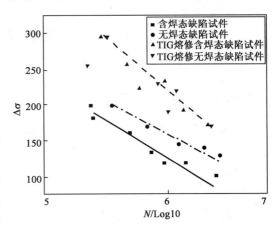

图 5-25 有无缺陷焊件 σ-N 对比曲线

TIG 熔修接头和焊接接头的疲劳强度   表 5-9

疲劳强度 $\Delta\sigma$(MPa)		提高程度(%)	疲劳强度 $\Delta\sigma$(MPa)		提高程度(%)
焊态(含缺陷)	TIG 熔修		焊态(无缺陷)	TIG 熔修	
105	179	70	134	179	34

含咬边缺陷 TIG 熔修处理试件与含咬边缺陷原始焊态试件在循环寿命为 2×10^5 条件下获得的疲劳强度值。结果表明,含咬边缺陷 TIG 熔修处理试件与含咬边缺陷原始焊态试件相比疲劳强度的改善程度高达70%左右;与不含焊接缺陷的相同十字接头焊态试件相比,疲劳强度提高34%。原始焊态试件和 TIG 熔修处理态试件均断于焊趾,说明 TIG 熔修处理后的含缺陷焊接接头,其疲劳强度低于母材。

由此可见,咬边缺陷对 TIG 熔修处理后焊接接头的疲劳性能无不利影响,这是因为含缺陷焊接接头经过 TIG 熔修处理后其缺陷部位材料被重新熔化,完全消除了原始焊趾缺陷对焊趾区应力集中程度的影响,因此,这些咬边缺陷对 TIG 熔修处理后的焊接接头疲劳性能无不利影响。

TIG 熔修处理焊接接头试件在寿命为 1×10^7 次时所对应应力范围下,含咬边缺陷的焊态试件、不含缺陷的焊态试件疲劳寿命以及不含缺陷的焊态试件在寿命为 1×10^5 次所对应应力范围下 TIG 熔修试件、焊态试件的疲劳寿命,结果列于表 5-10 中。对比表 5-12 中相应含缺陷原始焊态与含缺陷冲击处理态试件在相同应力范围下的疲劳寿命,粗略估计含缺陷焊接接头经过 TIG 熔修处理后,疲劳寿命被延长的情况。结果表明:经过 TIG 熔修处理的 15Mn 含咬边缺陷十字接头与含咬边缺陷原始焊态试件相比,其疲劳寿命被延长达 5~8 倍;与不含缺陷相同接头形式的原始焊态试件相比,寿命提高了 3~4 倍。

TIG 熔修接头和焊接接头的疲劳寿命　　　　表 5-10

状　态	应力范围 $\Delta\sigma$ (MPa)	寿命 N_1	应力范围 $\Delta\sigma$ (MPa)	寿命 N_2
焊态(含缺陷)	270	0.81×10^5	119	1.28×10^5
TIG 熔修	270	4.00×10^5	119	1.0×10^7
焊态(无缺陷)	270	1.00×10^5	119	3.2×10^5

5.5　焊接热效应与接头疲劳

5.5.1　焊接残余应力

由于焊接过程是一个局部的不均匀加热、冷却过程,受焊缝及其近缝区温度场的影响,焊接结构内部会出现大小不等、分布不均匀的残余应力应变场。在服役过程中,焊接结构的残余应力和其所受荷载引起的工作应力相互叠加,使其产生二次变形和残余应力的重新分布,这不但会降低焊接结构的刚性和尺寸稳定性,而且在温度和介质的共同作用下,还会严重影响结构和焊接接头的疲劳强度、抗脆断能力、抵抗应力腐蚀开裂和高温蠕变开裂的能力。焊接残余应力和应变是作为热应力的最终状态而出现的,能给予这种残余应力以决定性影响的是各部分的温度梯度。焊接残余应力与变形是直接影响构件结构性能、安全可靠性的重要因素,它在一定条件下,会对结构的断裂特性、疲劳强度和形状尺寸精度等产生十分不利的影响。

在各种加工过程中,焊接是比较容易产生残余应力的加工过程,焊接残余应力产生的主要原因是由焊接过程中不均匀加热所引起的。在焊接过程中,焊接区以远高于周围区域的速度被急剧加热,并局部熔化。焊接区材料受热而膨胀,热膨胀受到周围较冷区域的约束,并造成热应力,受热区温度升高后屈服极限下降,热应力可部分超出该屈服极限。结果焊接区形成了塑性的热压缩,冷却后,比周围区域相对缩短、变窄或减小。因此,这个区域就呈现拉伸残余应力,周围区域则承受压缩残余应力。冷却过程中的显微组织转变会引起体积的变化,如果这种情况发生在较低的温度下,而此时材料的屈服极限足够高,则会导致焊接区的产生压缩残余应力,周围区域承受拉伸残余应力。运用以下的经验法则判别产生焊接残余应力的情况:构件最后冷却的区域以热应力为主时,呈现焊接拉伸应力;而以相变应力为主时,呈现焊接压应力。

1) 焊接应力发生源

焊接应力按其发生源来分,主要有以下三种情况:

(1) 直接应力:是不均匀加热和冷却的结果,它主要取决于加热和冷却时的温度梯度,这是形成焊接残余应力的主要原因。

(2) 间接应力:是由焊接状况所造成的压力,这种残余应力在某种场合下会叠加到焊接残余应力上去,而在焊接后的变形过程中,也往往有附加的影响。

(3) 组织应力:是由组织变化而产生的应力,也就是相变而产生的应力。

2)焊接残余应力特点

焊接残余应力主要有以下特点:

(1)金属构件在焊接过程中受到局部加热而在焊缝及其附近区域产生压缩塑性变形区是产生焊接残余应力的根本因素。

(2)在通常情况下,焊缝及其附近区域的残余应力为拉应力,其数值往往接近或达到构件材料的屈服极限。

(3)焊接残余应力作为宏观内应力,其存在范围与构件的整体尺寸属于同一数量级,而且有拉有压,自相平衡。

3)焊接残余应力性质

焊接残余应力性质有以下几点:

(1)自相平衡特性:焊接残余应力是内应力的一种,拉、压应力同时存在于一个构件中,并且互相平衡。在无外界因素干扰的情况下,拉、压应力的分布特征将长期保持稳定。

(2)遵循应力叠加原理:未经消除残余应力的焊接构件投入使用时,由荷载所引起的工作应力将与焊接残余应力互相叠加。如果两种应力的性质不同、方向相反,叠加的结果将提高构件的承载能力;如果两种应力的性质和方向相同,叠加后的应力数值往往在构件的局部区域超过材料的屈服极限。后一种情况对塑性和韧性较好的材料,将不降低其强度而仅仅影响其刚度,但对于脆性材料的构件,叠加后的高应力水平可能导致局部破坏或提前失效。

(3)产生"应力重分布"现象:当焊件的外部因素(如荷载、温度等)引起的应力与残余应力相叠加超过屈服极限后,将在焊件的局部区域产生塑性变形;如果此时消除外部因素的作用,构件不但不能恢复原有的几何形状,而且还将改变残余应力的分布情况,应力峰值将减小,上述现象称为"二次变形"和"应力重分布"。二次变形将使构件的形状和尺寸精度发生变化,降低其使用性能;应力重分布则使残余应力的数值降低,可以提高焊件的承载能力和使用寿命。在某些工程结构上利用残余应力重分布的特性,进行所谓"超载试验"以改善焊接残余应力的分布,已被证明是行之有效的技术措施之一。

(4)没有明显的外部表现:焊接残余应力和残余变形是同时产生的。残余变形是生产单位极为重视的,而残余应力的存在则不易察觉,甚至往往被忽略。

5.5.2 焊接温度场

焊接过程中施加的局部的依从于时间的集中热输入,可在焊接部位形成融化区(熔焊),这正是引起残余应力和焊接变形的根源。由于金属材料中热传播速度很快,焊接时必须利用高度集中的热源,因此,焊接时的温度场也是非常不均匀和不稳定的。在焊接过程中,母材和填充金属被熔化,焊接熔池中将发生各种冶金反应,各部位的金属分别凝固、再结晶,在加热冷却过程中,金属还会发生显微组织的转变。因此,温度场不仅直接通过热应变,而且还间接通过随金属状态和显微组织变化引起的相变、应变决定焊接残余应力。从这两方面考虑,均应首先确定焊接温度场,此外,它还和材料和工艺过程方面的问题有联系。

文献[22]以钢箱梁顶板与U肋接头为例,利用ansys对其焊接过程进行有限元分析,以说明焊接接头焊接过程的温度场分布状况。钢桥面板材料为Q345d钢,顶板厚14mm,U肋板厚8mm。U肋上口开口300mm,下口180mm,高280mm。U肋具有中心对称性,取一半结构建立

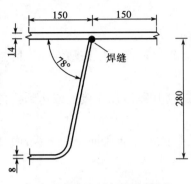

图 5-26 顶板 U 肋焊接接头计算模型尺寸(尺寸单位:mm)

模型,模型长宽均为 300mm,模型尺寸如图 5-26 所示。

焊接采用 CO_2 气体保护焊,焊接电压 29V,焊接电流 380A,焊接速度为 0.5m/min。焊接过程时长 30s,顶板与 U 肋接头焊接过程分别在 10s、20s、30s 的温度场分布顶板与 U 肋焊接接头焊接过程在 10s、20s、30s 温度场分别如图 5-27 所示。

随热源在焊缝处的移动,焊接结构件上的各节点的温度随着焊接时间的变化而变化,分析焊接过程瞬态温度,在焊接的开始阶段,温度偏低并且不稳定,随着热源向前移动,温度逐渐稳定在 1 300 ~ 1 500℃,形成准稳态温度场。

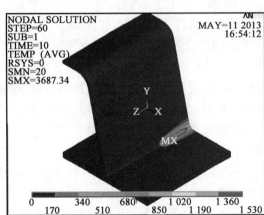

a)10s

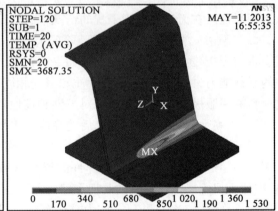

b)20s

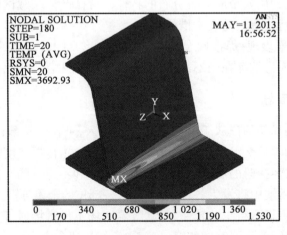

c)30s

图 5-27 钢桥面板焊接过程温度场分布

为保证模型充分冷却,将正交异性钢桥面板的冷却时间设置为 7 200s,焊接 30s 之后进入冷却过程。钢桥面板焊接冷却时间分别为 3 500s、7 200s 时的温度场分布云图如图 5-28 所示。

可以看出,冷却 3 500s 之后,钢桥面板最高温度降到 100℃以下,在冷却时间为 7 200s 左右时,钢桥面板已完全冷却至室温。

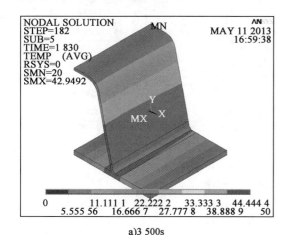
a)3 500s

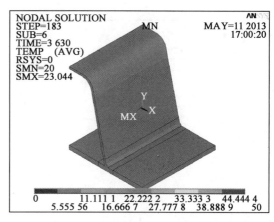
b)7 200s

图 5-28　钢桥面板冷却过程温度场分布

通过时间历程后处理,可以得到焊件不同位置点温度随时间变化情况。分别选择沿焊趾 7 个温度测点,如图 5-29a)所示,对应各测点热循环曲线如图 5-29b)所示。选择母板纵向 1/2 截面靠 U 肋侧表面 5 个温度测点,其位置如图 5-30a)所示,对应各测点热循环曲线如图 5-30b)所示。

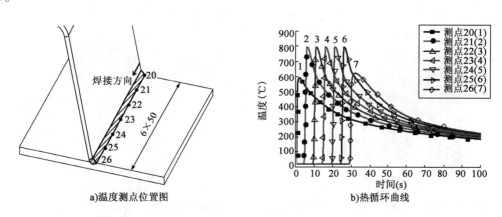

a)温度测点位置图　　　　　　　　　b)热循环曲线

图 5-29　沿焊趾纵向各点热循环曲线(尺寸单位:mm)

可以看出,焊接结构件上的各节点的温度随着焊接时间的变化而变化。分析焊接过程瞬态温度,在焊接的开始阶段,温度偏低并且不稳定,随着热源向前移动,沿焊接方向焊趾各测点依次加热焊接,当热源作用于该点时,温度急剧升高,焊趾温度逐渐稳定在 800℃以上,形成准稳态温度场,并随热源的离去温度急剧下降,随后渐趋平缓。在 100s 之后,焊件各测点温度均降至 300℃以下,随着冷却过程的持续,焊件温度逐渐下降至室温。

可以看出,焊接过程中,1/2 截面各点的温度变化是不均匀的。焊趾位置测点温度峰值最高,温度变化较为剧烈,随着远离热源距离增大,各测点温度峰值迅速下降,温度变化渐趋平缓。温度峰值越高,变化越剧烈。随着冷却过程的持续,各测点温度变化逐渐趋于一致,最后冷却至室温。

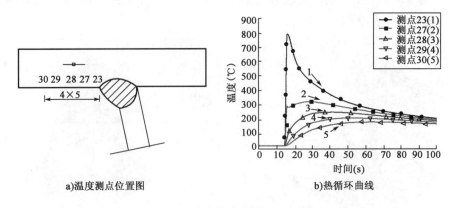

a)温度测点位置图　　　　b)热循环曲线

图 5-30　1/2 截面各点热循环曲线(尺寸单位:mm)

5.5.3　顶板与 U 肋接头焊接残余应力分布

文献[22,23]通过数值模拟的方法对钢桥面板顶板 U 肋接头焊接残余应力分布进行了分析,得到钢桥面板顶板 U 肋焊接接头残余应力分布状况。其中,钢桥面板顶板 U 肋焊接等效残余应力分布云图如图 5-31 所示。焊缝及其周边位置,包括母板及 U 肋靠近焊缝的边缘位置,残余等效应力值最大,并且在焊缝两端位置处,应力等值线分布密集,存在应力集中现象。分别提取顶板纵向及 U 肋纵向焊接残余应力,残余应力分布如图 5-32、图 5-33 所示。

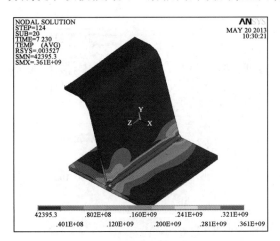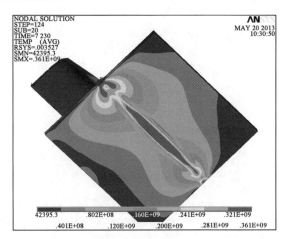

图 5-31　顶板 U 肋接头等效焊接残余应力云图

母板纵向残余应力分布表现为中心区域为拉应力,两边为压应力。焊缝区和近焊缝区金属残余拉应力值接近材料屈服极限,离焊缝越近,残余拉应力越大。在板厚不同位置处,纵向焊接残余应力大小略有不同,母板靠 U 肋侧面的残余应力数值最大,其次是板中心,板的另一侧最小。U 肋加劲板的母板中部残余压应力约为材料屈服强度的 0.2 倍。从图 5-32、图 5-33 可以看出,U 肋腹板靠近焊缝处纵向残余应力为拉应力,其值接近于材料的屈服强度,随着远离焊缝残余拉应力逐渐减小,离开焊缝大约 3 倍 U 肋板厚的距离过渡到压应力,残余压应力最大值约为材料屈服强度的 0.1 倍,U 肋翼缘板的纵向焊接残余应力接近于 0。由于 U 肋较薄且焊缝几乎位于板的端部,所以沿板厚不同处的纵向残余应力的变化并没有母板表现得明显。

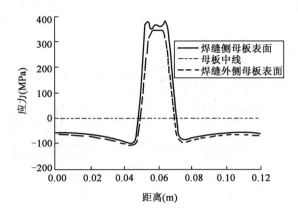

图 5-32　钢桥面板顶板焊接残余应力分布

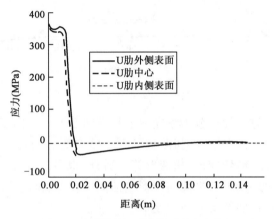

图 5-33　钢桥面板 U 肋焊接残余应力分布

文献[23]通过残余应力试验测试与数值模拟结果进行对比,结果如图 5-34 所示。母板实验测得的残余应力基本上与数值模拟的残余应力相符合,U 肋部分的残余应力与理论计算值有所差别,分析其原因主要有两方面:一方面是由于测试误差的影响;另一方面是 U 肋在加工时,板料在精切下料后使用大型压力机分两次进行压弯,U 肋圆弧区域会产生一定的残余应力,从而使得 U 肋的残余应力的产生比较复杂,既有冷弯产生的残余应力,又有焊接产生的残余应力。

5.5.4　焊接变形

焊接构件由焊接而产生的内应力称之为焊接应力,同时结构的形状及尺寸也发生了畸变,即焊接变形。焊接应变是伴随残余应力产生的,焊接过程在焊缝附近进行局部加热,在板的长度、宽度、厚度方向形成温度分布,此时焊缝区域会因热而膨胀,但邻近区域温度相对较低,所以会抑制材料的热膨胀。在此过程中会随着焊接构件的弹性应变,引发压缩应力,当应力超过弹性极限时,会产生压缩性塑性应变,而此压缩性塑性应变会继续增加直到焊接构件达到最高温度。反之,焊接构件温度下降时,焊接构件收缩,邻近区域则抑制收缩,此时焊接构件会受拉伸应力的作用,应力超过弹性极限时,会产生拉伸性塑性应变。最终的残余塑性应变由在温度上升时产生的压缩性塑性应变与在温度下降时产生的拉伸性塑性应变的和决定,而这个就是焊接固有应变。

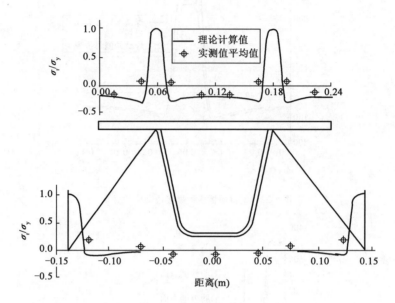

图 5-34 顶板 U 肋接头焊接残余应力分布

焊接残余变形根据其方向性可分为纵向变形和横向变形。纵向变形是由焊缝方向的收缩应变产生的,包括纵向收缩、纵向弯曲、扭曲变形等。横向变形则是由于焊缝方向垂直的收缩应变产生的,包括横向收缩、剪切变形、角变形等。另外,也可以在整个空间范围里,把焊接变形分为平面内变形和平面外变形。平面内变形包括横向收缩、纵向收缩和剪切变形;平面外变形包括角变形、纵向弯曲、扭曲变形和屈曲变形。

对钢箱梁而言,引起钢箱焊接变形的技术原因主要有以下几个方面:

(1)钢箱底板钢板拼接后由于焊接收缩在厚度上分布不均匀易产生角度变形。

(2)底板、腹板等大截面零件切割边应力未消除或消除不彻底,可引起较大的焊接变形。

(3)钢箱内纵横向加劲肋较密,焊缝较多,在焊接内应力作用下引起钢箱纵向收缩变形,导致钢箱长度方向缩短。

(4)T形钢焊后由于焊缝纵向、横向收缩在不同抗力作用下产生弯曲和扭曲变形。

(5)两端自由边在角变形作用下引起底板弯曲,导致钢箱对接时两底板错边而影响对接质量。

5.5.5 焊接残余应力对疲劳影响

焊接残余应力是焊接结构所特有的特征,它对焊接结构疲劳性能的影响是普遍关注的问题。在探讨残余应力对金属疲劳强度的影响时,必须注意这只有在高周疲劳下才有意义。因为在低周疲劳的高应变幅下残余应力将大幅度地松弛,所以残余应力对低周疲劳显示不出多大的作用。

应力幅对焊接钢结构的疲劳寿命有决定性作用,而平均应力也是重要的影响因素之一。一般来说,对于某一给定的应力水平,则疲劳寿命有下降的趋势。平均拉应力使疲劳强度降低,平均压应力使疲劳强度提高。残余拉应力使材料的疲劳极限下降,而残余压应力使材料的疲劳极限提高。实际上残余应力与平均应力之间存在明显的区别,首先,残余应力在循环加载过程中会衰减;其次,残余应力在试件截面上是一个分布而不是一个定值;再次,残余应力因其形成机制,往往是多轴的。

残余应力的存在改变了有效平均应力水平,有明显屈服点的材料对平均应力不敏感,而屈服点不明显的材料则与此相反。当焊接接头裂纹成核区存在拉伸焊接残余应力时,非淬硬材料和具有高塑性低屈强比淬硬材料接头的疲劳强度不受其影响,而低塑性高屈强比淬硬材料接头的疲劳强度则由于拉伸残余应力的存在而降低。这表明焊接残余应力对焊接接头疲劳性能的影响与材料的塑性变形能力密切相关,原始焊接残余应力只有在疲劳过程中未被松弛而保留下来的部分才能对疲劳过程产生影响,残余应力的影响还和疲劳荷载的应力循环特性有关。对疲劳强度的提高起重要作用的是在工作应力下经初期衰减后存在的残余压应力,而不是强化后获得的原始残余应力值[24]。

有关残余应力对焊接结构疲劳影响,主要有以下几种结论:

①光滑试样的疲劳极限受裂纹萌生控制,缺口试样则受裂纹扩展控制,而残余应力恰恰对裂纹扩展的影响比对裂纹萌生的影响大得多,这也使得残余应力对缺口件的作用更大。缺口残余压应力场在提高缺口件的疲劳强度方面比光滑件的效果更好[25]。

②采用特殊的焊后表面处理方法引入残余压应力,可以提高焊接接头的疲劳强度及疲劳寿命,如锤击硬化、玻璃或钢的喷丸硬化、应力硬化及拉伸超载等。而较低水平的残余压应力(小于52MPa)及焊后表面热应力释放处理对疲劳强度的影响无明显区别[24]。

③疲劳裂纹扩展初期在残余压应力区内可以延长焊接结构的疲劳寿命。当裂纹扩展至残余压应力区以外,残余压应力对疲劳寿命无显著影响[26]。

5.6 焊接接头性能改善

5.6.1 焊接工艺及缺陷控制

焊接热输入是影响焊接应力变形大小和分布的关键因素,热输入越大,焊接变形量就越大。对于钢桥用低合金钢材料的焊接而言,热输入过大会导致焊接接头形成粗大的晶粒,使焊接接头的强度和韧性都降低;热输入过小,会使焊接热影响区淬硬,增加接头冷裂纹倾向。所以焊接热输入应严格控制,在保证焊接质量和生产效率的前提下,应尽量降低焊接热输入。

焊缝的层数对焊接接头的性能和变形也有重要的影响。焊缝层数较多,焊接接头的显微组织较细,热影响区较窄,因此接头的延性和韧性都较好。对于低合金高强钢的焊接,焊缝层数太少,每层焊缝厚度太大时,由于晶粒粗化,将导致焊接接头的延性和韧性下降。采用多层焊,可以减小每次的焊接热输入,有利于减小焊接变形[27]。

从焊接的质量上来说,应尽量采用平焊和单面焊,这样质量将得到更有效的保障,同时也能减小焊接变形量及焊接残余应力,从而提高生产效率[28]。

控制焊缝缺陷,改善焊缝性能是钢桥焊接结构焊接质量控制的重要目标。一般常规的焊接构件,焊后都不进行热处理,特别是钢桥这种大型的结构,因此,应尽可能保证焊缝凝固以后,经过固态相变就具有良好的性能。对于已经焊接完成的钢桥焊接构件,可以采用焊后处理的方法对存在焊缝进行处理,以改善焊缝性能,控制焊接缺陷。通过调整焊接工艺改善接头性能的方法主要有多层焊接、跟踪回火等,通过焊后处理改善焊缝的性能主要包含焊后热处理、焊道表面锤击等[29-32]。

1) 多层焊接

对于相同板厚的焊接结构,采用多层焊接可以有效地提高焊接金属的性能。这种方法一方面由于每层焊缝变小而改善了凝固结晶条件,另一方面,更主要的原因,是后一层对前一层焊缝具有附加热处理的作用,从而改善了焊缝固态相变的组织。近年来,随着科学的发展,多层焊接已发展成为由计算机控制线能量的多丝焊接,丝间的距离、焊接参数和层间的厚度均由事先输入计算机的程序进行控制,可以获得理想的焊接质量。

2) 跟踪回火处理

所谓跟踪回火,就是每焊完一道焊缝立即用气焊火焰加热焊道表面,温度控制在 900～1 000℃。如果手工电弧焊焊道的平均厚度约为 3mm,则跟踪回火对前三层焊缝均有不同程度的热处理作用。最上层焊缝(0～3mm)相当于正火处理,对中层焊缝(3～5mm)承受约 750℃ 的高温回火,对下层(5～9mm)受 500℃ 左右的回火处理。所以采用跟踪回火,不仅改善了焊缝的组织,同时也改善了整个焊接区的性能,因此焊接质量得到显著的提高。

3) 焊后热处理

焊后热处理可以改善焊接接头的组织,当然也包括焊缝的组织,充分发挥焊接结构的潜在性能。因此,一些重要的焊接结构,一般都要进行焊后热处理。但对某些复杂的大型焊接结构采用整体热处理仍有困难,因此常采用局部热处理来改善焊接接头的性能。焊后热处理不单纯针对焊缝,对整个焊接接头的性能都是有利的,但这种方法比较麻烦,而且耗能耗资都比较大,不是在所有情况下都是可取的。

焊后热处理是一个复杂的过程,在热处理过程中可能发生的现象中,残余应力松弛、使焊接接头组织和结构力学性能发生相应变化、减小扩散氢含量、消除应变时效脆化是有利的,而产生变形、高温应变脆化、残留合金元素等是不利的。

4) 锤击焊道表面

锤击处理指用锤头轻击焊缝及其周围区域、用高速粒子直接冲击工件表面的工艺(国内称作喷丸),一般可用头部带小圆弧的工具锤击焊缝,使焊缝得到延展,降低内应力,也可以在锤击表面诱导出残余压应力,这是该处理方法主要有益的特点。锤击焊道表面既能改善后层焊缝的凝固结晶组织,也能改善前层焊缝的固态相变组织。因为锤击焊道可使前一层焊缝或坡口表面不同程度地发生晶粒破碎,使后层焊缝在凝固时结晶细化,这样逐层锤击焊道就可以改善整个焊缝的组织性能。此外,锤击可产生塑性变形而降低残余应力,从而提高焊缝的韧性和疲劳性能。

此方法有多年历史,但至今由于它的操作规程主要是建立在经验和约定的基础上,缺乏科学依据,而且具有较低的质量控制程度,因而影响了锤击的推广作用。

总之,通过改善焊缝的性能,可以防止焊接缺陷(未焊透、未熔合、裂纹、夹杂、气孔、咬边、焊穿和焊缝成型不良等)的出现,尽量减小拉伸残余应力,提高焊缝的韧性和疲劳性能。从而保证了焊接构件获得理想的焊接质量,提高了焊接构件的安全性,避免失效事故的出现。

5.6.2 焊接残余应力的消除

由于焊接残余应力的存在经常会导致焊接结构性能的下降,因而在一般情况下消除焊接残余应力总是有益的。但是从经济和消除应力的可能性方面考虑,一般只对一些较重要或具有特别性能要求的结构提出这样的要求。从焊接残余应力的产生过程来看,焊接过程中焊缝区形成的压缩塑性形变是残余应力形成的根源。因此,调整与消除焊接残余应力的实质是使焊缝区产生适量的塑性伸长。

焊后调整与消除残余应力的方法有很多种,现有的各种方法按其过程的性质可分为三大类[33,34]:

(1) 蠕变形变法,即通常的焊后热处理。
(2) 力学形变法,包括通常的过载拉伸、振动时效、锤击、爆炸处理等。
(3) 温差形变法,即利用热膨胀量的差别使金属产生伸长形变,达到消除应力的目的。

5.6.3 钢箱梁焊接接头变形控制

针对钢箱梁主要焊接接头,以文献[28]中某大跨径悬索桥为例,对钢箱梁焊接接头焊接及变形控制进行说明。

1) 纵肋与顶、底板坡口角接焊缝的焊接和变形控制

U形肋与顶、底板坡口角接焊缝焊接以及焊接变形控制难度较大,为保证焊缝有效厚度达到设计要求、控制焊接变形,可以采用设计控制焊接反变形胎架,使工件在近似船形位置的拘束状态下焊接,闭口和开口U肋反变形胎架如图5-35所示。整个板块采用同方向施焊,并采用合适的焊枪角度及焊丝送进位置,以保证坡口根部熔合良好及焊缝表面成型质量。

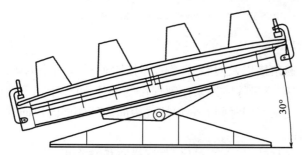

图5-35 闭口和开口U肋反变形胎架示意

2) 顶、底板的对接焊接与收缩变形控制

在打底焊道中,过码板处容易出现根部缩孔、弧坑裂纹、反面成型不好以及间隙不匀所引起的焊缝根部熔合不良等问题。在生产过程中,通过严格限制打底焊道工艺参数、熄弧处加快接头速度或回焊20mm以上、针对过大或过小的焊接间隙采用向前推或拉的运条方式解决根部熔合不良的问题;并要求焊接完第一道埋弧自动焊后再去除衬垫,让受热下坠的焊缝金属有所依托,避免了由于打底焊道较薄,焊缝受热后易下坠而导致反面余高过高等外观不良等问题。

3) 横隔板对接焊缝的焊接与变形控制

针对横隔板焊接过程,可立位和仰横位对接焊。横隔板板厚较小时(8~12mm),可采用单面焊双面成型,背面贴圆弧槽陶瓷衬垫,如图5-36a)、图5-37a)所示。

对于特殊梁段部分的较大板厚(12~15mm),考虑到单面焊接填充量大,焊接变形严重,所以立位对接采用双面V形坡口进行焊接。横位对接厚板采用不对称K形坡口,先焊接大坡口侧,再反面清根焊接小坡口侧,保证熔透,如图5-36b)、图5-37b)所示。

对于较薄横隔板的焊接,采用单面焊接双面成型,是一种可以保证焊接质量的好方案,但当板厚较大时,改双面坡口可以减小焊接填充量,减小焊接收缩和焊接变形量。

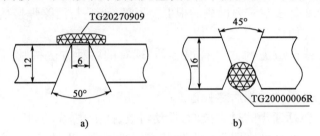

图5-36 整体横隔板立位对接坡口(尺寸单位:mm)

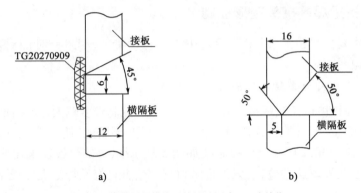

图5-37 整体横隔板横位对接坡口示意(尺寸单位:mm)

4)其他焊缝的焊接

其余坡口角接、熔透角接以及对接焊缝的焊接除通过采用小的焊接线能量、两侧交替焊接、对称施焊、预留焊接变形量等措施来控制焊接变形外,可以采用下述措施:

①顶、底板纵向对接采用同时同方向焊接或中间向两侧同时反向焊接,以减小焊接变形并保证焊接变形的一致性。

②在箱型总拼时先焊横隔板立位对接,再焊横隔板与底板、斜底板的角焊缝或熔透角接焊缝,后焊横隔板的仰横位对接。

③顶板对接焊缝焊接完成后,再焊接顶板接板与横隔板的对接焊缝。

④钢箱梁总拼现场焊接严格按照焊接顺序进行焊接,使焊接收缩量及焊接变形处于受控状态。焊接过程中严格执行焊接工艺参数,焊接材料的保管及使用严格执行要求。

5.7 本章小结

本章结合本课题组研究成果对焊接接头疲劳性能进行分析,对钢桥主要焊接接头进行分类总结,分析了现有钢桥主要焊接工艺及材料特性,从焊缝形式、熔透率、焊接角度等方面说明了焊接方式对焊缝疲劳性能的影响。研究了焊接缺陷类别及不同焊接缺陷对材料应力集中和疲劳强度的影响,对焊接热效应、残余应力、变形及其对疲劳影响进行分析,同时介绍了焊接接头性能改善的主要方式。

钢桥主要焊接接头可以分为钢桥整体节点的焊接构造连接、工字钢梁盖板端部连接、平纵联节点板与主梁的连接、钢板梁竖向加劲肋焊缝端部细节、正交异性板结构焊接构造细节等几大类别,焊接接头种类多,构造复杂。

钢桥焊接针对不同钢种及不同接头形式采用不同的焊接工艺,用以保证焊接接头的多项性能。钢桥用钢材的基本要求是在保证一定强度同时具有优良的塑性和低温韧性。钢桥焊接方法有很多类型,我国桥梁建设基本上都采用埋弧焊,肋板角焊缝则采用 CO_2 气体保护焊,在点固焊和某些比较难焊的位置才用手工焊,箱型结构的安装焊接采用手工焊。每一种焊接方法根据所用材料、焊泡形式的不同而采用不同的焊条型号或焊丝,使其焊接性能与基材相匹配。不同焊接方式对钢桥焊缝的疲劳性能具有一定影响。已有研究表明,全熔透焊缝相较于角焊缝显示出相对较强的疲劳性能。焊接区应力随着焊接角度的增大而增大,疲劳寿命随焊接角的增加而减小。提高焊缝熔透率有利于提高其疲劳性能。

焊接缺陷对焊接接头的疲劳具有很大影响。焊接缺陷使焊接结构产生了应力集中,而疲劳裂纹极易在高应力峰值部位萌生,降低了焊接接头的疲劳寿命。焊接缺陷一般包括未焊透、未熔合、裂纹、夹渣、气孔、咬边、焊穿和焊缝成型不良等。已有研究表明,焊接接头疲劳强度随着未焊透百分比的增大而下降,少量密集气孔会使焊接接头疲劳强度会急剧降低,夹渣缺陷的存在会降低焊接结构疲劳强度,抗拉疲劳强度随着咬边深度的增加而下降,而初始裂纹则会使构件在交变荷载下本应具有的裂纹扩展寿命大大缩短,TIG 熔修对接头焊接缺陷具有一定的改善作用。

焊接过程会在焊接结构内部产生残余应力应变场,焊接残余应力与工作应力相叠加会对焊接结构疲劳强度产生不利影响。构件在焊接过程中受到局部加热而在焊缝及其附近区域产生压缩塑性变形区是产生焊接残余应力的根本因素。目前,针对钢箱梁典型焊接构造焊接温度场及残余应力分布的研究表明,焊接残余应力存在范围与构件的整体尺寸属于同一数量级,而且有拉有压,自相平衡,焊缝及其附近区域的残余应力为拉应力,其数值往往接近或达到构件材料的屈服极限。残余应力在高周疲劳下对金属疲劳强度有显著影响,残余拉应力使材料的疲劳极限下降,而残余压应力使材料的疲劳极限提高。焊接接头性能的改善包括多个方面,可以从焊接工艺改善与焊接缺陷控制、焊接残余应力的消除及焊接接头变形控制等多个方面控制并改善焊接接头疲劳性能。

本章参考文献

[1] 张建民,高锋.钢桁梁桥整体节点的优化分析[J].中国铁道科学,2001,22(5):89-92.
[2] 任伟平.钢桥整体节点疲劳性能试验与研究[D].成都:西南交通大学,2004.
[3] Engelhardt M D, Winneberger T, Zekany A J, Potyraj, T. J. Experimental investigation of dog-bone moment connections[J]. Engineering Journal, 1998, (04):128-139.
[4] Fisher J W, Yen B T, Wang D. Fatigue cracking of steel bridge structures: volume 2: a commentary and guide for design, evaluation, and investigation of cracking[J]. Cracking, 1990.

［5］ Demers C E, Fisher J W. Fatigue cracking of steel bridge structures: volume 1: a survey of localized cracking in steel bridges-1981 to 1988[J]. Fatigue, 1990.

［6］ 胡学龙.钢箱梁现场焊接技术研究[J].民营科技,2013,2:54-55.

［7］ 王元良,周友龙,胡久富.我国钢桥焊接技术及其发展[J].电焊机,2004,34(4):1-5.

［8］ 田圆,吉伯海,杨沐野,等.钢桥面板顶板与竖向加劲肋连接角焊缝疲劳试验[J].河海大学学报:自然科学版,2014,42(5):433-438.

［9］ 日本鋼構造協会.鋼構造物の疲労設計指針・同解説[J].技報堂出版,1993.

［10］ American Association of State Highway and Transportation Officials (AASHTO). AASHTO LRFD Bridge design specifications[S]. 3rd Ed, Washington, D.C, 2004.

［11］ 李迪,吉伯海,傅中秋,等.钢桥顶板与竖向加劲肋疲劳性能衰退影响分析[J].交通科学与工程,2014,30(3):24-29.

［12］ Hatami M K, Amini A M, Fallahi K. Enhancement of Welded Joints Productivity Effect of Welding Position on Fatigue Strength[J]. Applied Mechanics & Materials, 2011, 110: 202-209.

［13］ 郭宁生,徐胜利,王辉,等.焊接角度对焊接结构疲劳性能的影响[J].热加工工艺,2009,38(23):153-155.

［14］ ZHENG Xiulin. A further study on fatigue crack initiation life mechanical model for fatigue crack Initiation[J]. Inter-national Journal of Fatigue, 1985, 9 (1):17-21.

［15］ 成田図郎.欠陥と強度の関係[J].日本溶接技術,1970,25(5):15-20.

［16］ Masubuchi K. Analysis of welded structures: Residual stresses, distortion, and their consequences[M]. London: Elsevier, 2013.

［17］ 龙占云,张罡.焊接缺陷对结构强度的影响[J].无损探伤,1995,3:10-13.

［18］ 佐藤邦彦.1-4 欠陥を含む溶接構造の信頼性評価に関する基礎の考え方(1.基礎の考え方)(溶接構造の損傷とその防止)[J].溶接学会誌,1983,52(4):348-357.

［19］ 王红,赵邦华.焊接缺陷对疲劳强度的影响及缺陷容限标准的建立[J].铁道车辆,1995,34(3):25-32.

［20］ Gumer T R. Fatigue of welded structures[M]. London: Combridge university press,1979.

［21］ 王东坡,霍立兴,张玉凤.TIG 熔修法改善含咬边缺陷焊接接头疲劳性能[J].天津大学学报:自然科学与工程技术版,2004,37(7):570-574.

［22］ 赵秋,吴冲.U 肋加劲板焊接残余应力数值模拟分析[J].工程力学,2012,29(8):252-258.

［23］ 吉伯海,李坤坤,傅中秋.钢桥面板顶板与U肋接头焊接残余应力分析[J].江南大学学报(自然科学版).2015,14(2):197-201.

［24］ 赵秋,吴冲.U 肋加劲板焊接残余应力的一种简化计算方法[J].工程力学,2012,29(10):170-176.

［25］ 蒋志凯.基于残余应力场分析的焊接钢结构疲劳强度预测理论研究[D].长沙:长沙理工大学,2010.

［26］ 何波,胡宗武,商伟军,等.残余应力对焊接头疲劳性能的影响[J].机械强度,1998,20(3):167-170.

[27] 纪华亭.大截面敞口钢箱梁焊接变形的控制[J].钢结构,2007,22(11):54-57.
[28] 姚志安,张太科,叶觉明,等.大跨径悬索桥钢箱梁制造关键技术[J].钢结构,2010,25(4):59-62.
[29] 张文钺,张炳范,杜则裕.焊接冶金学:基本原理[M].北京:机械工业出版社,1995.
[30] 张文钺.金属熔焊原理及工艺[M].北京:机械工业出版社,1980.
[31] 马春.调整焊接工艺改善焊缝的性能[J].科协论坛:下半月,2009,2:6-6.
[32] 曹雷,严俊,宗培.船体焊接结构件残余应力消除的若干方法[J].船舶,2002,4:26-29.
[33] 王鸿斌.浅谈船舶焊接残余应力的形成与控制[J].武汉交通职业学院学报,2006,8(1):76-78.
[34] 张书奎,罗植廷.浅析焊接残余应力及其消除方法[J].冶金动力,1996,6:38-41.

第6章 构造对疲劳的影响

6.1 钢桥面板板件厚度对疲劳的影响

正交异性钢桥面板由顶板、纵向加劲肋以及横隔板(或横肋)组成,各构件之间由焊缝连接,相互约束,受力复杂。一方面,板厚的选择将影响各构件之间的刚度分配;另一方面,板厚不足将引起车辆荷载作用下钢桥面板局部变形过大,引起次应力以及局部应力集中,影响钢桥面板的疲劳性能[1]。

6.1.1 顶板厚度对疲劳的影响

在轮载作用下,顶板的刚度过小会引起较大的局部变形,对钢桥面板局部构造细节(尤其是顶板与U肋连接细节)的疲劳性能以及铺装层的受力极为不利。

通过数值模拟的方法对顶板厚度的影响进行分析。建立钢桥面板节段模型,如图6-1所示。采用子模型方法,即分别建立钢桥面板节段板壳单元粗糙模型以及局部实体单元精细模型,根据粗糙模型计算结果对精细模型施加边界条件。有限元模型中,除顶板厚度外,其余参数保持不变,分析对象为横隔板之间跨中位置顶板与U肋连接焊缝。顶板厚度分别设置为12mm、14mm、16mm、18mm。U肋尺寸设置为300mm×280mm×8mm,横隔板厚度设置为10mm,横隔板间距设置为3 200mm。铺装层厚度取50mm,铺装层弹性模量取5 080MPa。采用双轮荷载,轮重50kN,荷载中心线纵桥向作用在横隔板间跨中位置,横桥向作用在顶板与U肋焊缝正上方[2]。

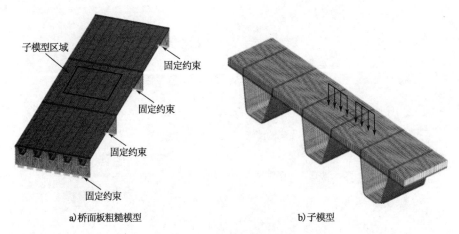

图6-1 钢桥面板有限元模型

车轮荷载作用下,不同顶板厚度对应的顶板与U肋连接焊缝处顶板焊根及焊趾处的热点应力如图6-2所示。

从图 6-2 可以看出,随着顶板厚度的增加,焊根及焊趾处的热点应力均呈下降趋势。顶板厚度增大 2mm,焊趾处应力下降 11%~14%,焊根下降 16%~18%。顶板厚度从 10mm 增大到 18mm 时,焊趾的热点应力下降 44%,若忽略顶板厚度对焊趾疲劳强度的影响,根据疲劳等效损伤原则,焊趾裂纹疲劳寿命增大约 5.7 倍,焊根处的热点应力下降 55%,焊根裂纹疲劳寿命增大约 6 倍。当顶板厚度≥14mm 时,焊趾的热点应力大于焊根的热点应力,且随着厚度的增大,焊趾热点应力(σ_{toe})与焊根热点应力(σ_{root})的比值($\sigma_{toe}/\sigma_{root}$)增大。说明随着顶板厚度的增大,出现顶板焊趾裂纹的概率增大。

加州大学的 Hyoung-Bo Sim[3] 通过有限元分析,计算了不同横向位置荷载作用下顶板与 U 肋连接细节的应力变化,并分析了顶板厚度的影响,荷载横向作用位置如图 6-3 所示,荷载作用下疲劳细节的横向影响线如图 6-4 所示。

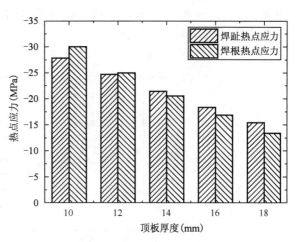

图 6-2 顶板厚度对顶板焊跟与焊趾热点应力的影响

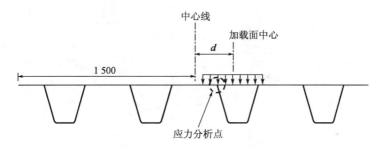

图 6-3 计算模型加载位置(尺寸单位:mm)

从图 6-4 可以看出,随着顶板厚度的增加,顶板与 U 肋连接处顶板与 U 肋细节的应力都有所降低,且随着顶板厚度的增加,应力降低的幅值减小,当顶板厚度从 12mm 增至 16mm 时,应力下降幅度较大,当顶板厚度达到 16mm 以上时,板厚对应力的影响减小。当顶板厚度从 14mm 增加到 16mm 时,应力幅下降了 30%,疲劳寿命可提高 3 倍左右。随顶板厚度增加,细节应力对荷载横向位置的敏感性也降低,车轮的横桥向移动引起的应力幅也降低。

中交公路规划设计院的孟凡超等[4]人以港珠澳大桥为背景,建立了钢桥面板节段有限元模型,分析了构造参数对钢桥面板疲劳细节应力幅的影响。包括三种疲劳细节:细节 1 为横隔板弧形孔自由边;细节 2 为 U 肋与横隔板竖向焊缝末端;细节 3 为顶板与 U 肋连接处。计算得到了不同顶板厚度下三种疲劳细节的应力幅变化,如图 6-5 所示。

从图 6-5 可以看出,顶板厚度变化对顶板与 U 肋连接处应力幅影响较大,随着顶板厚度增加,该细节的应力呈线性降低趋势。顶板厚度对横隔板弧形孔、U 肋与横隔板连接焊缝末端两处细节的应力影响很小,应力幅基本不变。

综上所述,增大顶板厚度能够有效降低顶板与 U 肋连接细节的应力幅,提高该细节的疲劳性能,减少该细节处裂纹的产生,延长钢桥面板的使用寿命,同时对车辆的安全运行、铺装层的耐久性也有重要的意义。计算和试验结果表明,钢桥面板采用12mm厚顶板构造时,在车轮荷载作用下,疲劳细节处应力幅较高,局部变形大,容易产生疲劳裂纹。建议采用16mm厚顶板构造,对于交通流量大、重载车辆多的桥梁,当采用16mm以上顶板构造时,应综合考虑钢桥面板疲劳受力性能与经济性指标。

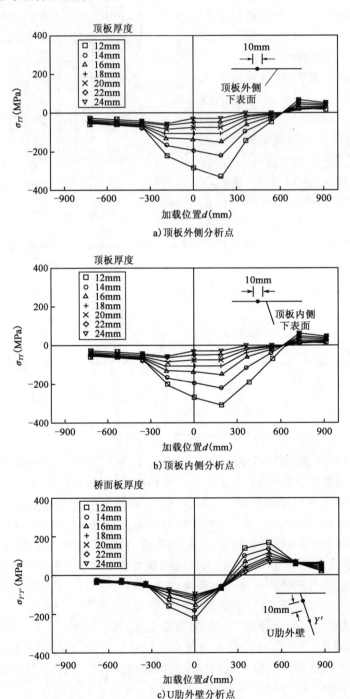

图6-4 顶板厚度对顶板与U肋连接细节应力的影响

6.1.2 U肋厚度对疲劳的影响

钢桥面板节段模型中,保持其他构造参数不变,设置U肋厚度分别为6mm、8mm、10mm,得到顶板与U肋连接处顶板焊根与焊趾的热点应力随U肋厚度变化情况,如图6-6所示。

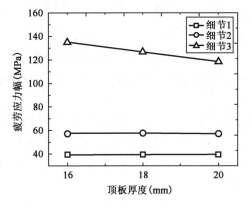

图6-5 顶板厚度对疲劳细节应力幅影响

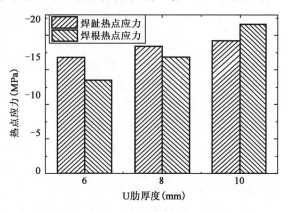

图6-6 U肋厚度对顶板热点应力的影响

可以发现,随着U肋厚度的增大,顶板焊根和焊趾处的热点应力均呈增大趋势。U肋厚度每增加2mm,焊趾热点应力增大4%~9%,焊根热点应力增大24%~28%。当U肋厚度从6mm增大到10mm时,焊趾热点应力增大14%,焊根热点应力增大60%,U肋厚度变化对焊趾热点应力影响较小,对焊根热点应力影响较大。随U肋厚度的增大,焊根热点应力与焊趾热点应力的比值从0.8增大到1.125。说明当采用6mm厚U肋时,出现焊趾裂纹的概率较大;当采用10mm厚U肋时,出现焊根裂纹的概率较大。

蒙纳士大学的Zhi-Gang Xiao等[5]人通过有限元模拟分析了U肋厚度对钢桥面板疲劳应力幅的影响。模型中施加纵桥向移动车轮荷载,考虑铺装层对荷载的扩散作用,取面积为340mm×640mm的矩形。轮载中心横桥向位于顶板与U肋腹板连接处,如图6-7所示。

计算得到8mm厚U肋和6mm厚U肋构造的钢桥面板A、B截面(表6-1)底部分析点的应力幅,X为轮载中心的纵桥向位置($X=0$表示轮载中心位于横隔板正上方,横隔板间距为2400mm)。

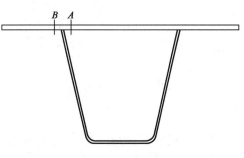

图6-7 分析点位置

U肋厚度对应力幅影响　　表6-1

分析点截面	分析点纵向位置	8mm厚U肋	6mm厚U肋	比例
A 截面	$X=0$	91.0	85.6	0.94
	$X=L/8$	104.8	106.4	1.02
	$X=L/4$	103.6	104.9	1.01
	$X=3L/8$	101.6	102.0	1.00
	$X=L/2$	99.8	99.4	1.00

续上表

分析点截面	分析点纵向位置	8mm厚U肋	6mm厚U肋	比例
B截面	$X = L/8$	118.3	119.3	1.01
	$X = L/4$	117.5	118.0	1.00
	$X = 3L/8$	115.2	115.4	1.00
	$X = L/2$	113.0	112.8	1.00

从表中结果可以看出，U肋厚度从6mm增至8mm时，顶板与U肋连接处顶板焊趾与焊跟的名义应力幅无明显变化，说明U肋厚度变化对顶板与U肋连接处顶板细节的应力幅影响较小。

西南交通大学的李善群[6]通过有限元模拟，分析了U肋厚度对钢桥面板中多个疲劳细节应力的影响。分析指标包括：横隔板弧形开孔自由边处的最大主拉应力（指标A）；U肋与横隔板竖向焊缝末端的最大主拉应力（指标B）；顶板与纵肋连接焊缝处的最大主拉应力（指标C）；横隔板间跨中位置U肋腹板最大主拉应力（指标D）。

各指标随U肋厚度变化的曲线如图6-8所示。

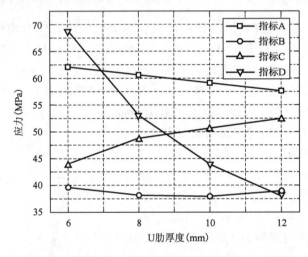

图6-8 U肋板厚对各指标的影响

计算结果表明，随着正交异性钢桥面板U肋厚度的增大，各指标变化规律不一。指标A呈线性下降趋势，每级下降1.6MPa左右，降幅2.4%；指标B呈先降后升的趋势，下降与上升的幅度均较小；指标C呈上升趋势，增幅逐渐较小，总体增幅也较小；指标D迅速下降，主拉应力从68.7MPa下降到38.2MPa，降幅达到44.4%。总的来看，除横隔板间跨中位置U肋腹板这一细节外，其他细节的应力变化幅度都较小，U肋厚度增加可有效减小U肋腹板细节的应力。

综上所述，增大U肋厚度可在一定程度上降低U肋腹板的应力幅，而对其他细节应力幅影响较小，建议采用8mm厚U肋的钢桥面板构造，以改善顶板与U肋连接处U肋细节以及U肋对接细节的疲劳性能，减少这两个细节处裂纹的产生。

6.1.3 横隔板厚度对疲劳的影响

钢桥面板节段有限元模型中，保持其他构造参数不变，横隔板厚度分别取10mm、12mm、

14mm、16mm，顶板与 U 肋连接处顶板焊根及焊趾热点应力随横隔板厚度变化如图 6-9 所示。

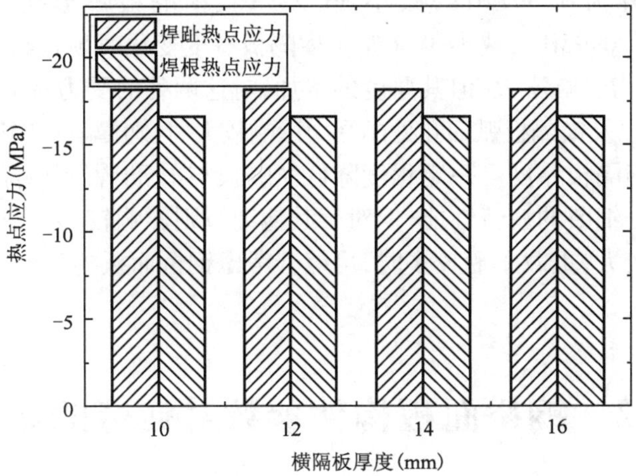

图 6-9 横隔板厚度对顶板热点应力的影响

从图 6-9 可以看出，随着横隔板厚度的增大，顶板焊根和焊趾的热点应力无明显变化，说明，增大横隔板厚度对横隔板间跨中位置顶板与 U 肋连接细节的应力无明显影响[7]。

中交公路规划设计院的孟凡超[4]等人通过有限元模拟分析了横隔板厚度对钢桥面板疲劳细节应力幅的影响。分析部位包括：横隔板弧形孔自由边；U 肋与横隔板竖向焊缝末端；顶板与 U 肋焊缝。得到不同横隔板厚度下疲劳细节的应力幅变化，如图 6-10 所示。

从图 6-10 可以看出，横隔板厚度变化对顶板与 U 肋连接细节应力幅影响很小，而对 U 肋与横隔板竖向焊缝下端以及横隔板弧形孔的应力幅影响较大。随着横隔板厚度增加，U 肋与横隔板竖向焊缝下端以及横隔板弧形孔边的应力幅大致呈线性下降趋势。

重庆交通大学的朱艳梅[8]通过有限元模拟分析了钢桥面板构造参数对疲劳应力的影响。其中，设置横隔板厚度分别为 8mm、10mm、12mm、14mm 进行对比分析，计算结果如图 6-11 所示。

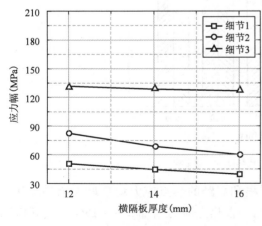

图 6-10 横隔板厚度对疲劳细节应力幅影响

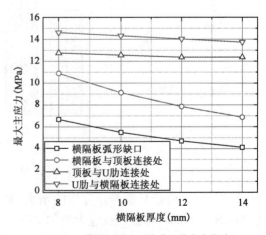

图 6-11 横隔板厚度对疲劳细节应力影响

由图 6-11 可以看出，横隔板厚度由 8mm 逐步增到 14mm 时，顶板与 U 肋连接处的最大主应力值由 12.810MPa 逐步减小到 12.322MPa，减小 3.8%；在 U 肋与横隔板连接处，最大主应力值由 14.561MPa 逐步减小到 13.700MPa,减小 5.9%；在横隔板与顶板连接处最大主应力值由 10.957MPa 逐步降为 6.997MPa,减小 36.2%；在横隔板弧形孔处,最大主应力值由 6.680MPa 逐步减为 4.099MPa,减小 38.6%。横隔板厚度变化对顶板与 U 肋连接处以及 U 肋与横隔板连接处的受力影响不大,但其厚度的增加,对这两处的受力有利。横隔板厚度变化对横隔板与顶板连接处以及横隔板弧形孔处的受力影响较大,且随横隔板厚度的增大,应力降低。

综上所述,增大横隔板厚度可一定程度降低横隔板与 U 肋焊缝下端以及横隔板弧形孔孔边的应力,改善这两处细节的疲劳性能,但对于其他细节则影响较小。建议采用 10mm 厚横隔板构造,当交通流量较大,重载车辆较多时,可综合考虑钢桥面板的疲劳受力和经济性指标,合理增加横隔板厚度。

6.2 钢桥面板构件参数对疲劳的影响

钢桥面板构造中,横桥向,U 肋通过两侧腹板对顶板起着弹性支承的作用；纵桥向,横隔板对 U 肋和顶板也起着弹性支承的作用。因此,U 肋腹板的间距(以下称为 U 肋开口宽度)、U 肋的高度以及横隔板的间距等参数对顶板的受力影响较大,有必要对其影响进行分析研究。

6.2.1 U 肋开口宽度对疲劳的影响

钢桥面板节段有限元模型中,保持其他构造参数不变,U 肋开口宽度从 300mm 增至 500mm,每级增大 50mm,顶板焊根及焊趾的热点应力随 U 肋开口宽度变化如图 6-12 所示。

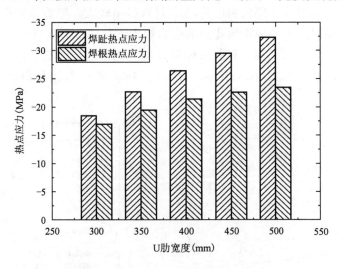

图 6-12 U 肋开口宽度对顶板热点应力的影响

可以发现,随着 U 肋开口宽度的增大,顶板焊根和焊趾的热点应力均呈增大趋势。开口宽度每增大 50mm,焊趾热点应力增加 10%~23%,焊根热点应力增加 3%~15%。当开口宽度从 300mm 增大到 500mm 时,焊趾热点应力增大 43%,疲劳损伤增大 2.9 倍,焊根热点应力增大 28%,疲劳损伤增大 2.1 倍。随开口宽度的增大,焊根热点应力(σ_{root})与焊趾热点应力(σ_{toe})的比值($\sigma_{root}/\sigma_{toe}$)从 0.92 减小到 0.73,表明出现顶板焊趾裂纹的概率增大。由于增大

U肋宽度对顶板细节受力不利,当采用大断面 U肋构造时,需配合采用较厚的顶板。

朱艳梅[8]的研究中,U肋开口宽度分别设置为 200mm、250mm 和 300mm 进行计算分析,得到了 U肋开口宽度的影响,计算结果见表6-2。

正交异性钢桥面板各构造细节处最大主应力计算结果(单位:mm)　　表6-2

U肋开口宽	顶板与U肋连接处	U肋与横隔板连接处	横隔板与顶板连接处	横隔板弧形缺口处
200	6.505	17.419	5.655	6.169
250	8.656	18.320	8.967	4.324
300	12.582	14.209	9.199	5.559

从表6-2中所得数据可知,减小 U肋开口宽度,顶板与 U肋连接处的最大主应力逐渐减小且变化较大,说明减小 U肋开口宽度,可有效改善此处的受力;而在 U肋与横隔板连接处,减小 U肋开口宽度,其最大主应力值反而增大,并且在 U肋开口宽度为 250mm 时,此处的应力最大,达到 18.320MPa,说明 U肋开口宽度小于 300mm 时,此处的受力反而不利;在横隔板与顶板连接处,通过减小 U肋开口宽度,其上应力值逐渐减小且降低的幅度较大,说明减小 U肋开口宽度可有效改善此处的受力;在横隔板弧形孔处,改变 U肋开口宽度,其应力变化幅值较小且应力水平也较低,改变 U肋开口宽度对其受力影响不大。

综上所述,增大 U肋开口宽度对顶板与 U肋连接细节以及顶板与横隔板连接细节的受力不利,对 U肋与横隔板连接细节有利,对横隔板弧形缺口影响不大。减小 U肋开口宽度的同时,钢桥面板中 U肋的数量以及焊缝的数量会增加,对疲劳产生不利影响,因此,应综合考虑各细节的受力状态以及经济指标确定合理的 U肋开口宽度,建议采用 300mm 宽 U肋构造,当采用大断面 U肋时,应增加顶板厚度,以改善顶板与 U肋细节的疲劳性能。

6.2.2　U肋高度对疲劳的影响

为研究 U肋高度的影响,有限元模型中,取 U肋开口宽度 500mm,保持其他构造参数不变,U肋高度从 300mm 增至 450mm,每级增加 50mm,顶板焊根及焊趾热点应力随 U肋高度变化如图6-13所示。

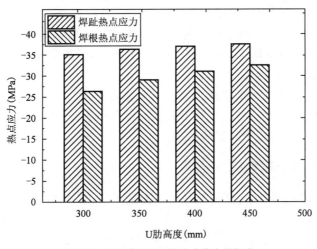

图6-13　U肋高度对顶板热点应力的影响

可以发现,随着 U 肋高度的增大,顶板焊根和焊趾的热点应力呈增长的趋势,但变化幅度不大。U 肋高度每增大 50mm,焊趾热点应力增大 1.5%~3.3%,焊根热点应力增大 5%~10%。当高度从 300mm 增大到 500mm 时,焊趾热点应力增大 9%,疲劳损伤增大 1.3 倍,焊根热点应力增大 30%,疲劳损伤增大 2.2 倍。随 U 肋高度的增大,焊根热点应力(σ_{root})与焊趾热点应力(σ_{toe})的比值($\sigma_{root}/\sigma_{toe}$)从 0.73 增大到 0.87,表明出现顶板焊根裂纹的概率增大。

李善群的研究中,分析了 U 肋高度变化对四个指标的具体影响,分析指标包括:横隔板弧形孔自由边的最大主拉应力(指标 A)、U 肋与横隔板竖向焊缝末端的最大主拉应力(指标 B)、顶板与纵肋连接焊缝处的最大主拉应力(指标 C)和横隔板间跨中 U 肋腹板最大主拉应力(指标 D)。取 U 肋高度为 240~320mm,每级增大 20mm。图 6-14 给出了各指标随 U 肋高度的变化曲线。

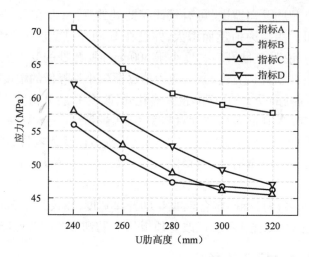

图 6-14 U 肋高度对各指标的影响

计算结果表明,随着 U 肋高度的增大,各指标均呈下降趋势,指标 A 从 70.4MPa 下降至 57.8MPa,减少约 7.9%,平均每级降幅 4.5%;指标 B 由 56.0MPa 下降到 46.3MPa,降幅为 17.3%,平均每级降幅 4.3%;指标 C 从 58.1MPa 下降到 45.7MPa,降幅为 21.3%,平均每级降幅约为 5.3%;指标 D 从 62.1MPa 下降到 49.2MPa,降幅达到 20.7%,平均每级降幅约为 5.2%。总的来看,U 肋高度对各指标的影响较大。对于指标 D 以外的三个指标,当 $h<280$mm 时,下降速度较快,$h>280$mm 时,下降趋势平缓。对于指标 B 与指标 C,当 U 肋高度大于等于 300 时 U 肋高度变化基本无影响。

综上所述,增大 U 肋高度可有效减小顶板与 U 肋连接细节、U 肋与横隔板焊缝末端、横隔板弧形缺口以及 U 肋腹板的应力幅,但当 U 肋高度大于 300mm 时,其对顶板与 U 肋连接细节以及 U 肋与横隔板焊缝末端应力的影响很小。

6.2.3 横隔板间距对疲劳的影响

钢桥面板节段有限元模型中,保持其他构造参数不变,顶板焊根及焊趾热点应力随横隔板间距变化如图 6-15 所示。

从图 6-15 可以发现,随着横隔板间距的增大,顶板焊根和焊趾处的热点应力呈下降趋势。横隔板间距每增大 500mm,焊趾及焊根热点应力降低 1.7%~3.5%。当横隔板间距从

3 000mm增大到5 000mm时,焊趾及焊根热点应力降低12%左右,疲劳寿命增大1.47倍。随横隔板间距的增大,焊根热点应力(σ_{root})与焊趾热点应力(σ_{toe})的比值($\sigma_{root}/\sigma_{toe}$)保持在0.915左右。总体来说,增大横隔板间距,顶板焊根及焊趾处热点应力呈下降趋势,但应力变化很小。顶板与U肋细节疲劳主要与其横向弯曲有关,因此横隔板间距变化引起的纵桥向受力变化对其影响较小[9]。

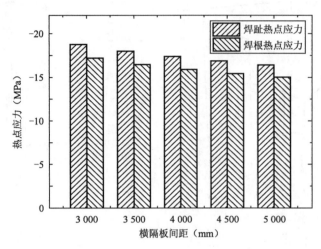

图6-15 横隔板间距对顶板热点应力的影响

在宋永生[10]的研究中,模型Ⅱ和模型Ⅲ仅设置横隔板间距不同,以分析横隔板间距对疲劳细节应力幅的影响,计算得到单轮荷载作用下的等效应力幅,结果见表6-3。

分析模型参数及计算结果　　　　　表6-3

分析模型	U肋厚度(mm)	横隔板间距(mm)	等效应力幅(MPa)	
			顶板与U肋细节	U肋对接细节
Ⅱ	8	3 750	16.2	33.7
Ⅲ	8	3 220	16.1	31.8

对比模型Ⅱ和模型Ⅲ可知,顶板与U肋焊接细节的等效应力幅分别为16.2MPa和16.1MPa,无明显变化,U肋对接细节则分别为33.7MPa和31.8MPa,相对变化为5.6%。可见,横隔板间距对这两种焊接细节疲劳效应的影响均较小。对于顶板与U肋焊接细节,其横桥向应力主要受顶板厚度、纵肋开口宽度和横桥净距等横桥向几何参数的影响,而对横隔板间距变化不敏感。而对于U肋对接焊接细节,尽管横隔板间距会对U肋纵桥向应力产生影响,但由于模型中横隔板间距仅差530mm,相对变化为14%,同时,由于正交异性钢桥面板应力分布的局部效应,使得横隔板间距的较小变化对U肋对接焊接细节的影响也较小。

西南交通大学的张东坡通过有限元模拟,分析了钢桥面板构造参数对其疲劳性能的影响。其中,为研究横隔板间距对钢桥面板疲劳的影响,选取U肋与横隔板连接焊缝下端(A点)以及横隔板弧形孔边(B点)作为关注部位。图6-16给出了A、B两点热点应力和应力集中系数随横隔板间距的变化曲线。

计算结果表明,A、B两点应力大小与几何应力集中系数S_{cf}大小受横隔板间距影响区别比较明显。A点处σ_{hot}及S_{cf}呈先降后增趋势,面外变形作用明显;计算发现B点面外应力影响也较大,其应力水平随间距 L 增大而线性递增,但几何应力集中系数 S_{cf} 受其影响不太明显。同时图 6-16 中,A、B 两点 S_{cf} 变化曲线均存在低谷。这是因为横隔板间距较小时,A、B 两点处热点应力中面内应力比重更大,横隔板间距减小,横隔板对 U 肋的弹性支承刚度提高,U 肋畸变、横隔板面内变形会导致该 A、B 两处几何应力集中现象均较突出,使 S_{cf} 增大。

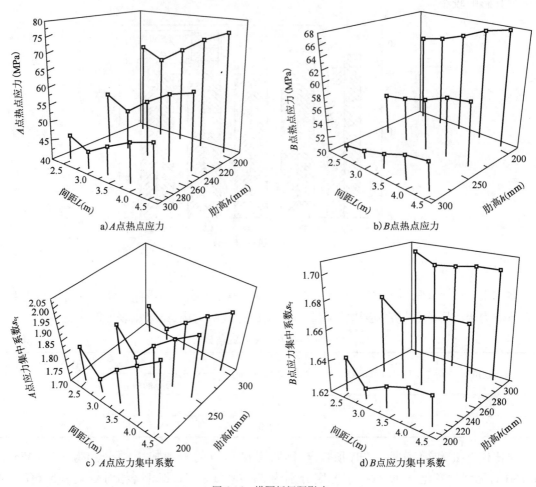

图 6-16 横隔板间距影响

综上所述,横隔板间距变化对顶板与 U 肋连接细节影响很小,随着横隔板间距的增加,U 肋对接细节、U 肋与横隔板焊缝末端以及横隔板弧形孔边应力均有所增加,减小横隔板间距,横隔板与焊缝的数量也会增加,因此,应综合考虑这些因素,选择合理的横隔板间距。

6.3　钢桥面板局部构造形式对疲劳的影响

目前,我国桥梁中钢桥面板局部构造的差异主要体现在横隔板上的两处构造,即横隔板、顶板与 U 肋交叉时的过焊孔构造以及 U 肋通过横隔板时横隔板上开设的弧形孔构造。本节针对这两种构造分析了其不同形式对疲劳性能的影响。

6.3.1 横隔板过焊孔对疲劳的影响

由于早期焊接技术不够成熟,为尽量避免焊缝交叉,在横隔板上需要设置 U 肋和顶板的过焊孔(图 6-17),英国 TRRL 在 1990 年所做的试验证实,若在该部位保留过焊孔,则纵肋与横肋焊缝顶端会产生疲劳裂纹,如图 6-17 所示,裂纹可能起源于 U 肋,也可能起源于横隔板。另外,在横隔板截面,该过焊孔也会导致 U 肋和顶板焊缝产生疲劳裂纹,如图 6-18 所示。

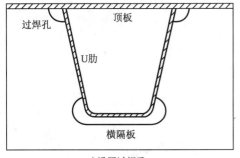

a) 设置过焊孔　　　　　　　　b) 不设置过焊孔

图 6-17　过焊孔构造示意

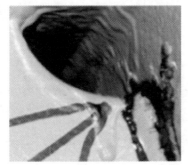 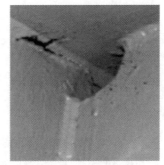

a) 孔边裂纹　　　　　　　　b) 顶板与U肋焊缝裂纹

图 6-18　过焊孔处疲劳裂纹

我国横隔板设置过焊孔的钢桥面板结构,过焊孔半径多采用 35mm 的构造。参考江阴长江大桥的钢桥面板构造,建立钢桥面板壳单元节段模型,分析设置 35mm 过焊孔与不设置过焊孔两种情况下顶板的受力情况,荷载位置及过焊孔附近应力分布如图 6-19 所示,横隔板截面顶板底部应力分布如图 6-20a) 所示,过焊孔附近顶板应力分布情况如图 6-20b) 所示。

从过焊孔附近应力分布可以看出,轮载作用下过焊孔与顶板焊缝、过焊孔与 U 肋焊缝处存在应力集中,此为孔边裂纹产生的主要原因。

从图 6-20a) 可以看出,设置过焊孔与不设置过焊孔两种情况下,顶板横向应力分布基本相同,但在过焊孔局部存在差异。从图 6-20b) 可以看出,过焊孔范围内顶板应力水平较不设过焊孔时高,因过焊孔削弱了横隔板对顶板的支撑作用,降低了此处顶板的刚度。在接头附近,设置过焊孔时顶板应力低于不设过焊孔构造,即不设过焊孔时接头处应力集中较设置过焊孔明显。

对有限元模型施加移动轮载,计算得到过焊孔半径对顶板与 U 肋连接处应力幅的影响,如图 6-21 所示。

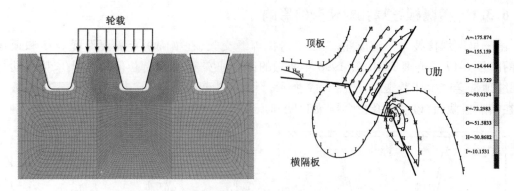

图6-19 过焊孔附近应力分布

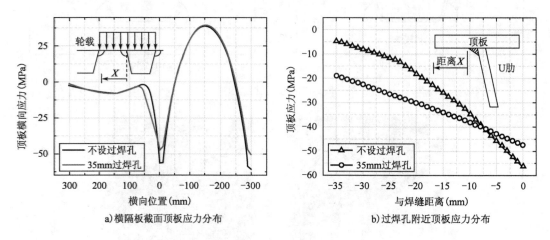

a) 横隔板截面顶板应力分布　　b) 过焊孔附近顶板应力分布

图6-20 过焊孔设置对顶板应力的影响

从图6-21可以看出,过焊孔半径变化对顶板、U肋及横隔板交叉部位顶板细节的应力幅值有较大影响。总体上,顶板细节应力幅随过焊孔半径增加呈先下降后增长的趋势。不设置过焊孔(半径为0)时,分析位置的应力幅值为37.67MPa;当过焊孔半径为5mm时,应力幅下降到最小值11.33MPa;过焊孔半径从5mm增加到15mm时,应力幅快速增长,半径为15mm时,应力幅值增加到128.52MPa。过焊孔半径超过15mm后,应力幅增长缓慢。以上分析说明,增大过焊孔半径对顶板细节的受力不利。

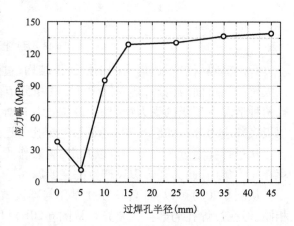

图6-21 过焊孔半径对顶板细节应力幅的影响

综合来看,建议采用不设过焊孔的构造,以避免孔边裂纹的产生,我国新建桥梁钢桥面板中已采用在横隔板与顶板、U肋交叉处使用10mm×10mm的切角构造,使焊缝从切角处连续通过,并在施焊完成后将此处填满。

6.3.2 横隔板弧形孔形式对疲劳的影响

随着正交异性钢桥面板的不断发展,目前钢桥面板设计中主要采用 U 肋连续通过横隔板的形式。为了使得 U 肋能够连续穿过横隔板,横隔板上通常设置有弧形孔。横隔板的弧形孔可以有效降低 U 肋底板与横隔板连接处的次应力,但在弧形孔自由边处存在较高的应力集中,这主要受弧形孔形式及其几何尺寸的影响;同时,不同弧形孔与 U 肋的连接形式对该连接焊缝末端的竖向应力有一定的影响。实际工程中,钢桥面板弧形孔自由边处、U 肋与横隔板连接焊缝末端出现了大量疲劳裂纹。因此,如何进行横隔板弧形孔的合理构造细节设计,降低其疲劳应力水平,避免该典型细节疲劳裂纹的发生,是钢桥面抗疲劳设计中需重点解决的关键问题。

长安大学的王春生[11]等人针对我国正交异性钢桥面板中最常用的几种横隔板弧形孔形式进行数值模拟,分析了不同挖空形式对疲劳细节处应力的影响,弧形孔的有限元模型如图 6-22 所示。孔 1 为南京三桥采用的弧形孔形式,孔 2 是改进后的 Haibach 孔,孔 3 是典型的圆形孔,孔 4 是传统的椭圆形孔。

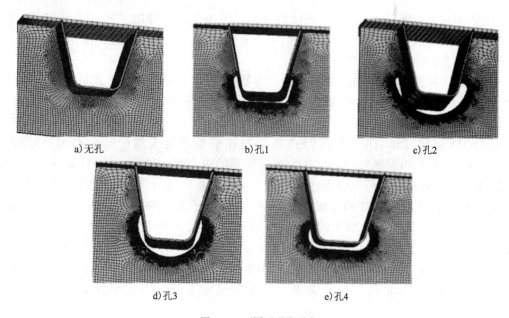

图 6-22 不同弧形孔形式

弧形孔自由边拐角处及 U 肋与横隔板焊缝下端焊趾处均可能出现疲劳裂纹,因此,本书选取弧形孔自由边拐角处和 U 肋与横隔板连接焊缝末端作为主要的应力分析点,对不同模型施加相同荷载,弧形孔自由边最大主应力和 U 肋与横隔板焊缝末端竖向应力数值见表 6-4。

不同孔形的分析点应力　　　　表 6-4

弧形孔形式	弧形孔自由边主应力(MPa)	U 肋与横隔板焊缝下端应力(MPa)
无	196.6	—
孔 1	530.2	150.0
孔 2	239.5	123.4
孔 3	201.2	111.9
孔 4	274.2	123.3

从表6-4中的结果可以看出,相同荷载作用下,无弧形孔的自由边处主应力最小(196.6MPa),主应力方向与弧形孔自由边近似平行,故从横隔板弧形孔处主应力分布来讲,其疲劳性能较优,这一结论与Cuninghame的研究结论一致。但采用U肋与横隔板直接焊接的连接方式时,由于焊接以及安装误差的影响,此部位往往存在较大的几何应力集中、残余应力和焊接缺陷,疲劳裂纹极易在此萌生扩展,工程实践也证实了此种连接的疲劳抗力很低,现在很少采用此种连接细节。

对比不同开孔形式的计算结果可以发现,传统梯形孔(孔1)的最大主应力为530.2MPa,而采用增大弧形孔半径减小U肋腹板与横隔板连接处弧形孔半径的孔2(Haibach孔)时,主应力降低到239.5MPa,与传统孔1相比应力减小了近55%,采用孔3(圆形孔)的连接方式时,主应力201.2MPa,与孔1相比降低了62%,孔4的连接方式,主应力为274.2MPa,与孔1相比减小48%,可见,增大弧形孔处的半径能够有效降低该处的应力集中。U肋与横隔板连接焊缝末端的竖向应力,传统梯形孔1的主应力为150.0MPa,孔2降到123.4MPa,下降了近18%,孔4与孔2的应力水平相当,孔3的主应力最低,为111.9MPa。与传统的梯形孔相比,孔2和孔3自由边主应力下降幅值较大,且U肋腹板与横隔板连接末端的竖向应力也相对比较小。可见改善横隔板弧形孔的形状和几何尺寸,可以有效降低弧形孔自由边的主应力以及加劲肋与横隔板连接末端的竖向应力。

利用有限元模型,针对开孔圆弧段的半径参数进行研究,不同开孔形式采用的半径参数不同,但在参数分析时弧形孔与加劲肋腹板的连接位置保持不变。图6-23为荷载作用下不同形式开孔分析点的应力变化曲线。

从图6-23可以看出,四种开孔形式U肋与横隔板焊缝末端的竖向应力基本保持在100MPa的同一水平,可见圆弧段的半径参数对该处的应力影响较小。然而,随着圆弧段半径的变化,不同弧形孔构造的开孔自由边的应力存在较大差异:孔1下拐角半径由20mm增加到80mm时,自由边主应力由233MPa减小到143MPa,降低了38.6%;孔2和孔3随圆弧段半径的增加,开孔自由边的应力是增大的,可见,对于孔2和孔3,增大圆弧半径对该处的受力是不利的。孔4自由边主应力在降低,但降低的幅度没有孔1大,由于孔1和孔4在增加下拐角半径时,开孔的面积在不断减小,因此在确保U肋易于安装的前提下可增大圆弧段半径以降低该处的主应力,而孔2和孔3由于在给定尺寸下的应力水平较低,所以可以不做变化。

考虑到弧形孔与U肋竖向焊缝末端具有较高的竖向应力,应研究分析不同弧形孔与纵肋连接位置对分析点应力的影响。模型中考虑了相对于原模型10mm、5mm、0mm、−5mm、−10mm(向上移动为正,相反为负)处,200kN荷载作用下分析点的应力变化,如图6-24所示。

从图6-24可以看出,当弧形孔与U肋腹板的连接位置改变时,孔2自由边分析点应力变化比较明显,弧形孔相对向上移动时分析点应力降低,向下移动时分析点应力增大。其他弧形孔形式自由边应力受连接位置变化影响很小。四种弧形孔形式对应的U肋与横隔板焊缝末端分析点应力随连接位置变化规律一致,当弧形孔相对向上移动时分析点应力降低,向下移动时分析点应力增大。

综上所述,孔2与孔3在轮载作用下,弧形孔自由边、U肋与横隔板焊缝末端应力水平均较低,孔4次之,孔1受力最为不利。在保证U肋方便安装的情况下,可通过增大孔1和孔4

圆弧半径来改善孔边的受力,对于孔 2 和孔 3,增大圆弧半径受力对其受力不利,其参数可取规范建议值。对于 U 肋与横隔板焊缝末端,可通过适当上移弧形孔与 U 肋腹板的连接位置来改善其受力。

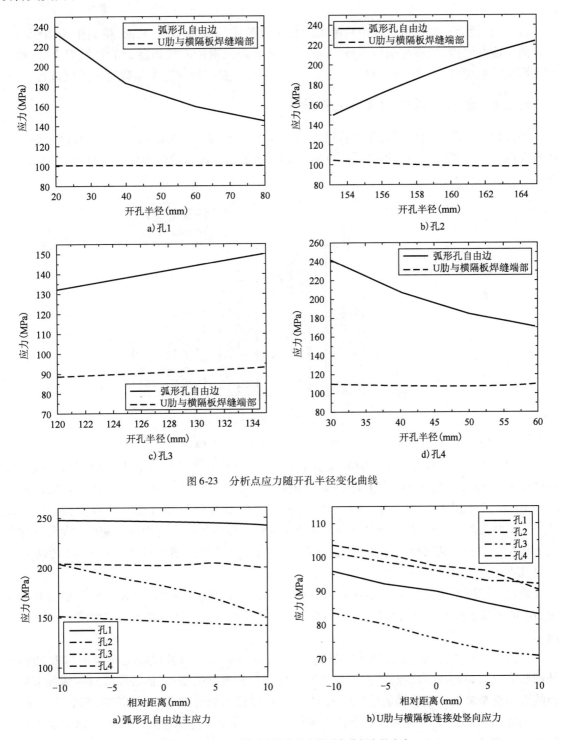

图 6-23 分析点应力随开孔半径变化曲线

图 6-24 弧形孔与纵肋连接位置变化时各分析点的应力

6.4 铺装层对钢桥面板疲劳的影响

目前,钢桥面板的疲劳设计中只考虑铺装层对荷载的分布作用,然而,桥面铺装由于具有一定的厚度与刚度,能够与钢桥面板共同受力,从而降低钢桥面板构造细节处的应力幅,改善钢桥面板的疲劳性能。本节针对铺装层的厚度、刚度以及泊松比三个参数对其影响进行分析。

6.4.1 铺装层厚度对疲劳的影响

钢桥面板有限元模型中设置顶板厚度为16mm,铺装层弹性模量取5 080MPa,其余构造参数及荷载与上节相同。不同铺装层厚度对应的桥面板顶板焊根及焊趾处的热点应力如图6-25所示。

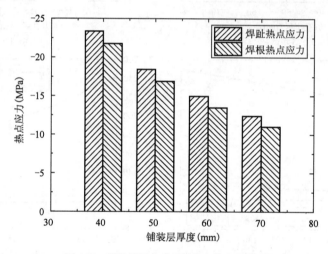

图6-25 铺装层厚度对顶板热点应力的影响

从图6-25可以看出,随桥面铺装厚度增大,顶板焊根及焊趾热点应力下降明显。铺装层厚度增大10mm,焊趾热点应力下降17%～20%,疲劳寿命增大1.75～1.95倍。铺装层厚度增大10mm,焊根热点应力下降18%～22%,疲劳寿命增大1.8～2.1倍。当桥面铺装层温度从40mm增大到70mm时,焊趾处热点应力下降48%,焊根处热点应力下降49%,疲劳寿命增大7倍左右。随铺装层厚度增大,焊根热点应力(σ_{root})与焊趾热点应力(σ_{toe})的比值($\sigma_{root}/\sigma_{toe}$)几乎不变,保持在90%左右。

通过对钢桥面板模型施加纵桥向移动的车轮荷载,分析铺装层厚度对顶板与U肋连接细节应力幅的影响。模型中铺装层刚度取1 000MPa,计算得到的应力幅随铺装厚度变化如图6-26所示。

从图6-26可以看出,随着铺装层厚度的增加,横隔板截面以及横隔板间顶板与U肋连接处细节的应力幅均呈下降趋势,基本呈线性。随着顶板厚度的增加,铺装厚度对疲劳细节应力幅的影响逐渐减弱。随着铺装层厚度的增加,顶板厚度对疲劳细节应力幅的影响也随之减小。

同济大学的吴冲[12]等人以南京长江四桥为原型,建立了考虑铺装层作用的钢桥面板节段模型。计算荷载采用由江阴大桥、虎门大桥、南京二桥及南京三桥的调查统计得到的如图6-27

所示的简化疲劳设计车辆荷载模型,车轮横向加载位置位于顶板与 U 肋接头正上方。

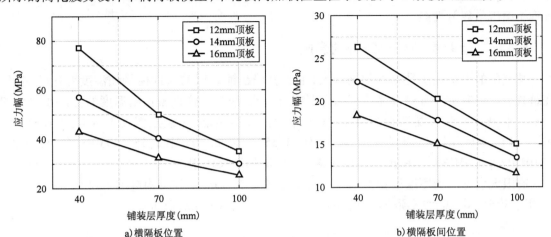

图 6-26 疲劳细节应力幅随铺装层厚度变化

模型中铺装层厚度分别设置为:40mm、50mm、60mm、70mm、80mm,铺装层弹性模量取 3 000MPa。选取四个常见疲劳细节进行分析:细节 A 为横隔板、U 肋与顶板交叉处顶板细节;细节 B 为横隔板间顶板与 U 肋接头顶板细节;细节 C 为 U 肋对接焊缝细节;细节 D 为弧形孔自由边。

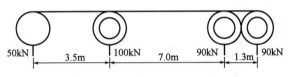

图 6-27 简化疲劳车辆荷载模型

得到的应力历程采用雨流计数法计算疲劳应力幅及其相应的循环次数,然后采用 Miner 线性累积损伤准则计算等效应力幅,计算结果如图 6-28 所示。

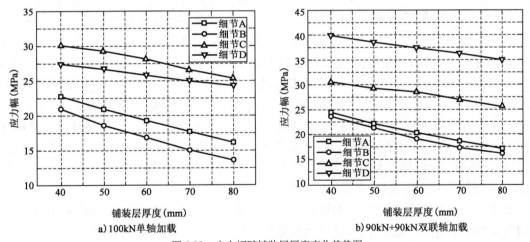

图 6-28 应力幅随铺装层厚度变化趋势图

从图 6-28 可以看出,随着铺装层厚度的增加,各细节的等效疲劳应力幅均逐渐减小且基本呈线性变化关系。疲劳细节 A、B 的等效应力幅比细节 C、D 的等效应力幅受铺装层厚度影响稍大。

综上所述,增大铺装层厚度可有效降低各疲劳细节的应力幅水平,特别是顶板与 U 肋连接细节,对于顶板厚度较大的钢桥面板构造,铺装层厚度的变化对顶板应力的影响程度减弱。

建议综合考虑铺装层的作用以及经济指标,采用增大顶板厚度与铺装层厚度相结合的方法,改善钢桥面板的疲劳性能。

6.4.2 铺装层刚度对疲劳的影响

铺装层的力学性质受温度影响较大,主要表现在铺装层的弹性模量随温度变化较明显。浇筑式沥青混凝土(SMA)及密级配沥青混凝土(AC)铺装层弹性模量随温度的变化如图6-29所示。本书选取密级配沥青混凝土(AC)作为桥面铺装层,铺装层温度取为0、10℃、20℃、30℃、40℃、50℃时,相应的弹性模量为31 350MPa、21 780MPa、15 140MPa、10 520MPa、7 310MPa、5 080MPa。不考虑顶板与铺装层间的黏结滑移作用。

有限元模型顶板厚度设置为16mm,铺装层厚度为50mm,其余构造细节尺寸及荷载与上节相同,得到不同温度下顶板焊根及焊趾的热点应力,如图6-30所示。

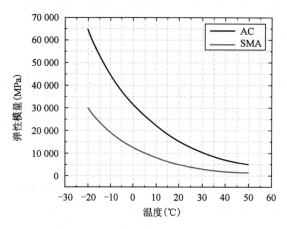

图6-29 铺装层弹性模量随温度变化关系　　图6-30 铺装层刚度对顶板热点应力的影响

从图6-30可以看出,随桥面铺装温度降低,铺装层刚度增大,顶板焊根及焊趾热点应力下降明显。温度每下降10℃,焊趾热点应力下降23%~55%,焊根热点应力下降25%~90%。取50℃、20℃、0℃分别代表夏、春秋、冬季长江流域不同季节桥面铺装的温度。当桥面铺装层温度从50℃(夏)下降到20℃(春秋)时,焊趾处热点应力下降62%,疲劳寿命增大18.2倍,焊根处热点应力下降68%,疲劳寿命增大30倍。当桥面铺装层温度从20℃(春秋)下降到0℃(冬)时,焊趾处热点应力下降74%,焊根处热点应力下降96%,由于应力较小,几乎不引起疲劳损伤。随温度降低,铺装层刚度增大,焊根热点应力(σ_{root})与焊趾热点应力(σ_{toe})的比值($\sigma_{root}/\sigma_{toe}$)降低,应力比从0.85降低到0.08。

吴冲[13]等人针对铺装温度对钢桥面板疲劳的影响开展了试验研究。试验采用带桥面铺装的正交异性钢桥面板足尺模型,桥面板构造以及铺装厚度与实桥完全相同。

沥青混合料是温度敏感性材料,材料的弹性模量会随着温度的增加而减小,从而会影响钢桥面板的受力状态。该试验对比研究了不同温度条件下钢桥面板的受力情况,试验170万次~230万次的钢桥面板动态采集是在室温下进行的,230万次~240万次加温到40℃,240万次~250万次加温到55℃。图6-31为各测点不同温度条件下10s内的应力历程对比,从图中可以看出,在室温条件下钢桥面板的应力最小,当加温到40℃时桥面板的应力急剧增加,当加温到55℃时铺装进一步软化,钢桥面板的应力继续增加。据此可以推断,在夏季高温季节,正交异性钢桥面板的受力比冬季寒冷季节高出许多,钢桥面板的疲劳损伤主要是在夏季高温季节积累的。

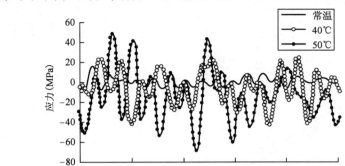

图6-31 顶板与U肋细节顶板横向应力历程

通过雨流计数法对应力历程进行计数处理,可以得到相应的应力幅频值谱,然后采用Miner累积损伤准则计算不同温度条件下桥面板的损伤度,计算分析结果见表6-5。

不同温度条件下钢桥面板顶板与U肋连接处顶板损伤度   表6-5

温度条件	加载过程（万次）	损伤度（$10^{-7}\mathrm{min}^{-1}$）	各加载阶段10万次总损伤度	总损伤度
常温(约10℃)	170~180	5.12	0.000 512 212	常温60万次损伤度：0.002 677
	180~190	8.94	0.000 894 118	
	190~200	4.17	0.000 417 402	
	200~210	3.91	0.000 390 937	
	210~220	3.34	0.000 333 641	
	220~230	1.29	0.000 128 589	
40℃	230~240	90.6	0.009 059 016	高温20万次损伤度：0.018 811
55℃	240~250	97.5	0.009 752 356	

从表6-5中结果可以看出,常温条件下加载60万次钢桥面板的损伤度为0.002 677,高温条件下20万次桥面板产生的损伤度为0.018 811,换而言之,相同的车辆荷载情况下高温环境中钢桥面板产生的疲劳损伤是常温条件下的21倍。

综上所述,沥青铺装层刚度随温度变化明显,弹性模量随温度上升而减小。夏季温度最高,铺装层刚度降至最低值,引起顶板细节的高应力幅值,累计损伤最大。冬季温度最低,铺装层刚度增至最大值,对顶板细节应力幅的降低作用也最显著,此时,顶板细节应力幅水平很低,疲劳损伤很小。正交异性面板的疲劳损伤主要在高温季节产生,建议采用刚度大且对温度不敏感的材料作为铺装层。

6.4.3 铺装层泊松比对疲劳的影响

沥青混合料的泊松比与外界温度成正比,范围为0.25~0.50。为研究桥面铺装泊松比对疲劳细节应力幅的影响,铺装层泊松比分别取0.25、0.35与0.45进行对比分析。桥面铺装为常温下沥青混合料,弹性模量取1 000MPa,铺装厚度取50mm。

计算得到的不同顶板厚度(12mm、14mm、16mm)时疲劳细节d_1、d_3位置处的等效应力幅如图 6-32 所示。

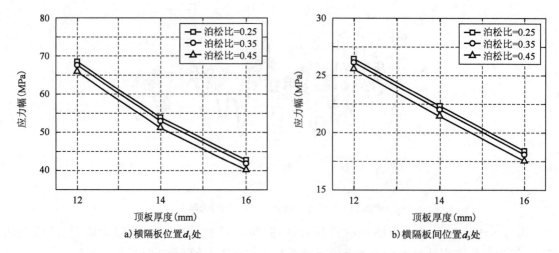

图 6-32　疲劳细节应力幅随桥面铺装泊松比变化

图 6-32 显示,对于不同顶板厚度的疲劳细节,其应力幅随着桥面铺装泊松比的增加而略有下降。不同顶板厚度对应的疲劳细节,其应力幅值受桥面铺装泊松比的影响程度接近。顶板厚度为 12mm 时,桥面铺装泊松比从 0.25 增加到 0.45,疲劳细节应力幅降幅约为 3.95%;顶板厚度为 16mm 时,疲劳细节应力幅降幅约为 3.89%,降幅都接近于 4.0%。

综上所述,铺装层泊松比对钢桥面板顶板细节的应力幅影响很小,应从铺装层刚度和厚度等方面改善钢桥面板的疲劳性能。

6.5　钢桥面板抗疲劳新型构造介绍

目前,针对钢桥面板构造的研究已取得一定的成果,规范中对钢桥面板构造的规定也不断完善,然而实际工程中钢桥面板的疲劳问题仍不可避免,针对目前钢桥面板构造抗疲劳能力不足的问题,一些学者提出了钢桥面板抗疲劳新型构造,本节针对这些新型构造作简要介绍。

6.5.1　大断面 U 肋构造

随着公路交通荷载的增加及重载货车载质量的上升,为防止铺装层的过早劣化及正交异性钢桥面板的疲劳开裂,同时缩短工期、减少制造费用和人工费用、提高结构疲劳耐久性,正交异性钢桥面板的构造形式向增加顶板厚度,加大纵肋断面及间距,增大横肋间距的方向发展。图 6-33 给出了日本桥梁建设协会建议的合理化正交异性钢桥面板的构造[14],相比于传统的正交异性桥面板,这种新型钢桥面板构造一般采用 18mm 厚的面板、440mm×330mm×(8~9)mm 截面的 U 肋、横肋间距 4~4.5m(图 6-34)。

美国学者 Manchung Tang 主张采用一种如图 6-35 所示的不等厚大断面 U 肋,采用这种 U 肋时,顶板厚度取 18mm,纵肋间距 400mm,横隔板间距 8 000mm。为了进一步说明这种纵肋的优点,就一块 12m×16m 的正交异性板单元进行详细比对,详细数据列于表 6-6。从表中可明显看出大断面纵肋正交异性桥面板在制造上的优势。

第6章 构造对疲劳的影响

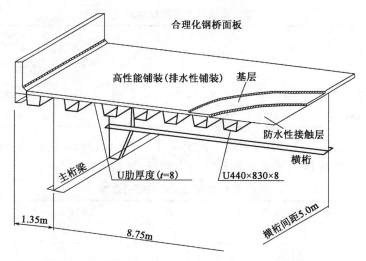

类别	面板厚度(mm)	U肋形状	横桥间距(mm)
A类	18	440×330×8-40	5 000
B类	18	454×332×9-45	4 000
C类	19	450×330×8-40	5 000

图 6-33 日本桥梁建设协会建议的合理化钢桥面板构造

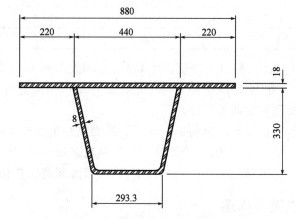

图 6-34 大断面纵肋(尺寸单位:mm)

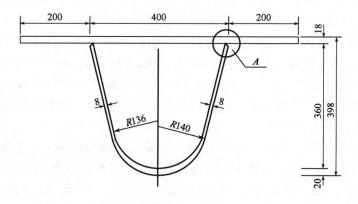

图 6-35 不等厚纵肋断面(尺寸单位:mm)

传统纵肋与大断面纵肋对比 表6-6

U肋类型	U肋间距（mm）	U肋跨径（mm）	U肋数量	横隔板数量	U肋与横隔板焊缝数量	顶板与横隔板焊缝长度（m）	顶板与U肋焊缝长度（m）
传统U肋	300	4 000	20	4	80	48	640
不等厚U肋	400	8 000	15	2	30	24	480

Zhi-Gang Xiao 等人的研究中也对比了传统尺寸U肋与大断面U肋（U440mm×320mm×9mm）的钢桥面板在轮载作用下 A、B 两细节应力幅，计算结果见表6-7。

大断面U肋对疲劳细节受力影响 表6-7

分析点截面	分析点纵向位置	传统U肋	大断面U肋	比例
A 截面	$X=0$	91.0	59.9	0.66
	$X=L/8$	104.8	78.1	0.74
	$X=L/4$	103.6	76.6	0.74
	$X=3L/8$	101.6	73.8	0.73
	$X=L/2$	99.8	72.7	0.73
B 截面	$X=L/8$	118.3	85.8	0.73
	$X=L/4$	117.5	84.9	0.72
	$X=3L/8$	115.2	82.1	0.71
	$X=L/2$	113.0	81.2	0.72

从表6-7中结果可以看出，相对于传统尺寸U肋，采用大断面U肋构造时，不同位置 A、B 两细节的应力幅都有所下降，平均降幅约30%，说明采用该U肋构造可有效改善钢桥面板疲劳细节的受力，提高钢桥面板的疲劳性能。

总的来说，不管是传统正交异性钢桥面板还是大断面纵肋正交异性钢桥面板，在进行设计时，都不能孤立看待某一个设计参数，一定要兼顾设计参数之间的匹配性，合理搭配顶板厚度、纵肋刚度、横肋间距等。在确保结构性能的前提下，综合考虑制造工艺和经济效益。

6.5.2 U肋内设隔板构造

在车轮荷载作用下，U肋底缘的横隔板弧形孔会引起该部位U肋腹板的面外弯曲，并引起较高的次应力。U肋面外弯曲会对U肋与横隔板焊缝下端的疲劳抗力产生不利影响。美国通过试验对U肋与横隔板的连接细节进行了大量的改进，在横隔板截面设置U肋内隔板，以减小U肋外壁在该部位的二次面外弯曲应力。David L. Mcquaid 等人指出，该内隔板顶端不和顶板焊接，其底端可以不达到U肋内部底缘，即半高模式，如图6-36a)所示，但美国规范要求此时的内隔板底缘必须超出横隔板弧形孔顶端至少25mm，内隔板也可以达到纵肋内部底缘，即全高模式，如图6-36b)所示。

对于横隔板截面U肋内隔板采用半高形式，Paul A. Tsakopoulos 等人曾开展试验研究内隔板和U肋内壁的焊接方法。试件采用双面角焊缝把内隔板和U肋内壁连接，但在上下两端均留出一段不施焊，内隔板设置及其与U肋的焊缝如图6-37所示。试验显示，自由约束端内隔板裂纹起始于内隔板与U肋内壁焊缝下端，沿焊缝向上扩展，如裂纹1所示；固定约束端内隔板裂纹起始于内隔板与 U 肋内壁焊缝上端,贯穿 U 肋壁后,沿斜向扩展至横隔板,如裂纹 2 所示。

a) 半高内隔板

b) 全高内隔板

图 6-36　横隔板截面设置的纵肋内隔板

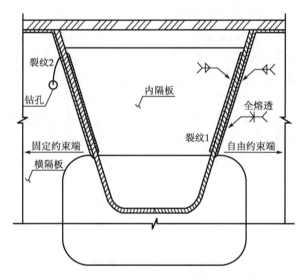

图 6-37　半高内隔板和纵肋的焊缝及其裂纹

Hyoungbo Sim 通过试验研究了半高内隔板对 U 肋侧壁受力的影响,对内隔板施加围焊和 U 肋内壁连接。在 U 肋底缘横隔板弧形孔顶端位置分布有 U 肋纵向裂纹,如图 6-38a) 所示。沿横隔板截面 U 肋侧壁如图 6-38b) 所示位置作剖面,该部位裂纹贯通纵肋侧壁,裂纹中部在内隔板和 U 肋内壁焊缝底端,向两侧呈 V 状展开,如图 6-38c) 所示。从分布形状来看,裂纹的形成和该部位 U 肋侧壁面外弯曲有关。

如果横隔板太柔或者 U 肋底缘横隔板弧形孔太高,都会明显削弱横隔板的剪切强度。对半高形式的内隔板,美国规范要求施加围焊与纵肋内壁连接;同时还指出,内隔板顶端若延长至顶板底面,可以明显减小顶板的局部应力。增加内隔板的高度采用全高形式的内隔板是增强横隔板连续性的有效途径,有益于减小 U 肋底缘横隔板弧形孔部位纵肋侧壁面外弯曲作用。我国已经开始接受这种做法,南京长江三桥和鄂尔多斯4号桥设计时,在横隔板截面均布有全高形式的纵肋内隔板,前者纵肋与横隔板连接构造细节设计如图6-38b)所示。

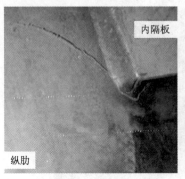
a) 纵肋内侧纵向裂纹

b) 纵肋内侧切面位置

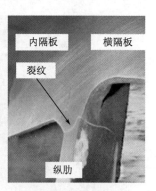
c) 纵肋裂纹外侧视图

图6-38 横隔板空孔顶端纵肋纵向裂纹分布

以Williamsburg大桥和Bronx-Whitestone大桥更换桥面板为工程背景,美国工程师做了大量的试验,研究U肋与横隔板的焊接形式。在试验方案A中,U肋与横隔板采用角焊缝连接,在其下端6mm范围内不施焊,试验结果显示,裂纹产生于焊缝下端,沿焊缝向上扩展。在试验方案B中,U肋与横隔板上端采用角焊缝连接,下端一定长度范围内采用坡口焊缝并全熔透,待焊接完成后,要求切除弧形孔顶端横隔板突出部位,设置圆弧倒角且打磨光滑,试验结果显示,裂纹产生于焊缝下端靠近横隔板一侧,并斜向沿横隔板母材扩展,其可靠性能优于前者。

横隔板应力测试表明,在弧形孔的横隔板和U肋连接处,由应力循环和应力梯度决定的面内应力幅达到最大。使用连续性较好的横隔板,有助于减轻横隔板和U肋连接下端部位面内和面外的应力幅。在改进的结构中,把U肋内隔板下缘向U肋底面方向延伸19mm。

在New Carquinez大桥设计中,对横隔板和U肋连接细节作了进一步的改进,把内隔板和U肋之间的焊缝改为施加围焊,且内隔板下缘比U肋底缘弧形孔顶端延伸20mm,U肋与横隔板之间的焊缝设置部分借鉴了Williamsburg大桥的研究成果。

U肋与横隔板的连接焊缝不仅要把U肋受到的车辆荷载传递给横隔板,还要承受着由U肋下挠变形产生的纵向面外弯曲作用。欧洲和德国规范要求该焊缝的焊喉厚度不小于50%的横隔板厚度且不允许咬边。

除了上述在U肋内设隔板构造,近年来,欧美国家及日本在优化U肋与横隔板交叉部位构造形式方面做了很多尝试,提出了一些新型U肋与横隔板连接构造,大致可分为:

(1) 在U肋内部设加劲肋,下面简称内肋式构造。

(2) 把U肋底部与横隔板焊接或栓接,以限制U肋在偏载作用下的畸变,下面简称底部固定式构造。

中交公路规划设计院有限公司的唐亮等[15]人通过有限元模拟的方法对传统构造及新型的U肋与横隔板连接构造形式进行了分析比较。分析得到,只要弧形孔形状基本相同,内肋式构造或底部固定式构造对横隔板弧形孔周边应力分布的影响很小,可忽略。

相对传统构造,在U肋内部设加劲肋或连接U肋底部与横隔板后,U肋横隔板连接焊缝端部的应力水平大幅降低。然而,底部固定式构造和内肋式构造在大幅度减小U肋与横隔板连接焊缝端部应力的同时,由于几何构造上的变化,又引入了两个不连续点,这两个点也可能成为U肋腹板新的疲劳裂纹萌生点。

6.5.3 钢纤维混凝土铺装层构造

目前,钢桥面板常用铺装有浇筑式沥青、SMA(沥青玛蹄脂碎石混合料)改性沥青混合料以及环氧沥青混合料三种形式,其自身刚度较小且温度敏感性很大,对桥面结构系刚度贡献有限,设计中一般只考虑其对荷载的分布作用。本章6.4节指出了铺装层刚度对疲劳细节应力幅的影响,足够大刚度的铺装层可以有效降低疲劳细节处的应力幅,从而减少疲劳问题的产生。

混凝土材料具有很大的刚度且其受温度影响很小,但其抗拉强度低,抗裂性差,很难用于大跨径桥梁的铺装结构,为了增强桥面系的刚度,减少裂纹的产生,日本开展了大量的调查和研究。名古屋高速公路公社一直采用钢纤维混凝土材料(SFRC)作为钢桥面结构铺装材料。钢纤维混凝土是在混凝土基体中掺入乱向分布的短钢纤维所形成的一种多相、多组分的水泥基复合材料,具有优异的物理、力学性能。由于有钢纤维的抗裂作用,与普通混凝土相比,SFRC的抗裂性、抗冲击性、抗拉强度、抗折强度和疲劳性能都有很大提高。名古屋高速公路公社的标准中记载了钢纤维混凝土(SFRC)铺装实施细则,Shonan Ohashi大桥吸收了SFRC铺装实施细则中的关键施工技术并形成了最终技术方案,即采用SFRC替代原有沥青混凝土铺装层,采用环氧树脂黏结剂作为层间黏结剂,并通过在SFRC四周设置剪力钉来控制SFRC的收缩和滑移,同时在铺装层内铺设碳纤维增强聚合物网,以提高铺装结构的整体变形能力。日本国道357号横滨海氏电桥靠近横滨港,该桥通行的大型车辆多,重载车比例大。1997年,该桥铺装层维修时,发现钢桥面局部区域(U肋焊接处)有裂纹,为改善钢桥面板的疲劳,保证桥面结构的安全,提高铺装体系耐久性,决定采用SFRC铺装进行补强。该桥斜拉桥部分、桥架部分、拱桥部分总长2 160m,其中钢桥面部分总长860m;该桥分为上下2层结构,在下层共进行了约3.5万m²的SFRC铺装。该桥维修至今,除局部地方出现裂纹外,整体使用效果良好。

SFRC铺装层对钢桥面板疲劳的改善原理在于,由于SFRC具有很大的刚度以及很好的温度稳定性,能够有效地增加桥面系结构的整体刚度以及车轮荷载作用下钢桥面板的局部刚度,减小钢桥面板的局部变形,降低疲劳细节的应力幅,从而提高疲劳寿命。图6-39为分别采用沥青铺装层和SFRC铺装层的钢桥面板变形对比,可以看出采用沥青铺装层时,顶板面外变形更明显,U肋变形也较大,引起顶板与U肋接头处更严重的应力集中。

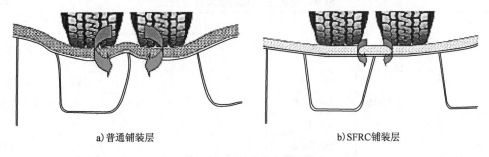

a) 普通铺装层　　　　　　　　b) SFRC铺装层

图6-39　SFRC铺装对变形的影响

日本东京工业大学以横滨某大桥钢桥面板铺装的改造工程为背景,进行了试验研究。该桥为改善钢桥面板疲劳问题,对铺装层进行改造,改造方案为采用80mm组合式铺装层,即下

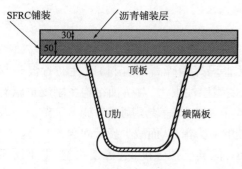

图 6-40 SFRC 组合式铺装(尺寸单位:mm)

层 50mm 采用 SFRC 基层,上面 30mm 采用沥青面层,如图 6-40 所示。对 SFRC 铺装层施工前后,车轮荷载作用下钢桥面板疲劳细节的应力情况进行了测试分析,车轮荷载按横向作用位置分为三种工况,如图 6-41 所示。

试验中,对 SFRC 铺装施工前后钢桥面板横隔板间跨中位置以及横隔板位置的典型疲劳细节处的最大应力进行了测试,测点布置见图 6-42,测试结果如表 6-8 所示。

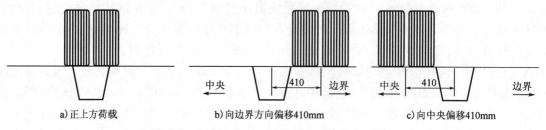

图 6-41 车轮荷载作用位置(尺寸单位:mm)

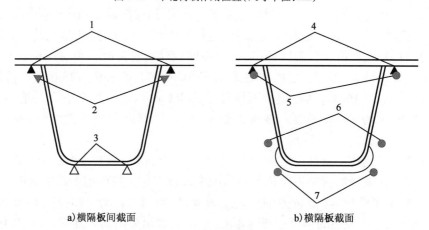

图 6-42 测点布置示意图

SFRC 铺装施工前后最大应力变化 表 6-8

位置			最大应力(MPa)		A/B	最大应力对应的荷载位置
			SFRC 铺装施工前 (B:Before)	SFRC 铺装施工后 (A:After)		
1	横隔板间位置	顶板下表面	−35.5	−1.3	0.04	410mm 偏移荷载
2		U 肋上部	−52.3	−11.3	0.22	410mm 偏移荷载
3		U 肋下部	31.9	15.2	0.48	正上方荷载
4	横隔板位置	顶板下表面	−27.8	−3.5	0.13	正上方荷载
5		横隔板上部	−23.7	−12.4	0.52	正上方荷载
6		小半径圆弧处	−20.9	−11	0.53	正上方荷载
7		大半径圆弧处	−17.6	−13.9	0.79	410mm 偏移荷载

从表中数据可以看出,SFRC 铺装施工后,各疲劳细节最大应力都得到有效降低,尤其顶板与 U 肋连接处顶板细节的应力下降幅度最大,跨中位置施工后与施工前应力比为 0.04,应力减小了约 96%,横隔板位置施工后与施工前应力比值为 0.13,应力下降了约 87%。横隔板弧形孔处影响最小,施工后与施工前应力比值为 0.79,应力值下降约 21%。综合来看,SFRC 铺装结构对钢桥面板疲劳细节的应力降低作用显著,相比于沥青铺装更利于改善钢桥面板的疲劳损伤问题。

试验还分析了 SFRC 铺装层施工前后各疲劳细节应力随荷载纵横向位置的变化情况,图 6-43 给出了横隔板间位置部分疲劳细节应力随荷载位置的变化曲线。

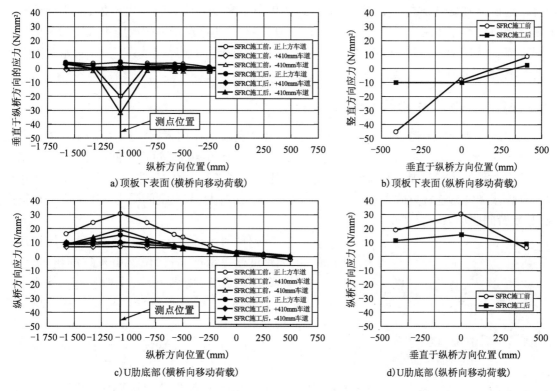

图 6-43 横隔板间跨中位置

从图 6-43 可以看出,不同轮载作用位置下,疲劳细节的应力都得到有效降低。SFRC 铺装施工前,疲劳细节的应力对荷载位置较敏感,荷载接近疲劳细节所在位置时,应力变化明显,荷载的纵桥向与横桥向移动都容易引起较大的应力幅值,而 SFRC 铺装施工后,疲劳细节应力随荷载位置变化较小,可有效降低应力幅,改善钢桥面板的疲劳性能。

6.6 钢桁梁节点构造对疲劳的影响

我国钢桁梁桥中杆件的连接方式大致经历了铆接、高强螺栓连接和焊接等几个发展阶段。20 世纪初,铆钉连接成为钢结构包括钢桁梁桥的主要连接形式,然而铆钉因其烦琐落后的工艺日益阻碍桥梁工程技术的发展,于是,在1938年,美国最先发明并使用高强螺栓。1947年,美国成立了"铆钉连接和螺栓连接委员会"。1951年1月,该委员会制定了《高强螺栓连接施工规则》并正式发起了对高强螺栓连接的研究。从此,高强螺栓连接的研究和应用得到快速发展。20世纪70年代开始,栓焊技术开始在我国发展起来,并逐渐得到广泛应用。栓焊是指杆件焊接,节点栓接的结构形式。而后随着焊接技术的发展和日益成熟,我国钢桁梁桥进入以栓接为主,向以焊接为主发展的重要技术过渡阶段,特别是近些年来,为了减轻结构自重,减小螺栓用量,简化现场拼装作业、缩短工期,充分利用工厂制造质量可靠、精度高的优点,在钢桁梁中纷纷采用焊接为主的整体式节点[16-22]。

作用在大跨度钢桥上的动荷载使钢桥结构中的应力反复变化,这种反复变化的应力会使钢桥结构在应力集中处或存在缺陷处的局部产生微小裂纹并使裂纹发生扩展,最终导致疲劳破坏。钢桁梁各杆件在节点处交汇,构造和受力复杂,往往存在较高的次应力和应力集中。对于焊接节点,如整体式节点,焊缝数量多,构造也更加复杂,加上焊接残余应力、初始缺陷等因素的影响,更易产生疲劳问题。

6.6.1 栓接节点的疲劳性能

采用高强螺栓摩擦型连接的钢结构桥梁,在动力荷载的作用下,节点连接的承载安全性是桥梁结构安全性的关键。高强螺栓连接的拼装式节点(图6-44)通过钢板间的摩擦传力,结构连接区域的受力状态与焊接和铆钉连接方式相比发生了改变,力的分布比较均匀,应力集中现象没有焊接和铆钉连接方式严重。但是对于跨径大、活载大、节点空间受力状态复杂的桥梁来说,其疲劳问题仍然不容忽视。

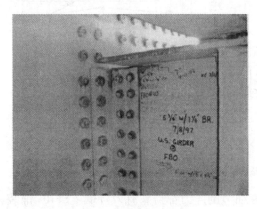

图6-44 高强螺栓节点

滨州黄河大桥建于1972年,是我国最早建造的大跨度栓焊钢桁梁桥,位于山东省滨州市以南,现为205国道上的重要桥梁,主桥上部结构为一联 $4m \times 112m$ 的下承式连续栓焊桁梁结构。采用平行弦三角形体系,桁高11m,节间长8m,两片主桁横向中心距为10m。近年来,通行的车辆荷载已超过其设计荷载水平且超载车辆明显增多并有加重趋势,桥梁构件已发生锈蚀和疲劳现象。

滨州大桥大部分裂纹出现在纵横梁相交接头处,如图6-45所示。这是由于在设计阶段,桥道纵梁与横梁采用"简支式"细节处理,只要求传递剪力。而在实桥环境下,一方面,栓接接头无法达到完全柔性,总是存在一定的抵抗力矩,因而纵梁梁端转动使连接角钢发生了畸变;另一方面,工字形截面的纵梁与横梁连接时,上端的翼缘切除以避让横梁翼缘,这使纵梁截面抗弯刚度急剧变化,在切口处产生明显的应力集中现象。由于交通流量和车辆重量不断增加,应力幅和循环次数很高,引起纵梁腹板切口处出现张开型裂纹或连接角钢出现撕开型裂纹。滨州大桥发现角钢撕裂27处,纵梁端切口开裂40处,占纵横梁总连接部位数的9.8%。主桁各节点经超声探伤发现,少数节点受拉杆件在受力较大的螺栓位置已发现缺陷(裂纹),也有在节点板中发现缺陷(裂纹)。

重庆朝天门长江大桥为公轨两用城市桥梁,主桥采用跨径布置为190m+552m+190m的中承式钢桁连续系杆拱桥。桥面采用双层布置,上层为双向 6 车道和两侧人行道,桥面总宽 36.5m;下层中间为双线城市轨道交通,两侧各预留 1 个汽车车行道。下层桥面轨道横梁跨度达 29m,通过连接角钢用高强螺栓与下弦节点的节点板相连。下弦节点直接承受公路荷载与轻轨荷载的双重作用,导致轨道纵梁与横梁连接部位的应力幅大,容易产生疲劳问题。

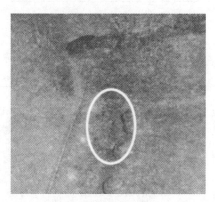
a)钢纵梁连接角钢裂纹

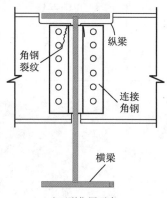
b)开裂位置示意

图 6-45 栓焊桁架桥桥道系疲劳裂纹

重庆交通大学的周志祥等[23]人针对重庆朝天门长江大桥节点构造的疲劳性能,开展了试验研究。试验模型为横梁与下弦杆交叉节点,采用 1∶2 的缩尺模型,如图 6-46 所示。有限元分析表明,下平、纵联的荷载幅值较小,对疲劳的影响可忽略,因此,对节点疲劳试验模型采取了去掉竖杆和纵平联的简化处理。

对于重庆朝天门长江大桥,根据损伤等效原则,得到 200 万次荷载循环时,节点处等效弯矩幅为 589.64kN·m,等效剪力幅为 421.30kN,对应的疲劳荷载上限为 213.5kN,下限为 103.65kN,加载点距跨中 5.2m 处。疲劳试验过程中,为了监测各测点应力,间隔停机进行静载应变测量,以便通过测点应变变化,及早发现开裂或其他异常情况。

试验结果显示,纵梁与横梁交叉节点模型测点最大主拉应力为 28.3MPa,出现在横梁上翼缘连接角钢上。模型测点的最大 Von.Mises

图 6-46 试验模型

应力为 57.3MPa,出现在梁腹板下部 1/3 处。横梁腹板与主桁节点连接角钢上测点的 Von. Mises 应力在 60MPa 以内。绝大多数测点的主拉应力在 20MPa 以内,少数几个测点的主拉应力接近 45MPa。实测拉应力远低于各构件的疲劳容许应力。整个疲劳加载过程中未发现有异常现象。每次停机静载试验,检查试件,未发现裂纹,未发现螺栓有松动。200 万次疲劳试验后,对试件进行检查,未发现裂纹,螺栓未发现有松动。

在完成与设计寿命期对应的 200 万次疲劳循环加载试验后,对节点试验模型展开超长服役期内超负荷疲劳试验。具体试验破坏过程及现象描述见表 6-9,图 6-47 是角钢处的疲劳裂纹。

节点从加载到疲劳破坏的过程描述   表6-9

试验阶段	疲劳荷载幅(kN)	循环次数(万次)	说明
设计寿命	103～213	0～200	正常
超长服役期	103～268	200～220	正常
	103～323	220～240	正常
	103～378	240～260	螺栓出现松动
	103～433	260～265	腹板与横梁下翼缘焊缝发现裂纹
	103～433	265～280	横梁与节点板连接角钢发现裂纹

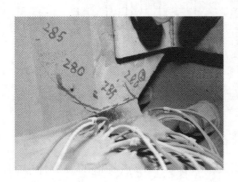
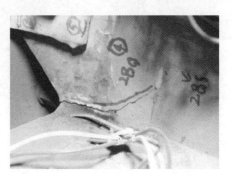

图6-47 高强螺栓节点裂纹

根据本次试验,节点疲劳破坏历程可以归纳为:疲劳加载—振动—面外晃动—次应力产生—连接界面磨损—螺栓松动—联结性能退化—连接板件应力重分布—应力集中部位出现疲劳裂纹。

6.6.2 焊接节点的疲劳性能

随着钢桥跨径的增加以及焊接技术的日益成熟,20世纪70年代日本的港大桥、新桂川桥等桥梁上采用以焊接为主的整体式节点取代了拼装式节点,节省钢材并提高了施工速度,从此以焊接为主的整体式节点这一新型结构开始在钢桥中应用并逐渐推广[24-30],如图6-48所示。

1995年建成的京九线孙口黄河大桥[31],是我国第一次采用焊接整体节点和节点外拼接技术的桥梁。随后建成的芜湖长江大桥采用了更先进的整体焊接节点,它将下平联节点板以及横梁连接板都与节点板焊成一个整体,平联节点板在端部采用锤击技术以提高其疲劳强度,同时为今后整体节点的研究提供了大量试验依据。进入21世纪以后,随着焊接技术的发展,在众多的大跨径钢桥如长东黄河二桥、菜园坝长江大桥、渝怀线长寿长江大桥、宁启线京杭大运河桥,以及武汉天兴洲长江大桥和南京大胜关长江大桥中都广泛采用了这种节点连接形式,整体节点已经成为现代大跨径

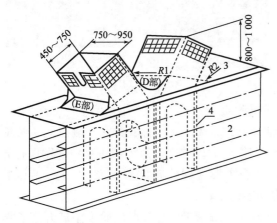

图6-48 整体式节点构造(尺寸单位:mm)
1-底板;2-腹板;3-顶板;4-弦杆竖板

钢桥的关键技术构造之一。图 6-48 为典型的整体式节点构造图。

整体式节点是以焊接连接为主,高强螺栓连接为辅的一种结构形式。整体式节点的节点板与相邻的弦杆竖板在工厂焊接,相邻弦杆在工地用高强度螺栓在节点范围外拼接,桁架的斜杆、竖杆在节点范围内拼接。由于整体式节点相对于外拼式节点,其构造更加复杂,焊缝密集,包括各种对接焊缝及角焊缝,局部应力集中现象明显,加上焊接残余应力和焊接缺陷的影响,容易产生疲劳问题。

中铁大桥局的王天亮等[31]人针对孙口黄河大桥整体式节点构造,开展了静载与疲劳试验研究。试验模型的材料、制造工艺、几何形状、构造形式及布置均与原型相同(除板厚外),模型几何缩尺为 1:3,节点模型 A 如图 6-49 所示。

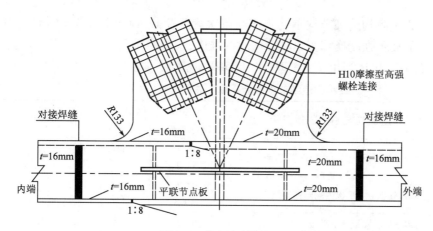

图 6-49　节点试验模型 A

该试验制造了 A、B 两个模型,镜面对称以互相对比。模型节点与两端下弦杆的连接,一端与原型相同采用焊接连接,另一端改变了原型的高强螺栓连接,竖板采用不等厚对接焊,上下平板连续。疲劳试验采用正弦波常幅荷载,上、下限分别为 1 280kN、290kN,频率 1Hz。为模拟实桥节点受力状态,采用桁架对模型加载,如图 6-50 所示。

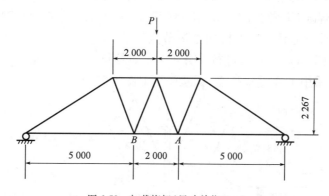

图 6-50　加载桁架(尺寸单位:mm)

静载试验得到的节点两端节点板圆弧端截面实测应力见图 6-51,从图中可看到次弯矩和圆弧处应力集中的影响。箱型截面两竖板的应力均为中间小上下两端大。内端节点板圆弧处最大纵向应力发生在距圆弧端约 25mm 处,为 120.7MPa。按实测应力计算,应力集中系数为 1.24。

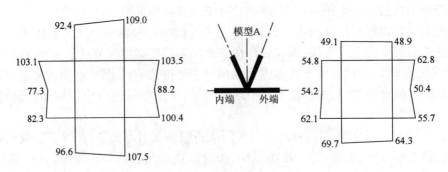

图 6-51 节点板圆弧端应力图(尺寸单位:mm)

在实测应力下各构造细节均承受了 300 万次疲劳荷载。根据 $N\sigma^m = C$(C 为常数),将寿命 300 万次时的疲劳强度换算为 200 万次时的强度,式中的 m 取定值 3.0。200 万次疲劳强度见表 6-10。表 6-10 中还列出了 AASHTO,BS5400 规范对应等级的疲劳强度。

四种构造细节处疲劳强度汇总及比较(单位:MPa) 表 6-10

构造细节及位置	实测值 (300 万次)	推算 200 万次 疲劳强度	BS5400	AASHTO
下平板内端对接焊缝处薄板外侧节点板内端焊缝处薄板	98.5 91.0	112.7 104.2	123.8	124.1
节点板内端圆弧处纵应力平板内端圆弧处纵应力	93.7 119.8	107.3 137.1	150.0	165.5
内端弦杆隔板处下平板	82.7	94.7	80.0	89.6
平联节点板内端焊趾处计算应力(不计应力集中)	76.0	87.0	—	68.9(D) 89.6(C)

通过这次静载与疲劳试验研究,得到如下结论:

(1)节点板圆弧过渡及其他构造细节布置合理,焊接及制造工艺合理,各构造细节均有足够的抗疲劳强度。整体节点的寿命若以 200 万次加载考虑,疲劳强度尚可提高 14.47%。

(2)平联节点板焊趾应严格按制造工艺打磨匀顺,否则将导致整体节点的疲劳强度大为降低。

王天亮[32]等人针对芜湖长江大桥的整体节点构造,也开展了静载试验和疲劳试验研究,并通过有限元模拟对节点应力状态进行了分析。节点模型的设计以芜湖长江大桥连续钢桁梁的 E58 节点为原型,采用 1∶4 缩尺模型,试验模型如图 6-52 所示。

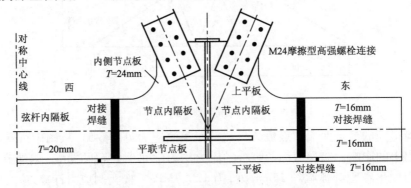

图 6-52 芜湖长江大桥整体节点试验模型

节点模型同样通过桁架进行加载,如图 6-53 所示。连成一体的节点模型 EM1、EM2 安装在加载桁架上,由试验机同时施加荷载。静载试验最大荷载采用疲劳试验的上限荷载,即 $P = 2\,000\text{kN}$,荷载分级施加。疲劳试验采用正弦波常幅荷载,上限为 2 000kN,下限为 450kN。

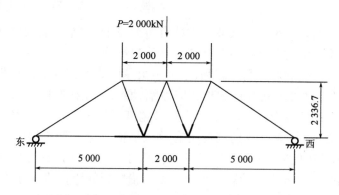

图 6-53　加载桁架示意(尺寸单位:mm)

通过有限元分析和疲劳试验得到了如下结论和建议:

(1)节点模型集中各种构造,受力较为复杂。由于内侧节点板表面焊有平联节点板及横梁连接板,应力分布较外侧节点板更不均匀,实桥节点内侧节点板还要承受横梁及平联荷载,受力将更加不利,加工制造过程中应特别注意。

(2)节点板圆弧部位由于采用较大的半径,应力集中现象不太显著。节点下平板圆弧部位采用较小的圆弧半径,应力集中系数达到 1.38~1.41。

(3)平联节点板端采用半径 50mm 的圆弧过渡,焊后顺受力方向打磨匀顺并锤击,计算表明应力集中不严重,但实际结构不可避免地存在着与设计的偏差,并显著影响细节处的应力状态。该部位仍是一个薄弱环节,应予以高度重视。

(4)不等厚对接焊缝采用 1∶10 斜坡过渡,焊后磨光,接头处应力集中系数较低,约为 1.10,但较厚板厚度方向应力分布不均,内侧中间高于外表面。

(5)节点板剪应力分布规律是:自下而上逐渐增大;水平方向大致呈抛物线形,中部最大;在圆弧部位反向。

(6)节点板圆弧部位易产生焊接咬边,又处在棱角焊过渡区,采用较大的圆弧半径,下平板圆弧部无焊接构造采用较小的圆弧半径,易于加工制造。两处最大应力幅 134.8MPa,较母材疲劳强度容许值低(BS5400、AASHTO),试验中未发生开裂,表明圆弧设置合理。

(7)实测对接焊缝处最大应力幅 130.3MPa,较文献资料及国外规范容许值稍高。表明对接焊缝具有足够的抗疲劳强度。

(8)平联节点板端经打磨锤击处理后,疲劳强度较以往同类构造有明显提高。但该部位仍是疲劳薄弱环节,应予以高度重视。

(9)采用整体节点必然遇到棱角焊缝与对接焊缝交叉的问题,此种焊缝疲劳强度可以达到棱角焊缝的疲劳强度。

(10)隔板角焊缝疲劳强度较纵向棱角或角焊缝疲劳强度低,控制弦杆的疲劳抗力。实测该部位最大应力幅 122.8MPa,未发生开裂破坏。实桥在隔板角焊缝端部要求顺受力方向打磨匀顺,以改善抗疲劳性能。

6.7 本章小结

钢桥的局部构造形式及尺寸对其疲劳性能有重要影响,本章主要总结了正交异性钢桥面板的构造尺寸以及钢桁梁的节点构造对其疲劳性能的影响。

增大板厚对钢桥面板的疲劳受力有利,增大顶板厚度能够有效降低顶板与U肋连接细节的应力幅,增大U肋厚度可降低U肋腹板的应力幅,增大横隔板厚度可降低横隔板与U肋焊缝下端以及弧形孔边缘的应力幅。增大U肋开口宽度对顶板与U肋连接细节以及顶板与横隔板连接细节的受力不利,增大U肋高度可有效减小顶板与U肋连接细节、U肋与横隔板焊缝下端、横隔板弧形孔边的应力幅,但当U肋高度大于300mm时,其对顶板与U肋连接细节以及U肋与横隔板焊缝端部应力的影响很小。增大横隔板间距,U肋对接细节、U肋与横隔板焊缝末端以及弧形孔边应力均随之增加,而顶板与U肋连接细节的应力变化较小。

横隔板设置过焊孔可引起该位置顶板应力幅的增加,对顶板与U肋连接细节受力不利,且易产生过焊孔边裂纹,因此,建议采用不设过焊孔的构造。改善横隔板弧形孔的形状和几何尺寸,可有效降低弧形孔边应力以及U肋与横隔板末端应力。孔2与孔3在轮载作用下,弧形孔自由边、U肋与横隔板焊缝末端应力水平均较低,孔4次之,孔1受力最不利。可通过增大孔1和孔4圆弧半径来改善孔边的受力,对于孔2和孔3,增大圆弧半径对其受力不利,其参数可取规范建议值。对于U肋与横隔板焊缝末端,可通过适当上移开孔与U肋腹板的连接位置来改善其受力。增大铺装层厚度可有效降低各疲劳细节的应力幅水平,对顶板与U肋连接细节影响最大。高温环境下,铺装层刚度大幅降低,钢桥面板疲劳应力幅明显上升,疲劳损伤大幅增加。铺装层泊松比对钢桥面板疲劳受力无明显影响。

采用大断面U肋构造可减少构件数量以及焊接工作量,并有效降低应力幅。U肋内设隔板可有效降低U肋与横隔板焊缝末端的面内与面外应力,但隔板形式不合理可能引起新的裂纹萌生点。钢纤维混凝土铺装层刚度大且对温度不敏感,可大幅降低钢桥面板各疲劳细节的应力幅,提高其疲劳性能。栓接节点疲劳裂纹易产生于纵梁上翼缘切口以及连接角钢处,可由螺栓松动后的应力重分布以及应力集中引起。整体式节点焊缝密集,构造复杂,节点板圆弧处应使用较大的半径,不等厚对接焊缝应使用较小的坡度过渡,关键部位焊缝可进行打磨或锤击处理。

本章参考文献

[1] Song Y S, Ding Y L. Influence of local geometric parameters on fatigue performance of orthotropic steel deck[J]. Journal of Central South University, 2014, 21(5):2091-2099.

[2] 吉伯海,陈祥,刘荣,等. 钢桥面板顶板与U肋接头疲劳效应分析[J]. 建筑钢结构进展, 2014, 16(6):56-62.

[3] Sim H B, Uang C M. Stress Analyses and Parametric Study on Full-Scale Fatigue Tests of Rib-to-Deck Welded Joints in Steel Orthotropic Decks[J]. Journal of Bridge Engineering, 2012, 17(5):765-773.

[4] 孟凡超,苏权科,卜一之,等. 正交异性钢桥面板的抗疲劳优化设计研究[J]. 公路,2014,10:1-6.

[5] Xiao Z G, Yamada K, Ya S, et al. Stress analyses and fatigue evaluation of rib-to-deck joints in steel orthotropic decks[J]. International Journal of Fatigue, 2008, 30(8):1387-1397.

[6] 李善群. 构造细节及关键设计参数对于正交异性钢桥面板疲劳性能的影响研究[D]. 成都:西南交通大学,2013.

[7] 赵月悦,吉伯海,傅中秋,等. 钢箱梁构造细节对局部疲劳应力的影响研究[J]. 公路工程,2014,6:43-48.

[8] 朱艳梅. 青草背长江大桥正交异性钢桥面板受力特性的研究[D]. 重庆:重庆交通大学,2014.

[9] 丁文俊,吴冲,赵秋. 横隔板间距对钢桥面板疲劳应力幅的影响[J]. 公路交通技术,2011,4:59-62.

[10] 宋永生,丁幼亮,王高新,等. 正交异性钢桥面板疲劳性能的局部构造效应[J]. 东南大学学报:自然科学版,2013,43(2):403-408.

[11] 王春生,付炳宁,张芹,等. 正交异性钢桥面板横隔板挖孔型式[J]. 长安大学学报:自然科学版,2012,32(2):58-64.

[12] 吴冲,刘海燕,张胜利,等. 桥面铺装对钢桥面板疲劳应力幅的影响[J]. 中国工程科学,2010,12(7):39-42.

[13] 吴冲,刘海燕,张志宏,孙一鸣. 桥面铺装温度对正交异性钢桥面板疲劳的影响[J]. 同济大学学报(自然科学版),2013,08:1213-1218.

[14] 三木千壽,鈴木啓悟,加納隆史,等. 鋼床版の疲労へのSFRC舗装による予防補強とその健全性モニタリング[C]//土木学会論文集A,2006,62(4):950-963.

[15] 唐亮,黄李骥,王秀伟,等. 钢桥面板U肋-横隔板连接接头应力分析[J]. 公路交通科技,2014,31(5):93-101.

[16] 赵佃龙,方兴,白玲. 正交异性钢桥面板构造细节改进的探讨[J]. 铁道建筑,2011,2:24-28.

[17] 吴伟胜,曹志,柴瑞,等. 正交异性钢桥面板顶板与纵肋疲劳性能研究[J]. 公路,2014,10:12-16.

[18] 赵欣欣,刘晓光,张玉玲. 正交异性桥面板设计参数和构造细节的疲劳研究进展[J]. 钢结构,2010,25(8):1-7.

[19] 赵欣欣,刘晓光,潘永杰,等. 正交异性钢桥面板纵肋腹板与面板连接构造的疲劳试验研究[J]. 中国铁道科学,2013,34(2):41-45.

[20] 吴臻旺,郑凯锋,苟超,等. 正交异性钢桥面板纵肋与横肋连接构造细节[J]. 铁道建筑,2013,6:5-10.

[21] 张玉玲. 大型铁路焊接钢桥疲劳断裂性能与安全设计[D]. 北京:清华大学,2005.

[22] 王天亮. 钢桁梁整体节点试验研究[J]. 桥梁建设,1999,4:32-40.

[23] 周志祥,向红,徐勇. 大跨度钢桁拱桥节点疲劳性能试验研究[J]. 土木建筑与环境工程,2010,32(6):60-66.

[24] 乔晋飞,李凤芹. 钢桁结合梁整体节点及细节构造设计与研究[J]. 铁道工程学报,

2009,8:68-72.

[25] 陶晓燕. 大跨度钢桥关键构造细节研究[D]. 北京:中国铁道科学研究院,2008.

[26] 穆健. 高强螺栓连接节点疲劳破坏试验研究[D]. 重庆:重庆交通大学,2010.

[27] 卫星,李俊,强士中. 钢桁梁整体节点典型构造细节的抗疲劳性能分析[J]. 公路交通科技,2009,26(7):85-89.

[28] Xiang H, Zhou Z X, Xu Y. Mechanical Analysis of High-Strength Bolts Based on Node Fatigue Test[C] // International Conference on E-Product E-Service and E-Entertainment. IEEE, 2010:1-5.

[29] 桂国庆,余长征,潘际炎,等. 钢桥钢梁整体节点疲劳试验研究[J]. 工程力学,2001,18(4):38-44.

[30] 罗晋明. 钢桥整体节点疲劳性能研究[D]. 成都:西南交通大学,2004.

[31] 王天亮. 孙口黄河大桥钢梁整体节点模型疲苏试验研究[C]//全国城市桥梁青年科技学术会议论文集(1996-1997年卷)[C]. 1996:642-647.

[32] 王天亮,王邦楣,潘东发. 芜湖长江大桥钢梁整体节点疲劳试验研究[C]//湖北省土木建筑学会学术论文集(2000—2001年卷)[C]. 2002:348-354.

第7章　典型病害检查与开裂评定技术

7.1　钢箱梁典型病害日常检查

7.1.1　典型病害及成因分析

日本曾对某国道线上的 2 559 座钢结构桥梁中发生的病害进行统计,将钢桥梁中发生的典型病害归为以下类型,如图 7-1 所示。由图可见,在各类病害中,腐蚀及涂装劣化分别占到 62% 和 35% ,是钢桥梁中最为主要的病害类型。钢构件脱落、疲劳裂缝等结构性损伤的比例为 3% ,所占比例较小,但是考虑到构件破坏将严重危机桥梁运营安全,因此需对疲劳裂缝等病害给予足够的重视[1]。

1) 钢箱梁涂装劣化

钢箱梁表面涂装不仅对桥梁结构具有装饰效果,而且可以有效减少大气中腐蚀物质对钢箱梁内部钢材的侵蚀。但其本身直接与外界环境相接触,受大气中腐蚀物质的侵蚀较为严重,随着服役时间的增加,容易发生老化、变质。参照 GB/T 1766—2008、ISO 4628—2003、TB/T 2486—1994 和 ASTM 标准,对钢箱梁表面涂装破坏进行判定,其破坏类型主要包括粉化、起泡、裂纹、脱落、生锈五种[2-5]:

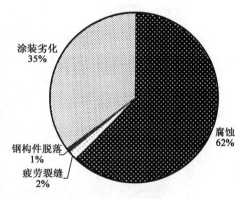

图 7-1　日本钢桥梁典型病害分类

(1)粉化:涂膜由于表面老化损坏,呈粉状脱落。涂膜出现白色(浅色漆)或深色(深色漆)粉状物。

(2)起泡:涂膜表面分布直径不等的膨胀隆起,出现点泡或豆泡。

(3)裂纹:涂膜中出现的裂痕、能见到下层或底层的网状或条状裂纹。

(4)脱落:涂膜的表面和底层之间、新旧涂膜之间丧失了附着力,涂膜表面形成小片或鳞片状脱落。

(5)生锈:涂膜出现针孔锈斑、点状锈、泡状锈或片状锈的现象。

钢箱梁涂装破坏,除上述类型以外,还包括在钢箱梁制作、安装时发生的涂装刮伤、涂装烧伤、涂装熏黑、涂装凹凸不平、涂装油渍等。各种钢箱梁涂装的破坏类型如图 7-2 所示。

钢箱梁涂装的各种病害的成因各不相同,涂装的粉化、起泡、裂纹、脱落及生锈主要发生在钢箱梁结构服役阶段。而涂装刮伤、烧伤、熏黑、凹凸不平大多是在钢箱梁制作、安装阶段产生的。各种病害的主要原因如下所述:

(1)粉化:涂膜由于长期暴露于大气之中,表面易发生老化,并且涂膜中的色相原料在紫外线作用下发生变质,有机涂料的分子结构产生分解变成粉状,损害了涂膜中颜料的性能,使涂膜颜色发生变化。

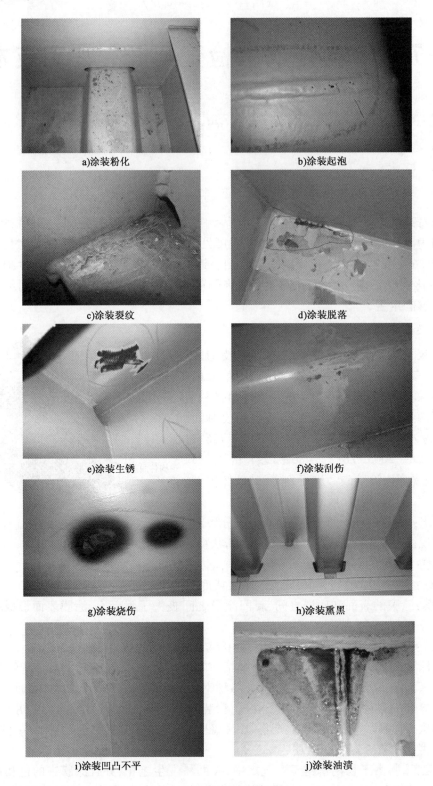

图 7-2 钢箱梁涂装破坏类型

(2)起泡:一般是由涂层之间或涂层与钢材之间渗入的气体或液体引起的压力所致,当压力大于涂层间的黏聚力时,便产生了气泡;或者涂层内的锈胀引起涂膜的鼓泡(锈的体积为铁体积的2.5~4.0倍)。

(3)裂纹:涂膜裂纹(龟裂、裂纹)是由于涂层内部的应变导致的。龟裂是涂膜表面出现轻微的裂纹,一般较难发现;裂纹是达到涂膜深处或钢材表面,容易被发现。

(4)脱落:脱落是涂层之间、涂层与钢材之间因附着力较低而产生的涂膜剥离状态,通常易发生在结构的下侧,或附着盐分的部位。

(5)生锈:生锈是涂装劣化中最严重的一种破坏类型,分为非鼓泡产生的锈或鼓泡裂缝产生的锈,以及涂装裂缝或破坏产生的锈。锈蚀状态分为均匀分布、局部密集分布、线状分布等多种。

(6)刮伤:主要是由于在钢箱梁制作、安装阶段人为的碰擦,导致涂装的部分剥离。

(7)烧伤熏黑:主要是钢箱梁结构在安装过程中焊接不当产生,在连接处焊透时,可能烧伤、熏黑涂装。

2)钢材腐蚀

桥梁所处地理位置千差万别,环境差异很大,环境腐蚀特性的高低会极大地影响钢箱梁腐蚀的速率。污染的工业大气中富含的硫化物、氮化物及尘埃,江河大气中富含水分以及盐粒子,高温、多雨的气候都会产生天然腐蚀。同时,钢箱梁表面涂装的破坏也会加剧内部钢材的腐蚀速率。腐蚀使桥梁构件截面削弱,产生病坑、缺陷和裂纹,裂纹扩展,引起寿命降低甚至断裂。目前钢箱梁钢材腐蚀主要有以下几类:

点蚀:桥梁在一定的环境介质中运营一段时间后,钢箱梁大部分表面未受腐蚀,但在个别的点或微小区域内,由于金属的选择性腐蚀而出现蚀孔或麻点,随着时间的增加,蚀孔向纵深方向发展,而其余地区不腐蚀或腐蚀很轻微。

均匀腐蚀:相对局部腐蚀而言,在金属整个表面上发生均匀减薄的腐蚀,此类腐蚀较多发生在钢箱梁底板外侧及风嘴加劲肋部位。

缝隙腐蚀:金属铆接、螺栓连接等金属与金属间的连接结构存在缝隙,当具有缝隙的这种金属结构暴露在腐蚀介质中时,在缝隙的局部范围内产生严重的腐蚀。

钢箱梁钢材腐蚀中点蚀、均匀腐蚀及缝隙腐蚀出现的比例如图7-3所示,其具体的腐蚀情况如图7-4所示。

对于钢箱梁的点蚀,一般是由于大气中的氯离子吸附在金属表面膜中某些缺陷处引起的,钢箱梁涂装层的脱落、生锈部位都容易引发点蚀。均匀腐蚀往往在钢箱梁的某片区域出现。大跨度桥梁大多处于大江大河之上,空气湿度常年在80%以上。钢箱梁底板外侧以及风嘴加劲肋等部位直接与外部空气接触,水蒸气在金属外侧形成水膜,水膜中的氧气穿过涂层后与金属发生电化学反应,产生均匀腐蚀。在钢箱梁的连接部位,经常会出现应力集中的情况,导致该处出现缝隙。缝隙暴露于大气的腐蚀介质之中,引发缝隙在局部范围内金属的加速腐蚀。

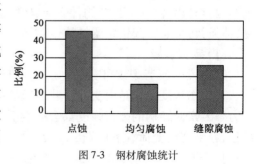

图7-3 钢材腐蚀统计

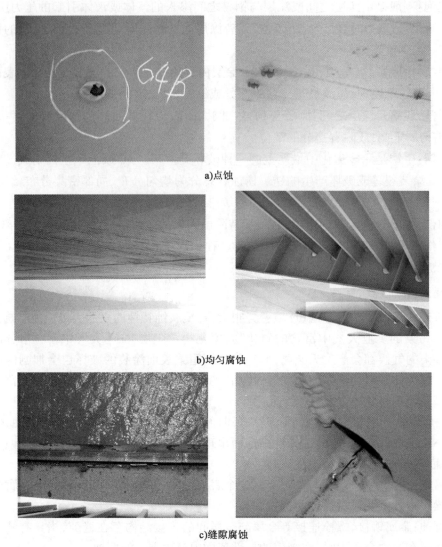

图 7-4 钢箱梁钢材腐蚀类型

3）钢箱梁结构性损伤

钢箱梁作为重要的桥梁上部结构，直接承受车辆荷载的反复作用。同时，特殊的地理位置，也决定大跨度桥梁长期受到风荷载的作用。在车载、风载等荷载的长期共同作用下，钢箱梁结构容易出现疲劳损伤、构件变形异常、连接缺陷等问题。此类问题一旦出现，如不及时修复、补强，将可能引起钢箱梁结构性破坏。

(1) 疲劳裂缝

钢箱梁的疲劳裂纹可分为主应力引起的平面内疲劳裂纹与次应力引起的平面外疲劳裂纹。其损伤程度主要是由交变荷载引起的应力幅、应力循环次数决定的。同时，应力集中、拉应力等因素对结构的疲劳强度都会产生不利的影响。因此，钢箱梁结构中必然存在某些薄弱部位，容易在交变荷载下首先出现疲劳裂纹，并在服役过程中疲劳损伤不断累积，导致裂纹的进一步开展。图 7-5 列出了钢箱梁中的易于发生损伤的构造细节。

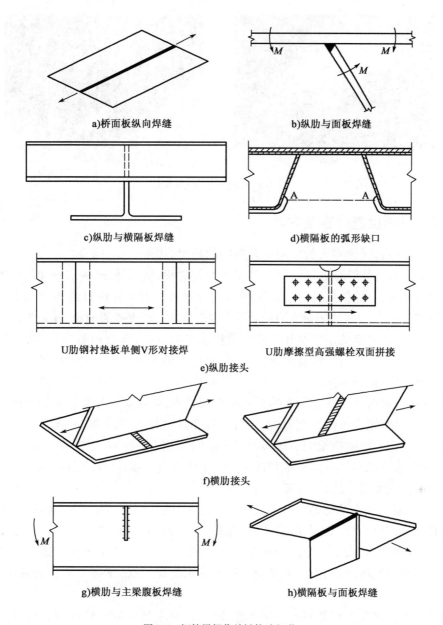

图 7-5 钢箱梁损伤关键构造细节

(2) 构件变形过大

钢箱梁结构中部分构件在重型荷载作用下,局部位置材料可能进入弹塑性阶段,局部变形过大。一般在钢箱梁顶板、缆索与箱梁连接等位置容易出现此类情况。

(3) 连接缺陷

钢箱梁的主要连接方式是焊缝连接及螺栓连接。焊缝连接处承受与其方向垂直的交变荷载作用时,在焊接缺陷及局部应力集中处均易诱发疲劳裂纹,产生前述的疲劳损伤。同时,焊缝还可能发生撕裂脱开等病害。对于螺栓连接,存在螺栓锈蚀、脆性断裂及滑移等问题。图 7-6 为钢箱梁部分连接缺陷示意图。

a)焊缝锈蚀

b)螺栓松动

图 7-6　钢箱梁部分连接缺陷

7.1.2　日常检查内容及方法

日常检查是指桥梁管养人员针对运营期内的桥梁,按照一定的标准、一定周期,对桥梁各部位进行检查的日常性管理方法。其主要工作为收集桥梁运营状态的信息和出现劣化的结构物的部位及程度等,并提供依据给专业工程师进行判断是否需要进行结构物的维护维修或专项检查,同时能及时发现解决影响交通的状况并及时处理。按照检查时机,检查工作可以分为:

经常检查:平时实施的钢箱梁异常状况及损伤检测,以行车交通造成影响,需紧急维修的异常状况、损伤为检查重点。以直接目测为主,配合简单工具量测,一般可和桥梁的小修保养工作结合进行,每月至少一次。

定期检查:定时对钢箱梁的所有构件实施全面检查,以及确认经常检查记录的钢箱梁异常状况、损伤。以目测结合仪器检查为主,对桥梁各部分进行详细检查,一般安排在有利于检查的气候条件下进行。根据桥梁的不同情况规定时间为:新建桥梁竣工接养一年后;一般桥梁检查周期为三年,也可视桥梁具体技术状况每一至五年检查一次,非永久性桥梁,每年检查一次;桥梁技术状况在三类以上的,应安排定期检查。

特殊检查:采用仪器设备等特殊手段和科学方法分析桥梁病害的确切原因和程度,确定桥梁技术状态,以采取相应的加固、改造措施,包括专门检查和应急检查。一般在地震、洪水、滑坡、超重车辆行驶、行船或重大漂浮物撞击之后,决定对单一的桥梁进行改造、加固之前,桥梁定期检查难以判明损坏原因、程度危及整座桥的技术状况,或桥梁技术状况为四类时,进行特殊检查[6]。

现场检测人员是在没有监督的情况下作业的,检测人员提供的检测资料的准确与否是桥梁检测最重要的环节,直接影响到整个钢箱梁养护工作。因此,必须明确检测人员的责任和义务,保证检测人员具有较高专业水平和职业素养。大型桥梁的钢箱梁构造复杂,检查工作量大,为避免现场检查缺漏或错误,应制订详细的区域检查计划,查阅待检桥梁的相关资料,准备检测设备,确定检测顺序,记录检测结果。

钢箱梁是直接承受汽车荷载的部位,其结构是否健全直接关系着行车的安全性及舒适性。因此,钢箱梁的日常检查与养护对于保证桥梁的正常运营相当重要。钢箱梁检查的主要内容包括以下几个方面:

(1)钢箱梁涂装劣化:涂装劣化是钢箱梁中钢材开始腐蚀的前兆,主要有生锈、脱落、裂纹、起泡、粉化、刮伤、烧伤、熏黑、表面凹凸不平等类型。在涂装检查过程,需要对其劣化倾向进行定量测定。

①确定劣化的类型及严重程度;

②测量劣化面积,分析原因及发展趋势。

(2)钢材腐蚀:钢箱梁中钢材腐蚀将引起其截面削弱,并产生病坑、缺陷和裂纹,导致钢箱梁寿命降低甚至断裂。钢材腐蚀主要包括点蚀、均匀腐蚀、缝隙腐蚀等不同类型。在钢材检查过程中,需要对其腐蚀程度进行定量测定。

①确定钢材腐蚀的类型及严重程度;

②测量腐蚀的面积及深度,分析原因及发展趋势。

(3)钢箱梁节段间焊缝、支座处螺栓:

①确定焊缝病害类型及严重程度,分析其发展趋势;

②确定螺栓连接缺陷的类型,针对不同的缺陷类型分析原因及发展趋势。

(4)疲劳裂纹(钢箱梁主要疲劳裂纹主要发生在重车道部位):

①顶板疲劳裂纹:顶板、横隔板、U肋相交部位;位于横隔板之间、顶板与U肋相交部位。

②U肋纵向焊缝、U肋嵌补段连接焊缝、U肋与横隔板相交的焊缝疲劳裂纹以及横隔板弧形缺口位置处疲劳焊缝。

③横向连接箱底板与钢箱梁腹板相交焊缝疲劳裂纹。

④横向连接工字钢下翼缘与钢箱梁腹板相交焊缝疲劳裂纹。

⑤吊索锚板与钢箱梁间的疲劳裂纹。

对于上述钢箱梁日常检查的规定部位,检查人员需要周期性地进行检查。根据国内外钢箱梁巡检经验,日常检查原则上每月至少1次。

在确定钢箱梁日常检查的主要内容之后,需要针对不同的病害类型采用具有针对性的日常检查方法。

1) 钢箱梁涂装劣化

涂装劣化以目视检查为主,辅以必要的工具,如小锤、钢尺等。检查过程中需现场确认劣化类型并测量劣化范围。同时,对涂装劣化等级进行评定,主要有两种评定标准,一种是以美国 ASTM. D610/SSPC. Vis2 锈蚀百分率图作为依据,另一种是参照 TB/T 2486,对涂膜损坏等级进行评定。

(1)美国 ASTM. D610/SSPC. Vis2

图 7-7 为涂装锈蚀百分率图,依据图中的锈蚀情况,表 7-1 给出了涂装劣化等级的评定标准。

涂装劣化等级的评定标准　　　　表 7-1

劣化程度	锈蚀面积百分率(%)	参 考 图	严重度
严重、立即更换涂装	>10	图 7-7(1~4)	2
较严重、准备更换涂装	3~10	图 7-7(4~5)	
较轻	0.1~3	图 7-7(6~7)	1
基本健全	<0.1	图 7-7(8~9)	

(2)国内 TB/T 2486

TB/T 2486 主要根据涂装的粉化程度判断涂膜损坏的程度,见表 7-2。确定涂膜损坏类型和损坏等级,应在光线明亮条件下目测和用手擦拭。实际情况与标准之间难以一致时,取损坏等级严重的一级。评定等级时,应按损坏最严重的一级评定。

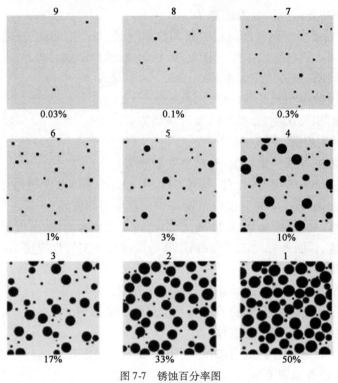

图7-7 锈蚀百分率图

涂膜损坏等级评定表　　　　　　　　　　　　　　　　　　　　　　　　　表7-2

涂膜损坏等级	粉　　化
轻微(一级)	用力擦涂膜,手指沾有少量颜料粒子
中等(二级)	用力擦涂膜,手指沾有较多颜料粒子
轻重(三级)	用力较轻,手指沾有较多颜料粒子
严重(四级)	轻轻一擦,整个手指沾满大量颜料粒子或出现漏底

2)钢材腐蚀

钢材在潮湿及酸盐碱腐蚀性环境中容易生锈,导致截面削弱,承载力下降。钢材的腐蚀程度可由截面厚度的变化来衡量。因此,钢材日常检查主要是测量钢材厚度的变化,钢材厚度检测主要有两种方法。表7-3中给出了钢材腐蚀的评定标准。

(1)人工测量:采用游标卡尺直接进行测量。

钢材腐蚀的评定标准　　　　　　　　　　　　　　　　　　　　　　　　　表7-3

等 级 描 述	严 重 程 度
主要构件腐蚀削弱截面≥10%	严重
构件腐蚀面积比5%～10%	较严重
构件腐蚀面积比3%～5%	中等
构件腐蚀面积比0.1%～3%	较轻

(2) 超声波检测：超声波测厚仪采用脉冲发射波法，超声波从一种介质传入另一种介质时，将在两种介质的交界面发生反射，利用波速及传播时间便可以算出钢材的厚度。对于数字超声波，测厚仪可以直接得到钢材的厚度。

3) 连接缺陷

对于高强螺栓主要针对延迟断裂。延迟断裂是指在静力荷载作用下，在缺口、疲劳裂纹、腐蚀坑等应力集中处发生的脆性破坏。螺栓延迟断裂检测方法有以下两种，表7-4、表7-5分别给出了螺栓及焊缝劣化的评定标准。

(1) 锤击法：简单易行，成本低，适宜破坏比率较小的部位。

(2) 超声波法：成本高，适宜破坏比率较大的部位。

对于焊缝缺陷，主要采用目测观察，辅以放大镜的方法。检测内部缺陷可以借助超声波探伤仪进行检测。

螺栓劣化评定标准 表7-4

劣 化	等 级 描 述	严重程度
腐蚀	一组30%以上的螺栓出现严重腐蚀	较严重
	一组30%以下的螺栓出现较严重腐蚀	中等
延迟断裂	一组10%以上的螺栓出现延迟断裂	严重
	一组10%以下的螺栓出现延迟断裂	较严重

焊缝劣化评定标准 表7-5

等 级 描 述	严重程度	等 级 描 述	严重程度
≥2个主要构件出现开焊	严重	次要构件出现开焊	较轻
1个主要构件出现开焊	较严重		

4) 钢箱梁疲劳裂纹

结构在疲劳裂纹处会发生没有征兆、无明显塑性变形的破坏，对结构的安全性具有严重的威胁。因此，对于钢箱梁中的疲劳裂纹需要予以足够的重视。在日常检查中，可以采用人工目视检查、磁粉探伤测试、涡流探伤测试、超声波测试等方法进行疲劳裂纹的检测。

通过对钢箱梁疲劳裂纹检查的结果，对其损伤程度进行评估，见表7-6。

疲劳裂纹判定标准 表7-6

裂纹位置	图 示	判 定 标 准	严重程度
顶板	图7-5a)	横隔板间裂纹： 长度小于100mm 长度大于100mm	中等 较严重
		横隔板间裂纹： 长度小于100mm 长度大于100mm	较严重 严重
U肋纵向焊缝	图7-5b)	裂缝沿焊缝纵向开展： 长度小于100mm 长度大于100mm	中等 较严重

续上表

裂纹位置	图 示	判定标准	严重程度
U肋嵌补段连接焊缝	图7-5c)	裂纹从焊缝处开始,沿U肋壁开展: 长度小于100mm 长度大于100mm	中等 较严重
横隔板	图7-5d)	裂纹从焊缝处或弧形缺口任意部位开始,沿横隔板开展: 长度小于100mm 长度大于100mm	中等 较严重
横向连接箱底板	图7-5e)	焊缝出现贯穿裂纹: 长度小于100mm 长度大于100mm	中等 较严重
吊索锚箱与箱梁间的焊缝	图7-5f)	焊缝出现贯穿裂纹: 长度小于100mm 长度大于100mm	中等 较严重

7.1.3 关键部位维护措施

根据检查的结果,制订涂装维护的相应措施。对于钢箱梁涂装,可以采用以下维护策略,即维修涂装、重新涂装及放弃涂装处理,其中维修涂装可分为局部维修涂装与整体维修涂装。美国ASTM.D610标准中根据钢结构表面腐蚀面积对腐蚀等级进行评估划分。钢箱梁的锈蚀等级为7级或7级以上,同时发生腐蚀的面积百分比不大于钢箱梁面积的0.1%,可采用局部维修涂装措施。当锈蚀等级在5级或5级以上,并锈蚀面积百分比不大于1%时,可采用整体维修涂装措施。

局部维修涂装是指仅对发生腐蚀的区域表面进行处理,然后按照完整的涂装规格对已处理的区域进行的涂装。局部维修涂装主要包括清理与重新涂装锈蚀的区域,该维护措施仅适用于锈蚀面积较小且涂装具有充足黏结力的部位。仅需要处理和重涂刷发生腐蚀的区域,与其他形式的维护涂装相比,局部维修涂装的准备及涂装维修费用较低。由于涂装维修区域较小,折算到单位面积,所需维护人员的数量、维护的设备与工具、组织费用等间接成本将变得较高。

整体维修涂装是指对已发生腐蚀的区域表面进行处理,然后按照完整的涂装规格对整个结构进行的涂装。整体维修涂装首先需要对发生腐蚀的区域进行除锈、清理等,然后对整个结构进行翻新涂装。涂装区域包括已经处理的腐蚀区域与未发生腐蚀的原始涂装存在区域,因此,所选的新涂料或油漆性质要与原涂层相一致,保证两涂层间具有良好的黏结效果,同时消除涂层固化时和原有涂层表面的污染问题。只需对产生锈蚀的区域进行除锈清理,涂层状态良好的区域不需清除,仅需再涂刷一次涂料或油漆。新的涂装与原涂装之间存在黏结问题,可能导致新的涂装过早脱落。

重新维修涂装是指彻底清除原有涂层、进行表面处理后,按照完整的涂装规格对整个结构进行的涂装。涂装工艺及油漆系统已不宜按维修涂装而应基本按照大桥初始涂装时的涂装工艺及油漆系统执行。在涂装工艺上与初始涂装具有不同特点:①涂装所处状况不同:重新维护涂装时在大桥现场逐段进行喷砂和油漆，初始涂装是单个梁段在专门涂装车间完成。②涂装环境不同：重新涂装被动地受到季节、天气和大桥运营情况的影响，初始涂装时温度、湿度可以选择和控制。③涂装设备与工具不同：重新涂装所用的工具与设备须符合现场施工的要求。重新维修涂装可以使涂层性能达到最好的状态，是其他维修涂装措施所无法比拟的。但是成本高，并且对于含有铅基涂料等有害物质的涂料，在清除原始涂层时会污染环境，影响维护工人的健康。

钢箱梁产生疲劳裂纹后的处理方式有很多，现将其分为三大类：临时处理措施、修补措施及加固补强措施，如图7-8所示。

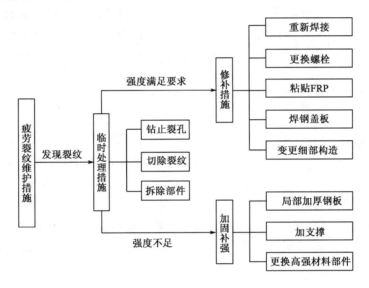

图7-8 常用疲劳裂纹处理方式

作为一种临时的处理措施，在裂纹端部钻圆孔，可以防止疲劳裂纹进一步扩展，如图7-9所示。然而孔洞必须有足够大的直径，而不是重新引起新的裂纹[7,8]。某些情况下，钻止裂孔后造成了局部强度降低，可通过用高强螺栓在钻孔处连接。亦可从焊缝开裂的位置切除焊缝部分，但要注意因切除而造成的强度损失。

在确保安全或者有临时加固措施的情况下，可直接将疲劳破坏部分拆除，以避免裂纹扩展导致其他部件破坏。

开裂可由重新焊接加以修复，但应在咨询专家意见之

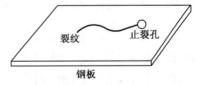

图7-9 止裂孔示意图

后才能进行。通常在现场结构上实施，完成起来比制作新焊缝要困难得多。尽管能够采取锤击和烘烤技术来消去不良应力，但是低劣的冲焊仍可能诱发再次开裂[9]。焊接加固方式有两种：一是加大焊缝高度（堆焊），二是加长焊缝长度。在原有节点允许增加焊缝长度时，应首先采用加长焊缝的加固连接方式，尤其是在负荷条件下加固。

原采用螺栓连接的节点，一般采用更换螺栓的方法。个别情况可同时使用螺栓和焊缝来加固，但要注意螺栓的布置位置，使二者变形协同。螺栓替换范围为：①产生破损的连接板的全部；②和破损的螺栓同一位置的全部；③认为损坏的螺栓。螺栓替换顺序一般为从中间向两边进行，保证接触面的紧密结合[10]。

粘贴FRP的施工工艺流程为:①钢板表面清洗干净,打磨平整;②对打磨后的钢板进行表面处理;③根据裂纹尺寸选择合适的贴片尺寸,贴片位置距裂纹尖端5～10mm;④根据实际情况选择单面贴片或双面贴片[11]。

角焊缝绕着盖板焊接在裂缝上面,能在较短时间封闭车道的情况下完成,但由于裂纹会很快扩展或出现在盖板角焊缝处,因此修复效果不是十分理想。

局部的构造细节设计不当,也有可能导致疲劳裂纹的萌生。这种情况下,就应该适当地改变局部构造,以防止裂纹的进一步扩展及新裂纹的出现。

对于钢箱梁上有严重缺陷或因通行重型车辆而不能满足安全承载要求的薄弱构件,通常是采取加厚钢板来增大截面。采用角焊缝焊接或螺栓连接或环氧树脂粘贴的方法。焊接或螺栓连接一般用于切除旧钢板,采用新钢板与原结构连接;用环氧树脂粘贴的方法一般用于保留旧钢板,将新钢板与旧钢板黏结共同作用。

当荷载作用下,构件发生局部失稳产生裂纹时,可采用在构造上局部加强的方式进行加固。如图7-10所示,当两肋之间的桥面板发生下挠时,使用小的角撑板跨角焊缝安装在桥面板和加劲肋下面。另外,加横隔、加劲肋等也都可作为同类的补强方式,在不同的情况下可采用相应的方式进行加固补强。

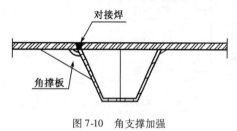

图7-10 角支撑加强

还可以通过更换高强材料部件来进行加固补强。在不改变原来结构的基础上,用强度更高的构件来替换,并采用合理的连接方式。另外值得一提的是,在螺栓更换的修补方式中,若旧螺栓是由于强度不足而导致的破坏,则应在更换中采用更高强度的螺栓来替代。

7.2 钢箱梁腐蚀病害综合评分制评定

7.2.1 现有金属腐蚀评定方法

调查分析桥梁设计、使用和病害产生的原因,发现在桥梁设计中比较重视桥梁的安全和结构强度,却容易忽视结构或构件的使用寿命。当桥梁的主要构件钢箱梁发生严重腐蚀,钢板基本被腐蚀透,此时钢箱梁使用寿命已经终止,不能继续承载,严重影响整座桥梁的安全性和桥梁的使用寿命。由此看出,及时进行钢箱梁腐蚀病害检查很重要,进行日常检查之前,系统的钢箱梁腐蚀评定方法不可缺少。

为了使钢箱梁能够得到及时的维护或加固,研究了适合钢箱梁腐蚀病害评定的方法。系统的资料检索表明,国内外尚无单独针对钢箱梁腐蚀的评定方法。本章通过各种金属及合金的腐蚀的评定方法,总结现有评定标准特点,分析其评定原理和依据。在此基础上,选取适合钢箱梁腐蚀评定的评定指标,综合各种评定方法,建立适用于钢箱梁腐蚀的评定方法。

1)国内标准

(1)航标HB5455标准

我国的航标HB5455采用目视法来评定高强铝合金的腐蚀等级,将高强铝合金分为"未出现剥蚀(N)""点蚀(P)"和"剥蚀(EA,EB,EC,ED)"等 6 个腐蚀等级[12]。各腐蚀等级的宏观标准如下：

N——表面允许变色或腐蚀，但没有点蚀和剥蚀的迹象；

P——点蚀，表面出现不连续的腐蚀点，在点的边缘可能有轻微的鼓起；

EA——表面有少量鼓泡裂开，呈薄片或粉末，有轻微的剥层；

EB——表面有明显的分层并扩展到金属内部；

EC——剥蚀扩展到较深的金属内部；

ED——剥蚀发展到比 EC 更深的金属内部，并有大量金属层剥落。

(2)《金属和合金的腐蚀——点蚀评定方法》标准

2001 年发布的《金属和合金的腐蚀——点蚀评定方法》(GB 18590—2001)标准中，给出了金属和合金的点蚀评定方法，主要考虑了点蚀的密度、蚀坑大小和蚀坑深度 3 个影响腐蚀损伤程度的指标，把金属和合金表面的腐蚀等级分为 5 级[13]。

①点蚀尺寸检测方法

评估蚀坑的尺寸包括：开口直径、平均孔深、最大孔深，还要确定蚀坑所覆盖的面积与整个面积的百分比。确定点蚀参数的方法如下：

a. 目视检查

目测或用低倍放大镜观察被腐蚀的金属表面，可确定腐蚀程度和蚀坑的表面位置。用显微镜统计蚀坑数目以确定蚀坑密度很困难，可以借助塑料网格。将带有 3~6mm^2 的网格覆盖在金属表面上，统计和记录每单位面积的蚀坑数。然后依次移动网格直达所有表面都被覆盖。

b. 非破坏性观察

许多技术已经发展到可以不必破坏材料就能观察金属表面的裂纹或蚀坑，这些方法在定位和辨别蚀坑的形状方面较前面所提的那些方法虽然效果欠佳，但考虑到它们用于原位测量的优点，在现场更实用。

(a)射线照相技术

射线密度随着材料厚度的变化而变化，如果缺陷能引起射线吸收的变化，缺陷就可以被检测到。探测器和胶片可以提供内部缺陷的形貌，如图 7-11 所示。金属厚度的检测主要取决于有效能量的输出。孔洞或蚀坑的大小必须达到金属厚度的 0.5%，才能被探测到。

(b)电磁法

涡流可以用于探测导电材料在结构上的缺陷和不规则性。当试样暴露在一个由通交流电的线圈产生的变化磁场时，涡流在试样中产生，同时反过来，它自身也会产生一个磁场。在缺陷的材料产生的磁场不同于作为参照物的无缺陷材料产生的磁场，并且需要专用仪器来确定这些缺陷。

(c)声波法

利用声波法，通过介质如油或水把声音能量的脉冲传到金属表面，反射回来的声波转化为电信号，通过解释电信号可以显现缺陷或蚀坑的位置。此方法应从无蚀坑表面开始。该方法有很好的灵敏性，尽管它不能用于检测直径不到 1mm 的蚀坑或在 1mm 以内的无蚀坑面，但是可以立即提供关于蚀坑的大小和位置的信息。

(d)渗透法

在表面开口缺陷可以通过用渗液来显示。在除去多余的部分后，渗液会接着渗出表面。

通过喷淋一种能与渗液起染色作用的显影液来对缺陷定位,或者渗液中含有荧光材料,在紫外线下显现缺陷。缺陷的大小可以通过颜色的强度或渗液渗出速率来表征。

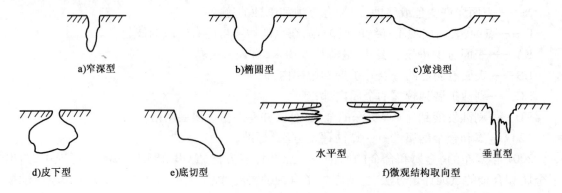

图 7-11　蚀坑的剖面图

(e)复形法

通过在表面用一种材料对点蚀表面的蚀坑进行复形,而且这种材料可以在不破坏它自身形貌的条件下从点蚀表面剥离下来,可以得到与点蚀表面一致的形貌。被剥离下来的材料包含对原始表面的复形,使得分析比在原始表面上更容易进行,适用于分析非常小的点蚀坑。

(f)力学性能的损伤

如果点蚀是腐蚀的主要形式而且蚀坑的密度相对高,用力学性能的变化来评估点蚀程度是有利的。用于此目前的典型的力学性能指标是强度、冲击功和破裂压力。

(g)电性能

开裂和点蚀可以引起表观电导率的减少。

c.破坏性观察

(a)金相法

通过将预先选好的蚀坑垂直剖开,金相法镶嵌横截面,然后在抛光表面上进行测量,可以确定蚀坑深度。一种更好的或可以代替的方法是从稍偏离蚀坑的位置截开,然后渐渐磨至蚀坑出现的截面上。横截蚀坑很难,而且可能错过最深的部分。蚀坑的测量需要在经抛光的平的表面上用经标定的目镜来测量。此方法较精确,但它要求对蚀坑的选择要有熟练的操作技巧、好的判断力以及良好的横截蚀坑的技术。其局限性在于耗费时间,未能选到最深的蚀坑,而且横截面的位置可能不是蚀坑的最深位置。

(b)机械法

对于局部腐蚀的金属,由于其金属表面局部有点蚀,且其表面为不均匀锈蚀,采用失重法无法准确描述腐蚀对表面特征的影响,所以引进一些相关专业机械对其表面特征进行测量并进行描述。这种方法要求试样有规则的形状,而且通常要破坏试样。测量没有受均匀腐蚀影响的两个面之间试样的厚度。选择相对未受影响的试样的一面固定,然后在精密车床、磨床或铣床上对有蚀坑的另一面进行加工,直到除去所有的腐蚀痕迹。对较软的金属,由于黏结和抹平,加工会有一些困难,蚀坑可能会被除去痕迹。相反地,夹杂可能被从金属上除去,这样会干扰测量。最后测量试样的两个表面之间的厚度,并从原始厚度中减去即可得到最大蚀坑深度。然后在未加工的另一面上重复上述过程,除非第一面加工完后厚度已经减少 50%或更多。

机械法同样适用于确定特定深度的蚀坑数。记下可见的蚀坑数,然后磨去已测量过的表面。在每一阶段记录保留下来的蚀坑数。用上一阶段的蚀坑数减去每一阶段测得的蚀坑数,得到每一切削深度下的蚀坑数。

(c)用测深规或测微计测量

这种方法是利用测微计上的针尖或已校正的测深规去探测蚀坑孔腔的。先要彻底除去蚀坑周围的腐蚀产物或堆积层,将仪器在蚀坑口的未腐蚀金属面上调零,再将针插入蚀坑内触到底部,针伸入的距离就是蚀坑的深度。如果采用立体显微镜与该技术结合的方法使用效果会更好,因为蚀坑被放大,可以保证针尖在蚀坑的底部。这种方法局限于开口足够大的蚀坑,以便针伸入时不受阻碍。这种方法不适用于测量那些底切型的蚀坑或有很强方向性的蚀坑。

还有一种经演变的方法是在测距仪上附加一个感应器,通过测距仪和电流将它与试样连接起来。当感应探头接触到蚀坑的底部时,构成一个电流回路,触头移动的距离就是蚀坑的深度。这种方法仅适用于规则形状的蚀坑,因为探头碰到蚀坑的边缘或导电性的堆积物时,得到的数据是错误的。

(d)超声波法

超声波法,利用超声波在金属内的传播来检测试件厚度,从而间接测量出蚀坑深度。

(e)显微镜法

显微镜法特别适用于蚀坑非常狭窄或仪器的探头很难伸入蚀坑内的情况。只要光在蚀坑底可以聚焦,就可采用这种方法。将金属表面的单个蚀坑放在低倍(50倍)物镜正中,增加物镜的倍数直到蚀坑面积占有视野的大部分,在蚀坑的边缘先粗调后微调进行聚焦,记录最初微调旋钮的读数,用微调旋钮在蚀坑底聚焦,记录旋钮读数。微调旋钮最初读数与最终读数的差值就是蚀坑的深度。

②腐蚀评定方法

a. 标准图表法

根据标准图表按照密度、大小和深度来对蚀坑评级,如图7-7所示。A列和B列与金属表面的点蚀范围有关,A列是用每单位面积点数来评级的方法,B列是显示这些点的平均大小来分类的方法,C列按破坏程度或平均深度来评级。评级A-3、B-2、C-3可以认为是代表蚀坑的密度为$5 \times 10^4/m^2$的一种典型评级,平均蚀坑开口为$2.0mm^2$,平均蚀坑深度为$1.6mm$。

b. 金属穿透法

根据蚀坑的最大深度,或十个最大蚀坑的平均深度,或两者兼用,来测量最深的蚀坑以描述金属穿透。用点蚀因子,它是失重确定的最深金属穿透与平均穿透的比值,如下式:

$$点蚀因子 = \frac{最深金属穿透深度}{平均金属穿透深度}$$

点蚀因子为1,表示为均匀腐蚀。点蚀因子越大,穿透深度越大。点蚀因子不能适用于点蚀或均匀腐蚀很小的情况,因为当分子或分母中任意一个趋于零时,可能会得到零值或不确定值。

(3)飞机结构腐蚀级别评定准则(AC-121-65)

2007年发表在中国民航大学学报的《飞机结构腐蚀级别评定准则详析》提出以"腐蚀原因""腐蚀类别"和"腐蚀程度"为判断依据的腐蚀评级准则,不仅大大提高了飞机腐蚀评级效率,并且已得到波音公司认可及中国民用航空总局的批准[14]。《飞机结构腐蚀级别评定准则

详析》根据腐蚀对飞机持续适航性的影响程度,结构腐蚀等级分为3级。评定准则如下:

①1级腐蚀

a.腐蚀防护与控制项目重复间隔内产生的腐蚀属于局部腐蚀,且腐蚀材料去除量在允许的损伤极限范围内。

b.腐蚀防护与控制项目重复间隔内产生的腐蚀材料去除量超出了允许损伤范围,但是腐蚀起因为偶然因素(在整个机队并不具有普遍性)。偶然因素导致的结构腐蚀均为1级腐蚀。非偶然因素导致的蔓延腐蚀均为2级甚至3级腐蚀。

c.如果清除腐蚀后的结构仍然能够承受设计极限荷载,结构腐蚀仍在允许损伤极限范围内。除非"非偶然因素"导致的蔓延腐蚀,这样的腐蚀为1级腐蚀。

②2级腐蚀

a.腐蚀防护与控制项目重复间隔内发生的腐蚀超出1级腐蚀范围,但结构腐蚀并不需要紧急适航关注。

b.如果结构剩余承载能力低于设计极限荷载,就表明结构腐蚀已经超出允许损伤极限。如果不是偶然因素导致,这样的结构腐蚀为2级。

③3级腐蚀

腐蚀防护与控制项目重复间隔内发生的结构腐蚀需要"紧急适航关注"。即:

a.该结构腐蚀在整个机队均可能普遍存在。

b.如果下次重复检查才被发现,腐蚀将导致结构剩余强度低于设计限制荷载,就表明结构腐蚀已经危及飞机持续适航性。如果此类腐蚀在整个机队均可能普遍存在,则需要"紧急适航关注",这样的结构腐蚀即为3级腐蚀。

"腐蚀原因"是偶然因素还是非偶然因素,"腐蚀类别"是局部腐蚀还是蔓延腐蚀,"腐蚀程度"是否超出允许损伤极限以及结构腐蚀是否需要紧急适航关注,是腐蚀评级的决定因素。根据腐蚀评级准则,结构腐蚀评级流程如图7-12所示。

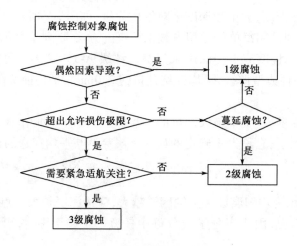

图7-12 飞机结构腐蚀评级流程图

④腐蚀原因

腐蚀防护与控制方案关注和解决的是整个机队均普遍存在,并且通过采取调整重复检查间隔等腐蚀防护和控制手段,能够有效地将结构腐蚀控制在1级或者更好水平的腐蚀问题。

这类结构腐蚀的原因称为"非偶然因素",反之称为"偶然因素"。"偶然因素"导致的结构腐蚀通过腐蚀防护与控制方案,不仅无法有效地将结构腐蚀控制在1级或者更好的水平,还必将大大增加飞机结构维护成本。

非偶然因素包括:结构表面保护层自然老化;防腐剂自然老化;结构设计缺陷。

偶然因素包括:结构修理工艺不当(将可能导致二次腐蚀);构件安装密封不当;排污通道不畅;意外渗漏(包括化工品货物、厨房/厕所、水银、电池液等);防腐措施不当(清洁不彻底,忘喷防腐剂)。

⑤腐蚀类别

腐蚀类别包括蔓延腐蚀和局部腐蚀。局部腐蚀只可能导致单个主要结构失效,对于安装破损—安全或者损伤容限结构设计原理设计的飞机结构持续适航性危害程度较小。蔓延腐蚀属于广布结构损伤的一种,可能会导致结构系统整体剩余强度降低,从而使结构系统的破损安全设计失效,它对飞机持续适航性危害远大于局部腐蚀。因此,非偶然因素导致的蔓延腐蚀均为2级甚至3级腐蚀。

蔓延腐蚀属于较为严重的结构损伤类型,也是腐蚀防护与控制方案关注和解决的重点问题。以下为蔓延腐蚀和局部腐蚀的评定准则:

局部腐蚀:

a. 机翼、机身、尾翼或者吊架等不相邻隔间蒙皮或者腹板上发生的腐蚀;

b. 单个隔框、椽条、长桁或加强件等主要结构件上发生的腐蚀;

c. 两个或者以上不相邻隔框、椽条、长桁或加强件等同类主要结构件发生的腐蚀;

d. 蒙皮、腹板、隔框、椽条、长桁或加强件等不同类主要结构件腐蚀,但构件腐蚀区域并不在同一隔间。

蔓延腐蚀:

a. 机翼、机身、尾翼或者吊架等相邻两个或者两个以上隔间蒙皮或者腹板上发生的腐蚀;

b. 两个或者两个以上相邻隔框、椽条、长桁或加强件等同类主要结构件发生的腐蚀;

c. 同一隔间内两类或者以上主要结构件(蒙皮、腹板、隔框、椽条、长桁或加强件等)上发生的腐蚀。

⑥腐蚀程度

腐蚀程度直接决定了飞机结构的剩余承载能力,直接关系到飞机持续适航性。清除腐蚀后的结构承载能力是腐蚀程度的评定标准。根据结构强度设计准则,结构承载能力不允许低于设计极限荷载。如果清除腐蚀后的结构仍然能够承受设计极限荷载,结构腐蚀仍在允许损伤极限范围内。除非"非偶然因素"导致的蔓延腐蚀,这样的腐蚀为1级腐蚀。如果结构剩余承载能力低于设计极限荷载,就表明结构腐蚀已经超出允许损伤极限。如果不是偶然因素导致,这样的结构腐蚀为2级。

如果腐蚀导致结构剩余强度低于限制荷载承载能力,就表明结构腐蚀已经危及飞机持续适航性。如果此类腐蚀在整个机队均可能普遍存在,则需要"紧急适航关注",这样的结构腐蚀即为3级腐蚀。

2)国外标准

(1)ISO 8993—2010 铝及铝合金点腐蚀评定标准

ISO 8993—2010 铝及铝合金点腐蚀评定国际标准规定了基于样板图的评级系统,根据测量出的金属表面腐蚀面积和目视样图,把铝及铝合金点蚀分成 8 个腐蚀等级,分别用字母 A、B、C、D、E、F、G 和 H 表示,又根据蚀坑出现的频率将每个锈蚀等级分为 1~6 共 6 个二级等级[15]。腐蚀面积与评定等级的转换见表 7-7。

ISO 8993—2010 的腐蚀面积与评定等级的转换表 表 7-7

图 表 评 级						腐蚀面积百分比
A						0
B1	B2	B3	B4	B5	B6	≤0.02
C1	C2	C3	C4	C5	C6	0.02~0.05
D1	D2	D3	D4	D5	D6	0.05~0.07
E1	E2	E3	E4	E5	E6	0.07~0.10
F1	F2	F3	F4	F5	F6	0.10~0.25
G1	G2	G3	G4	G5	G6	0.25~0.5
H1	H2	H3	H4	H5	H6	>0.5

对外观和耐用性能具有重要意义的覆盖金或合金的表面,有效表面通常不包括金属的边缘。点蚀是在阳极氧化渗透的表面产生的腐蚀缺陷,若是变色或其他表面缺陷造成的,不计入腐蚀坑。

(2)美国材料试验学会标准

美国材料试验学会标准——对涂漆钢材表面上锈蚀等级进行评价的标准试验法(ASTM-D610-08)中,采用了锈蚀的面积百分数和目视样图把涂漆的钢材表面锈蚀等级分为 0~10 共 11 级,又根据锈蚀分布类型的不同,将每个等级分为 S、G、P 和 H 共 4 个二级等级。S 代表斑点锈,G 代表一般(普通)锈,P 代表针尖锈,H 代表混杂锈蚀。目视试验不需要使用锈蚀等级标度,因为标度是根据锈蚀的面积百分数而做出的,并且任何评定面积锈蚀的方法都可用来测定锈蚀等级。

锈蚀面积百分数与等级转化见表 7-8。

ASTM-D610-08 锈蚀额定值的标度和说明 表 7-8

锈蚀等级	表面锈蚀百分数	目 视 试 样		
		点(S)	一般(G)	针尖(P)
10	≤0.01%	无	无	无
9	0.01%~0.03%	9—S	9—G	9—P
8	0.03%~0.1%	8—S	8—G	8—P
7	0.1%~0.3%	7—S	7—G	7—P
6	0.3%~1.0%	6—S	6—G	6—P
5	1.0%~3.0%	5—S	5—G	5—P
4	3.0%~10.0%	4—S	4—G	4—P
3	10.0%~16.0%	3—S	3—G	3—P
2	16.0%~33.0%	2—S	2—G	2—P
1	33.0%~50.0%	1—S	1—G	1—P
0	>50.0%	无	无	无

四种不同的锈蚀分布类型：

S——大多数锈蚀集中在涂漆的表面上很少数局限的区域内；

G——各种大小的锈点随意分布在表面上；

P——锈迹以微小的个体斑点分布在表面上；

H——实际的锈蚀表面可以是一种混杂的各种锈蚀类型。

评定步骤如下：

①选择一个要进行评价的区域。

②利用表7-8的定义和ASTM-D610-08涂漆钢腐蚀目视图,测定锈蚀分布的类型。

③利用腐蚀目视图中的目视试样或SSPC-VIS2,或两者都使用,估计锈蚀的表面区域中的百分数,常用的有电子扫描技术。

④不要把完好涂层表面的腐蚀物质流体视为表面生锈的一部分（即"生锈血迹"或者污渍）。使用湿布擦拭表面,可在评估前清除生锈血迹。

⑤用锈蚀的表面面积百分数去确定锈蚀等级,见表7-8。

（3）ISO 11463—1995 金属与合金的腐蚀

1995年发布的国际标准金属与合金的腐蚀——点蚀的评定标准（ISO 11463—1995）与国家标准GB 18590—2001 基本相同[16]。我国的GB 18590—2001规范基本借鉴了ISO 11463—1995的相关规定。

（4）ASTM G34 美国材料和检验协会标准

美国材料和检验协会颁布的标准ASTM G34和我国的航标HB5455相同,该标准采用"未出现剥蚀（N）""点蚀（P）"和"剥蚀（EA,EB,EC,ED）"共6个腐蚀等级来评定高强铝合金的腐蚀损伤程度[17]。

3）现有金属腐蚀评定标准的特点

经过归纳总结、分析对比,对国内外现有的金属及合金腐蚀等级评定标准方面的有关标准、准则和规定进行了分析总结,得到以下几个特点：

（1）目视法评定特点

国内外现有金属及合金腐蚀等级评定标准除了飞机结构腐蚀级别评定准则,均采用了目视法对腐蚀等级进行评定,且大多数评定标准给出了典型目视试样供日常检查使用。由此可见,目视法是工程上最常用、最有效的方法,它简单、方便,对检查人员专业知识要求低,也不需要专业的器材,简单经济,效率高,很适用于实桥初步检测。

（2）腐蚀损伤宏观描述特点

现有腐蚀评定标准中有一半标准均采用了腐蚀损伤宏观描述进行腐蚀等级划分,比如国内标准航标HB 5455、国外标准ISO 8501标准和美国材料试验学会标准——对涂漆的钢材表面锈蚀等级进行评价的标准试验（ASTM-D610-08）。这些标准基本上以表面是否变色、是否出现腐蚀点和粉末、有无发生剥落、锈蚀分布类型为主来宏观描述腐蚀损伤等级。

（3）多种评定指标特点

大多数腐蚀评定标准的评定指标都不单一,基本上是多个评定指标相互影响共同划分出腐蚀等级,详见ISO 11463—1995点蚀评定标准的蚀坑的标准评级。

(4) 分级不同特点

不同的腐蚀等级评定标准会根据不同的评定指标和不同的微观描述把锈蚀的金属及合金分成不同的腐蚀等级,且有的腐蚀等级数相差较大。国内标准航标 HB 5455 标准把高强铝合金分成"未出现剥蚀(N)""点蚀(P)"和"剥蚀(EA,EB,EC,ED)"共 6 个腐蚀等级;国内标准 GB 18590—2001 点蚀评定标准通过测量蚀坑密度、大小和深度把金属及合金的腐蚀等级分为 5 个等级,这两种评定标准的评定指标不相同,造成分级不同。国际标准 ISO 8501 根据目视法得出 4 种腐蚀等级;而美国材料试验学会标准——对涂漆的钢材表面锈蚀等级进行评价的标准试验法(ASTM-D610-08)根据不同的锈蚀面积百分数将钢材分为 11 个等级,且在一级等级之下又分了二级等级,等级数相比于国际标准 ISO 8501 更详细。

7.2.2 钢箱梁腐蚀评定指标选取

1) 现有评定指标筛选

为了寻找适用于钢箱梁的腐蚀评定指标,将现有的部分钢材以及其他金属的评定指标罗列在表 7-9 中,并对各指标进行分析和评价。其中密度、大小和深度用来评定点蚀,分别表示蚀点的密度、孔口平均面积和蚀坑平均深度;腐蚀面积百分比用来评定均匀腐蚀,表示锈蚀面积占钢板有效面积的比率。腐蚀原因、腐蚀类别和腐蚀程度专门用来评定飞机结构腐蚀等级,腐蚀类别分为局部腐蚀和蔓延腐蚀。

现有钢材以及其他金属评定指标　　　　表 7-9

规范\指标	腐蚀外观	密度	大小	深度	腐蚀面积百分率	分布类型	腐蚀原因	腐蚀类别	剩余强度
ISO 8501-1	√								
HB 5455	√								
ASTM G34	√								
GB 18590—2001		√	√	√					
ISO 11463—1995		√	√	√					
ISO 8993—2010	√	√			√				
ASTM D610-08	√				√	√			
AC-121-65							√	√	√

腐蚀评定规范 ISO 8501-1 是用于钢材表面腐蚀评定的标准,评定指标仅包含一个:腐蚀外观;GB 18590—2001、ISO 11463—1995 是用于金属及合金腐蚀评定的标准,评定指标包含三个:腐蚀点密度、大小和深度;航标 HB 5455、ASTM G34、ISO 8993—2010 是用于铝及铝合金腐蚀评定的标准,其中 HB 5455 和 ASTM G34 评定指标为腐蚀外观,ISO 8993—2010 评定指标为腐蚀外观、腐蚀点密度和腐蚀面积百分率。ASTM D610-08 评定指标为腐蚀外观、腐蚀面积百分率和腐蚀分布类型;AC-121-65 评定指标为腐蚀原因、腐蚀类别和剩余强度。

各个指标优点和缺点的评判见表 7-10。

腐蚀评定指标的评价 表 7-10

指标	优点	缺点	是否适用于钢箱梁	其他说明
腐蚀外观	判断便捷,技术要求低	精确性差,经验要求高	否	无法综合考虑
密度	准确量化点蚀程度	测量麻烦	是	体现腐蚀点多少
大小	准确量化点蚀程度	测量麻烦	是	体现腐蚀点大小
深度	准确量化点蚀程度	测量麻烦	是	体现腐蚀点深度
面积百分率	均匀腐蚀量化指标	测量麻烦	是	体现均匀面积
锈蚀分布类型	判断便捷,技术要求低	划分过细	否	同面积区不同分布
腐蚀原因	有理论依据	无法量化	否	判断难度大
腐蚀类别	判断便捷,技术要求低	划分较繁琐	否	应用于航天评定
剩余强度	有理论依据	难以准确判断	否	应用于航天评定

2) 两个补充指标

(1) 腐蚀深度百分率

经分析,现有规范的指标——腐蚀坑洞的深度仍然有一定不足。比如要评定两块厚度不同的钢板各自的腐蚀等级,选取腐蚀坑洞密度、腐蚀坑洞尺寸和腐蚀坑洞深度这三个指标作为其评定指标,且两者测出的指标大小均相同,应该判定两者腐蚀等级相同。然而,由于钢板厚度不一样,在其他指标都一样的情况下,假设其中一块钢板厚 12mm,另一块厚 6mm,两块钢板腐蚀坑洞深度均为 3mm,那么厚度为 12mm 的钢板腐蚀程度为 25%,而厚度为 6mm 的钢板腐蚀程度为 50%。很显然,这两者腐蚀程度相差两倍。由此,本章提出考虑腐蚀深度百分率作为评定指标之一。这个指标代表了相对腐蚀深度,体现了腐蚀的相对程度。

可做如下计算:

$$d_r = \frac{D}{t} \times 100\% \tag{7-1}$$

式中:D——腐蚀孔洞深度;

t——钢板厚度。

(2) 腐蚀部位

AC-121-65 标准中的腐蚀类别用于评定钢箱梁,相当于确定钢箱梁的腐蚀部位。钢箱梁中不同钢板发生腐蚀,其对钢箱梁造成的腐蚀影响不同,如顶板腐蚀与腹板腐蚀。所以腐蚀部位对于钢箱梁腐蚀评定是必要的。钢板重要程度可按两面判定:主体受力结构与非主体受力结构;易检查与不易检查。不同钢板的重要程度判定见表 7-11。

不同钢板的重要程度判定 表 7-11

腐蚀部位	顶板	箱梁内腹板	底板	外腹板	箱梁内加劲肋	外部加劲肋
是否主体受力	是	是	是	是	否	否
是否难检查	是	是	否	否	是	否

钢箱梁发生腐蚀时,主体受力结构腐蚀影响大于非主体受力结构;不易检查部位腐蚀影响大于易检查部位。依据这个规则,按腐蚀部位重要程度从高到低可分四种:顶板、内腹板;外腹板、底板;内部的加劲肋;外侧的加劲肋。

7.2.3　钢箱梁表面腐蚀综合评分制方法

综合评分制就是对部分因素进行打分并相加,再考虑其他因素的作用,综合得出腐蚀程度的方法。现有评定标准虽然将腐蚀等级划分得很细致,但基本是按照单一指标进行腐蚀评定,没有综合考虑多种因素的影响,采用综合评分制可以完善这些不足之处,提高腐蚀评定的实用性。本书中选取密度、大小、深度和腐蚀面积百分率、腐蚀深度百分率、腐蚀部位为评定指标。

(1)密度、大小、深度和腐蚀面积百分率

在进行钢箱梁表面腐蚀程度综合评定之前,需对各个评定指标进行等级划分,通过声波法测量出密度、大小和深度三个指标值,再参考 ISO 11463—1995 标准的界限值,划分出这三个指标的等级。而腐蚀面积百分率用电子扫描技术,即扫描出的腐蚀面积与钢板有效面积之比。腐蚀面积百分率等级划分在 ASTM-D610-08 标准基础上,将等级 0~10 减至 1~5 级,以便实际操作过程中更加可行,降低检查人员的操作难度。这四个指标的等级划分及赋值见表7-12。

各指标取分值取值及其界限　　　　　　　　　　　　　　　　　　表7-12

密度($\times 10^3$)	大小(mm^2)	深度(mm)	腐蚀面积百分率(%)	分值	等级
0~2.5	0~0.5	0~0.4	≤1	1	1
2.5~10	0.5~2.0	0.4~0.8	1~10	2	2
10~50	2.0~8.0	0.8~1.6	10~25	3	3
50~100	8.0~12.5	1.6~3.2	25~50	4	4
100~500	12.5~24.5	3.2~6.4	>50	5	5

(2)腐蚀深度百分率

腐蚀深度百分率即腐蚀坑洞深度与钢板厚度的比值。ISO 11463—1995 标准中点蚀的最大腐蚀深度为 6.4mm,而现代桥梁钢箱梁的桥面板厚度一般为 14~16mm,由此,最大的百分比约为 40%,超过 40% 可能会导致钢板的现有承载力小于实际所受到的荷载作用,造成钢板不能继续使用。因此建议取 40% 为临界百分比,大于 40% 的钢板直接进行维护加固或更换钢板。参照 ISO 11463—1995 标准中蚀坑深度等级划分,将小于或等于 40% 的百分比分为 4 级,见表7-12。考虑到腐蚀深度百分率与腐蚀深度均为蚀坑深度的相关指标,故腐蚀深度百分率不作为评定的单独指标,而是作为腐蚀深度的补充指标。应用时,将腐蚀深度百分率作为腐蚀深度影响的放大作用,通过腐蚀深度百分率的放大系数乘以深度指标的分值作为蚀坑深度指标。腐蚀深度百分率放大系数取值原则为:腐蚀深度单项最大分值乘以放大系数后,腐蚀深度分值的腐蚀等级最多提高一级。

(3)腐蚀部位

上文将钢箱梁按腐蚀部位重要程度从低到高可以分四种:顶板、内腹板;外腹板、底板;内部的加劲肋;外侧的加劲肋。由此腐蚀部位重要程度分为 4 级。腐蚀部位作为一个放大系数,在基本分值累计的基础上将整体放大钢箱梁的腐蚀程度,综合评定出钢箱梁腐蚀等级,见表7-13。放大系数的原则如下:

①与放大系数相乘后腐蚀等级最高提高一级。

②如果总分值处于某一腐蚀等级分值范围中靠前,表明该腐蚀程度较轻,则系数放大后尽量不要提高其腐蚀等级。

腐蚀深度百分比和腐蚀部位各自对应的放大系数表　　　　表 7-13

腐蚀深度百分率	腐蚀部位	放大系数
0	外侧的加劲肋	1.0
0~5%	内部的加劲肋	1.1
5%~20%	外腹板、底板	1.2
20%~40%	顶板、内腹板	1.3

7.2.4 钢箱梁腐蚀评定

1) 钢箱梁腐蚀评定指标与等级划分

钢板锈蚀类型主要包括点蚀、均匀腐蚀和混合型腐蚀，其中缝隙腐蚀和螺栓腐蚀不需进行等级评定，直接维护或更换，而对于发生点蚀、均匀腐蚀或两者都有的腐蚀即混合型腐蚀时，则需详细的等级评定。在检查时，要分析该钢板腐蚀属于哪一类腐蚀类型，根据各自的腐蚀特征，选用的评定指标不同，如表 7-14 所示。钢箱梁进行日常检查记录见表 7-15，其中 D 为总分值，D_1、D_2、D_3、D_4 分别为各个评定指标的分值，R_1、R_2 分别为腐蚀深度百分率和腐蚀部位的放大系数。评定钢箱梁混合型腐蚀，将混合型腐蚀中的点蚀和均匀腐蚀分别评定等级后，取等级较大的作为最终评定等级。

各腐蚀类型对应的评定指标　　　　表 7-14

锈蚀类型	密度	大小	深度	腐蚀面积百分率	腐蚀深度百分率	腐蚀部位	备注
点蚀	√	√	√		√	√	
均匀腐蚀				√		√	
混合型腐蚀	√	√	√	√	√	√	两种类型分别评定取大值

检 查 记 录 表　　　　表 7-15

腐蚀部位：					腐蚀类型：		
评定指标	密度	大小	深度	面积百分率		深度百分率	腐蚀部位
指标值							
分值或系数	D_1	D_2	D_3	D_4		R_1	R_2
总分值 D	点蚀 $D = R_2 \times (D_1 + D_2 + R_1 \times D_3)$；均匀腐蚀 $D = R_2 \times D_4$						

钢板腐蚀等级划分为 1~5 级，见表 7-16。

钢板各腐蚀等级对应的分值范围　　　　表 7-16

腐 蚀 等 级	维护处理方法	分值范围(点蚀、混合腐蚀)	分值范围(均匀腐蚀)
1——基本完好，不需进行腐蚀处理	简单的除锈涂装	(0,3]	(0,2]
2——轻微损伤，不需处理或增加处理	简单的除锈涂装	(3,6]	(2,4]
3——中等损伤，需完善的腐蚀损伤处理	增大截面、局部加厚钢板等	(6,9]	(4,∞)
4——严重损伤，需大规模维护加固，恢复原有承载力	增大截面、局部加厚钢板等	(9,12]	—
5——危险，部分构件不能继续承载，需加固或更换构件	割除钢板、粘贴新钢板	(12,∞)	—

2)钢箱梁腐蚀等级评定步骤

(1)记录腐蚀部位,确定放大系数;
(2)根据采集的样板照片,大致判定腐蚀类型;
(3)依照典型样板图,采用目视法对腐蚀等级初步划分;
(4)用仪器测量各个评定指标的大小;
(5)运用评分制,把分值累加并乘以相应的放大系数;
(6)对照表7-16得出钢板的腐蚀等级。

7.2.5 综合评分制评定示例

钢箱梁的顶板、外腹板、内部加劲肋发生腐蚀,经判定顶板以点蚀为主,钢板厚14mm;外腹板为均匀腐蚀,板厚12mm;内部加劲肋为混合型腐蚀,板厚6mm,测量各钢板评定指标的大小见表7-17。

不同钢板腐蚀评定举例　　　　表7-17

评定指标	密度	大小	深度	面积百分率	深度百分率	腐蚀部位
\multicolumn{7}{c}{腐蚀部位:顶板　　　腐蚀类型:点蚀}
指标实测值	6	0.6	0.9	0	6.4%	—
分值或系数	2	2	3	D4	1.2	1.3
总分值 D	\multicolumn{6}{l}{$D = 1.3 \times (2 + 2 + 1.2 \times 3 + 0) = 9.88$;顶板腐蚀等级为4级}
\multicolumn{7}{c}{腐蚀部位:内部加劲肋　　　腐蚀类型:混合型腐蚀}
评定指标	密度	大小	深度	面积百分率	深度百分率	腐蚀部位
指标实测值	0	6	0.5	18%	8.3%	—
分值或系数	0	3	2	3	1.2	1.1
总分值 D	\multicolumn{6}{l}{点蚀:$D = 1.1 \times (0 + 3 + 1.2 \times 2) = 5.94$,等级2;均匀腐蚀 $D = 1.1 \times 3 = 3.3$,等级为2级;综合起来,内部加劲肋的腐蚀等级为2级}
\multicolumn{7}{c}{腐蚀部位:外腹板　　　腐蚀类型:均匀腐蚀}
评定指标	密度	大小	深度	面积百分率	深度百分率	腐蚀部位
指标实测值	—	—	—	8%		
分值或系数	0	0	0	2		1.2
总分值 D	\multicolumn{6}{l}{$D = 1.2 \times 2 = 2.4$;腐蚀等级为2级}

7.3 钢箱梁疲劳病害模糊综合法评定

7.3.1 钢箱梁疲劳评估方法

现有钢箱梁疲劳评估方法主要包括:传统的疲劳寿命评估方法、损伤容限评估方法、疲劳可靠性评估方法,这些方法均是在假定某一种因素的条件进行评估,但钢箱梁的疲劳损伤并非简单地由某一因素控制,而是受多种因素的影响。为了全面、准确地反映疲劳损伤的危险程度,弥补单一指标评判所反映信息的不足,在进行指标的等级评定过程中,有必要引入模糊数学的原理,将定量指标的清晰界限模糊化,将模糊性的评价进行量化,从而更合理完整地反映评估信息,对钢箱梁疲劳裂纹的危险程度进行综合评估。

基于此,国内部分专家学者对此进行专门研究,即把数学模糊理论应用到实际桥梁安全性的评估中,并且已经取得了一些重要成果。这些工程实践和所取得的成果也进一步证实了模糊数学在桥梁安全评估中应用的可行性。

7.3.2 模糊综合评估法理论

1) 模糊综合评估原理

模糊综合评判就是综合考虑与被评价事物或对象相关的各个影响因素,利用模糊线性变换原理和隶属度理论,对其做出合理的综合评价。模糊综合评判应用非常广泛,尤其在工程领域中,如工程可靠性和稳定性问题、工程承载力和变形、沉降预测、结构变异等,这些事件受到各种复杂多变的不确定因素影响,难于用解析方法做出定量评价,而通过模糊综合评判,将会使问题得到满意解决。

模糊数学在工程领域应用中最具体的表现就是采用模糊综合评判方法对诸多不确定性的问题进行综合评价,该方法对不确定性问题的模糊界限采用隶属度来描述。众所周知,采用1真(是)或0假(否)二值逻辑来评价模糊现象是不可能的,而是需要采用一种区间[0,1]的多值(或连续值)逻辑来描述,并且很难用经典数学模型加以统一量度。而模糊综合评判方法不仅可以考虑被评价事物的层次性,使影响因素的模糊性以及评价结果得以具体体现,而且可以做到定性与定量相结合,使评价结果更客观、实际。

模糊综合评估步骤如下:

(1) 建立因素集

所谓因素,就是指对象的各种属性或性能,在某些场合也称为参数指标,它们能综合地反映出对象的质量,因而可由这些因素来评估对象。因素集是以影响评判对象的各种因素为元素所组成的一个集合,通常表示为:

$$U = \{u_1, u_2, \cdots, u_n\}$$

式中:$u_i(i=1,2,\cdots,n)$——评判对象的各影响因素,这些影响因素的模糊性是不确定的。

(2) 建立评语集

评语集是评判对象可能出现的各种结果的一个集合。通常表示为:

$$V = \{v_1, v_2, \cdots, v_m\}$$

式中:$v_j(j=1,2,\cdots,m)$——评判对象的各种评判结果。

模糊综合评判的目的就是在综合考虑所有影响因素的基础上,从评语集中得出一最佳的评判结果。

(3) 确定权重

为了确定各影响因素对评价对象的重要程度,在因素集 U 上构建一个模糊子集,表示为:

$$A = (A_1, A_2, \cdots, A_n)$$

式中:A——权重向量;

A_i——因素 $u_i(i=1,2,\cdots,n)$ 在总评价中的影响程度的大小,$\sum A_i = 1$。

(4) 单因素评价

对因素集 U 中的第 i 个元素 $u_i(i=1,2,\cdots,n)$ 进行评判,其对评语集中第 j 个元素 $v_j(j=1,2,\cdots,m)$ 的隶属度为 r_{ij},则第 i 个因素 u_i 的单因素评价集可以表示为:

$$R_i = (r_{i1}, r_{i2}, \cdots, r_{im})$$

式中:r_{ij}——关于因素 u_i 具有评语 v_j 的程度。

(5)构造综合评判矩阵

把这 m 个单因素评价集作为行,即得到了因素集和评语集之间的模糊关系评价矩阵,用 R 表示为:

$$R = \begin{bmatrix} R_1 \\ R_2 \\ \cdots \\ R_n \end{bmatrix} = \begin{bmatrix} r_{11} & r_{12} & \cdots & r_{1m} \\ r_{21} & r_{22} & \cdots & r_{2m} \\ \cdots & \cdots & \cdots & \cdots \\ r_{n1} & r_{n2} & \cdots & r_{nm} \end{bmatrix}$$

从上述评价矩阵 R 的性质可以看出:R 的第 i 行反映了第 i 个因素影响评判对象取各个评语集中元素的程度;第 j 列则反映了所有因素影响评判对象取第 j 个评语集元素的程度。

(6)确定综合评判模型

当综合评判矩阵 R 和权重向量 A 确定时,可以通过综合评判矩阵作模糊线性变换,把权重向量变为评语集 V 上的模糊子集,模糊综合评判可表示为:

$$B = A * R = (b_1, b_2, \cdots, b_n)$$

式中: " $*$ "——广义模糊合成运算;
         B——评语集 V 上的模糊综合评价集;
$b_j(j=1,2,\cdots,n)$——评语集中 v_j 对模糊综合评价集 B 的隶属度。

(7)综合评判

综合评判就是首先通过前面构造的评判矩阵,确定各影响因素 u_i 对评语 v_j 的隶属程度 r_{ij}($j=1,2,\cdots,n$);然后通过广义模糊运算,对隶属度进行调整和综合处理,从而得出综合评判结果。

2)模糊综合评估模型

在模糊综合评判中,不同的广义模糊评判合成运算各有优劣,而且采用不同的运算可能会导致最终的方案排序结果不同。因此,有必要对几种典型的评判模型进行介绍。

模型 I:$M(\wedge,\vee)$——主因素决定型

根据 $B = A * R$,可写为:

$$B = (b_1 \quad b_2 \quad \cdots \quad b_m)$$
$$b_j(j=1,2,\cdots,m)$$
$$V = (v_1 \quad v_2 \quad \cdots \quad v_m)$$
$$v_j$$
$$c_j$$
$$c_j(j=1,2,\cdots,m)$$
$$C = \frac{\sum_{j=1}^{5} b_j^2 c_j}{\sum_{j=1}^{m} b_j^2} = 51.47$$

B 中第 j 个元素 b_j 可由下式计算

$$b_j = \bigvee_{i=1}^{n}(a_i \wedge r_{ij}) \quad (j=1,2,\cdots,m)$$

式中：$\wedge$，$\vee$——分别为取大（max）和取小（min）运算。

由于综合评判的结果 b_j 仅由 a_i 与 $r_{ij}(i=1,2,\cdots,m)$ 中的某一个确定（先取小，后取大运算），着眼点是考虑主要因素，当其他因素比较多时，对每一因素的加权值必然很小，这种运算有时会导致评价出现结果不理想的情况。

模型 Ⅱ：$M(\cdot,\vee)$——主因素突出型

该模型采用两种运算：一种是普通实数乘法运算，用·表示；另一种是取大运算，用 $\vee$ 表示。利用此模型计算 b_j 为：

$$b_j = \bigvee_{i=1}^{n}(a_i \cdot r_{ij}) \quad (j=1,2,\cdots,m)$$

与模型 $M(\wedge,\vee)$ 较接近，区别在于用 $a_i \cdot r_{ij}$ 代替了 $M(\wedge,\vee)$ 中的 $a_i \wedge r_{ij}$ 在模型 $M(\wedge,\vee)$ 中，对 r_{ij} 乘以小于 1 的权重 a_i 表明：a_i 是在考虑多因素时 r_{ij} 的修正值，与主要因素有关，忽略了次要因素，能较好地反映单因素评价结构的重要程度。

模型 Ⅲ：$M(\wedge,\oplus)$——主因素突出型

该模型采用取小 $\wedge$ 运算外，还采用环和运算 $\oplus$，也称有界和运算，表示上限为 1 的求和运算，即：

$$a \oplus b = \min(1,a+b)$$

由于权重分配满足 $\sum_{i=1}^{n}a_i = 1,0 \leqslant r_{ij} \leqslant 1$，所以 $\sum_{i=1}^{n}(a_i \wedge r_{ij}) \leqslant 1$，故有：

$$\bigoplus_{i=1}^{n}(a_i \wedge r_{ij}) = \sum_{i=1}^{n}(a_i \wedge r_{ij})$$

利用该模型，则有

$$b_j = \min[1,\sum_{i=1}^{n}(a_i \wedge r_{ij})] \quad (j=1,2,\cdots,m)$$

在实际应用中，主因素（权重最大的因素）在综合评判中起主导作用时，建议采用模型 1、2、3，当模型 1 失效时可采用模型 2、3。

模型 Ⅳ：$M(\cdot,\oplus)$

$$b_j = \min\left(1,\sum_{i=1}^{n}a_i r_{ij}\right) \quad (j=1,2,\cdots,m)$$

模型 Ⅴ：$M(\cdot,+)$——加权平均模型

$$b_j = \sum_{i=1}^{n}a_i r_{ij} \quad (j=1,2,\cdots,m)$$

式中：·和 +——分别为普通实数的乘法和加法，权系数的和满足以下条件：

$$\sum_{i=1}^{m}a_i = 1$$

此模型中模糊合成运算的右端变为普通矩阵乘法。

该模型有下列重要特点：

(1)在决定各因素的评定对等级的隶属度时，是考虑了所有因素的影响，而不是像模型那样只考虑影响程度最大的那个因素。

(2)由于同时考虑到所有因素的影响，所以其大小具有刻画各因素重要程度的权系数的意义，因此，应满足如下要求：

$$\sum_{i=1}^{m} a_i = 1$$

所以模型 $M(\cdot,+)$,是一种"加权平均型"的综合评判。在此模型中,模糊向量 $A=(a_1,a_2,\cdots,a_m)$ 具有权向量的意义。

在上述各种评价模型中,因为运算的定义不同,所以对同一评价对象求出的评价结构也会不一样。其中模型Ⅰ~模型Ⅳ都是在具有某种限制和取极限值的情况下,寻求各自评价结果的。因此,会不同程度地丢失某些有用的信息。这种模型适用于仅关心评价对象极限值和突出其主要因素的场合。模型Ⅴ则不存在上述限制问题,能保留全部有用信息,可适用于需要考虑各因素影响的情况。具体应用哪一种模型要根据实际评价对象特点和评价侧重点不同加以选用。

由于 $M(\cdot,+)$ 模型最考虑各种因素的影响和全面反映各单因素评判的信息,因而在工程模糊分析设计中都采用这一模型。

3) 层次分析法

层次分析法(The Analytic Hierarchy Process,以下简称 AHP)是由美国著名运筹学家、匹兹堡大学教授 T. L. Saaty 于20世纪70年代中期提出的。把复杂的问题分解为各个组成因素,将这些因素按支配关系分组形成有序的递阶层次结构,通过两两比较的方式确定层次中诸因素的相对重要性,然后综合人的判断以决定决策诸因素相对重要性总的顺序。层次分析法为分析复杂的社会、经济以及科学管理领域中的问题提供了一种新的简洁、实用的决策方法。

(1) 建立层次结构模型

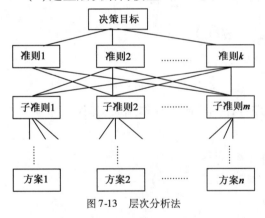

图 7-13 层次分析法

这是层次分析法中最重要的一步。运用层次分析法分析复杂问题时,首先要把复杂问题分解为因素的各组成部分,把这些元素按属性不同分成若干组,以形成不同层次,构造出一个称之为递阶层次结构的模型,如图 7-13 所示。在这个结构模型下,复杂问题被分解成众多组成因素。这些因素又按其属性分成若干组,形成不同层次。将同一层次的元素作为准则,对下一层次的某些元素起支配作用,同时它又受上一层次元素的支配。这些层次大体可分为最高层、中间层和最低层,处于最上面的层次通常只有一个元素,一般是分析问题的预定目标或理想结果;中间的层次一般是准则、子准则;最低一层为决策的方案。一个好的层次结构对于解决问题是至为重要的,层次结构一定要建立在决策者对所面临的问题具有全面深入的认识基础上。

(2) 构造判断矩阵

任何系统分析都以一定的信息为基础,层次分析法的信息基础主要是人们对于每一层次中各因素相对重要性给出的判断。这些判断通过引入合适的标度用数值表示出来,写成判断矩阵。判断矩阵表示针对上一层次某因素,本层次与之有关因素之间相对重要性的比较。假定 A 层因素中 A_k 与下一层次中 $B_1,B_2,\cdots,B_n$ 有联系,构造的判断矩阵如图 7-14 所示。

判断矩阵具有以下性质:

① $b_{ij} = 1/b_{ji}$；
② $b_{ii} = 1$；
③ $b_{ij} = b_{ik}/b_{jk}$。

其中 $i, j, k = 1, 2, \cdots, n$。

在层次分析法中，为了使决策判断定量化，形成数值判断矩阵，T. L. Saaty 引用了表 7-18 中所示的 1~9 标度方法。

A_k	B_1	B_2	...	B_n
B_1	b_{11}	b_{12}	...	b_{1n}
B_2	b_{21}	b_{22}	...	b_{2n}
⋮	⋮	⋮		⋮
B_n	b_{n1}	b_{n2}	...	b_{nn}

图 7-14　判断矩阵

标　度　法　　　　　　　　　　　　　　表 7-18

标度	含　义
1	表示两个因素相比，具有同样的重要性
3	表示两个因素相比，一个因素比另一个因素稍微重要
5	表示两个因素相比，一个因素比另个因素明显重要
7	表示两个因素相比，一个因素比另一个因素强烈重要
9	表示两个因素相比，一个因素比另一个因素极端重要
2、4、6、8	上述相邻两判断的中值
倒数	因素 i 比 j 比较得判断 b_{ij}，则因素 j 与 i 比较得判断 $b_{ij} = 1/b_{ij}$

1~9 比率标度方法的思维量化并非来自于主观想象，是基于有一些事实和科学依据。日常，人们在估计事物质的区别性时，可以用五种判断很好地表示，即相等、较强、强、很强和绝对强。当需要更高精度时，可以在相邻判断之间做出比较，这样，总共有 9 个值，它们有连贯性，因此在实践中可以应用。同时，心理学实验表明，大多数人在同时比较若干对象时，能区别差异的极限为 7±2，这恰可用 9 个数字来表示。这说明了该标度反映了大多数人的判断能力，因而是可信的。

（3）层次单排序

当通过对问题进行分析并建立了相应层次分析结构模型后，问题即转化为层次中排序计算的问题。在排序计算中，每一层次中的排序又可简化为一系列成对因素的判断比较，并根据一定的比率标度将判断定量化，形成比较判断矩阵；通过计算判断矩阵的最大特征值和它的特征向量，即可计算出某层次因素相对于上一层次中某因素的相对重要性权值，这种排序计算称层次单排序。

权值的计算可用特征根法，即求判断矩阵 A 的特征值问题：

$$A_\omega = \lambda_{\max} \omega$$

式中：$\lambda_{\max}$——判断矩阵 A 的最大特征值；

ω——相应的特征向量，将 ω 归一化就可以作为权重向量。

理论上讲，层次单排序计算问题可归结为计算判断矩阵的最大特征根及其特征向量的问题。但一般来讲，计算判断矩阵的最大特征根及其对应的特征向量，并不需要追求较高的精度。这是因为判断矩阵本身有相当的误差范围，而且应用层次分析法给出的层次中各种因素优先排序权值从本质上来说是表达某种定性的概念。因此，一般用迭代法在计算机上求得近似的最大特征值及其对应的特征向量。一般我们采用一种简单的计算矩阵最大特征根及其对

应特征向量的方根法,其计算步骤如下:

①计算判断矩阵每一行元素的乘积 M_i:

$$M_i = \prod_{j=1}^{n} b_{ij} \quad (i = 1,2,\cdots,n)$$

②计算 M_i 的 n 次方根 $\overline{W_i}$:

$$\overline{W_i} = \sqrt[n]{M_i}$$

$$\overline{W_3} = \sqrt[5]{1} = 1$$

③对向量 $\overline{W} = [\overline{W_1}, \overline{W_2}, \cdots, \overline{W_n}]^T$ 正规化,即:

$$W_i = \frac{\overline{W_i}}{\sum_{i=1}^{n} \overline{W_i}}$$

④计算判断矩阵的最大特征根 $\lambda_{\max}$:

$$A\omega = \lambda_{\max} = \sum_{i=1}^{n} \frac{(A_W)_i}{nW_i}$$

式中:$(A_W)_i$——A_W 的第 i 个元素。

(4)层次总排序

为了得到某一层次相对上一层次的组合权值,我们用上一层次各个因素分别作下一层次各因素间相互比较判断的准则,得到下一层次因素相对上一层次各因素的相对重要性权值;然后用上一层次因素的组合权值加权,即得到下一层次因素相对于上一层次整个层次的组合权值,这种排序计算称为层次的总排序,也就是,计算同一层次所有因素对于最高层(总目标)相对重要性的排序权值。这一过程是最高层次到最低层次逐层进行的。若上一次 A 包含 m 个因素 $A_1,A_2,\cdots,A_m$,其层次总排序权值为 $a_1,a_2,\cdots,a_m$,下一层次包含 n 个因素 $B_1,B_2,\cdots,B_n$,它们对于因素 A_j 的层次单排序权值分别为 $b_{1j},b_{2j},\cdots,b_{nj}$,此时 B 层次总排序权值如表 7-19 所示。

层次总排序权值 表 7-19

层次 A \ 层次 B	A_1	A_2	…	A_m	B 层次总排序权值
	B_1	B_2	…	B_m	
B_1	b_{11}	b_{12}	…	b_{1n}	$\sum_{j=1}^{n} a_j b_{1j}$
B_2	b_{21}	b_{22}	…	b_{2n}	$\sum_{j=1}^{n} a_j b_{2j}$
⋮			⋮		⋮
B_n	b_{n1}	b_{n2}	…	b_{nn}	$\sum_{j=1}^{n} a_j b_{nj}$

(5)判断矩阵的一致性检验

在两两比较判断矩阵元素的确定中,客观事物的复杂性以及人类判断能力的差别,决定了人们所构造的判断矩阵难以达到完全一致,从而会出现 A 比 B 重要、B 比 C 重要、C 比 A 重要的错误结果。因此,一致性偏离过大时,将特征向量 ω 作为权重进行判断时,将会造成判断失误。因此,在计算出判断矩阵最大特征根 λ_{max} 对应的特征向量 ω 后,应对判断矩阵进行一致性检验,其步骤如下:

①计算一致性指标 CI:

$$CI = \frac{\lambda_{max} - n}{n - 1}$$

式中:n——判断矩阵的阶数。

②平均随机一致性指标 RI:

用随机方法构造 500 个样本矩阵,具体构造方法是,随机用 1~9 标度中的 1,2,3,4,5,6,7,8,9 以及它们的倒数填满样本矩阵的上三角各项,主对角线各项数值始终为 1,对应转置项则采用上述对应位置随机数的倒数。分别对 n = 1~9 阶各 500 个随机样本矩阵计算一致性指标值,然后平均,即可得到平均一致性指标,见表 7-20。

随机一致性指标　　　　　　　　　　表 7-20

1	2	3	4	5	6	7	8	9
0.00	0.00	0.58	0.90	1.12	1.24	1.32	1.41	1.45

③一致性比率 CR:

$$CR = \frac{CI}{RI}$$

当 CR < 0.10 时,一般认为判断矩阵的一致性是可以接受的。否则由于判断矩阵偏离一致性程度过大而需要考虑对判断矩阵进行修正,直至检验通过为止。

4) 隶属度的确定

隶属度是模糊控制的应用基础,正确构造隶属度是能否用好模糊控制的关键之一。隶属度函数的确立目前还没有一套成熟有效的方法,大多数系统的确立方法还停留在经验和实验的基础上。对于同一个模糊概念,不同的人会建立不完全相同的隶属度函数,尽管形式不完全相同,只要能反映同一模糊概念,在解决和处理实际模糊信息的问题中仍然殊途同归。下面介绍几种常用的方法:

(1) 模糊统计法

模糊统计法的基本思想是对论域 U 上的一个确定元素 x 是否属于论域上的一个可变动的清晰集合 A 做出清晰的判断。对于不同的试验者,清晰集合 A 可以有不同的边界,但它们都对应于同一个模糊集 A。模糊统计法的计算步骤是:在每次统计中,x 是固定的,A 的值是可变的,作 n 次试验,其模糊统计可按下式进行计算:

$$X 对 A 的隶属频率 = \frac{x \in A 的次数}{试验总次数 n}$$

随着 n 的增大,隶属频率也会趋向稳定,这个稳定值就是 x 对 A 的隶属度值。这种方法较直观地反映了模糊概念中的隶属程度,但其计算量相当大。

(2) 专家经验法

专家经验法是根据专家的实际经验给出模糊信息的处理算式或相应权系数值来确定隶属函数的一种方法。在许多情况下,经常是初步确定粗略的隶属函数,然后再通过"学习"和"实践检验"逐步修改和完善,而实际效果正是检验和调整隶属函数的依据。

(3) 二元对比排序法

二元对比排序法是一种较实用的确定隶属度函数的方法。它通过对多个事物之间的两两对比来确定某种特征下的顺序，由此来决定这些事物对该特征的隶属函数的大体形状。二元对比排序法根据对比测度不同，可分为相对比较法、对比平均法、优先关系定序法和相似优先对比法等。

7.3.3 钢箱梁疲劳裂纹模糊综合评估模型

1) 模糊综合评估评价集建立

评判等级划分的多少应适宜，如果评判等级分得过多，将会超过人的语言区分能力，不易判断对象归属等级。若将评判等级分得过少，将会影响模糊评判的质量，使得评判结果显得粗糙，降低实用性。一般来说，将评判等级级别取为奇数，使得评语等级对称，有利于在得到评判结果后便于进一步对评判结果进行处理。

参考相关桥梁规范文件，结合工程实际调查结果和桥梁专家的经验知识，同时利用概率统计规律进行统计分析，得出钢箱梁疲劳裂纹的分级标准。

本章将钢箱梁疲劳裂纹的危险性评估的评价等级分为五级，$V = \{v_1, v_2, v_3, v_4, v_5\}$，五个等级的意义分别为：完好或良好、较好、较差、差的、危险。

2) 模糊综合评估因素集建立

评价指标的选取，建立准确、全面、有效的钢箱梁疲劳裂纹危险性评价因素体系是评估的关键，在选择评价指标时应注意以下原则：

(1) 导性原则：评价指标数应适当，能够反映出各因素之间的差异，以降低评价的负担。

(2) 作性原则：有关参评指标的数据应易于获取和计算，并有较明确的评价标准。

(3) 独立性原则：所选择的各指标应能说明被评价对象某一方面的特征，指标之间应尽量不相互联系。

在桥梁疲劳裂纹检测过程中，其安全评价中涉及的因素非常多，但在评价当中并不是因素越多越好，因素越多，其相对重要性就更加难以比较，应该分别选取主要因素并作为判断因素进行判断然后逐级综合，得出评价结果。

在根据以上三项原则，建立钢箱梁疲劳裂纹危险性评价因素集：

u_1 裂纹长度：在桥梁日常检查过程中，量测已出现的裂纹的长度；

u_2 裂纹发展速率：对出现的裂纹进行监测，记录每次量测的时间及长度，以此计算裂纹发展速率；

u_3 裂纹表面腐蚀程度：检查已检测到裂纹处钢材表面的腐蚀程度；

u_4 疲劳裂纹产生部位：根据现有资料得到的钢箱梁易产生疲劳裂纹的部位，对已建成的某大桥建立有限元模型，采用规范规定的车辆荷载及轮迹分布概率，计算得到各易疲劳部位的等效应力幅（损伤度），以此来对各部位进行分级；

u_5 桥梁在役时间：从桥梁正式投入使用至今的时间，以年为单位。

3) 评价指标的分级标准

(1) 裂纹长度

裂纹的长度是能够最直接地反映疲劳病害严重程度的一个因素。裂纹长度是裂纹的一个基本特征,它描述了裂纹的大小,裂纹长度越大,疲劳损伤越严重。在断裂力学理论中,焊件断裂的标准是确定裂纹的临界长度 a_c,可见,裂纹的长度是判断裂纹危险程度的一个重要标准。此外,在航空航天领域,疲劳裂纹的长度,也作为评价飞机蒙皮疲劳裂纹损伤的一个重要指标[18]。

长三角地区某大跨径钢箱梁桥于1999年建成通车,至今在役时间为14年。对该大桥自2004年至2012年检测得到的裂纹数据进行了统计,统计结果如图7-15所示。

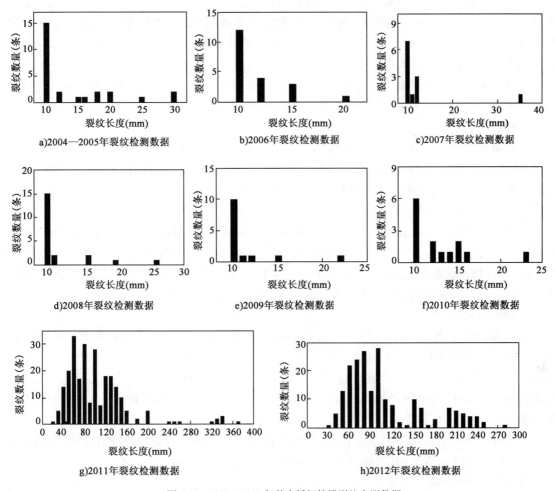

图7-15 2004—2012年某大桥钢箱梁裂纹实测数据

由以上的统计图表可以得出裂纹数据分布的几个特征:①2004年至2010年期间检测到的裂纹长度,基本是以10mm以下为主,并且所有裂纹的长度均在50mm以下;②2011年和2012年两年间,检测到的裂纹在长度和数量上较前几年都急剧增加,并且长度在50mm以下的裂纹在当年的裂纹数据中所占的比例较小,并且呈现递减趋势;③2011年检测到的裂纹总数为246条,其中,长度在150mm以下并不小于50mm的裂纹有183条,占裂纹总数的73.9%;④2012年检测到的裂纹,150mm以上的裂纹所占比例为19.6%,较2011年的9.3%有明显增长;⑤至今为止,已检测到的裂纹长度均在500mm以下。

根据以上的分析,将裂纹长度划分为五个等级,分别为:0、10、50、150、500,单位为毫米。

(2) 裂纹增长速率

在断裂力学中,采用 Paris 公式计算疲劳裂纹扩展寿命,是以确定疲劳裂纹扩展速率为基础,可见裂纹增长速率也是评价疲劳损伤的一项重要指标。初期同样长度的两条裂纹,发展迅速的裂纹明显要比发展趋于稳定的裂纹危险得多。

裂纹长度的增长速率反映了裂纹的发展情况,本章采用了裂纹长度的增长量以及裂纹长度的增长率来表现裂纹发展情况。由于疲劳裂纹的开展受到各种因素的影响,裂纹小量的增长带有一定的随机性,当原裂纹长度较短时,经过跟踪检测得到较小的增长量,反映为增长率则为一个较大数值。因此,本章将 50mm 以下和大于 50mm 的裂纹增长进行分别讨论:初次检测到的裂纹长度记为 L_1,经过跟踪观察一个月,检测裂纹长度记为 L_2,裂纹的增长量 $\Delta L = L_2 - L_1 (L_1 \leqslant 50 \text{mm})$,裂纹的增长率 $\Delta L/L_1 = (L_2 - L_1)/L_1 (L_1 > 50 \text{mm})$。

裂纹的增长量的等级划分以毫米为单位,五个等级分别为 0、2.5、5、10、20。裂纹的增长率的等级划分以百分率为单位,五个等级分别为 0、5、10、20、40。

(3) 疲劳位置腐蚀程度

疲劳和腐蚀是钢桥退化最常见的原因,并且它们之间存在相互作用性。美国 AASHTO 协会根据在腐蚀环境中做过大量的疲劳试验,给出腐蚀前后钢桥疲劳细节的允许应力幅。根据数据发现,各细节的允许应力幅在腐蚀后均有不同程度的降低。因此,腐蚀对于疲劳的影响在疲劳损伤评价中也是不容忽视的。

对于腐蚀评定的等级,国内外均给出了各种标准和规范,里面详细描述了腐蚀的分布类型以及各等级的描述。本章主要依据《金属和合金的腐蚀——点蚀评定方法》(GB 18590—2001)和美国材料试验学会标准,对涂漆的钢材表面锈蚀等级进行评价的标准试验法,根据腐蚀面积的百分率,将腐蚀程度划分为五个等级,分别为 0、0.3%、3%、10%、50%。

(4) 疲劳构造细节

美国 AASHTO 规范、英国 BS5400 标准、欧洲规范 Eurocode3、中国铁路规范 TB 10002.2—2005 均规定了钢桥不同的焊接构造细节的分级。在以上几种规范中,细节分级的依据均采用疲劳设计寿命所对应的应力幅值。通过荷载频值谱推算验算点的应力频值谱,再用 Miner 的线性积伤规则,将应力频值谱换算成常幅加载的应力。规范中,将各种构造细节按疲劳抗力进行分级,不同构造分级的疲劳抗力由 $S-N$ 曲线表达。

本章将进行有限元模型的建立,根据分析得到的钢箱梁典型疲劳构造细节类型,分析车轮荷载下各细节的受力情况,并据此对各疲劳构造细节进行等级划分。

(5) 桥梁在役时间

对桥梁在役时间进行等级划分,参考经济管理理论中的固定资产折旧方法,将桥梁的预计使用年限看作是固定资产的原值,则桥梁在役时间就是固定资产的折旧额。采用年限平均法,假设固定资产的可折旧额是按使用年限均匀消耗,因此,各期的折旧额基本相等。采用这种方法考虑桥梁在役时间的等级划分,是将桥梁结构老化对疲劳损伤的影响看作是时间轴上的一条直线。

由于钢箱梁大多是在特大桥、大桥的设计中采用,根据《城市桥梁设计规范》(CJJ 11—2011)规定的桥梁结构设计使用年限为 100 年[19]。将桥梁在役时间分为五个等级,以年为单位,分别是 0、25、50、75、100。

各评价指标的等级划分见表 7-21。

评价指标等级划分   表 7-21

评价指标	单位	评定级别				
		1	2	3	4	5
裂纹长度	$l(\text{mm})$	0	10	50	150	500
裂纹发展速率	$l_1 \leq 50\text{mm}$ 时,取 $l_2 - l_1(\text{mm})$	0	2.5	5	10	20
	$l_1 > 50\text{mm}$ 时,取 $(l_2 - l_1)/l_1(\%)$	0	5	10	20	40
裂纹表面腐蚀程度	腐蚀面积(%)	0	0.3	3	10	50
疲劳裂纹产生部位	赋分	1	2	3	4	5
桥梁在役时间	年	0	25	50	75	100

裂纹速率中两次检测时间间隔为1个月。

表 7-21 中评定级别 1～5 所对应的各数值仅代表等级划分的界限,在单因素的模糊评定中,还要采取隶属度的方法,计算各因素的检测结果所对应的评价向量。评定级别 1～5 分别对应的向量为 (1,0,0,0,0)、(0,1,0,0,0)、(0,0,1,0,0)、(0,0,0,1,0)、(0,0,0,0,1)。一般来说,各评价指标对应的检测数据大多不会正好落在分级界限上,为了达到模糊评价的目的,本章采用了梯形分布的隶属函数计算检测数据,从而得到单因素评价向量。

表 7-21 中对细节 A～H 进行了赋分,其中细节 C、细节 F 和细节 H 出现了非整数分值,同样采用梯形分布隶属函数,其对应的等级向量分别为 (0,0,0.5,0.5,0)、(0,0.5,0.5,0,0) 和 (0,0,0.5,0.5,0)。

评定等级 5 包含了大于和等于等级 5 对应的数值,评定等级 1 包含了小于和等于等级 1 对应的数值。

4)评定因素判断矩阵

本书采用通用的层次分析法中 1～9 标度法对综合评判模型中各因素的权重进行分析。首先建立层次关系图,然后构造两两判断矩阵,最后求出其特征值和特征向量并进行一致性检验,最后确定各个评判因素的权重。

评判因素之间的重要性对比,本章通过咨询业内专家,就钢箱梁疲劳裂纹评定各个指标的重要程度发表意见。对调查内容进行汇总和比较分析,得到评判矩阵见表 7-22。

评 判 矩 阵   表 7-22

评价因素	裂纹长度	裂纹发展速率	裂纹表面腐蚀程度	疲劳裂纹产生部位	桥梁在役时间
裂纹长度	1	3	4	5	7
裂纹发展速率	1/3	1	3	4	5
裂纹表面腐蚀程度	1/4	1/3	1	3	4
疲劳裂纹产生部位	1/5	1/4	1/3	1	3
桥梁在役时间	1/7	1/5	1/4	1/3	1

5)模糊综合评判结果处理

得到模糊综合评判向量 B 后,需要进行一定的处理以得到对评判对象的评判结果,常用的处理方法主要有最大隶属度法、加权平均法等几种。

(1)最大隶属度法

最大隶属度判决法是指直接把模糊等级向量 $\boldsymbol{B} = (b_1 \quad b_2 \quad \cdots \quad b_m)$ 中具有最大隶属值的等级作为评判等级。该方法的优点是简单明了,但缺点是只利用了 $b_j(j=1,2,\cdots,m)$ 中的最大值,没有充分利用模糊等级向量 $\boldsymbol{B}$ 带来的信息,有时会出现较大的偏差。

(2)加权平均法

对于评价集 $\boldsymbol{V} = (v_1 \quad v_2 \quad \cdots \quad v_m)$ 中的每一评价等级 v_j 事先规定一个数值 c_j,则根据模糊等级向量中各隶属度 b_j 的幂为权,取加权平均的方法求常数 C:

$$C = \frac{\sum_{j=1}^{m} b_j^k c_j}{\sum_{j=1}^{m} b_j^k}$$

式中:指数 k——可根据具体问题确定,一般可取 $k = 1$ 或 2。

该方法较最大隶属度要好,充分利用了模糊等级向量中的信息,使用也很方便直观,但是该方法关键要处理好等级划分的 c_j 值以及指数 k 值的确定,存在人的主观影响因素。

本章在处理评判结果时采用加权平均法,对评价集的划分参考公路桥涵养护规范中桥梁技术综合评定方法[20-22],取 $c_j(j=1,2,\cdots,m)$ 为 0、30、50、70、100,取 $k=1$。对取得的结果 C 根据评价集进行划分,见表 7-23。

钢箱梁疲劳评价集　　　　　　表 7-23

评 价 等 级	v_j	c
v_1	完好或良好	(0,15)
v_2	较好	(15.01,40)
v_3	较差	(40.01,60)
v_4	差的	(60.01,85)
v_5	危险	(85.01,100)

对初次检测到的裂纹进行严重程度评估,当评估结果为较差及以上时,则管养部门应根据疲劳裂纹的实际情况采取相应的维修加固措施;当初次检测到的裂纹评估结果为 v_1 或者 v_2 时,则可对其进行监测,观察裂纹发展情况,一个月后再次获取裂纹数据,进行疲劳评估,以确定合理的维修措施。

7.3.4　模糊综合评估实例

假设某桥桥龄为 8 年,在一次桥梁检查中,在横隔板与纵肋相交处构造细节 D 检测到一条长约 75mm 的裂纹,裂纹位置钢材表面未发生腐蚀。

由于第一次检测到的裂纹缺少第二个评定指标 u_2(裂纹增长速率)的数据,因此对第一次检测到的裂纹,应针对其余四个指标进行评定。运用评定指标 u_1、u_3、u_4 和 u_5 对初次检测到的裂纹进行疲劳评估。裂纹长度为 75mm,对应的评定等级向量 $\boldsymbol{R}_1 = (0 \quad 0 \quad 0.75 \quad 0.25 \quad 0)$;根据 7.3.3 节对应的评定等级向量为 $\boldsymbol{R}_4 = (0 \quad 0 \quad 0 \quad 0 \quad 1)$;大桥在役时间为 8 年,对应评定等级向量为 $\boldsymbol{R}_5 = (0.68 \quad 0.32 \quad 0 \quad 0 \quad 0)$。

$$\boldsymbol{R} = \begin{bmatrix} 0 & 0 & 0.75 & 0.25 & 0 \\ 1 & 0 & 0 & 0 & 0 \\ 0 & 0 & 0 & 0 & 1 \\ 0.68 & 0.32 & 0 & 0 & 0 \end{bmatrix}$$

为确定评定因素的权重系数,采用方根法计算判断矩阵的特征值和特征向量,计算步骤如下:

$$A = \begin{bmatrix} 1 & 4 & 5 & 7 \\ \dfrac{1}{4} & 1 & 3 & 4 \\ \dfrac{1}{5} & \dfrac{1}{3} & 1 & 3 \\ \dfrac{1}{7} & \dfrac{1}{4} & \dfrac{1}{3} & 1 \end{bmatrix}$$

(1)求矩阵 A 各行元素的乘积 $M_i = \prod\limits_{j=1}^{n} a_{ij}$:

$$M_1 = 1 \times 4 \times 5 \times 7 = 140$$

$$M_2 = \frac{1}{4} \times 1 \times 3 \times 4 = 3$$

$$M_3 = \frac{1}{5} \times \frac{1}{3} \times 1 \times 3 = \frac{1}{5}$$

$$M_4 = \frac{1}{7} \times \frac{1}{4} \times \frac{1}{3} \times 1 = \frac{1}{84}$$

(2)计算 M_i 的 n 次方根 $\overline{W_i} = \sqrt[n]{M_i}$:

$$\overline{W_1} = \sqrt[4]{140} = 3.439\ 8$$

$$\overline{W_2} = \sqrt[4]{3} = 1.316\ 1$$

$$\overline{W_3} = \sqrt[4]{\frac{1}{5}} = 0.668\ 7$$

$$\overline{W_4} = \sqrt[4]{\frac{1}{84}} = 0.330\ 3$$

(3)对向量 $\overline{W} = [\overline{W_1}, \overline{W_2}, \cdots, \overline{W_n}]^{\mathrm{T}}$ 正规化 $W_i = \dfrac{\overline{W_i}}{\sum\limits_{i=1}^{n} \overline{W_i}}$

$$W_1 = \frac{3.439\ 8}{3.439\ 8 + 1.316\ 1 + 0.668\ 7 + 0.330\ 3} = 0.597\ 7$$

$$W_2 = \frac{1.316\ 1}{3.439\ 8 + 1.316\ 1 + 0.668\ 7 + 0.330\ 3} = 0.228\ 7$$

$$W_3 = \frac{0.668\ 7}{3.439\ 8 + 1.316\ 1 + 0.668\ 7 + 0.330\ 3} = 0.116\ 2$$

$$W_4 = \frac{0.330\ 3}{3.439\ 8 + 1.316\ 1 + 0.668\ 7 + 0.330\ 3} = 0.057\ 4$$

(4)计算矩阵的最大特征值 $\lambda_{\max}$:

$$A\omega = \lambda_{\max} = \sum_{i=1}^{n} \frac{(A_W)_i}{nW_i}$$

$$A_W = \begin{bmatrix} 1 & 4 & 5 & 7 \\ \dfrac{1}{4} & 1 & 3 & 4 \\ \dfrac{1}{5} & \dfrac{1}{3} & 1 & 3 \\ \dfrac{1}{7} & \dfrac{1}{4} & \dfrac{1}{3} & 1 \end{bmatrix} \begin{bmatrix} 0.5977 \\ 0.2287 \\ 0.1162 \\ 0.0574 \end{bmatrix} = \begin{bmatrix} 2.4953 \\ 0.9563 \\ 0.4842 \\ 0.2387 \end{bmatrix}$$

$$\lambda_{max} = \sum_{i=1}^{5} \frac{(A_W)_i}{nW_i} = 4.1704$$

对上述计算结果进行一致性检验：
①计算一致性指标 CI：

$$CI = \frac{\lambda_{max} - n}{n-1} = \frac{4.1704 - 4}{4-1} = 0.0568$$

②平均随机一致性指标 RI：
查表7-20得，$n=4$ 时，$RI=0.90$。
③计算一致性比率 CR：

$$CR = \frac{CI}{RI} = \frac{0.0568}{0.90} = 0.0631 < 0.10$$

因此，一致性检验符合要求，得到最后的各因素权重向量为 $A = (0.598 \quad 0.229 \quad 0.116 \quad 0.057)$。

评定矩阵 R 和权重向量 A 的合成运算采用加权平均模型 $M(\cdot, +)$。

$$b_j = \sum_{i=1}^{n} a_i r_{ij}$$

$$\boldsymbol{B} = (b_1 \quad b_3 \quad b_4 \quad b_5) = (0.598 \quad 0.229 \quad 0.116 \quad 0.057) * \begin{bmatrix} 0 & 0 & 0.75 & 0.25 & 0 \\ 1 & 0 & 0 & 0 & 0 \\ 0 & 0 & 0 & 0 & 1 \\ 0.68 & 0.32 & 0 & 0 & 0 \end{bmatrix}$$

$$\boldsymbol{B} = (0.2678 \quad 0.0182 \quad 0.4485 \quad 0.1495 \quad 0.1160)$$

对评定向量 $\boldsymbol{B}$ 进行处理：

$$C = \frac{\sum_{j=1}^{m} b_j c_j}{\sum_{j=1}^{m} b_j} = 45.04$$

查表7-23得到评定结果为较差，宜采取适当维修措施。

7.4 本章小结

本章主要介绍了钢箱梁的典型病害及日常检查的内容和方法，并且通过分析现有钢箱梁典型病害的评定标准，提出各病害的评定指标，并用评定指标对腐蚀、疲劳损伤进行等级划分。

钢箱梁的典型病害主要包括腐蚀、涂层劣化、疲劳病害；日常检查工作可以分为经常检查、定期检查、特殊检查，对于其关键部位的维护措施主要有涂装维护和构件疲劳开裂后的临时处理措施、修复措施及加固补强措施三类处理方式。

在分析现有评定方法中各评定指标适用性基础上，选取了适用于钢箱梁的腐蚀评定指标，同时提出两个钢箱梁腐蚀评定新指标：腐蚀深度百分率和腐蚀部位。划分了钢箱梁评定指标的等级及对应的分值，建立钢箱梁腐蚀的综合评分制评定方法。结合钢箱梁疲劳损伤受到多因素的综合影响，提出对钢箱梁疲劳损伤进行模糊综合评定，建立了钢箱梁疲劳损伤评定集，划分为五个等级，分别为完好或良好、较好、较差、差的和危险。

本章参考文献

[1] 王世潜，张铮，王毅，等. 钢结构桥梁防腐蚀工艺研究与应用[J]. 天津建设科技，2003，13(2)：17-19.

[2] 中华人民共和国国家标准. GB/T 1766—2008 色漆和清漆-涂层老化的评级方法[S]. 北京：中国标准出版社，2008.

[3] Paints and varnishes Evaluation of degradation of coatings Designation of quantity and size of defects. Paints and varnishes-Evaluation of degradation of coatings-Designation of quantity and size of defects, and of intensity of uniform changes in appearance-Part 1：General introduction and designation system (ISO 4628-1：2003)[J]. CEN/TC 139-Paints and varnishes.

[4] 中华人民共和国行业标准. TB/T 2486—1994 铁路钢梁涂膜劣化评定[S]. 北京：中国铁道出版社，1994.

[5] 美国材料与试验学会标准. ASTM D610—2008(2012) 涂漆钢表面锈蚀程度评价的试验方法[S].

[6] 高志勇. 杭州湾跨海大桥养护管理系统的设计与应用[J]. 公路，2013，3：196-201.

[7] 范洪军，刘铁英. 闭口肋正交异性板钢桥面的疲劳裂纹及检测[J]. 中外公路，2009，29(5)：171-175.

[8] 史永吉，杨妍曼，陈则沿. 铁路焊接钢桥疲劳裂纹原因分析及其对策[J]. 铁道学报，1986，2：83-92.

[9] 张瑞友. 船体结构中疲劳裂纹的分析与修复[J]. 中国修船，2003，6：21-23.

[10] 尹越，刘锡良. 钢结构疲劳裂纹的止裂和修复[C]//第四届全国现代结构工程学术研讨会论文集. 2004：750-753.

[11] 蔡洪能，陆玉姣，王雅生，等. FRP 补强疲劳损伤钢结构裂纹扩展研究[J]. 材料工程，2006，Z1：378-381.

[12] 中华人民共和国国家标准. GB/T 22639—2008 铝合金加工产品的剥层腐蚀试验方法[S]. 北京：中国标准出版社，2008.

[13] 中华人民共和国国家标准. GB/T 18590—2001 金属和合金的腐蚀点蚀评定方法[S]. 北京：中国标准出版社，2001.

[14] 中国民用航空总局. AC-21.25—2000 运输类飞机持续结构完整性大纲[S].

[15] KS D ISO 8993—2012. Anodizing of aluminium and its alloys Rating system for the evalua-

tion of pitting corrosion Chart method[S].
[16] ISO 11463—1995. 金属与合金的腐蚀——斑蚀的评定标准[S].
[17] 美国材料与试验学会标准. ASTM G34—2001(2013) 铝合金剥落腐蚀敏感性试验方法[S].
[18] 代永朝, 郑立胜. 飞机铝合金蒙皮裂纹复合材料修补试验研究[J]. 航空制造技术, 2011, 15:91-92.
[19] 中华人民共和国行业标准. CJJ 11—2011 城市桥梁设计规范[S]. 北京:中国建筑工业出版社, 2011.
[20] 王莹, 李兆霞, 陈鸿天, 等. 大跨悬索桥箱形钢桁架梁的综合疲劳评定方法研究[J]. 公路交通科技, 2009, 26(2):60-67.
[21] 李安贵, 张志宏, 孟艳, 等. 模糊数学及其应用[M]. 2版. 北京:冶金工业出版社, 2006.
[22] 曾文才. 模糊综合评判失效的分析与对策[J]. 系统工程理论方法应用, 1995, 4(2):53-59.

第8章 疲劳开裂检测技术

8.1 现有钢箱梁疲劳裂纹检测技术及适用性分析

8.1.1 渗透检测技术

1）渗透检测原理[1,2]

渗透检测是一种以毛细作用原理为基础的检测技术，主要用于检测非疏孔性的金属或非金属部件的表面开口缺陷。检测时，将溶有荧光染料或着色染料的渗透液施加到零部件表面，由于毛细作用，渗透液渗入细小的表面开口缺陷中，清除附着在工件表面多余渗透液，经干燥后再施加显像剂，缺陷中的渗透液在毛细现象的作用下被重新吸附到零件表面上，就形成放大了的缺陷显示，即可检测出缺陷的形貌和分布状态。

2）渗透检测常用方法

（1）根据渗透液的种类分类

根据渗透液中所含染料的成分，渗透检测可分为着色法、荧光法和荧光着色法三大类。着色法是渗透液中含有红色染料，在白光或日光下对缺陷进行观察的检测方法；荧光法是渗透液中含有荧光染料，在紫外线的照射下观察缺陷处有黄绿色荧光显示的检测方法；荧光着色法兼备荧光和着色两种方法的特点，即缺陷的显示图像在白光下显色，而在紫外线的照射下又能激发出荧光。

（2）根据表面多余渗透液的去除方法分类

根据表面多余渗透液的去除方法，可将渗透检测分为水洗型、后乳化型和溶剂清洗型三大类。渗透液中含有一定量的乳化剂，工件表面多余的渗透液可直接用水清洗掉，这种渗透检测方法成为水洗型渗透检测法；后乳化型渗透检测法的渗透液中不含乳化剂，不能直接用水从工件表面清洗掉，必须有一道专门的乳化工序，使工件表面多余的渗透液"乳化"，之后才能用水清洗掉。溶剂去除型渗透检测中的渗透液也不含乳化剂，工件表面多余的渗透液用有机溶剂擦洗去掉。

（3）根据渗透液的种类和去除方法分类

根据渗透液的种类和表面多余渗透液的去除方法，可分为水洗型荧光渗透检测、亲油性后乳化型荧光渗透检测、溶剂去除型荧光渗透检测、亲水性后乳化型荧光渗透检测、水洗型着色渗透检测、后乳化型着色渗透检测、溶剂去除型着色渗透检测等，见表8-1。

（4）根据显像方法分类

根据显像方法，可分为干式显像法、水基湿显像法、非水基湿显像法、特殊显像法以及自显像法等。其中最常用的是干粉显像法和非水基湿显像法，见表8-2。

渗透检测方法分类　　　　表 8-1

检测方法	方法代号	GJB 2867A 代号
水洗型荧光渗透检测	FA	Ⅰ类 A
亲油性后乳化型荧光渗透检测	FB	Ⅰ类 B
溶剂去除型荧光渗透检测	FC	Ⅰ类 C
亲水性后乳化型荧光渗透检测	FD	Ⅰ类 D
水洗型着色渗透检测	VA	Ⅱ类 A
后乳化型着色渗透检测	VB	Ⅱ类 B
溶剂去除型着色渗透检测	VC	Ⅱ类 C

渗透显像方法分类　　　　表 8-2

分类	所用显像剂	代号	GJB 2867A 代号
干式显像法	干粉显像剂	D	a
水基湿显像法	水溶性湿显像剂	A	b
	水悬浮性湿显像剂	W	c
非水基湿显像法	非水基显像剂	S	d
特殊显像法	特殊显像剂	E	f
自显像法	不用显像剂	N	—

3) 适用性分析

渗透探伤只能针对表面裂纹而言,在钢箱梁内应用时,其基本检测步骤如图 8-1 所示。

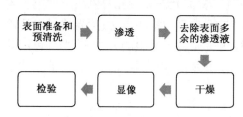

图 8-1　渗透探伤基本检测步骤

(1) 表面准备和预清洗

渗透检测最重要的要求之一是使渗透液能最大限度地渗入工件的表面开口缺陷中,使检验人员能够在清晰的本底下识别出缺陷,而工件表面的污染物将严重影响这一过程。因此在施加渗透液之前,必须对被检工件的表面进行预清洗,清洗的范围应比要求检测的部位大一些,国标 GJB 2367A—2005 规定,清洗范围应从检测部位四周向外扩展 25mm。

表面准备和预清洗的方法主要有机械清理、溶剂清洗和化学清洗三种,其中,机械清理和溶剂清洗适用于钢箱梁表面。当箱梁钢材表面有严重的锈蚀、飞溅、毛刺、涂料等覆盖物时,可首先考虑采用机械清理的方法预备渗透检测的表面。常用的机械清理方法有振动光饰、抛光、喷砂、喷丸、钢丝刷、砂轮磨及超声波清洗等。溶剂清洗包括溶剂液体清洗和溶剂蒸汽除油等方法,常用于钢箱梁钢材表面的局部区域清洗,主要用于清除各类油、油脂及某些油漆。通常可采用的溶剂有汽油、醇类(甲醇、乙醇)、苯、甲苯、三氯乙烷以及三氯乙烯等。

(2) 渗透

施加渗透液常用的方法有刷涂法、浸涂法、喷涂法和浇涂法等,其中刷涂法和喷涂法适用于钢箱梁表面检测。刷涂法即用软毛刷或棉纱布、抹布将渗透液刷涂在箱梁钢材表面上;喷涂法即采用喷灌喷涂、静电喷涂等方法,将渗透液喷涂在被检测部位的表面上。施加渗透液时,应保证被检部位完全被渗透液覆盖,并在整个渗透时间内保持湿润状态,不能让渗透液干在工件表面上。

渗透温度一般控制在 10～50℃ 的范围内。温度过高,渗透液容易干在工件表面上,给清洗带来困难;同时,渗透液受热后,某些成分蒸发,会使其性能下降。温度太低,会使渗透液变稠。在晴朗天气下,箱梁内部顶板温度较高,按 GJB 2367A—2005 标准规定,其渗透时间不得少于 10min。为防止钢箱梁渗透检测时的温度过高,建议在阴天进行钢箱梁渗透检测。

(3) 去除表面多余的渗透液

多余渗透液去除的关键是保证不过洗而又清洗充分,这在一定程度上需凭操作者的经验。理想状态下,应当全部去除工件表面多余的渗透液,保留已渗入缺陷中的渗透液;但实际上这难以做到。因此,检验人员应根据检查的对象,尽力改善工件表面的信噪比,提高检验的可靠性。

去除表面多余渗透液时,通常对于水洗型渗透液可直接用水去除;亲油性后乳化型渗透液应先乳化,然后再用水去除;亲水性后乳化型渗透液应先进行预水洗,然后乳化,最后再用水去除;溶剂清洗型渗透液用溶剂擦拭去除。

(4) 干燥

表面多余渗透液去除后,在钢箱梁内必须进行干燥处理,除去箱梁表面的水分,使渗透液能充分渗入缺陷中去或被显像剂所吸附,同时也能防止钢箱梁腐蚀。采用溶剂去除钢材表面多余的渗透液时,不必进行专门的干燥处理,只需自然干燥 5～10min 即可。用水清洗的表面,如采用干粉显像或非水基湿显像剂,则在显像之前必须进行干燥处理。若采用水基湿显像剂,则水洗后可直接显像,然后再进行干燥处理。

常用的干燥方法有用干净布擦干、压缩空气吹干、热风吹干、热空气循环烘干等。实际钢箱梁检测中,常将多种方法结合起来使用。例如,对于 U 肋与面板的连接焊缝,经水洗后,可先用干净的布擦去表面明显的水分,再用经过过滤的干燥的压缩空气吹去焊缝表面的水分。在干燥过程中,干燥的温度不宜超过 80℃,干燥时间不宜过长,否则会将缺陷中的渗透液烘干,在施加显像剂后,就会造成缺陷中的渗透液不能被吸附到表面上,从而不能形成缺陷显示。

(5) 显像

常用的显像方法有干式显像、速干式现象、湿式现象和自显像等,钢箱梁渗透检测显像建议采用干式显像法。在经过清洗并干燥后的焊缝表面上施加干粉显像剂的过程,应在干燥后立即进行,因为热的表面能够得到较好的显像效果。施加干粉显像剂可采用喷枪或静电喷粉等方法。一次喷粉可显像一整条焊缝,检测效率很高;同时,经干粉显像的焊缝,检查完后显像粉的去除很容易。

依据 GJB 2367A—2005 标准规定,干粉显像的时间为 10min,显像时间不能太长和太短,否则会造成缺陷显示被过度放大,缺陷图像失真,降低分辨力,造成缺陷漏检。

(6) 检验

显像以后要进行检验,以便对显示进行解释,判别其真伪,对判定为缺陷的显示,要测定其位置和尺寸等。

缺陷显示的观察,应在施加显像剂之后 10～30min 内进行。如显示的大小不发生变化,则可超过上述时间。

检验时,钢箱梁内应保持足够的照度,这对于提高工作效率,确保检测灵敏度是非常重要的。着色检测应在白光下进行,显示为红色图像(图 8-2),在被检焊缝表面上的白光照度应符合有关规定要求。

荧光检测应在黑暗条件(关闭钢箱梁内的灯光)下采用紫外灯进行观察,显示为明亮的黄绿色图像(图8-3)。为确保足够的对比率,要求检测环境要足够暗。检测时应避免照射到荧光物质,因为在黑光灯下,荧光物质发光会增加白光的强度,影响检测灵敏度。

图8-2 着色检测

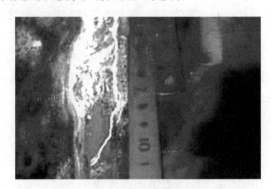

图8-3 荧光检测

8.1.2 磁粉检测技术

1) 磁粉检测原理[3-9]

通过磁粉在缺陷附近漏磁场中的堆积,以检测铁磁性材料表面或近表面处缺陷的一种无损检测方法,见图8-4。将待测物体置于强磁场中或通以大电流使之磁化,若物体表面或表面附近有缺陷(裂纹、折叠、夹杂物等)存在,由于它们是非铁磁性的,对磁力线通过的阻力很大,磁力线在这些缺陷附近会产生漏磁。当将导磁性良好的磁粉(通常为磁性氧化铁粉)施加在物体上时,缺陷附近的漏磁场就会吸住磁粉,堆积形成可见的磁粉痕迹,从而把缺陷显示出来。

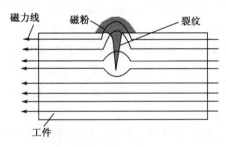

图8-4 磁粉探伤原理

产生原因:由于铁磁性材料的导磁率远大于非铁磁材料的导磁率,根据工件被磁化后的磁通密度 $B = \mu H$ 来分析,在工件的单位面积上穿过 B 根磁线,而在缺陷区域的单位面积上不能容许 B 根磁力线通过,就迫使一部分磁力线挤到缺陷下面的材料里,其他磁力线被迫逸出工件表面形成漏磁,磁粉将被这样所引起的漏磁所吸引。

2) 磁粉检测常用方法

根据施加磁粉介质的种类及施加磁粉的时间,检验方法可分为湿法和干法、连续法和剩磁法、橡胶铸型法(MT-RC法)、磁橡胶法(MRI法)磁粉检测。

(1) 湿法磁粉检测

湿法又叫磁悬液法。它是在工件探伤过程中,将磁悬液(一种磁粉和分散剂均匀混合液体)浇到工件表面上,利用分散剂的流动和漏磁场对磁粉的吸引,显示出缺陷的形状和大小。对于湿法用的黑磁粉和红磁粉,采用粒度范围为 $1 \sim 10 \mu m$ 效果较好,灵敏度随着粒度的减小而提高。由于施加磁粉的时间不同,湿法又有连续法和剩磁法之分。

(2)干法磁粉检测

又叫干粉法,在不能用湿法进行探伤的特殊场合下使用。这里采用特制的干磁粉在空气中直接施加在磁化的工件上,工件的缺陷处即显示出磁痕。对于干法用的干式磁粉,一般采用粒度范围为 $10\sim60\mu m$ 效果较好;干粉法对于铸钢、锻钢或焊等表面粗糙的工件上的大裂纹,由于能产生较大的漏磁场,因而能吸附较粗的磁粉并形成较大的磁痕显示。如果采用直流磁场磁化,结合使用干磁粉,有利于发现工件表明下较深的缺陷,但它发现工件表明微小缺陷的灵敏度低。使用干粉法时零件不但要洁净,还必须干燥,磁粉的粒度均匀,也要求磁粉干燥,因此,磁粉在使用前应加以烘焙。

(3)连续法磁粉检测

连续法是在工件磁化的同时施加磁粉或磁悬液,当磁痕形成后,立即观察和判定。连续法适用任何铁磁性材料的探伤,能进行复合磁化,并具有最高的检测灵敏度;但是,检测效率相对较低,磁痕容易出现杂乱现象,影响缺陷的观察和判定。

(4)剩磁法磁粉检测

剩磁法是在停止磁化后,再将磁悬液施加到工件上进行磁粉检测的方法。凡经过热处理的高碳钢和合金结构钢,都可进行剩磁法检验。可用来检测因工件几何形状限制而使连续法难以检验的部位,以及评价连续法检验出的磁痕显示的性质,判断其属于表面还是近表面缺陷显示。

(5)橡胶铸型法(MT-RC 法)

MT-RC 法是将磁粉检测显示出来的缺陷磁痕显示"镶嵌"在失稳硫化硅橡胶加固化剂后形成的橡胶铸型表面,然后再对磁痕显示用目视或光学显微镜观察,进行磁痕分析。

(6)磁橡胶法(MRI 法)

MRI 法是将磁粉弥散在失稳硫化硅橡胶液中,加入固化剂后,再倒入受检部位。磁化工件后,在缺陷漏磁场的作用下,磁粉在橡胶液内重新迁移和排列。橡胶铸型固化后即可获得一个含有缺陷磁痕显示的橡胶铸型,进行磁痕分析。

3)适用性分析

(1)预处理

磁粉探伤也只能针对表面或近表面裂纹。在磁粉检测前,首先要进行箱梁表面的预处理。预处理包括清除、打磨、分解、封堵、涂覆五种方法,其中,清除和打磨是钢箱梁内采用磁粉检测前的必需步骤。清除主要去除钢材表面的油污、铁锈、毛刺等。使用水磁悬液时,对钢材表面要进行认真除油;使用油性磁悬液时,钢材表面不应有水分;干法检验时,保证钢材表面的干净和干燥。钢箱梁钢材表面存在覆盖层,对有非导电覆盖层的钢材进行通电磁化时,必须将与电极接触部位的非导电覆盖层打磨掉。

(2)连续法磁粉检测

在钢箱梁内部磁粉检测时,面板和 U 肋焊缝连接部位的裂纹通常存在顶部,因此,只能采用磁悬液。另外,钢箱梁内部形状复杂以及钢材特性等,只能采用连续法磁粉检测,并不适合剩磁法磁粉检测。

连续法磁粉检测的操作步骤如图 8-5 所示。

连续湿法磁粉检测时(图 8-6),先用磁悬液润湿钢材表面,在通电磁化的同时喷磁悬液,停止喷磁悬液后再通电数次,待磁痕形成并滞留下来时停止通电,然后进行检验。由于钢箱梁

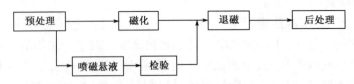

图 8-5　连续法磁粉检测操作步骤

图 8-6　连续湿法磁粉检测

顶板和 U 肋焊缝连接处裂纹种类复杂,开裂方向不定,在使用磁粉检测时,磁化方法宜用交叉磁轭法(图 8-7)。该方法可以检测出非常小的缺陷,而且,由于在磁化循环的每一时刻都使磁场方向与缺陷延伸方向相垂直,所以一次磁化就可检测出焊缝连接处附近钢板表面上所有方向的缺陷,检测效率很高。

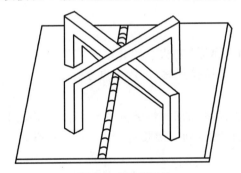

图 8-7　交叉磁轭法

待磁粉检测完毕后,需进行退磁处理。钢材上的剩磁会给清除磁粉带来困难,还会吸附铁屑和磁粉,并会影响对下次磁粉检测。吸附在表面的磁粉更加容易吸收钢箱梁内部的水分,产生腐蚀(图 8-8 和图 8-9),对箱梁造成损害。

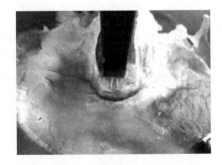
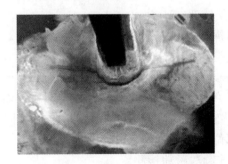

图 8-8　磁粉探伤完毕后情况　　　　图 8-9　两小时后情况

(3)磁痕观察与记录

磁痕观察和评定一般在磁痕形成后立即进行。使用非荧光磁粉检测时,被检钢材表面应有充足的日光灯照明,并应避免强光和阴影。使用荧光磁粉检测时使用黑光灯照明,应在黑暗条件下进行,被检钢材表面的黑光辐照度不应小于 $1\,000\,\mu W/cm^2$。

工件上的磁痕根据检测要求需要保存下来,作为永久性的记录。钢箱梁内磁痕记录的方法主要采用照相法。用照相摄影来记录缺陷的磁痕时,应尽可能把工件的全貌和实际尺寸拍摄下来,也可以拍摄工件的某一特征部位,同时把刻度尺拍摄进去。

如果使用黑色磁粉,最好现在钢材或焊缝表面喷一层反差增强剂,以便排除清晰的缺陷磁痕照片。

如果使用荧光磁粉,不能采用一般的照相方法,因为观察磁痕要在黑暗条件黑光灯下进行,所以应在照相机镜头上加装滤光片,滤去散射的黑光,使其他可见光进入镜头。

(4)后处理

后处理主要是清洗掉钢箱梁表面以及孔中、裂纹和通路中的磁粉;如果涂覆了反差增强剂,也应清洗掉;在磁化前如果使用过封堵,也应去除;另外,如果使用水磁悬液进行检验,为防止钢箱梁钢材生锈,一般要用脱水防锈油进行处理。

8.1.3 超声波检测技术

1) 超声波检测原理[10-19]

超声波探伤是利用超声能透入金属材料的深处,并由一截面进入另一截面时,在界面边缘发生反射的特点来检查零件缺陷的一种方法。当超声波束自零件表面由探头通至金属内部,遇到缺陷与零件底面时就分别发生反射波来,在荧光屏上形成脉冲波形,根据这些脉冲波形来判断缺陷位置和大小。

2) 超声波检测常用方法

对于超声波检测,目前常用的方法有脉冲反射法、穿透法和共振法三种。

(1)脉冲反射法:利用超声波探头发射脉冲波到被检测工件内,根据反射波情况来检测工件缺陷。脉冲反射法又包括缺陷回波法、底波高度法和多次底波法。

缺陷回波法是根据仪器示波屏上显示的缺陷波形进行判断的检测方法。当构件完好时,只存在始波 T 和底面回波 B 两个信号[图 8-10a)];当存在缺陷时,在 T 波和 B 波之间会有表示缺陷的回波 F[图 8-10b)]。

底波高度法(图 8-11)是根据底波回波高度的变化判断工件内部的缺陷情况。当工件材质和厚度不变时,底面回波高度应基本不变;但如果内存存在缺陷,则底面回波高度会下降甚至消失。

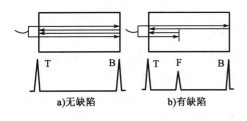

图 8-10 缺陷回波法

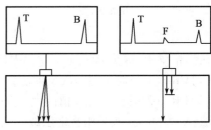

图 8-11 底波高度法

多次底波法(图 8-12)是根据底面回波次数判断工件有无缺陷。当超声波能量较大,声波可在探测面与底面之间往复传播多次,示波屏上会出现多次底波 B1、B2、B3 等,如果存在缺陷,会增加声能的耗散,底面回波次数会减少,同时也打乱了各自底面回波高度依次衰减的规律,并显示出缺陷回波。

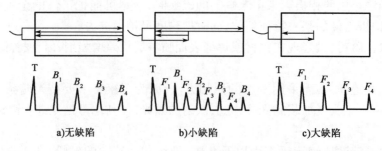

图 8-12 多次底波法

（2）穿透法：依据脉冲波或连续波穿透工件之后的能量变化来判断缺陷情况的一种方法。穿透法常采用两个探头，一个用于发射，一个用于接收，分置在工件两侧进行探测。存在缺陷时，接收探头收到的能量会降低甚至消失，如图 8-13 所示。

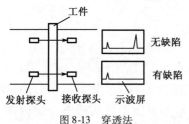

图 8-13 穿透法

（3）共振法：工件的厚度为超声波的半波长整数倍时，将引起共振。当工件内存在缺陷或工件厚度发生变化时，工件的共振频率将改变。

3）适用性分析

面板和 U 肋焊缝处的裂纹种类多且复杂，采用斜探头进行检测时，方法如图 8-14 所示，斜探头的扫查方式主要有"前后""左右""转角""环绕"四种，找到缺陷的最大回波，然后再进行缺陷类型的判别和缺陷参数的确定。

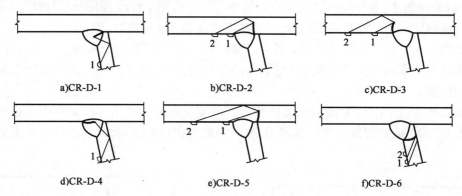

图 8-14 超声波检测斜探头位置

在钢箱梁中，探头无法进入 U 肋内部，因此只能在焊缝外部的面板及 U 肋表面进行扫查。

（1）CR-D-1 只能采用一次反射法，分别探测裂纹的尖端和末端，位置如探头 1。

（2）CR-D-2 根据探头 K 值的大小，可采用直射法或一次反射法。K 值小的探头采用一次反射法；K 值大的探头采用直射法或一次反射法。位置如探头 1、2。

（3）CR-D-3 采用直射法或一次反射法，跟 K 值无关。位置如探头 1、2。

（4）CR-D-4 采用一次反射法，探测裂纹尖端，位置如探头 1。

（5）CR-D-5 根据探头 K 值的大小，可采用直射法或一次反射法。K 值小的探头采用一次反射法；K 值大的探头采用直射法或一次反射法。位置如探头 1、2。

（6）CR-D-6 可采用一次反射法，位置如探头 1；或直射法，位置如探头 2。

每个不同检测部位的波形图见图 8-15。

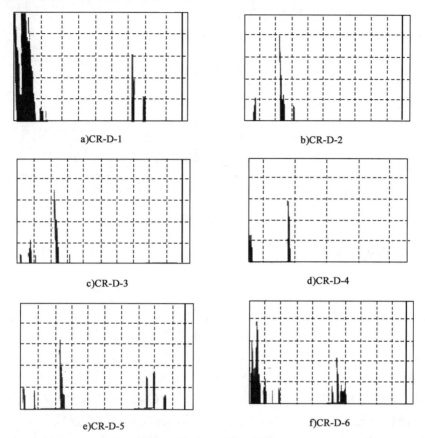

图 8-15 不同裂纹对应的波形图

对于 CR-D-1 和 CR-D-4 两种裂纹,其开裂方向近似水平,相当于平行的面板边界,探头从面板底部进行探伤时,缺陷回波难以接收(图 8-16),很难被检测到。在面板处使用斜探头探伤时,如探头前后移动未发现缺陷波,则可判定为焊缝处疲劳裂纹,而非面板处疲劳裂纹。图 8-17 为实桥中发现的类似 CR-D-1 和 CR-D-4 疲劳裂纹。

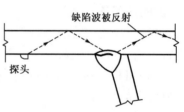

图 8-16 无法接收缺陷波

在大桥疲劳裂纹检测中,对于图中的裂纹进行超声检测,首先将探头置于面板底部,前后、左右移动探头,并做小角度摆动,并未检测到缺陷回波[图 8-18a)],则可判定该裂纹为焊缝处疲劳裂纹,并且由于裂纹开口可见,则很可能是 CR-D-4 类型的裂纹。将探头置于 U 肋处进行检测,得到明显回波,如图 8-18b)所示。

对于钢箱梁疲劳裂纹检测回波而言,通常缺陷回波具有以下特征:

图 8-17 过焊孔裂纹

①反射率高,当探测方向好时波幅极高。

②波形较宽,且有多峰出现。
③探头平行或垂直移动时,反射波连续出现。
④探头摆动时,多峰波交替出现最大值,摆动角度较大。

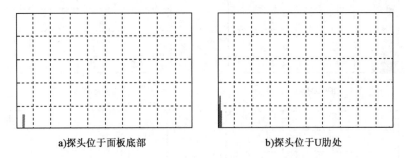

图 8-18 CR-D-4 裂纹实桥探伤波形

8.1.4 声发射检测技术

1) 声发射检测原理[20-23]

声发射就是指物体在外界条件作用下,缺陷或物体异常会因应力集中而产生变形或断裂,并以弹性波(AE 信号)形式释放出应变能的一种现象。采用声发射检测要具备两个条件:①材料受荷载作用;②材料内部结果或缺陷要发生变化。

声发射技术具有的优点主要体现在:

(1) 其几乎不受材料限制:无论是金属还是非金属材料,在一定条件下都有声发射发生。

(2) 可以做到动态检测:声发射检测是利用物体内部缺陷在外力或残余应力作用下,本身能动地发射出的声波来对发射地点的部位和状态进行判断。根据声发射信号的特点和诱发 AE 波的外部条件,既可以了解缺陷的目前状态,也能了解缺陷的形成过程和发展趋势。

(3) 灵敏度高:结构或部件的缺陷在萌生之初就有声发射现象,因此,只要及时对 AE 信号进行检测,就可以判断缺陷的严重程度,即使很微小的缺陷也能检测出来,检测灵敏度非常高。

(4) 可检测活动裂纹:声发射检测可以显示裂纹增量(零点几毫米数量级),因此,可以检测发展中的活动裂纹。

(5) 可实现在线监测:声发射检测具有实时性,能够不间断地对敏感部位进行检测,并且可做到数据实时更新和同步。

声发射检测技术的局限性主要有:结构必须承载才能进行检测;检测受材料的影响很大;测量受电噪声和机械噪声的影响较大;定位精度不高;对裂纹类型只能给出有限的信息;测量结果的解释比较困难。

2) 声发射检测常用方法

时差定位,是根据传感器位置之间的几何关系及传感器接收到由同一声源发出信号的时间差列方程求解,以确定声源位置或坐标的方法。它通常假设材料中的声速为常数且声传播各向同性,是当前线性及平面定位中应用最为广泛的方法,但其精度易受波衰减、波速、结构形状等因素的影响,在实际应用中经常受限。

区域定位,是根据传感器接收到由同一声发射源发出信号的相对时差次序及传感器个数来确定声源所在小区域的方法。它通常用在通道数有限以致难以使用时差定位法、传播衰减过大或声发射频率过高的材料,是一种简便、粗略且处理速度快的定位方法。

目前常用的定位方法如图 8-19 所示。

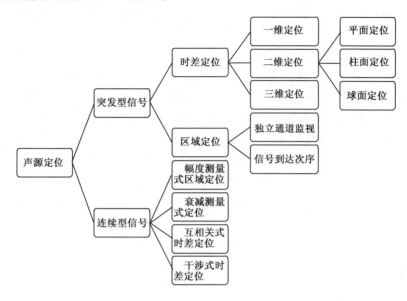

图 8-19　声发射定位方法

3)适用性分析

(1)钢箱梁声发射信号处理

在传统声发射信号处理方法中,适用于钢箱梁声发射信号处理的方法主要有:振铃法、能量分析法、振幅分布分析法这三种。

① 振铃法

振铃法就是对记录到的声发射信号中超越门槛值的峰值数进行计数。振铃法的示意图见图 8-20。从图 8-20 中可以看出,信号超越门槛值的峰值数为 4,故它的声发射计数值 $N=4$。

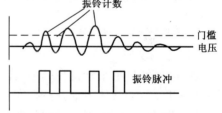

图 8-20　振铃法计数示意图

振铃法是最简单的一种处理声发射信号的方法,特别适用于疲劳裂纹扩展规律的研究,以建立声发射活动与裂纹扩展之间的关系。但采用振铃法获得的计数值与门槛值大小有关,在试验或检测中必须设定合适的门槛值。

② 能量分析法

能量分析法是直接对传感器中的振幅和信号的持续时间进行度量的一种方法,可以直接反映声发射能量的特征。能量分析法通常以能量值和能量率两种数据形式给出。能量值是指在给定的测量时间间隔内所测到的能量大小,能量率则为单位时间的能量值。在对裂纹开裂过程中进行声发射的研究中,能量分析法比振铃法更能反映裂纹的开裂特征。

③ 振幅分布分析法

振幅分布分析法是一种基于统计概念基础上的方法,是按信号峰值的大小范围分别对声发射信号进行事件计数。振幅分布分析法以振幅作为测量参数并进行统计分析,可以从能量的角度来观察不同材料声发射特性的变化,或同种材料在不同阶段声发射特性的差异,这对于研究变化过程的机理是非常有价值的。例如,钢材在裂纹扩展或脆断之前,裂纹前缘局部弹性开裂,会造成高振幅的声发射信号的比例增加。弹性开裂产生的声发射振幅比在地应力水平下塑性区扩大所产生的声发射振幅大。利用声发射监测振幅的这种变化就可以判断破坏是否即将临近。

(2)钢箱梁声发射检测方法

声发射检测钢箱梁疲劳裂纹的主要方法有两种:连续法和间歇法。

连续法是指在钢箱梁疲劳裂纹检测中用声发射连续监视整个疲劳开裂过程。在监视中为了排除桥梁正常运营期间汽车噪声的干扰,除了应用空间滤波的方法外,在声发射仪器上还需要电压控制技术。这种技术可以有效地屏蔽裂纹闭合噪声,而仅采集高荷载下的裂纹扩展信号。

间歇法是相对于连续法而言,AE信号是不可逆的,具有不复现性。同一部位在同一条件下产生的声发射只有一次,这就避免了连续法检测带来的大量数据,便于后期处理和分析。

钢箱梁疲劳裂纹产生而发射的AE信号通常为突发型(图8-21),在对声发射采集的数据进行分析时,过滤掉其他杂波后,只会留下明显的脉冲式波形。

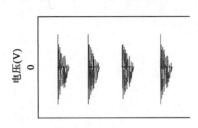

图8-21 突发型声发射信号

8.2 裂纹检测影响因素

8.2.1 检测技术自身影响因素

1)渗透检测影响因素

(1)毛细现象

液体渗透时,毛细管直径越小,管子越细,则毛细现象越显著。对于一定尺寸的裂纹,渗透液液体密度越小,液体毛细升高高度越高,渗透现象越明显,因此采用油性探伤剂比水性探伤剂要好。另外,不同的裂纹类型及裂纹大小、形状等影响毛细现象,且裂纹越大,毛细现象越不明显。

(2)试块

国内渗透检测常用试块有铝合金淬火试块(A型)、不锈钢镀铬辐射状裂纹试块(B型)和黄铜板镀铬裂纹试块(C型)。渗透检测的灵敏度是建立在与标准试块人工裂纹检测结果比较的基础上,因此,标准试块的种类和人工裂纹的加工方法直接影响可靠性。

(3)检测工艺

渗透探伤方法很多,并且每种方法采用的探伤剂、清洗方法和显像方法不同,其灵敏度相差很大,在实际探伤选择时必须谨慎。

渗透探伤检测主要操作步骤有六个,每一个操作步骤规范提出了相应的要求,其中包括操作方法、操作工艺参数及操作注意事项等。渗透检测适用于表面开口裂纹,裂纹内不能有任何杂质,以防止影响毛细作用,因此,在渗透前需对表面进行预清洗。如清洗不干净,裂纹内有油污、物料等杂质,则会很大程度上影响检测结果。

(4) 环境温度

根据物体热膨胀原理,工件表面温度增加,则缺陷受热膨胀,开口张大,裂纹宽度增加,会提高渗透剂的渗透能力,其中微细裂纹对比反映特别明显。但是裂纹若开口过宽,则会因丧失毛细作用而对探伤效果产生负作用。另外,温热工件能提高涂覆在工件表面的渗透剂的温度,使其黏度下降,增加其流动性,提高渗透能力。众所周知,气体的平均动能只与温度有关,即与绝对温度成正比。工件温度提高,裂纹中气体分子运动加剧,内压升高,部分气体便排除裂纹。一旦温度偏低的渗透液封闭裂纹开口,裂纹内气压下降,则会形成轻度负压,提高渗透剂渗透能力。因此试样温度对渗透探伤效果有很大的影响,过低的温度难以清晰地显示缺陷,而在实际现场探伤时经常存在环境温度低于探伤标准规定的温度范围(15~50℃),这样必然会影响探伤结果。

(5) 油污浸润堵塞

毛细现象是渗透探伤的物理基础,如果工件长时间处于油脂中,表面缺陷也可能侵入渗透力较弱的油脂,形成浸润堵塞。通用的清理方法很难清除缺陷中的油脂,这必然会影响渗透剂的渗入,对探伤结果产生很大影响。

2) 磁粉检测影响因素

(1) 磁化强度及方向

裂纹漏磁场大小与工件的磁化程度有关,外加磁场强度一定要大于产生最大磁导率对应的磁场强度,从而使磁导率减小,磁阻增大,漏磁场增大,检测可靠性也相应增大。磁化强度过小,磁粉附着在钢板表面难以移动,造成漏检。磁化方向与裂纹垂直时,灵敏度最高;与裂纹平行时,灵敏度最差,如图 8-22 所示。

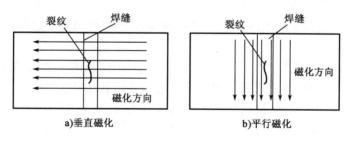

图 8-22　磁方向对裂纹检测影响

(2) 漏磁场

① 位置及形状

a. 裂纹埋藏深度

裂纹埋藏深度对漏磁场会产生很大影响。同样的裂纹,位于工件表面时,产生的漏磁场大;位于工件近表面时,产生的漏磁场显著减小;而位于工件深处时,几乎没有漏磁场漏出工件表面。随着裂纹埋藏深度的增加,磁粉探伤灵敏度逐渐降低。

b. 裂纹方向

裂纹与工件表面垂直时,漏磁场最大;与工件表面平行时,几乎不产生漏磁场;当裂纹与工件表面由垂直逐渐倾斜成某一角度而最终变为平行时,漏磁场也由最大下降为接近零。

② 涂层或覆盖层厚度

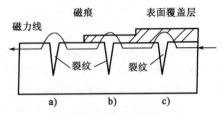

图 8-23 表面覆盖层对漏磁场的影响

涂层越厚,漏磁场越小,磁粉难以聚集。如图 8-23 所示,在钢板表面上施加同样大小的漏磁场,裂纹 a)上没有覆盖层,磁痕显示浓密清晰;裂纹 b)上有一层较薄的覆盖层,也产生磁痕显示,但不如裂纹 a)清晰;裂纹 c)上有较厚的表面覆盖层,漏磁场不能泄漏到覆盖层上,不吸附磁粉,没有磁痕显示,缺陷不能被检测出来。通常在检测前,建议对被检部位进行打磨。

(3) 磁粉

磁粉应具有高磁导率,低矫顽力及低剩磁,磁粉粒度应适中。磁粉的密度对检测也有一定的影响,密度大,易沉淀,悬浮性差。只有磁粉的颜色与工件表面颜色形成很大的对比度时,磁痕才能容易观察,裂纹容易被发现。通常采用的办法是在喷涂磁粉前,用反差增强剂先喷涂检测部位,然后再喷涂磁粉。

(4) 灵敏度试片

在磁粉检测前,都需要在标准试片上进行灵敏度试验。标准试片的使用、加工方法和选材将直接影响检测结果。目前 A 型和 C 型灵敏度试片多由冷轧退货电磁软铁制造,磁导率高,用较小磁场就可以磁化。但灵敏度试片在现场使用后,由于保护不当,或未用清洗剂擦干,并涂防锈油,致使受损或表面锈蚀,不利于人工缺陷的显示,降低检测灵敏度。

(5) 操作工艺

预处理时,应清除油污、铁锈、氧化皮以保证检测顺利进行。在磁化方法上,优先选择旋转磁场,再考虑纵向磁化和周向磁化,防止漏检。开始检测前,应进行水断试验,确保磁悬液能充分润湿钢板表面。

3) 超声波检测影响因素

超声波探伤影响因素主要包括耦合剂材料、对探头施加外力大小以及仪器和探头。

(1) 耦合剂材料

耦合剂的作用在于排除探头与工件表面之间的空气,使超声波能有效地传入工件。常用的耦合剂有机油、水、甘油、化学浆糊。耦合剂应能满足如下要求:

①能润湿工件和探头表面,流动性黏度和附着力适当,易于清洗。

②声阻抗高,透声性能好。

③来源广,成本低,且对工件无腐蚀,对人体无害。

④性能稳定,不易变质,可长期保存。

钢箱梁超声波检测建议采用化学浆糊,其流淌性较小,能够让探头吸附在钢板表面。化学浆糊相比于水、机油、甘油,其耦合效果最好。但化学浆糊容易增加探头与钢板表面之间的摩擦,不利于探头移动。

(2) 探头施加力大小

采用同种耦合剂进行手工超声波检测时,施加在探头上的外力愈大,得到的缺陷反射回波愈高。对于同一裂纹,分别采用 0.1kgf、0.25kgf、0.5kgf、0.75kgf、1.0kgf(1kgf = 9.8N)外力施加在探头上,其最大波高与外力关系如图 8-24 所示。

从图 8-24 中看出,施加在探头上的外力小于 0.25kgf 时,反射波高降低较快;大于 0.75kgf 时,反射波高增长较慢,两者相对于检测仪器衰减精度而言,可以忽略不计。因此,在实际检测中,建议对探头均匀施力,大小控制在 0.25～0.75kgf 之间即可。

(3)仪器和探头

钢箱梁疲劳裂纹超声波检测对仪器及探头也有特殊的要求,通常用于判定裂纹的特征参数及定位。钢箱梁结构复杂,钢板厚度通常为十几毫米,在选择仪器和探头时应特别注意。

水平线性、垂直线性、动态范围、灵敏度余量、盲区、分辨力为超声波探伤仪性能评定的主要指标,因此在选择仪器时,应选择水平线性误差小、垂直线性好、衰减器精度高、灵敏度

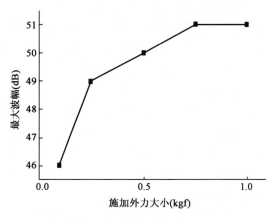

图 8-24　外力与最大波高关系

余量高、信噪比高、功率大、盲区小、分辨力好的仪器,另外,在现场检测时,还应选择重量轻、荧光屏亮度好、抗干扰能力强的便携式超声波探伤仪。

超声波通常检测频率在 0.5～10Hz,选择范围较大。频率对超声波检测有很大影响,主要表现在:

①由于波的绕射,使超声波检测灵敏度约为 $\lambda/2$,提高频率有利于发现更小的缺陷。

②频率高,脉冲宽度小,分辨力高,有利于区分相邻缺陷。

③频率越高,波长越短,半扩散角就越小。

④声束指向性就越好,能量越集中,有利于发现缺陷并对缺陷定位。

⑤近场区长度,频率越高,波长越短,近场区长度越大,对检测不利。

⑥衰减系数与频率的 4 次方成正比,随着频率增加,衰减急剧增加。

频率高,灵敏度和分辨力高,指向性好,对检测有利;但高频率也使近场区长度增大,衰减增大,对检测不利。因此,在实际检测中应综合考虑,在保证检测灵敏度前提下尽可能选用频率较低的探头。下面给出焊缝超声波探头选择方案,见表 8-3,供钢箱梁超声波检测人员参考。

超声波探头选择方案　　　　表 8-3

钢板厚度(mm)	探头 K 值	探头频率(MHz)
4～5	K3	5
6～8	K3	5
9～10	K3	4～5
11～12	K2.5	4
13～16	K2	4
17～25	K2	2.5～4
26～30	K2.5	2.5

4)声发射检测影响因素

(1)材料特征

虽然声发射检测对象几乎不受材料的限制,但不同的材料产生的声发射信号强度有所区

别。产生高强度信号的因素有高强度材料、各向异性材料、不均匀材料、铸造材料、大晶粒、马氏体相变、核辐照过的材料。产生低强度信号的因素有低强度材料、各向同性材料、均匀材料、锻造材料、细晶粒、扩散型相变、未辐照过的材料。对低强度材料进行声发射检测时,效果不如高强度材料,检测精度也会有区别。

(2)传感器布置

根据传感器布置方式的不同,声发射定位通常可分为三种,即一维定位、二维定位、三维定位。一维定位适合于进行局部检测,二维定位和三维定位所需的传感器个数较多,获取的数据较杂,并且其定位的计算公式复杂。另外,传感器本身还有"振铃"效应(传感器的响应),从而导致输出信号更加复杂。

(3)噪声

噪声是声发射检测中最大的影响因素,在进行声发射采集过程中,噪声会干扰声波的采集,导致信号杂乱,变幅较小,难以判断开裂时刻。通常干扰声发射数据采集的噪声有:前置放大器穿入端的白噪声、AE系统内部所产生的噪声、接地回路噪声、电磁干扰信号、设备运转噪声等其他环境噪声。但背景噪声对定位区域中部的声源影响不大,误差在20%以内。

(4)门槛值

门槛值是声发射检测必须考虑的关键参数之一。不同的门槛值设定对声发射检测的精度有很大影响。当门槛值大于55dB时,误差达到了50%;高门槛值时测量定位偏近坐标原点;低门槛值时,测量位置偏远坐标原点。门槛值相对背景噪声略高时得到的定位较准确。

8.2.2 钢箱梁对检测的影响因素

1)涂层厚度

(1)对超声波探伤回波高度的影响

选取钢箱梁中可见疲劳裂纹部位进行探伤,先对其表面进行表面平整处理,保留其表面涂层,再用砂轮对其表面进行打磨,去除涂层,采用超声波检测,得到在相同灵敏度条件下,有涂层的裂纹回波比经打磨后的裂纹回波低40%左右,如图8-25所示。

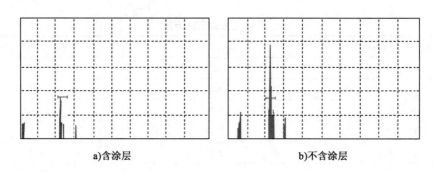

a)含涂层　　　　　　　　b)不含涂层

图8-25　含涂层与不含涂层回波高度

(2)对磁粉探伤灵敏度的影响

涂层的存在带来的附加气隙将使磁阻增加,按磁路欧姆定律,则其磁通 Φ_m 将变小,从而使磁扼提升力成比例下降及缺陷处的磁感应强度下降,最终导致探伤灵敏下降,如图8-26所示。

同一缺陷,由于涂层的影响,其漏磁场的形状和漏磁通的大小都会发生显著变化。在一定范围内,缺陷形成的漏磁场,其最大漏磁感应强度 B_{mt} 与涂层厚度的平方成反比,即随着涂层厚度的增加,漏磁场的磁感应强度将急剧下降,使漏磁场的最大值不能作用于磁粉,使探伤灵敏度下降。

涂层通常为油漆、环氧树脂等有机物,由于其表面物理特性与工件金属表面有一些差异,因此对磁粉的堆积运动也有较大的影响。影响磁粉运动的主要因素是摩擦力,通过实测,涂层的摩擦系数一般都比光滑钢表面的大,比少许生锈的金属表面还差。因此,涂层将增大磁粉运动和聚集的阻力,使探伤灵敏度进一步下降。

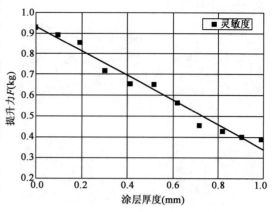

图 8-26 涂层厚度与提升力关系

2) 检测部位

(1) 影响超声波检测方法

鉴于成型钢箱梁结构的特殊性,U 肋内部探头无法进入,但该部位,尤其是过焊孔处是裂纹多发部位。U 肋与面板焊缝处探伤只能够采用斜探头,且只能在外部对其内部进行检测,缺陷回波难以分辨,容易造成误判,如图 8-27a) 所示。对接焊缝处,探头可从焊缝两侧[图 8-27b)]分别对其进行检测,缺陷判断准确度相对过焊孔处高。

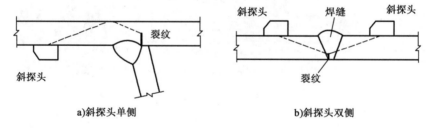

a) 斜探头单侧　　　　　　b) 斜探头双侧

图 8-27 不同位置探伤方法

(2) 影响磁悬液及渗透剂

磁粉或渗透检测需采用相关的液体试剂作为辅助,因此,在钢箱梁检测中,尤其是顶板的疲劳裂纹检测,喷涂上去的渗透剂、磁悬液或反差增强剂都会因重力作用下而向下流淌,导致检测效果较差,如图 8-28 所示。在底面上进行磁粉或渗透检测时,试剂能够完好附着在钢材表面,检测效果良好,如图 8-29 所示。

3) 裂纹特征

(1) 裂纹尺寸效应

渗透或磁粉探伤的检测灵敏度可以达到微米级别,能够有效地检测出微裂纹,但只有在理想情况下,其检测灵敏度可以达到很高。在实桥检测中,主要还是以目测为主,观察裂纹开口处产生的锈迹来判断是否存在疲劳裂纹,而渗透和磁粉探伤是目测法的补充,用于检测肉眼看不见的微裂纹。但钢材表面往往会因钢箱梁制造及拼接过程而存在划痕,这些划痕则会对渗透或磁粉探伤检测效果造成影响。在划痕附近也会产生漏磁场,如果磁化电流大,磁粉会在划痕处聚集,干扰检测结果。

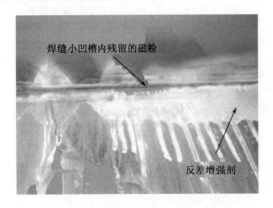
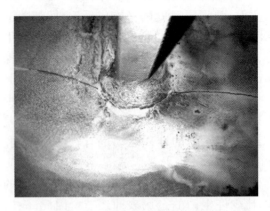

图 8-28　实桥顶板焊缝磁粉检测效果　　　　图 8-29　试件底板焊缝磁粉检测效果

实际疲劳裂纹的断面通常为椭圆形(图 8-30),裂纹宽度从中间到两头逐渐变小,深度变化也符合同样规律。在进行超声波检测时,从裂纹中心[图 8-31a)]到两边[图 8-32a)]逐渐移动探头,直到裂纹边缘[图 8-33a)],其回波高度逐渐减小[图 8-31b)和图 8-32b)],接近裂纹尖端位置时,回波消失[图 8-33b)]。这导致检测出来的疲劳裂纹长度小于其真实长度,客观上产生了检测误差,影响检测结果。

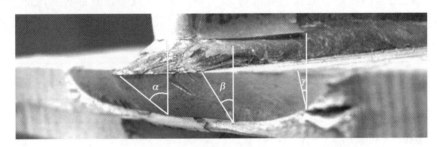

图 8-30　疲劳裂纹断面

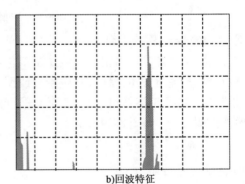

a)探头位于裂纹中心　　　　　　　　　b)回波特征

图 8-31　裂纹中心回波

产生这种现象的原因是在疲劳裂纹边缘处,由于裂纹深度较小,裂纹断面整个处在超声波探头的近场区内,检测灵敏度很低;并且斜探头使用的是横波探伤,在裂纹边缘处,横波难以形成良好的反射,导致无缺陷回波产生。

 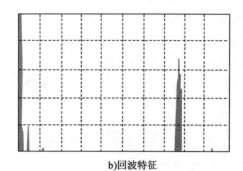

a)探头位于裂纹中心附近　　　　　　　　b)回波特征

图 8-32　裂纹中心附近回波

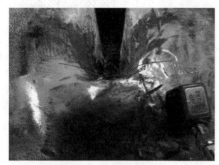 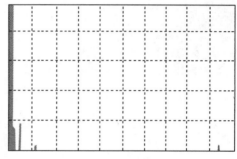

a)探头位于裂纹边缘　　　　　　　　b)回波特征

图 8-33　裂纹边缘回波

(2)裂纹倾斜角度

选取几个人工疲劳裂纹倾斜角度测定时得到的数据,见表 8-4。随着裂纹内部倾斜角度的增大,超声波裂纹角度检测结果的误差也随之增大。从表 8-4 中看出,从裂纹中心到边缘,裂纹倾斜角度的变化情况是 $\alpha > \beta > \gamma$,即由大到小变化,检测误差也由大变小。

裂纹倾斜角度检测结果　　　　　　　　表 8-4

裂纹编号	加工角度(°)	计算角度 α(°)	绝对误差(°)
B-1	0	0	0
B-4	30	20	10
C-3	30	23	7
D-2	30	21	9
C-4	45	24	21

4)表面状态

(1)焊缝光滑度

钢箱梁中角焊缝和对接焊缝焊接完毕后,未进行细致的光滑处理,其表面具有不规则的小凹槽,当喷涂磁悬液后,磁粉容易集中在小凹槽内,磁化后不容易发生流动,从而产生误判,如图 8-34 所示。

(2)钢板表面粗糙程度

对于同一耦合剂,表面粗糙度大,耦合效果差,反射回波低。对于声阻抗低的耦合剂,表面粗糙度越大,对反射波幅的影响更大,如图 8-35 所示(1,2,3,4 分别表示：表面不处理、砂纸打磨、钢丝刷打磨掉表面氧化层、机械打磨)。表面不处理情况,模拟了钢梁超声波的实际检测条件,需对这种情况进行适当的表面补偿,以提高其回波高度。实际操作中,对钢板表面仅需要打磨平整,无焊渣或其他杂质,使探头在工件表面顺畅移动即可。

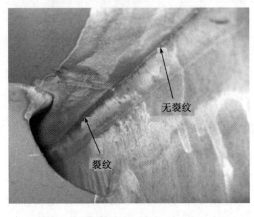

图 8-34　有裂纹和无裂纹段磁粉检测差异

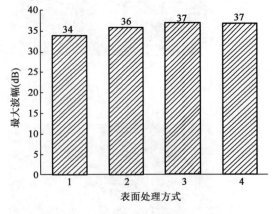

图 8-35　不同表面处理方式回波高度

基于以上对钢箱梁疲劳裂纹检测影响因素的分析,归纳出钢箱梁对疲劳裂纹实桥检测综合影响因素,结果见表 8-5。

钢箱梁实桥检测影响因素　　　　　　表 8-5

影响因素	渗透检测	磁粉检测	超声波检测
涂层厚度	降低毛细现象效果,延长检测时间	降低漏磁场强度,磁粉难以聚集	降低回波高度和检测灵敏度
检测部位	检测焊缝都位于钢箱梁顶部,对渗透剂的流淌性要求高。适用对接焊缝及角焊缝探伤	钢箱梁顶部焊缝,对磁悬液流淌性要求高,检测仪器沉重,不适合长时间检测	对接焊缝及普通角焊缝检测方便;过焊孔处焊缝,只能进行单面检测,且该部位裂纹数量多且复杂,造成裂纹特征判断不准
裂纹特征	只能检测表面裂纹,对内部裂纹无法检测	检测表面或近表面裂纹,对内部裂纹无法检测	可以检测隐蔽裂纹,但影响检测精度因素多,不可控制
表面状态	表面有凹槽、小颗粒,影响渗透效果,并会残留渗透液,造成腐蚀	焊缝表面有凹槽时,磁悬液会在凹槽内聚集,无法产生流动	表面不平整时影响探头移动或转动,也会降低探头和表面耦合性

8.3　钢箱梁疲劳裂纹综合检测方法

8.3.1　钢箱梁检测技术对比

综合上述对钢箱梁疲劳裂纹检测技术的介绍,并结合相关检测技术的使用及实桥检测试验,针对各个检测技术的特点、适用性、检测效果及对裂纹特征的检测作了对比分析和评价,具体如表 8-6 所示。

各个检测技术适用性　　　　　　　　　　　　　　　　　　表 8-6

检测技术	特　点	适　用　性	检测效果	裂纹特征
渗透检测	利用毛细现象检测疲劳裂纹,采用喷涂法施加渗透剂,检测范围大	适合对钢箱梁U肋对接焊缝及面板与U肋焊缝的裂纹检测	检测速度慢,由于钢箱梁涂层存在,检测前需进行打磨,否则会影响检测效果	可以检测裂纹的位置及长度,无法检测裂纹的深度及倾斜角度
磁粉检测	利用裂纹处产生漏磁场的原理,采用磁粉进行检测。检测范围大	适合对钢箱梁U肋对接焊缝及面板与U肋焊缝的裂纹检测。宜采用连续湿法磁粉检测	检测速度快,使用反差增强剂可增加其显示效果。涂层对检测效果的影响不大	可以检测裂纹的位置及长度,无法检测裂纹的深度及倾斜角度
超声波检测	利用超声波回波原理,判断是否存在裂纹,检测范围小,精度高	适合面板与U肋过焊孔处裂纹检测,可适应复杂的检测部位。需使用斜探头和耦合剂	检测速度快,缺陷判断准确度高。钢箱梁涂层会降低回波高度,需进行适当表面补偿	可对疲劳裂纹的长度、深度、倾斜角度及位置进行判定,并可检测隐蔽裂纹
声发射技术	利用裂纹开裂产生的AE信号检测和判断裂纹位置,检测范围大,但抗干扰能力差	适合整个钢箱梁内部的疲劳裂纹检测	检测速度慢,需对AE信号进行分析处理。裂纹定位过程复杂,且同个箱梁内有多条裂纹时,信号难以处理,裂纹难以定位	可对疲劳裂纹位置进行定位,可做到裂纹的动态监测,无法检测裂纹的长度、深度及倾斜角度

8.3.2　钢箱梁疲劳裂纹综合检测技术

针对钢箱梁疲劳裂纹检测技术的特点、适用性等特征,考虑钢箱梁疲劳裂纹特征检测的必要性,充分利用各个检测技术的优点,提出了一套适用于钢箱梁疲劳裂纹检测的综合技术,如图 8-36 所示。

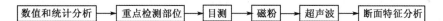

图 8-36　钢箱梁疲劳裂纹综合检测技术

具体步骤如下:

(1)在检测前通过数值模拟或基于以往检测资料的统计,首先确定重点检测部位,然后在该部位的纵向和横向进行初步的目测检测,确定大致的疲劳裂纹位置。

(2)进行磁粉探伤,判断是否为疲劳裂纹,如果是,则标记并拍照,并测量疲劳裂纹长度。

(3)对发现疲劳裂纹的部位进行超声波检测,以确定疲劳裂纹的深度、角度等其他特征。

(4)根据疲劳裂纹特征检测结果,通过 CAD 软件进行断面分析(图 8-37)。

通过以上四个主要步骤,分析了钢箱梁疲劳裂纹产生的主要部位,并结合目测、磁粉、超声波检测技术,测量了疲劳裂纹的具体特征,给出了每条裂纹的断面特征图,然后根据具体的疲劳裂纹断面特征图,即可制订有针对性的维护方案,提高了钢箱梁疲劳裂纹检测和维护的效率。

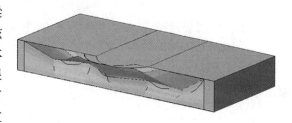

图 8-37　疲劳裂纹断面分析

8.4 电阻法检测技术

8.4.1 检测原理

传统的检测技术在原理、操作步骤及检测方法上已经比较成熟,但在钢箱梁内应用时,受到钢箱梁特有的环境因素影响,都存在一定的局限性。并且,除了声发射以外,其他检测技术暂时还不能实现动态检测和实时监测。对于服役期间的大跨径悬索桥钢箱梁疲劳裂纹检测,由于大跨径悬索桥往往都位于交通要道,采取中断交通的方式进行整桥的疲劳裂纹检测会对社会交通产生严重的影响,采用声发射技术进行动态检测或实时监测时,车辆行驶及其他因素产生的噪声会对声发射检测产生严重的影响,干扰其正常的信号捕捉,难以很有效地在实桥开展。

钢箱梁采用的是钢材,而钢材又具有良好的导电性,阻值是钢材基本的材料属性,在外界环境变化不大的情况下,可以认为是基本保持不变的。针对钢箱梁材料的特点,可以采用测电阻的方法对其进行检测。电阻的变化直接反映了钢材自身属性的变化,且这种变化受外界干扰程度低,能够适应钢箱梁复杂的环境,具有较高的抗干扰能力;并且电阻法通过合理的测点布置及连接,可实现对钢箱梁局部范围内的电阻变化进行实时监测,实时分析监测数据,可立即得到局部范围内的损伤情况。由传统的测应力应变的方式,转化成更为直接的测电阻的方式,测量结果更加与材料的本质相接近。通过便携式的电阻探头,具有即测即走、及时判断的优势。

目前,电阻法探伤已经初步在许多领域应用起来,但更多地仅限于金属构件的损伤检测、评定及预测金属材料疲劳寿命,对于钢桥面板疲劳裂纹检测尚未研究和应用。因此,本章提出了基于电阻变化规律来检测钢桥面板疲劳裂纹的方法,在理论与有限元分析基础上,对测量影响因素及测点布置方式进行的研究分析[24-29]。

正常情况下在钢板两端施加两个电极后,电场在钢板内的分布情况如图 8-38a)所示,沿整个板厚方向分布均匀。当钢板内产生疲劳裂纹后,钢板的导电截面面积发生改变,电流无法穿越裂纹内部,在裂纹尖端处产生绕流现象,一定程度上增加了导体的长度,如图 8-38b)所示。

由电阻计算公式 $R = \rho L/A$ 可知,ρ 不变,A 减小,L 增大必然导致电极间有效阻值增大。当钢板完好时,设横截面面积为 A_0,则无损钢板的电阻值大小为:

$$R_0 = \frac{\rho L}{A_0} \tag{8-1}$$

当钢板出现裂纹时,其裂纹处截面积减小 A_d,即钢板有效面积 A_1 为:

$$A_1 = A_0 - A_d \tag{8-2}$$

如果横截面变化纯粹由损伤所导致,则受损后的表征横截面积可用初始横截面积代替,即断面损伤率:

$$D = \frac{A_d}{A_0} = 1 - \frac{A_1}{A_0} \tag{8-3}$$

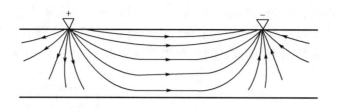

a)无裂纹时的电场线分布

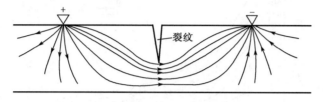

b)有裂纹时的电场线分布

图 8-38　两电极之间电场分布情况

产生裂纹后钢板有效电阻值 R_1：

$$R_1 = \frac{\rho L}{A_1} = \frac{\rho L}{A_0(1-D)} \tag{8-4}$$

从公式(8-1)和式(8-4)中可以看到，R_1 大于 R_0，由此通过检测某部位电阻的变化，可以对裂纹进行判断。

8.4.2　有效分布宽度

公式 $R = \rho L/A$ 只能在电流通过全截面时使用，而对于钢板上两电极之间的等效电阻，目前暂无准确的计算方法。为了得到钢板上两电极之间的等效电阻，通过 ANSYS 电磁场分析，得到每个不同电极间距的有效分布宽度 b，作为电极之间的等效电流宽度，见图 8-39。

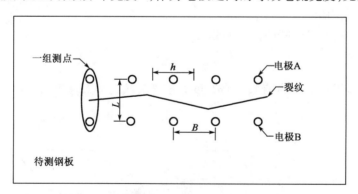

图 8-39　有效分布宽度示意图

通过建立钢板有限元模型，在固定电极间距下，不断改变模型的宽度，得到一组不同宽度下电阻变化曲线。接着改变电极间距，得到不同电极间距下电阻随板宽的变化情况，如图 8-40 所示。

由图 8-40 可以看出，当板宽接近 300mm 时，不同电极间距对应下的等效阻值变化情况趋于平缓，阻值达到收敛，因此可以把该收敛时的板宽可以作为电极有效分布宽度 b 的大小。并且,通过不同电极间距对比来看,电极间距为 50mm 时其有效分布宽度为 150mm,而电极间距为 100mm 时,有效分布宽度为 200mm。电极之间距离 B 越小,其有效分布宽度 b 的值就越小。因此在合理的测点布置情况下,测点之间的距离 B 就可以作为有效分布宽度 b 的值。

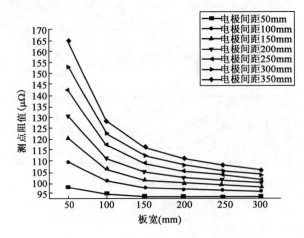

图 8-40　不同板宽电阻变化规律

8.4.3　计算及评估方法

1) 计算方法

断面损伤率 D 另一种计算方法:

$$D = 1 - \frac{R_0}{R_1} \tag{8-5}$$

式中:R_0——钢板的标准电阻值;

R_1——实测电阻值。

将式(8-3)做个变换,可得到断面损伤面积 A_d:

$$A_d = D \times A_0 \tag{8-6}$$

并根据断面损伤面积 A_d 和测点有效分布宽度 b 推算裂纹的等效深度(图 8-41):

$$h = \frac{A_d}{b} \tag{8-7}$$

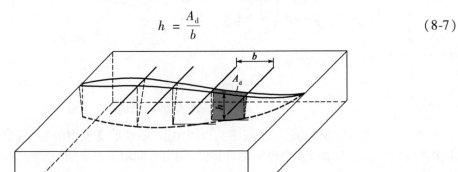

图 8-41　裂纹等效深度示意图

2）疲劳寿命评估

受损后电阻值变化为：

$$\Delta R = R_1 - R_0 = \rho \frac{L}{A_0} \frac{D}{1-D} \tag{8-8}$$

即电阻变化率：

$$\frac{\Delta R}{R_0} = \frac{D}{1-D} \tag{8-9}$$

这样，就可以通过测量电阻变化率来确定构件中的损伤累积状况。在高周疲劳损伤累积过程中，考虑应力幅和平均应力引起的非线性效应，损伤演化方程可表示为：

$$D = 1 - \left(1 - \frac{N}{N_f}\right)^{\frac{1}{\beta+2}} \tag{8-10}$$

式中：N——循环次数；

β——非线性损伤因子，与材料及应力幅有关；

N_f——疲劳寿命。

$$\frac{\Delta R}{R_0} = \left(1 - \frac{N}{N_f}\right)^{-\frac{1}{\beta+2}} - 1 \tag{8-11}$$

根据式（8-11）就可以通过试验测量构件的电阻变化值 ΔR 与循环次数 N 的关系以及构件的疲劳极限次数 N_f，从而得出非线性损伤因子 β。此外，通过改变疲劳应力幅，可以确定损伤因子 β 与应力幅的关系。最后，可以据此在工程实践中通过测量构件的电阻变化来预测其疲劳剩余寿命：

$$N_r = N_f - N = \frac{N}{\left(1 + \frac{\Delta R}{R_0}\right)^{\beta+2} - 1} \tag{8-12}$$

8.4.4 电阻法检测试验

1）试件及装置

本验证试验采用的双臂电桥型号为 QJ84A。试件材料为 Q345 钢材，模拟钢桥面板与 U 肋连接部位。该试件已经过疲劳试验，在面板和 U 肋连接处产生沿 U 肋纵向的裂缝，如图 8-42 所示。

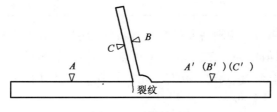

图 8-42 试件断面图

2）检测结果分析

用双臂电桥装置分别在 U 肋两侧（A、A'）、U 肋外面（B、B'）、U 肋内面（C、C'），实测钢板沿程电阻值数据如表8-7所示,沿程电阻变化如图8-43所示。

钢板沿程实测电阻值　　　　　　　　　　表8-7

测点编号	1	2	3	4	5	6	7
测点边距(cm)	2.3	6.9	10.2	15.3	18.2	21.9	25.5
(U肋两侧)($\mu\Omega$)	29	41	34	46	51	76	539
(U肋外面)($\mu\Omega$)	36	56	54	55	50	50	57
(U肋内面)($\mu\Omega$)	33	42	52	42	40	35	40

除去该异常点,可以看到其他测点电阻值的变化规律,如图8-44所示。U肋两侧电阻值随着测点边距增大,曲线逐渐向上延伸。在测点边距25.5cm处电阻值达到最大。这说明沿着U肋纵向,裂纹深度增大,截面损伤严重。在U肋外面测点和U肋内面测点的电阻值,存在小幅波动,曲线峰值不明显。考虑焊缝尺寸不均匀及测量误差,相对于U肋两侧,可以认为U肋和顶板连接处不存在疲劳裂纹。

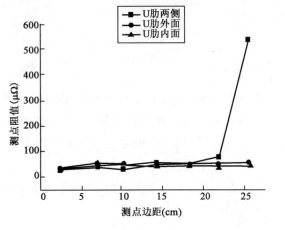

图8-43　钢板电阻沿程变化图

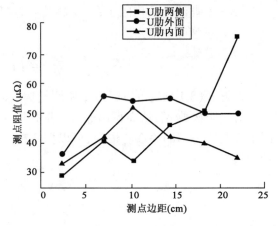

图8-44　去除异常点后实测电阻变化规律

由公式(8-5)和公式(8-7)对U肋两侧分别计算截面损伤率D和裂纹等效深度h,结果如表8-8所示。

截面损伤率和裂纹等效深度计算结果　　　　　　　　　表8-8

U肋两侧($\mu\Omega$)	29	41	34	46	51	76	539
截面损伤率D	0%	29%	15%	37%	43%	62%	95%
裂纹深度h(cm)	0.00	0.41	0.21	0.52	0.60	0.87	1.32

试件实际厚度为1.4cm。切割后通过断面观察疲劳裂纹,在测点边距2.3cm处几乎不存在疲劳裂纹,把该处的阻值作为标准阻值。在测点边距为25.5cm处钢板疲劳裂纹计算深度为1.32cm,符合实际近乎裂透的情况,并有一定的铁锈。因此在该测点的U肋实测电阻值相对于其他测点阻值异常,并且很大。

将疲劳试件沿着焊缝方向切开后,采用ZBL-F800钢结构裂缝综合测试仪对裂纹断面进行拍照测量,得到裂纹断面如图8-45所示。沿着焊缝方向,疲劳裂纹的深度和宽度逐渐增加。裂纹深度计算结果的变化规律满足实际钢板疲劳裂纹开裂变化情况。

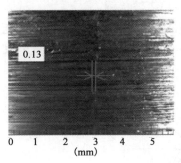
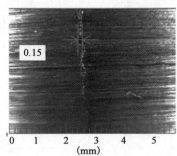
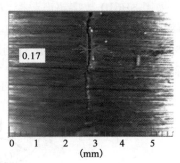

图 8-45　去除异常点后实测电阻变化规律

8.5　疲劳裂纹几何特征超声波检测技术研究

8.5.1　试验概况

试件材料为 Q345q，采用 CO_2 保护焊进行焊接，焊脚尺寸 $h_f=8.0mm$，针对钢箱梁 U 肋与面板焊接构造细节，制作了人工裂纹标准试件，对该部位焊缝的 6 种不同疲劳裂纹开裂形式进行模拟[图 8-46a)]。裂纹采用电火花线切割加工，综合考虑了裂纹的长度、深度、宽度、倾斜角度及位置等特征，见[图 8-46b)]。表 8-9 给出了试验设计的主要裂纹参数，包括裂纹宽度 W（0.1mm、0.15mm、0.2mm）、裂纹深度 D（4mm、6mm、8mm、12mm）、裂纹长度 L（15mm、30mm、40mm）、裂纹角度 α（0°、30°、45°）、板厚 T（6mm、12mm）。

人工裂纹设计参数　　　　表 8-9

面板切割裂纹	裂纹编号	宽度 W（mm）	深度 D（mm）	长度 L（mm）	角度 α（°）	板厚 T（mm）	焊缝切割裂纹	裂纹编号	深度 D（mm）
裂纹特征参数	CP-111-11	0.1	12	15	0	12	U 肋与面板裂纹类型	CW-112-1	8
	CP-112-11	0.1	12	30	0	12		CW-212-1	8
	CP-113-11	0.1	12	40	0	12		CW-111-2	12
	CP-122-11	0.1	8	30	0	12		CW-112-2	8
	CP-222-11	0.15	8	30	0	12		CW-122-2	8
	CP-322-11	0.2	8	30	0	12		CW-212-2	8
	CP-132-11	0.1	6	30	0	12		CW-111-3	12
	CP-142-11	0.1	4	30	0	12		CW-112-3	8
	CP-132-12	0.1	6	30	0	6		CW-122-3	8
	CP-142-12	0.1	4	30	0	6		CW-212-3	8
	CP-122-21	0.1	8	30	30	12		CW-112-4	8
	CP-142-21	0.1	4	30	30	12		CW-212-4	8
	CP-142-22	0.1	4	30	30	6		CW-112-5	8
	CP-122-31	0.1	8	30	45	12		CW-113-6	4

采用SH610数字超声波探伤仪,研究钢箱梁疲劳裂纹特征的超声波检测方法[30-32]。试验中使用的探头为4P 8×12 K2.5斜探头,耦合剂为CG-98型超声波耦合剂。在探头使用前,先在标准试块上对探头性能进行测定和校准,得到探头前沿为9.0mm,斜探头K值为2.5,声束偏斜角为1°,灵敏度余量64dB。

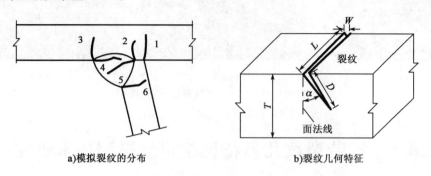

a)模拟裂纹的分布　　　　　　b)裂纹几何特征

图8-46　人工裂纹参数

8.5.2　裂纹几何特征参数检测方法

1)裂纹长度

针对裂纹长度,目前采用较为广泛的是半波测长法及6dB测长法,但由于钢箱梁板厚较薄,导致上述两种测量方法的检测精度较低。因此本节针对钢箱梁疲劳裂纹,研究了裂纹长度测量的方法。

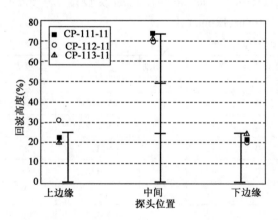

图8-47　裂纹不同位置回波高度对比

对CP-111-11、CP-112-11和CP-113-11裂纹进行超声波测长试验,寻找到缺陷最高回波,调节灵敏度,使最高回波高度稳定在70%左右,记录边缘回波高度,得到如图8-47所示裂纹不同位置回波高度值。从图中看出,探头位于裂纹中间时的回波高度最高,向两边移动时回波高度迅速下降,直到裂纹边缘回波高度达到最低,越过裂纹边缘后,回波消失。最高回波和最低回波的高度相差约1/3。

对裂纹CW-111-2、CW-111-3进行测长实验,结果见表8-10。从表8-10中可见,通过1/3测长法判断裂纹边缘位置,并测量裂纹有效长度方法可行,测量误差小于5%,具有较高准确度,对表面裂纹和隐蔽裂纹都具有较好的适用性。

焊缝处裂纹测长结果　　　　　表8-10

裂纹编号	加工长度(mm)	实测长度(mm)	误差(%)
CW-111-2	40.0	38.0	5
CW-111-3	40.0	38.8	3

2)裂纹深度

根据缺陷回波的声程S、指示深度Y和指示水平距离X(S、Y、X值由仪器给出),可以对裂纹深度和水平位置进行检测。图 8-48 给出了针对同一裂纹分别采用直射法和一次反射法进行检测的缺陷回波。从图 8-48 中可以看出,直射法产生的缺陷回波距离比一次反射法近,并且回波高度较高,具有缺陷判别能力,因此宜优先采用直射法进行疲劳裂纹检测。

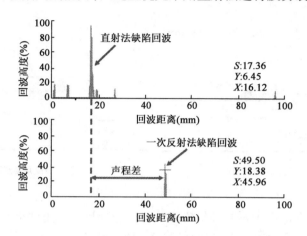

图 8-48 直射法和一次反射法波形图

从人工标准试件中选择不同深度的裂纹进行试验,分别采用直射法和一次反射法进行检测,得到结果如表 8-11 所示。

直射法和一次反射法检测结果　　　　　　　　表 8-11

裂纹编号及检测方法	指示深度 Y（mm）	裂纹深度 D（mm）	深度均值（mm）	加工深度（mm）	误差（%）
CP-122-11 直射	8.67	8.67	8.09	8.0	1.1
CP-122-11 一次反射	16.5	7.50			
CP-132-11 直射	6.45	6.45	6.03	6.0	0.5
CP-132-11 一次反射	18.38	5.62			
CP-142-11 直射	4.33	4.33	4.02	4.0	0.5
CP-142-11 一次反射	20.29	3.71			

由表 8-11 可以看到,直射法测量得到的裂纹深度比实际深度偏大,一次反射法偏小。这是由于超声波声束有一定的扩散角,裂纹的最高回波未必是裂纹尖端。并且超声波探头存在一定的近场区,直射法的检测精度相对比一次反射法低。将直射法和一次反射法检测结果取平均值,其误差接近 0,检测结果与实际吻合良好。因此,在探伤条件允许(可分别进行直射和一次反射法)的前提下,宜取两者结果的平均值作为裂纹的实际深度;在探索条件不允许(无法进行直射法)时,宜采取一次反射法,其检测结果偏小。

3) 裂纹角度

实际疲劳裂纹开裂时沿板厚方向呈一定角度扩展,并非完全垂直于表面,因此对疲劳裂纹角度的测量十分重要。本文通过试验研究,给出了如图 8-49 所示的疲劳裂纹角度测量的几何方法。图中,N 为探头前端距裂纹开口距离,Q 为探头前沿,S 为裂纹水平投影长度,X_1、Y_1 和 X_2、Y_2 分别表示探头在裂纹尖端和裂纹开口时的指示水平距离和指示深度。可见裂纹计算公式如下:

$$\alpha = \arctan\left(\frac{N + Q - X}{Y}\right) \tag{8-13}$$

隐蔽裂纹计算公式如下:

$$\alpha = \arctan\left(\frac{X_1 + M - X_2}{Y_2 - Y_1}\right) \tag{8-14}$$

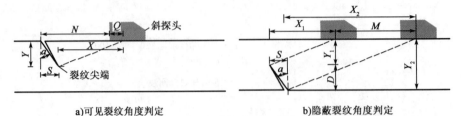

a)可见裂纹角度判定　　　　b)隐蔽裂纹角度判定

图 8-49　裂纹角度检测方法

选取人工裂纹标准试件中不同倾斜角度的裂纹进行超声波角度检测试验,结果见表 8-11。

从表 8-12 中可以看到 CP-122-11、CP-122-21、CP-142-21 和 CP-142-22 裂纹角度计算结果与实际值接近,两者相差在 10°以内,具有较好的精度;而 CP-122-31 由于裂纹倾斜角度较大,声束难以在裂纹尖端形成良好的反射,缺陷最高回波未必在裂纹尖端,并且 CP-122-31 裂纹垂直深度较小,处在探头近场区内,检测精度较低,导致测量误差较大。

裂纹角度超声判定结果　　　　表 8-12

裂纹编号	Y(mm)	X(mm)	N(mm)	加工角度(°)	计算角度 α(°)
CP-122-11	8.67	21.67	12.7	0	0
CP-122-21	7.44	18.61	12.7	30	23
CP-142-21	3.86	9.66	11.1	30	20
CP-142-22	3.70	9.25	10.7	30	21
CP-122-31	5.49	13.74	7.2	45	24

8.5.3　U 肋与面板焊缝裂纹位置判定方法

提出了三种裂纹开裂位置判别具体方法[33,34]:通过测量探头前端与焊趾距离 Z,来计算裂纹与焊趾距离 K 的大小并与焊脚尺寸 h_f 进行对比,见图 8-50。当 $K > h_f$ 时,为裂纹 3;当 $K \approx h_f$ 时,为裂纹 2;当 $K < h_f$,且焊趾处有明显的缺口,可判定为裂纹 1。

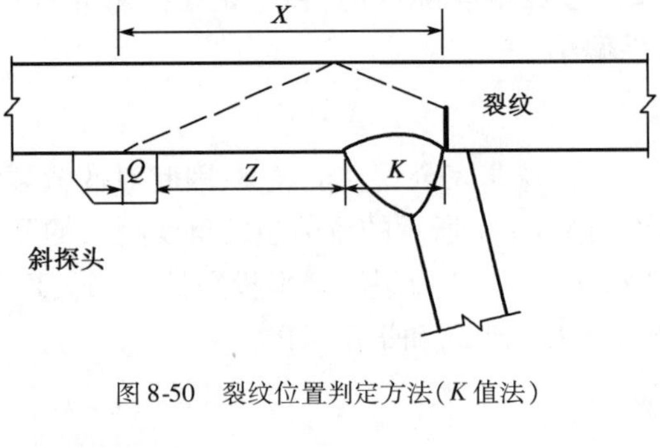

图 8-50 中的 K 值计算公式如下:

$$K = X - Z - Q \tag{8-15}$$

试验中针对每个被测焊缝,分别测量焊脚尺寸 h_f,根据公式(8-15)计算 K 值大小。表 8-13 给出了焊缝处开裂标准试件裂纹 1(未熔透部位)、裂纹 2(焊根处)、裂纹 3(焊趾处)的超声波检测结果及焊脚尺寸 h_f 的大小。

图 8-50　裂纹位置判定方法（K 值法）

面板内部裂纹位置判定实验结果 表8-13

部位	裂纹编号	$Z+Q$(mm)	X(mm)	K(mm)	h_f(mm)
焊趾	CW-111-3	27.5	31.59	4.09	7.9
	CW-112-3	20.0	21.43	1.43	7.9
	CW-122-3	21.3	20.36	-0.94	8.1
	CW-212-3	20.5	21.74	1.24	7.9
焊根	CW-111-2	22.5	31.40	8.90	8.1
	CW-112-2	12.1	21.35	9.25	8.0
	CW-122-2	14.0	21.46	7.46	7.9
	CW-212-2	10.2	21.83	11.63	8.3
未熔透	CW-112-1	10.0	21.64	11.64	7.9
	CW-212-1	25.6	40.68	15.08	8.3

注：试验中探头前沿 $Q=9$mm。

由表8-10可知,焊趾处计算的 K 值都比实际焊脚尺寸 h_f 小,焊根处 K 值普遍与 h_f 接近,而未熔透部位的 K 值都大于 h_f。其中CW-212-2测量得到的 K 值不满足上述规律,可能由于超声波检测中对缺陷波主观判断错误造成的。

8.5.4 K 值法试验验证

1) 试验概况

试件采用Q345q桥梁用钢,模拟钢桥面板顶板与U肋焊缝连接构造,焊缝采用 CO_2 保护焊进行焊接,设计的焊脚尺寸为8.0mm。裂纹考虑了三种情况：位于焊趾处、焊根处及焊缝未熔透情况。人工裂纹采用电火花线切割进行加工,宽度为0.1mm,其中焊趾处和焊根处分别在不同焊缝处设计了两种不同深度的裂纹(焊趾：C1~C4,焊根：C5~C8),未熔透部位设计了1种不同深度的裂纹(C9、C10),共10条裂纹。表8-14为试件及设置的人工裂纹详细参数。

试件及裂纹参数 表8-14

试件编号	U肋厚度(mm)	U肋角度(mm)	裂纹宽度(mm)	裂纹深度(mm)	裂纹长度(mm)	其他说明
C1	6	77	0.1	12	40	焊趾部位
C2	6	77	0.1	8	40	
C3	6	90	0.1	8	40	
C4	12	77	0.1	8	40	
C5	6	77	0.1	12	40	焊根部位
C6	6	77	0.1	8	40	
C7	6	90	0.1	8	40	
C8	12	77	0.1	8	40	
C9	6	77	0.1	8	40	焊缝未熔透
C10	12	77	0.1	8	40	

试件考虑 U 肋的影响，U 肋采用了 6mm 和 12mm 两种板厚；U 肋与顶板连接角度采用了 77°和 90°两种。试件设计图如图 8-51 所示，加工成型后的试件见图 8-52。裂纹检测设备采用 SH610 便携式超声波探伤仪，并选择 4P 8×12 K2.5 型号的斜探头，耦合剂型号为 CG-98，按照《钢结构超声波探伤及质量分级方法》（JG/T 203—2007）标准要求对标准试件进行检测[35-38]。

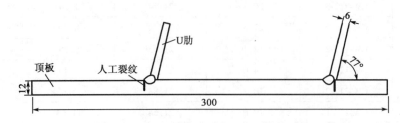

图 8-51　标准试件设计图（尺寸单位：mm）

首先对超声波探伤仪进行调校，并采用标准试块对斜探头的探头前沿 Q 进行测量，得到 Q 的大小约为 9.0mm。然后将探头置于被检试件的焊缝处，移动探头找到缺陷的最大回波，并测量探头前端与焊趾之间的距离 Z 以及被测焊缝的焊脚尺寸 h_f 大小。K 值法试验如图 8-53 所示。

图 8-52　人工裂纹标准试件

图 8-53　疲劳开裂位置试验

2）试验结果

采用超声波对不同焊缝的人工裂纹进行检测，发现上述三种裂纹（CR-D-1、CR-D-2、CR-D-3）产生的缺陷回波特征及参数较为接近，如图 8-54 所示。从图 8-54 中可以看出，三种不同开裂位置的裂纹对应的缺陷回波位置无明显差异，并且缺陷回波高度均较高。

图 8-55 给出了同一种裂纹类型，不同构造下缺陷回波波形对比。从图 8-55 中可以看出，即使在不同的 U 肋厚度及角度下，面板内部的裂纹对应的回波波形特征也基本相似，缺陷回波高度也均较高。但从图 8-54 和图 8-55 中的波形无法明显直接区分 CR-D-1、CR-D-2、CR-D-3 这三种裂纹。因此有必要采用本书提出的 K 值法对这三种裂纹位置进一步判断。

钢桥面板顶板疲劳开裂位置检测 K 值法试验测量结果如表 8-15 所示。

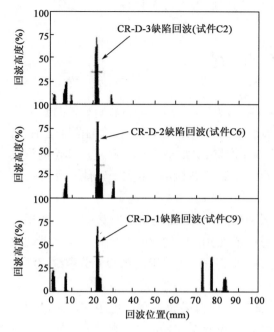

图 8-54　不同位置回波对比

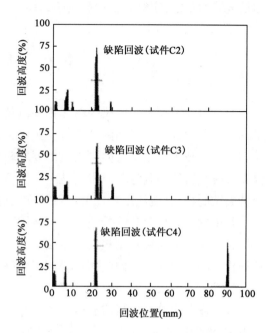

图 8-55　不同构造的影响

K 值法试验测量结果　　　　表 8-15

部位	裂纹编号	$Z+Q$(mm)	X(mm)	K(mm)	h_f(mm)
焊趾	C1	27.5	31.59	4.09	7.9
	C2	20.0	21.43	1.43	7.9
	C3	21.3	20.36	-0.94	8.1
	C4	20.5	21.74	1.24	7.9
焊根	C5	22.5	31.40	8.90	8.1
	C6	12.1	21.35	9.25	8.0
	C7	14.0	21.46	7.46	7.9
	C8	10.2	21.83	11.63	8.3
未熔透	C9	10.0	21.64	11.64	7.9
	C10	25.6	40.68	15.08	8.3

图 8-56 为 K 值法测量结果分布情况。

从图 8-56 中可以看出,焊趾处的 K 值均小于焊脚尺寸 h_f,并且在 0 附近上下波动;焊根处的 K 值与焊脚尺寸 h_f 大小接近;未熔透部位的 K 值均大于 h_f,实验结果与理论分析和实际情况相吻合,说明 K 值法能够较好地判别钢桥面板顶板疲劳开裂位置。同时,K 值法测量的结果数据存在一定的波动,这是由于超声波探伤操作复杂,对技术要求高,难以保证每条裂纹采用相同的灵敏度或操作步骤,并且实验过程中存在一定的测量误差,因此为了保证

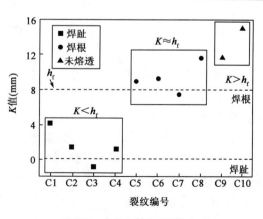

图 8-56　K 值法测量结果分布

测量数据的稳定,应对同一种裂纹进行多次测量,取平均值后再进行 K 值计算。

8.6 本章小结

本章对比了现有钢箱梁焊缝无损检测技术的原理、常见实施方式,结合各自检测特点分析了其适用性。其中渗透和磁粉检测在钢箱梁疲劳裂纹检测中使用频率最高,检测范围也最大,超声波检测技术由于其对检测人员的要求较高,检测速度慢,更加适合于某些重点部位的裂纹检测及裂纹特征的判定。声发射技术最大特点是能够做到动态检测,相比于其他三种方法对疲劳裂纹的检测,更注重对疲劳裂纹扩展的监测。

基于钢箱梁疲劳裂纹检测方法影响因素的分析和研究,归纳出钢箱梁对疲劳裂纹实桥检测综合影响因素。针对钢箱梁疲劳裂纹检测技术的特点、适用性等特征,考虑钢箱梁疲劳裂纹特征检测的必要性,充分利用各个检测技术的优点,提出了一套适用于钢箱梁疲劳裂纹检测的综合技术。

基于疲劳裂纹产生前后有效通电面积的变化,提出了钢箱梁疲劳裂纹电阻法。在电阻法检测中,电极间距越小检测精度越高。在实际钢桥面板疲劳裂纹检测中,测点的边界条件可以认为近乎一致,电极间距的大小对实测值的变化影响较小。因此大电极间距适合裂纹位置的初步判断,小电极间距适合裂纹的精确定位。给出了疲劳断面损伤率、裂纹等效深度及剩余疲劳寿命计算公式。并进行试验验证了电阻法检测钢桥疲劳裂纹方法具有较好的精度。

超声探头位于裂纹中间时回波最高,向两边移动时回波高度逐渐下降,符合理论计算结果。通过回波高度确定可以裂纹的边缘位置,得到裂纹长度。裂纹宽度跟回波高度存在相关性,直射法检测的裂纹深度相对偏大,一次反射法偏小。实际检测中宜将两者检测值取平均,作为裂纹实际深度。利用倾斜裂纹的尖端回波水平距离和探头入射点距裂纹开口距离的差异性,建立了裂纹倾斜角度计算公式。疲劳裂纹特征相似,则超声波回波波形和检测结果接近;通过计算裂纹与焊趾距离 K 值,并与焊缝实际焊脚尺寸 h_f 值相比较,可以对未熔透部位、焊根及焊趾处向面板内部开裂的疲劳裂纹的进行判别。

本章参考文献

[1] 曹亚丹,李德刚,郭大勇,等. 渗透探伤法在连轧坯和钢板表面质量检验中的应用[J]. 鞍钢技术,2008,2:013.

[2] 丁晓萍. 荧光渗透探伤水基预清洗方法[J]. 无损检测,2001,23(12):523-526.

[3] 陆宝春,李建文,陈吉朋,等. 荧光磁粉探伤自动缺陷识别方法研究[J]. 南京理工大学学报:自然科学版,2010,34(6):803-809.

[4] 曹益平,李路明,黄刚,等. 基于电磁检测原理的疲劳裂纹检测方法[J]. 清华大学学报(自然科学版),2005,45(11):13-15+19.

[5] 刘晴岩. 液体渗透检测的可靠性[J]. 无损检测,2002,24(9):381-383.

[6] 中华人民共和国国家标准. GB/T 5097—2005 无损检测 渗透检测和磁粉检测 观察条件[S]. 北京:中国标准出版社,2005.

[7] 焦政. 磁粉检测的可靠性[J]. 安徽化工,2006,4:54-55.

[8] 丁振国,张海兵,苏洪波,等. 航空维修中磁粉检测质量的影响因素及其控制[J]. 科技信息,2008,17:23-23.

[9] 中华人民共和国国家标准. GB/T 26952—2011 焊缝无损检测焊缝磁粉检测验收等级[S]. 北京:中国标准出版社,2011.

[10] 莫国影,左敦稳,黎向锋. 基于 CCD 图像的表面疲劳裂纹检测方法[J]. 机械制造与自动化,2008,37(6):55-58.

[11] 丁兵,陈家明,王芹. T 形结构局部熔透角焊缝超声波检测方法探讨[J]. 无损探伤,2011,35(2):5-9.

[12] 张文科. 超声波探伤中缺陷波和伪缺陷波的判别[J]. 无损检测,1995,27(1):47-50.

[13] 项东,罗辉,许斌. 钢结构 T 型角焊缝超声波探伤[J]. 建筑技术开发,2002,29(6):14-15.

[14] 罗旭辉. 钢箱梁 U 肋角焊缝的超声波探伤[J]. 广州建筑,2002,03:41-43.

[15] Ushakov V M, Davydov D M, Domozhirov L I. Detection and measurement of surface cracks by the ultrasonic method for evaluating fatigue failure of metals[J]. Russian Journal of Nondestructive Testing, 2011, 47(9): 631-641.

[16] 三木千壽,西川和廣,白旗弘実,等. 鋼橋溶接部の非破壞検査のための超音波自動探傷システムの性能確認[J]. 土木学会論文集,2003,731(I-63):103-118.

[17] IS Z 3060,鋼溶接部の超音波探傷試験方法[S].

[18] 马剑民. 金属部件表面开口裂纹深度超声测量[C]//陕西省第九届无损检测年会陕西省机械工程学会无损检测分会论文集,2005.

[19] 中华人民共和国行业标准. JG/T 203—2007 钢结构超声波探伤及质量分级法[S]. 北京:中国标准出版社,2007.

[20] 杨明纬. 声发射检测[M]. 北京:机械工业出版社,2006.

[21] 刘素贞,杨庆新,金亮,等. 电磁声发射技术在无损检测中的应用[J]. 电工技术学报,2009,24(1):23-27+51.

[22] 骆志高,李举,王祥. 声发射技术在疲劳裂纹检测中的应用[J]. 制造技术与机床,2008,10:134-136.

[23] 崔建国,李明,陈希成,等. 基于声发射技术飞机关键部件健康监测方法[J]. 仪器仪表学报,2008,29(10):2126-2129.

[24] 黄丹,章青,郭乙木. 电阻法检测金属构件损伤及预测疲劳寿命[J]. 无损检测,2008,4:213-215.

[25] 袁立方,陈荐. 基于电阻法的 30Cr1Mo1V 汽轮机转子蠕变寿命研究[D]. 长沙:长沙理工大学,2008.

[26] 马宝钿,杜百平,朱维斗,等. 从电阻变异规律分析疲劳损伤件中温热等静压效果[J]. 测试技术学报,2002,16(z1):337-340.

[27] Akira Todoroki, Kazuomi Omagari, Yoshinobu Shimamura, Hideo Kobayashi. Matrix crack de-

tection of CFRP using electrical resistance change with integrated surface probes[J]. Composites Science and Technology,2006,66:1539-1546.

[28] Akira Todoroki,Miho Tanaka,Yoshinobu Shimamura. Electrical resistance change method for monitoring delaminations of CFRP laminates[J]. Composites Science and Technology,2005, 65:37-47.

[29] Jie Wen,Zhenhai Xia,Fred Choy. Damage detection of carbon fiber reinforced polymer composites via electrical resistance measurement[J]. Composites Part B,2011,42:77-87.

[30] 曹刚,朱思民. 焊缝超声波检测回波信号分析[J]. 无损检测,2004,26(10):533-536.

[31] 张代立. 焊缝超声波探伤异常反射波的分析与判断[J]. 山西建筑,2010,36(036):49-50.

[32] 倪振新. 钢箱梁桥焊缝的超声波探伤[J]. 无损检测,2006 (7):454-455+457.

[33] 袁周致远,吉伯海,傅中秋,等. 基于电阻法的钢桥疲劳裂纹检测方法研究[J]. 重庆交通大学学报:自然科学版,2014,03:27-31.

[34] 袁周致远. 钢箱梁疲劳裂纹特征分析及检测技术研究[D]. 南京:河海大学,2014.

[35] 黄志炼. 钢结构超声波探伤的影响因素和估判定性[J]. 中国科技博览,2009,17:32-33.

[36] 杜涛,崔士起,张秀芹,等. 钢结构焊缝超声波探伤结果影响因素的介绍[J]. 四川建筑科学研究,2007,33(4):110-112.

[37] 石锋,谢建平,梁桠东. 超声波探伤检测的影响因素分析及监督与控制[J]. 科学技术与工程,2012,12(25):6448-6453.

[38] 王平,胡爱萍. 影响焊缝超声波探伤的因素分析[J]. 航天制造技术,2007,1:43-45.

第9章 钻孔止裂技术

9.1 钻孔止裂技术介绍

9.1.1 钻孔止裂法

钢桥疲劳裂纹扩展迅速且危害严重,在钢结构的日常维护中,一旦发现疲劳裂纹,通常应立即更换受损构件。但钢桥构造及制作工艺特殊,各构件通过焊缝连接且尺寸较大,此外,大跨径桥梁通常是重要的交通干道组成部分,若中断交通更换构件将给社会带来巨大的经济损失,因此,损伤构件很难方便、及时地更换。技术人员一般对疲劳裂纹采取止裂或修复措施,以延长构件疲劳寿命,避免断裂及倒塌事故的发生[1-3]。

对于疲劳裂纹的处理,一般首先采取钻孔止裂措施,以延缓裂纹的扩展,进而采取下一步完善的修复措施,对于钻孔后不再扩展的裂纹,可不采取进一步修复。钻孔止裂技术,即在裂纹尖端钻孔消除应力集中,达到阻止或延缓裂纹进一步扩展、延长结构疲劳寿命的目的[4,5]。若无法确定裂纹尖端具体位置,也可以在裂纹扩展方向上距离尖端一定距离打止裂孔(图9-1)。此外,采用焊补法进行疲劳裂纹修复时,通常事先采用止裂孔进行临时止裂,然后再进行焊合修复处理。钻孔止裂技术原理简单,操作便捷,成本节约,在金属结构止裂维修中被大量采用[6,7],是《钢结构加固技术规范》(CECS 77:96)[8]建议使用的应急方法。

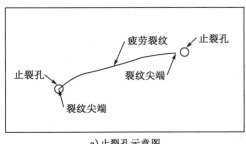 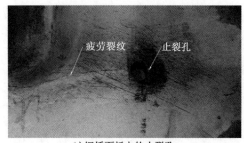

a) 止裂孔示意图 b) 钢桥面板上的止裂孔

图9-1 止裂孔

9.1.2 钻孔止裂后的应力分布

止裂孔的作用在于去除裂纹尖端的奇异点(图9-2),止裂孔的曲率远小于原有裂纹尖端,这使得尖端的应力集中程度大幅下降;止裂孔还去除了裂纹尖端的塑性区,使尖端附近区域恢复弹

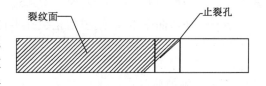

图9-2 止裂孔去除裂纹尖端

性,承载性能得以加强。由于钢桥构造细节结构和受力复杂,本节以标准平板试样[9]为例,分析钻孔止裂后试样的应力分布,说明钻孔止裂技术的作用机理。

1) 分析模型

结合 ASTM(美国材料试验协会)推荐的标准平板试样,采用紧凑拉伸试样(CT 试样)模型(图 9-3)进行有限元建模。由于模型具有对称性,有限元模型取模型的一半(图 9-3 阴影部分)进行分析。板厚取 5mm,裂纹长度取 50mm,在裂纹尖端设置止裂孔,止裂孔孔径取 6mm,使止裂孔圆心与裂纹尖端重合;弹性模量 $E=206\text{GPa}$,泊松比 $\nu=0.3$;荷载 $F=125\text{kN}$。模型网格划分时,在尖端附近区域选用奇异单元,其他区域选用 8 节点平面四边形单元 PLANE183。

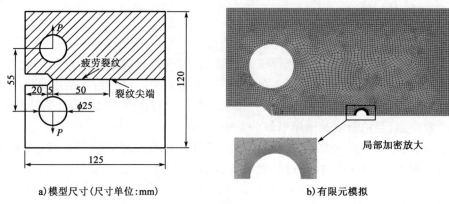

a) 模型尺寸(尺寸单位:mm)   b) 有限元模拟

图 9-3 有限元模型

应力集中对结构疲劳强度的影响程度并不直接由应力集中系数 K_t 所决定,而是由表征疲劳强度降低程度的疲劳缺口系数 K_f 决定。应力集中系数 K_t 代表缺口处峰值应力提高的程度,而 K_f 则代表缺口处疲劳强度降低的倍数[10]。相比于应力集中系数,疲劳缺口系数不仅受缺口几何条件的影响,还考虑了不同的材料类型。

通过分析模型的应力集中系数 K_t 和疲劳缺口系数 K_f,评价止裂孔的止裂效果。K_t、K_f 分别由公式(9-1)和公式(9-2)计算得到[4]:

$$K_t = \frac{\sigma_{\max}}{\sigma_{\text{nom}}} \tag{9-1}$$

式中:$\sigma_{\max}$——实际最大应力,由计算得到;

σ_{nom}——名义应力,由公式(9-3)得到。

$$K_f = 1 + \frac{K_t - 1}{1 + \dfrac{c}{\rho}} \tag{9-2}$$

式中:c——与材料有关的常数,对于 Q345qD 钢,c 可近似取为 0.45;

ρ——缺口曲率半径,这里指止裂孔半径。

$$\sigma_{\text{nom}} = \frac{2F(2W+a)}{t(W-a)^2} \tag{9-3}$$

式中:F——施加荷载;

W——模型的宽度;

t——模型的厚度;
a——裂纹长度。

2) 应力集中点

对疲劳裂纹实施打孔止裂措施,首先需要确定裂纹萌生点以及裂纹扩展路径。裂纹萌生起源于材料局部应力集中现象最严重处,而裂纹扩展路径沿着主应力垂直方向。为确定打孔后止裂孔孔边的最大应力集中点,通过考察止裂孔孔边各点应力分布情况来分析应力薄弱点。通过计算得出止裂孔孔边各点的第一主应力值 σ_1 及其变化曲线斜率 K,如图 9-4a) 所示,图中横坐标角度值 θ 以 X 轴正方向为 $0°$,负方向为 $180°$。

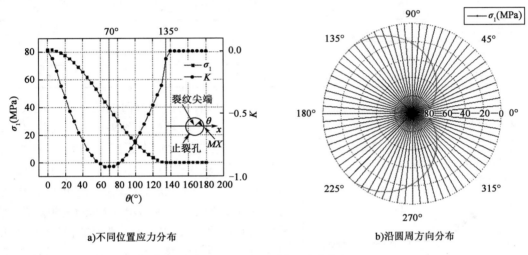

a)不同位置应力分布　　　b)沿圆周方向分布

图 9-4　止裂孔边缘第一主应力分布

从图 9-4a) 所示的止裂孔孔边各点的第一主应力分布可以看出,第一主应力大小沿孔壁对称分布。从裂纹前端 $0°$ 度位置到反方向 $180°$,第一主应力急剧下降,$135°$~$180°$方向应力为 0。应力分布曲线斜率在半径 $70°$ 方向达到最小,即该位置为应力分布曲线的拐点,应力值由快速下降向缓慢下降过渡。在止裂孔边缘的应力分布如图 9-4b) 所示,止裂孔壁裂纹尖端后方的 1/4 圆周无应力分布,应力分布呈"饱满的腰果"形状分布。打孔后边缘应力最大点 MX 点在 $0°$ 方向上,即 X 轴正方向上,随着荷载循环施加,新的疲劳裂纹将在该处再次萌生。

对于裂纹的扩展路径,通过考察 MX 点附近区域的应力状态来确定。选取 MX 点附近 X 轴方向上的点,计算各点的应力值,如图 9-5 所示。由于模型是紧凑拉伸试样,MX 点附近 X 轴正方向上附近各点的 Y 方向应力 σ_y 与第一主应力 σ_1 几乎相同,切应力 τ_{xy} 约为零,而 X 方向应力 σ_x 介于两者之间。这说明分析模型的 MX 点附近最大主应力方向沿 Y 轴方向,裂纹扩展路径将沿着 X 轴正

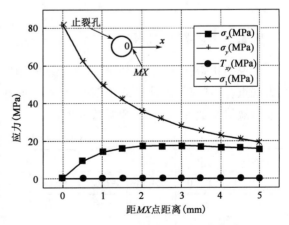

图 9-5　孔边应力集中点附近应力状态图

方向。

3）应力梯度

在裂纹扩展路径上设置止裂孔，将打孔前后裂纹尖端 Y 方向应力值 σ_y 作为 σ_{max}，代入式(9-1)进行计算，结果见表 9-1。从表 9-1 中可以看出，相同受力条件下，无裂纹时 MX 点处应力只有 50MPa，产生裂纹后，局部应力急剧增大至 179.0MPa，开裂尖端裂纹应力集中明显。在裂纹尖端打了止裂孔后，MX 点处应力峰值下降至 82.0MPa，应力集中效应显著缓解，裂纹尖端应力下降了 54.2%。

打孔前后裂纹尖端 MX 点力学特性对比　　表 9-1

	裂纹尖端应力（MPa）	应力集中系数 K_t	缺口疲劳系数 K_f
无裂纹（名义应力）	50	—	—
未打孔	179.0	3.58	3.24
打孔	82.0	1.64	1.56

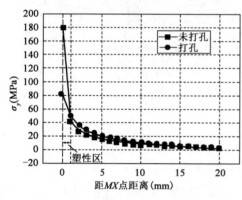

图 9-6　裂纹扩展方向上的应力梯度

打孔前后裂纹扩展方向上的 Y 方向应力 σ_y 应力梯度如图 9-6 所示。从图 9-6 中可以看出，未打止裂孔时，在裂纹尖端附近应力较大，而在裂纹尖端远距离处应力较小，裂纹尖端应力集中现象明显。使用钻孔法止裂后，裂纹尖端附近 1mm 内的应力得到显著的下降，应力集中现象得到缓解，而裂纹尖端 1mm 外应力相较未打孔时略微增大，说明止裂孔消除了裂纹尖端塑性区的影响，导致应力重分布。打止裂孔后提高了截面的平均应力，材料共同参与受力。本计算工况下，裂纹尖端 1mm 外平均应力从 11.63MPa 提高到 13.58MPa，提高了 16.8%。

9.2　钻孔止裂效果影响因素

9.2.1　止裂孔孔径

为说明止裂孔孔径对于钻孔止裂效果的影响，对于图 9-3 所示模型，设置止裂孔圆心与裂纹尖端重合，选取不同孔径的止裂孔，计算不同孔径下，模型的最大应力 σ_{max}，应力集中系数 K_t 及疲劳缺口系数 K_f，计算结果见表 9-2[11]。

不同孔径下 MX 点应力结果　　表 9-2

D_1（mm）	0	2	4	6	8	10	12	14	16	18
σ_{max}（MPa）	179.0	134.14	97.64	82.01	73.07	67.28	63.24	60.31	58.13	56.51
K_t	3.58	2.68	1.95	1.64	1.46	1.35	1.26	1.21	1.16	1.13
K_f	—	2.16	1.78	1.56	1.41	1.32	1.25	1.19	1.15	1.12

图 9-7 为不同孔径情况下的应力集中情况,其中 K 为最大应力 σ_{max} 随孔径变化曲线的斜率。随着止裂孔孔径的逐渐增大,模型裂纹尖端处的应力集中系数 K_t 明显减小,且下降趋势逐渐减缓。当止裂孔孔径在 8mm 以后,最大应力衰减渐平。这说明随着孔径增大,塑性区逐渐被削除,塑性变形的影响逐渐减小,当塑性区完全被削除时,应力集中系数对孔径的变化就变得不敏感了。由于止裂孔在具有阻止裂纹扩展、延长结构疲劳寿命作用的同时,也会削弱止裂孔所在截面刚度,孔径过大时可能会造成构件因强度不足而破坏。当孔径为 12mm 时,止裂孔对构件截面强度削弱已达到 10%,之后再一味地增大孔径,虽然能够降低裂纹尖端处的应力集中系数,但是截面刚度的过度削减会给构件带来安全隐患,增大孔径所带来的正面效果就越来越低了。考虑到施工误差,建议取截面削弱 10% 的孔径,即 12mm。

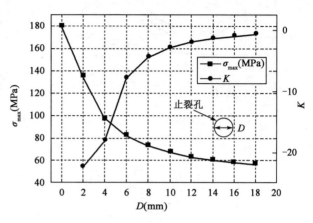

图 9-7 不同孔径对应的应力值

9.2.2 止裂孔数目

1)分析模型

在裂纹前方打止裂孔时,止裂孔对于裂纹的开展有一定的引导作用,裂纹有一定的概率改变扩展方向,与止裂孔汇合,从而达到止裂的效果。更大的止裂孔直径会带来更好的止裂效果,但过多地削弱截面会影响结构的刚度。在工程实际应用中,桥梁维护人员对裂纹扩展路径判断的不确定性会导致钻孔止裂方法失效。

由于裂纹尖端的不确定性,单孔止裂改变裂纹扩展路径的概率较小,在考虑判断和操作一定误差的情况下,裂纹两侧打孔止裂[12,13]和附加孔止裂[14,15]的方法会比较有效止裂,如图 9-8 所示。而其中附加孔方法,相当于结合单孔止裂和侧孔止裂两种止裂形式。

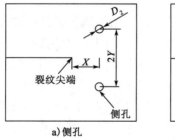
a) 侧孔

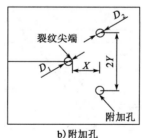
b) 附加孔

图 9-8 多孔布置方式

2)侧孔

考虑到双孔对截面的削弱作用较大,侧孔孔径取 4mm、5mm 和 6mm,分析了不同孔位情况下的止裂孔止裂效果,如图 9-9 所示。图 9-9 中 Y 为侧孔孔位离裂纹尖端垂直距离,上水平线表示未打孔情况下裂纹尖端应力集中系数,下水平线表示相应孔径单孔情况下的裂纹尖端应力集中系数。

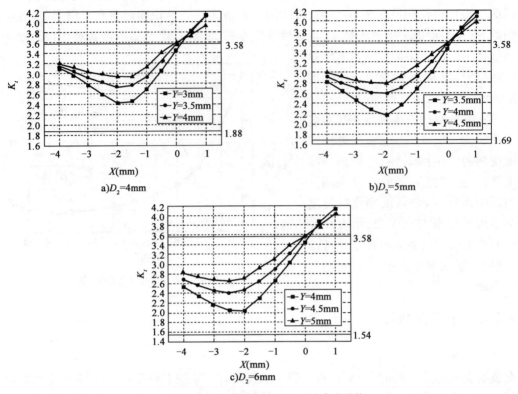

图 9-9 侧孔不同孔位对应的应力集中系数

由图 9-9 可知,当孔位于裂纹后侧($X<0$)时,裂纹尖端应力集中系数小于未打孔对应值,侧孔中心距裂纹尖端垂直距离(Y)越小,应力集中系数越小,侧孔对裂纹止裂作用越明显。当孔位于裂纹前方($X>0$)时,裂纹尖端应力集中系数大于未打孔对应值,侧孔的存在反而加剧了裂纹的扩展,且侧孔距裂纹尖端垂直距离越小,裂纹尖端与侧孔间的钢板越窄,应力集中系数越大。随着 Y 值的增大,最大应力集中系数对应的止裂孔中心位置向裂纹后侧移动,但趋势不明显。

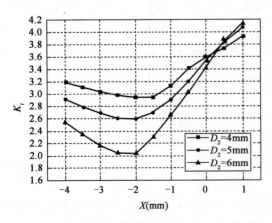

图 9-10 侧孔不同孔径下应力集中系数分布($Y=4$mm)

由于侧孔孔位距裂纹尖端有一定的距离,起到了削弱构件截面的整体刚度,增大削弱截面名义应力的作用,对裂纹尖端的塑性变形区影响很小。单孔直接去除了尖端的塑性变形区,因而侧孔止裂时裂纹尖端的应力集中系数大于单孔止裂时应力集中系数。侧孔止裂效果在一次止裂情况下不如单孔止裂效果好,但侧孔可起到二次止裂作用,故侧孔止裂效果不如单孔止裂直接。

图 9-10 为 $Y=4$mm 时,不同孔径的应力集中系数。当侧孔位于裂纹后侧时($X<0$),侧

孔孔径越大,应力集中系数越小,止裂效果越好。而当侧孔位于裂纹前方时($X>0$),侧孔孔径增大使得应力集中系数增大。

3) 附加孔

图 9-8b) 所示附加孔情况,裂纹尖端孔径 $D_1=4$mm 时,不同附加孔孔径 D_2 对应的裂纹尖端应力集中系数如图 9-11 所示,图中水平线表示相应孔径单孔情况下裂纹尖端的应力集中系数。由于附加孔有三个孔,对截面削弱更严重,故孔径 D_2 取值较小,分别为 3mm、4mm 和 5mm。

由于附加孔结合了尖端单孔和侧孔两种情况,故裂纹尖端应力集中系数的分布即有侧孔的特点,又具备单孔止裂的效果。如图 9-11 所示,附加孔离裂纹尖端较近的情况下,裂纹尖端应力集中系数基本小于单孔止裂结果,即使当附加孔位于裂纹前方($X>0$)时,仍起到了止裂效果。

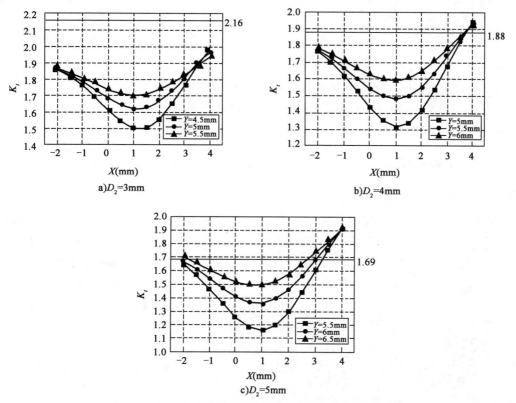

图 9-11　附加孔不同孔位对应的应力集中系数

而附加孔离裂纹尖端前侧较远时,由于截面削弱,其止裂效果反而下降。相对于单孔,附加孔止裂效果明显。随着 D_2 孔径逐渐增大,裂纹尖端的塑性区逐渐被 D_2 孔所覆盖。当孔径 D_2 足够大时[图 9-11b)、c)],附加孔与止裂孔三孔间连接段被削减得很短,导致应力集中系数相比单孔情况增大,加剧裂纹扩展贯穿连接段,这与侧孔止裂情形相似。

图 9-12 为 $Y=5.5$mm 时不同附加孔孔径下应力集中系数。从图中可知,相同孔位下,附加孔孔径越大,应力集中系数越小,止裂效果越好。与侧孔孔情况不同的是,附加孔中心位于裂纹前侧($X>0$)较近时止裂效果最佳。结合图 9-11 和图 9-12 可知,应力集中系数都在 $X=1$mm($D_1/4$)附近取得最小值,而与孔径 D_2 和垂直距离 Y 无关。为了探讨 D_2 孔的最佳水平位

置跟 D_1 值的关系,分别计算 $Y=5\text{mm}$, $D_1=D_2=4\text{mm}$; $Y=7\text{mm}$, $D_1=D_2=6\text{mm}$; $Y=9\text{mm}$, $D_1=D_2=8\text{mm}$ 三种情形,不同孔位下裂纹应力集中系数分布如图 9-13 所示。

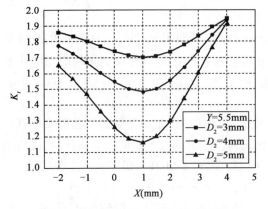

图 9-12 附加孔不同孔径下应力集中系数

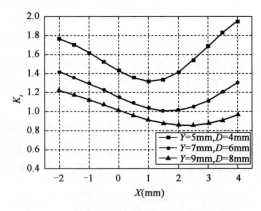

图 9-13 附加孔孔位与尖端孔径关系

从图 9-13 中可以看出,随着附加孔孔径 D 逐渐增大,应力集中系数最小值点(最佳位置)逐渐向右移,且 $D=4\text{mm}$ 时,最低点在 1.0mm 附近,$D=6\text{mm}$ 时,最低点在 1.5mm 附近,$D=8\text{mm}$ 时,最低点在 2mm 附近。可以得出,在附加孔止裂措施中,两侧附加孔 D_2 的最佳水平位置在单孔前方 $D_1/4$ 距离位置处。

9.2.3 止裂孔位置

1) 分析模型

为说明止裂孔位置与角度对止裂效果的影响,需要考虑沿板厚方向的应力,故建立有限元实体模型进行分析,如图 9-14 所示,平板的上下面受均匀拉应力作用,其大小为 75MPa,中间设有 1 条长度为 40mm 的裂纹,裂纹两端开设止裂孔,板厚为 12mm。为降低模型边界条件对止裂孔附近局部应力的影响,板的宽度取 400mm,高度取 500mm。考虑模型的对称性,采用 Solid95 单元建立 1/4 有限元实体模型,进行线弹性分析。考虑实桥钻孔时操作情况,从止裂孔不偏心、偏心两种情况对止裂效果进行分析。当止裂孔的圆心与裂纹扩展路径一致时,认为止裂孔不偏心;否则认为止裂孔偏心。

2) 止裂孔不偏心

在止裂孔不偏心的情况下,分别计算分析了止裂孔在裂纹内部、裂纹尖端、裂纹外部三种情况,计算结果如图 9-15 所示,L 为止裂孔圆心与裂纹尖端的水平距离。

从图 9-15 中可以看出,当止裂孔打在裂纹内部时($L<0$),最大应力仍产生于裂纹尖端处,不能改善应力集中;当止裂孔设置在裂纹尖端处时($L=0$),应力最小,表明在实际条件允许的情况下,止裂孔宜

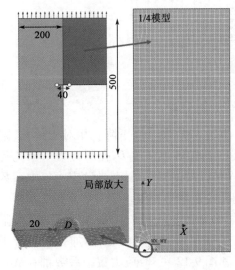

图 9-14 有限元实体模型(尺寸单位:mm)

设置在裂纹尖端处;当止裂孔打在裂纹外部时($L>0$),随着 L 距离的增加,孔边应力变化存在一个明显的峰值,当 L 大于孔径 D 后,应力值趋于稳定,对于一定厚度的钢板,止裂孔与裂纹尖端的水平距离均应大于孔径 D。

图 9-16 给出了不同 L 下裂纹引导路径上的应力变化规律,从中可以看出,随着 L 的增大,裂纹引导路径处的应力变幅逐渐增大。当 $L=20$mm 时,应力变化范围达到 335MPa,当在 $P_1 \sim P_2$ 间存在新的缺陷时,会导致该部位不能有效地"控制"裂纹向止裂孔位置扩展。如果不断增加止裂孔与裂纹尖端的距离 L,裂纹可能会沿着其他方向继续扩展,造成止裂失败。从图 9-15 和图 9-16 的结果中得到,针对《钢结构加固技术规范》(CECS 77:96)中给出的最小距离 ($0.5t$) 位于应力峰值附近,相比于 $1.0t$ 位置处应力增大了 $1 \sim 1.5$ 倍,不合理。因此根据有限元分析结果,给出止裂孔与裂纹尖端距离取值关系:当 $t>D$ 时,L 取值范围宜在 $D \sim 1.0t$ 之间,当 $t \leq D$ 时,L 可取 D。

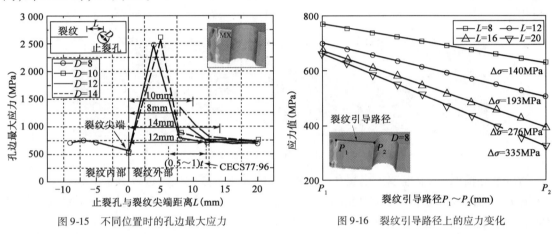

图 9-15 不同位置时的孔边最大应力　　　图 9-16 裂纹引导路径上的应力变化

3) 止裂孔偏心

在上述模型的基础上,改变止裂孔圆心与裂纹尖端的距离 e,计算分析了在不同偏心距下的孔边应力变化情况,得到如图 9-17 所示的裂纹扩展路径上的孔边(B 点)最大应力变化曲线,以及如图 9-18 所示的 A 点处沿厚度方向的应力变化情况。

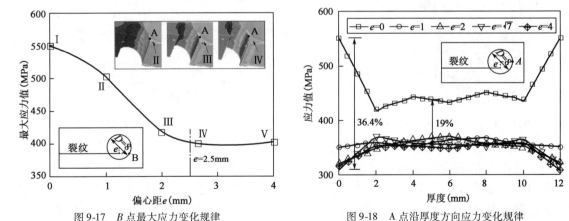

图 9-17 B 点最大应力变化规律　　　图 9-18 A 点沿厚度方向应力变化规律

从图 9-17 中可以看出,当偏心距 $e<2.5$ 时,孔边的最大应力得到了一定程度的降低;当偏心距 $e>2.5$ 时,孔边最大应力趋于稳定,说明当止裂孔存在一定偏心距时,能进一步降低裂纹扩展路径上的应力集中效应,当偏心距继续增大时,降低程度逐渐变差。结合图9-17中的A点应力云图以及图9-18,可以得到,随着偏心距e的增大,A点处的应力得到了降低,表面应力降低程度达到36.4%,内部应力降低程度达到19%,并且在厚度方向上的应力分布更加均匀,材料的强度得到了更加充分的利用。

9.2.4 止裂孔角度

在钢桥疲劳裂纹中,特定构造细节处的疲劳裂纹在深度方向上并非垂直扩展,如图9-19所示。此类裂纹起裂于N_{toe}处,沿着角焊缝的边缘逐渐向两边的N_b位置扩展,越过N_b后沿垂直于焊缝的方向发展。由于受焊接的影响,N_b之间的裂纹在深度方向并非竖向开裂,而是存在一定的倾斜角度,如果在N_b点进行钻孔止裂(裂纹长度在N_b之间时),传统的垂直止裂孔并不能有效地包裹住裂纹尖端,因此针对钢桥内这种类型的裂纹,必须采用具有一定倾斜角度的止裂孔。

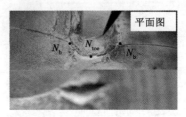

图9-19 箱梁顶板竖向加劲肋处试件疲劳裂纹细节

针对上述情况,本节考虑了止裂孔的倾斜角度,采用有限元模型进行分析。建立如图9-20所示的1/2有限元模型,假设止裂孔的倾斜角度为30°,在相同的拉应力下得到了沿孔边厚度方向的应力变化曲线,如图9-21所示。

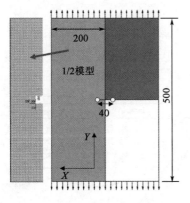
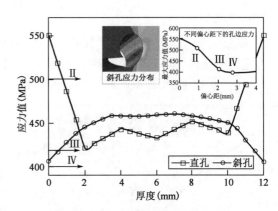

图9-20 斜孔有限元模型(尺寸单位:mm)   图9-21 斜孔与直孔在厚度方向应力对比

从图9-21中发现,设置倾斜的止裂孔后,孔边表面的应力得到了显著地降低,斜孔孔内的应力比直孔略大,这是由于斜孔在均匀受拉的情况下自身存在一种扭转效应,导致了沿厚度方向应力的重分配。从降低应力集中效应考虑,倾斜的止裂孔比垂直的止裂孔具有更好的止裂效果。图9-21中还给出了倾斜止裂孔的应力与偏心止裂孔的最大应力对比情况,发现随着偏心距增大,偏心止裂孔边的最大应力逐步逼近斜止裂孔的孔边应力(图9-21中的Ⅳ),说明在合理的偏心距下偏心止裂孔的受力状态与倾斜止裂孔具有一定的相似性。

9.3 钢桥疲劳裂纹钻孔止裂试验

9.3.1 试验方法

对于钢桥上不同构造细节处的疲劳裂纹,使用钻孔止裂技术进行修复所取得的效果也不尽相同。本节介绍针对钢桥上 3 种典型疲劳裂纹进行的钻孔止裂试验,在验证有限元分析所得结论的同时,评价钻孔止裂技术对于不同钢桥疲劳裂纹的适用性[16]。

选取的疲劳细节包括钢桥面板与竖向加劲肋连接焊缝细节(图 9-22)、钢桥面板与 U 肋连接焊缝细节(图 9-23)、钢桥面板 U 肋与横隔板连接焊缝细节(图 9-24),试件局部尺寸和焊接工艺均与实桥一致,为桥梁专用钢材 Q345qD。疲劳裂纹由前期疲劳试验获取,根据不同疲劳细节的不同失效标准,各细节的疲劳裂纹长度分别为:钢桥面板与竖向加劲肋连接焊缝细节,30mm(两侧);钢桥面板与 U 肋连接焊缝细节,150mm;钢桥面板 U 肋与横隔板连接焊缝细节,90mm。对于各试件进行不同的钻孔止裂处理,打孔后用圆锉及砂纸打磨止裂孔内壁与边缘,之后继续进行疲劳试验。

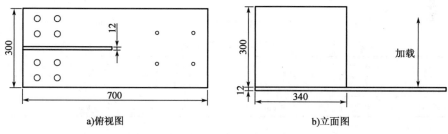

图 9-22 钢桥面板与竖向加劲肋连接焊缝细节(尺寸单位:mm)

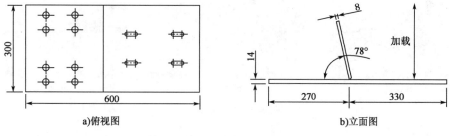

图 9-23 钢桥面板与 U 肋连接焊缝细节(尺寸单位:mm)

试验采用机械型振动疲劳试验机,在试件止裂处理后对试件进行疲劳加载。疲劳试验机提供的循环荷载为正弦波形,试验中保持载幅与频率不变,加载应力幅为 120MPa。

9.3.2 钢桥面板与竖向加劲肋连接焊缝疲劳裂纹钻孔止裂试验

1)试件止裂处理

在前期疲劳试验中,钢桥面板与竖向加劲肋连接焊缝处萌生的疲劳裂纹在加劲肋两侧同时开展,因此裂纹存在两个尖端[图 9-25a)],对两个尖端均做相同的止裂处理。止裂孔边缘与裂纹尖端重合,为比较不同孔径止裂孔的止裂效果,选取不同孔径的止裂孔进行钻孔止裂试验,其中 SJ5 试件设置附加孔。附加孔的中心位于单孔前方 $D_1/4$ 距离位置处,与裂纹尖端的垂直距离为 2mm。各试件进行钻孔止裂措施如表 9-3 所示,止裂处理结果如图 9-25b)、c)所示。

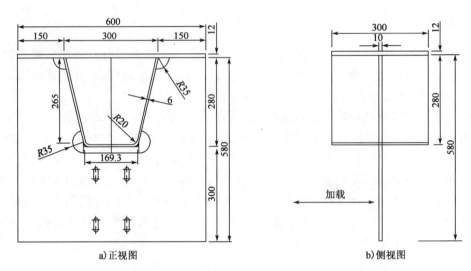

a) 正视图　　　　　　　　　　　　　　　b) 侧视图

图 9-24　钢桥面板 U 肋与横隔板连接焊缝细节(尺寸单位:mm)

试件止裂处理方式　　　　　　　　　　　　　　表 9-3

试件编号	SJ1	SJ2	SJ3	SJ4	SJ5
处理方式	无	单孔	单孔	单孔	附加孔
孔径	0	4mm	6mm	8mm	4mm

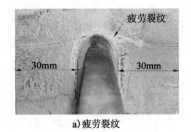 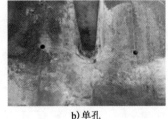 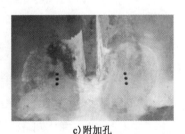

a) 疲劳裂纹　　　　　　b) 单孔　　　　　　c) 附加孔

图 9-25　试件止裂处理

2) 试验现象

当疲劳裂纹在各试件止裂孔处再次萌生并扩展 15mm(任一侧)时,结束疲劳加载过程,用磁粉探伤仪显现出各试件的裂纹形态。图 9-26 为裂纹扩展图。5 个试件中,SJ1 与 SJ2 的疲劳裂纹在两侧同时扩展,SJ3、SJ4 与 SJ5 的疲劳裂纹在一侧萌生并扩展。特别注意到的是,附加孔处理试件 SJ5 的疲劳裂纹,从一附加孔外侧边缘再次萌生,而非从止裂孔处萌生,亦非在止裂孔与附加孔连接处萌生并贯穿。这是由于在荷载作用下,3 个孔的截面在相同的截面削弱情况下,远离加载点的孔截面受力较大,由此产生的截面应力较大,从而导致裂纹由此孔处再次萌生。因此,在实桥工况下,止裂孔附近打附加孔之后疲劳裂纹再次萌生的位置与扩展方向需要根据具体细节与荷载情况确定。

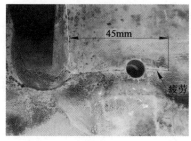
a) 单孔

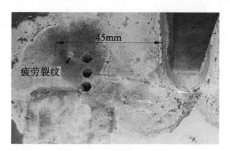
b) 附加孔

图 9-26 裂纹扩展图

试验结束后,沿裂纹面将试件切开。图 9-27a)为前期疲劳试验中未进行止裂处理的其他试件切开后的裂纹断面(裂纹长度为两侧各 30mm);图 9-27b)为 SJ4 切开后的裂纹断面。对比两图可以看到,止裂孔去除了原疲劳裂纹的裂纹尖端,孔边萌生的新疲劳裂纹与原裂纹类似,即裂纹尖端位于钢板上表面,裂纹面呈半椭圆形,而原有裂纹面扩展至矩形。

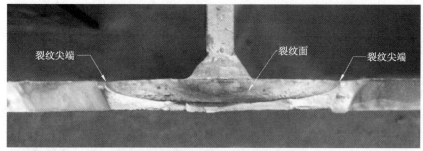
a) 未进行止裂处理的试件沿裂纹面切开

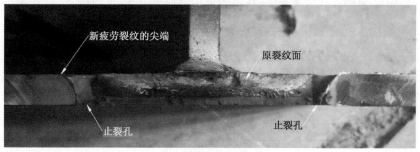
b) SJ4 试件沿裂纹面切开

图 9-27 钻孔止裂后裂纹断面

3) 结果讨论

分别记录各试件止裂孔处裂纹再次萌生、扩展 5mm、扩展 15mm(总长至 45mm)时,疲劳荷载循环次数。试验数据如表 9-4 与图 9-28 所示。

表 9-4 各试件裂纹萌生及扩展对应的荷载循环次数(×100)

	SJ1	SJ2	SJ3	SJ4	SJ5
新裂纹萌生	—	1 029	2 468	3 100	9 374
新裂纹 5mm	—	2 921	4 237	4 968	10 861
新裂纹 15mm	3 559	4 866	5 880	6 870	12 857

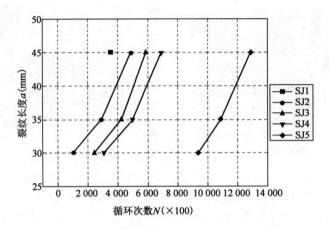

图 9-28 疲劳裂纹扩展 a-N 曲线

从表 9-4 与图 9-28 可以看出,随着 SJ2、SJ3、SJ4 止裂孔孔径的逐渐增大,裂纹再次萌生时的循环次数随之滞后,疲劳寿命延长。这验证了上文分析中止裂孔孔径越大,止裂孔阻止裂纹扩展、提高结构疲劳寿命的效果越显著的结论。SJ5 附加孔的作用比较明显,相较 SJ2 未设置附加孔,裂纹扩展 15mm,循环次数提高 2.6 倍。

将各试件止裂孔处疲劳裂纹扩展划分为两个阶段,第一阶段从再次萌生到扩展 5mm,第二阶段从 5mm 扩展至 15mm。两个阶段的裂纹扩展速率如表 9-5 所示。

可以看出,各试件两阶段裂纹扩展速率均处在 10^{-8} m/C 数量级,属于中速率裂纹扩展区[7],第二阶段裂纹扩展速率均明显高于第一阶段裂纹扩展速率,后期扩展较快。开裂平均扩展速率基本接近,即打了止裂孔只能延缓裂纹继续扩展,而对再次开裂后的扩展速率影响不大。

总的来说,对于钢桥面板与竖向加劲肋连接焊缝处产生的疲劳裂纹,钻孔止裂技术可以很好地延缓其进一步扩展,特别地,在止裂孔边布置附加孔可以取得更好的止裂效果。

各阶段裂纹扩展速率($\times 10^{-8}$ m/C) 表 9-5

da/dN	SJ1	SJ2	SJ3	SJ4	SJ5
第一阶段(0~5mm)		2.642 71	2.826 46	2.676 66	3.362 47
第二阶段(5~10mm)		5.141 39	6.086 43	5.257 62	5.010 02
平均值	4.214 67	3.892 05	4.456 44	3.967 14	4.186 25

9.3.3 钢桥面板与 U 肋连接焊缝疲劳裂纹钻孔止裂试验

1)试件止裂处理

对于钢桥面板与 U 肋连接焊缝处焊趾萌生的疲劳裂纹,当裂纹长度小于 150mm 时,江阴长江大桥广泛使用钻孔止裂法进行修复,并取得了较好的止裂效果(图 9-29);当裂纹长度大于 150mm 时,由于裂纹对截面的削弱已经较为严重,故采用补焊方法修复。

这里介绍针对钢桥面板与 U 肋连接焊缝处焊根萌生的疲劳裂纹进行的钻孔止裂试验。考虑实桥应用,进行止裂处理时从焊趾处钻孔,止裂孔中心与裂纹尖端重合,孔径 8mm,孔的深度以确保穿过裂纹面为准,如图 9-30 所示。考虑止裂孔角度的影响,3 个试件中止裂孔与顶板的角度均不相同,如表 9-6 所示,止裂孔角度以孔深度方向与顶板表面平行为 0°。

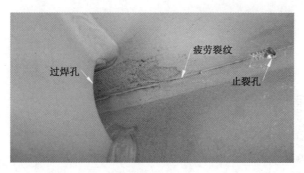

图 9-29 止裂孔修复顶板 U 肋焊趾裂纹

试件止裂处理方式　　　　　　　　　　表 9-6

试件编号	A3-1	A3-2	A3-3
止裂孔	单孔	单孔	单孔
孔径	8mm	8mm	8mm
止裂孔角度	45°	30°	15°

a) 焊趾处开始打孔　　　　　　　b) 止裂孔打到焊根处

图 9-30 试件止裂处理

2) 结果讨论

从前期疲劳试验开始,疲劳裂纹长度 a 与循环次数 N 的关系如图 9-31 所示。当疲劳裂纹扩展到 150mm 时,停止加载,进行钻孔止裂处理,然后重新开始疲劳加载直到裂纹总长度达到 246mm。表 9-7 为钻孔止裂后各裂纹再次萌生与扩展经历的循环次数。

各试件裂纹萌生及扩展对应的荷载循环次数(×100)　　表 9-7

试件编号	A3-1	A3-2	A3-3
新裂纹萌生	0	0	1 864
裂纹总长 246mm	756	1 469	3 593

从图 9-31 与表 9-7 可以看出,对于 A3-1、A3-2 试件,止裂孔并没有延缓裂纹继续扩展,甚至在钻孔后裂纹扩展速率比钻孔前更快。而对于 A3-3 试件,止裂孔暂时阻止了裂纹的进一步扩展,这可能是由于 A3-3 试件中止裂孔的角度较小,可以更好地包裹住位于顶板上表面的裂纹尖端。但在裂纹重新萌生后,A3-3 试件中裂纹的扩展速率同样比钻孔前更快。

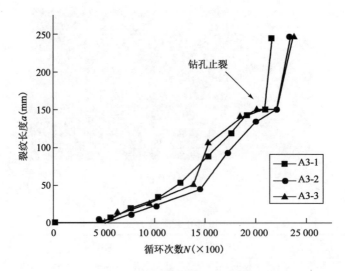

图 9-31 疲劳裂纹扩展 a-N 曲线

9.3.4 钢桥面板 U 肋与横隔板连接焊缝疲劳裂纹钻孔止裂试验

1)试件止裂处理

在前期疲劳试验中,钢桥面板 U 肋与横隔板连接焊缝处只在弧形缺口一侧萌生疲劳裂纹[图 9-32a)]。对裂纹尖端做单孔止裂处理,分别在两个试件上钻 8mm 与 6mm 的止裂孔,止裂孔边缘与裂纹尖端重合[图 9-32b)][17]。试件止裂处理方式见表 9-8。

试件止裂处理方式　　　　　　　　　　　　　表 9-8

试件编号	C1-1	C1-2
止裂孔	单孔	单孔
孔径	8mm	6mm

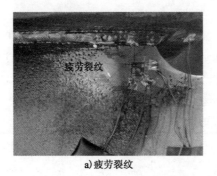
a)疲劳裂纹

b)钻孔止裂

图 9-32 试件止裂处理

2)试验现象

当疲劳裂纹在各试件止裂孔处再次萌生并扩展 10mm 时,结束疲劳加载过程,用磁粉探如图 9-33 所示裂纹扩展图。在两个试件中,疲劳裂纹在打孔的一侧继续扩展的同时另一侧始终都没有萌生裂纹。

3）结果讨论

疲劳试验过程中,在裂纹尖端止裂孔边进行应力监测,分析孔边应力幅变化规律。测点位于裂纹尖端外侧。U肋—横隔板焊缝疲劳裂纹在扩展到一定长度后,其扩展方向接近平行于试件横向,由于名义应力方向垂直于裂纹扩展方向,应变片垂直于横隔板横向粘贴,测点距离裂纹尖端9mm,应变片粘贴位置如图9-34所示。

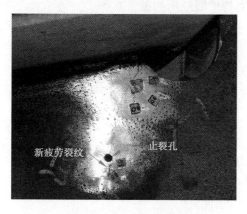
图9-33　裂纹扩展图

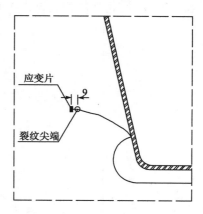
图9-34　应变片布置位置

测试得到裂纹尖端位置钻孔后孔边应力变化规律,对应试件C1-1、C1-2名义应力幅变化规律如图9-35所示。

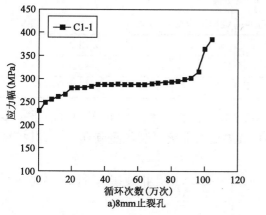
a) 8mm止裂孔

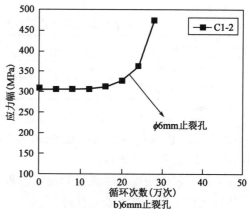
b) 6mm止裂孔

图9-35　试件名义应力幅变化规律

由图9-35可知,试件C1-1止裂孔直径8mm,止裂孔边初始应力幅为230.071MPa,在循环加载初始阶段,应力幅随循环次数的增加而缓慢上升;在循环次数达到92万次时,孔边应力幅达到301.705MPa,止裂孔边萌生裂纹,随后应力幅随着循环次数的增长急剧上升;在循环次数达到104万次时,应力幅达到387.255MPa,此后应变片失效。试件C1-2止裂孔直径6mm,止裂孔边初始应力幅为305.077MPa,在循环加载初始阶段,应力幅随循环次数的增加而缓慢上升;在循环次数达到32万次时,孔边应力幅达到326.528MPa,止裂孔边萌生裂纹,随后应力幅随着循环次数的增长急剧上升;在循环次数达到44万次时,应力幅达到473.808MPa,此后应变片失效。

可以看出,试件 C1-1、C1-2 止裂孔边应力幅均随循环次数的增大而逐渐上升,在止裂孔边未出现裂纹萌生时,孔边应力幅上升缓慢,当出现裂纹时,应力幅急剧上升。8mm 止裂孔边初始应力小于 6mm 止裂孔边初始应力值。

从前期疲劳试验开始,疲劳裂纹长度 a 与循环次数 N 的关系如图 9-36 所示。当疲劳裂纹扩展到 90mm 时停止加载,进行钻孔止裂处理,然后重新开始疲劳加载直到裂纹总长度达到 100mm。表 9-9 为钻孔止裂后各裂纹再次萌生与扩展经历的循环次数。

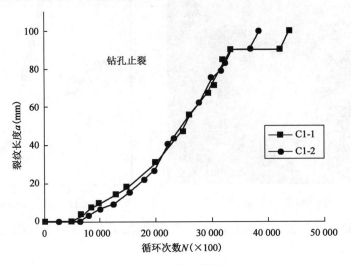

图 9-36 试件止裂处理

各试件裂纹萌生及扩展对应的荷载循环次数($\times 100$) 表 9-9

试件编号	C1-1	C1-2
新裂纹萌生	8 696	3 215
裂纹总长 100mm	10 432	4 596

从图 9-36 与表 9-9 可以看出,对于 C1-1、C1-2 试件,止裂孔暂时阻止了裂纹的进一步扩展,且 C1-1 试件上的 8mm 止裂孔比 6mm 止裂孔效果更为显著。裂纹重新萌生后,其扩展速率与钻孔前相当,并无显著变化。

因此,对于钢桥面板横隔板弧形缺口处萌生的疲劳裂纹,钻孔止裂技术可以有效地延缓其扩展,并且止裂孔孔径越大效果越好。

9.4 本章小结

本章通过有限元模拟分析了钻孔后试样的应力分布,研究了钻孔止裂技术的作用机理。从止裂孔孔径、数目、位置及角度等方面分析了钻孔止裂效果的影响因素,并给出了部分最优参数。最后通过 3 类钢桥面板疲劳裂纹的钻孔止裂试验分析了该技术对于不同钢桥疲劳裂纹的适用性,并验证了有限元分析结论。

钻孔止裂技术是常用的疲劳裂纹临时止裂方法。止裂孔能够去除裂纹尖端的奇异点及塑性区,降低尖端的应力集中程度,从而提高结构的疲劳寿命。钻孔后结构的应力集中点出现在止裂孔边,若继续加载,疲劳裂纹将在止裂孔边沿着原裂纹扩展方向再次萌生。

增大止裂孔孔径会降低裂纹尖端的应力集中系数,但当塑性区完全被消除时,应力集中系数对孔径的变化不再敏感。考虑到止裂效果与截面强度的平衡,建议取截面削弱 10% 的孔径。止裂孔宜设置在裂纹尖端处;当止裂孔设置在裂纹外部时,根据孔径 D 与板厚 t 的关系,可分别取 $D \sim 1.0t(t > D)$ 或 $D(t \leqslant D$ 时);止裂孔与裂纹扩展路径存在一定偏心时,能够进一步降低孔边应力。止裂孔有一定的倾斜角度时,孔边表面的应力得到了显著降低,孔内的应力略微增大,截面强度得到了充分的利用,相比于直孔具有更好的止裂效果。

在考虑判断和操作一定误差的情况下,裂纹两侧打孔止裂和附加孔止裂的方法会比较有效。侧孔止裂效果在一次止裂情况下不如单孔止裂效果好,但侧孔可起到二次止裂作用。侧孔应布置在尖端后方且孔径越大效果越好。附加孔能够加强止裂孔的止裂效果,其最佳水平位置在单孔前方 $D/4$ 距离位置处。

钻孔止裂技术对于钢桥面板与竖向加劲肋连接焊缝疲劳裂纹、U 肋与横隔板连接焊缝疲劳裂纹有显著的止裂效果,且止裂孔孔径越大效果越好,在止裂孔边布置附加孔也可以取得更好的止裂效果。而对于钢桥面板与 U 肋连接焊缝焊根处的疲劳裂纹,止裂孔的效果并不明显,且钻孔后裂纹扩展速率比钻孔前更快。

本章参考文献

[1] Bocchieri W J, Fisher J W. Williamsburg Bridge Replacement Orthotropic Deck As-Built Fatigue Test[R]. Bethlehem PA: Lehigh University, 1998.

[2] Connor R J, Fisher W J. Results of Field Measurements on the Williamsburg Bridge Orthotropic Deck-Final Report[R]. Bethtehem, PA: Lehigh University, 2001.

[3] 土木学会剛構造委員會. 厚板溶接継手に関する調査研究小委員会報告書[R]. 日本:[s.n.],2007.

[4] Song P S, Shieh Y L. Stop drilling procedure for fatigue life improvement[J]. International journal of fatigue, 2004, 26(12): 1333-1339.

[5] 朱若燕,周金枝,易刚祥. 提高焊接构件疲劳寿命的方法——止裂孔机理探讨[J]. 湖北工学院学报, 1995(s1):133-136.

[6] Chobin MAKABE et al. Method of arresting crack growth for application at a narrow working space[J]. Mechanical Engineering Journal. 2014,1(6):1-12.

[7] Cardoso J A S, Infante V, Serrano B A S. A Fatigue Study of C-130 Aircraft Skin Using the Stop Drill Technique[C]//Materials Science Forum. 2013, 730: 685-690.

[8] 中国工程建设标准化协会. CECS77:96 钢结构加固技术规范[S]. 北京:中国计划出版社,1996.

[9] ASTM E2472-06. Standard test method for determination of resistance to stable crack extension under low constraint conditions[S]. Annual book of ASTM Standards, Vol. 03.01. ASTM International, West Conshohocken, 2007.

[10] 陈传尧. 疲劳与断裂[M]. 武汉:华中科技大学出版社,2006.

[11] 何云树,陈立军,杜洪增. 止裂孔尺寸对止裂效果影响的研究[J]. 中国民航学院学报,

2004,03:29-31.

[12] C. S. Shin et al. Fatigue damage repair: a comparison of some possible methods[J]. International journal of fatigue, 1996, 18(8): 535-546.

[13] Ayatollahi M R, Razavi S M J, Chamani H R. A numerical study on the effect of symmetric crack flank holes on fatigue life extension of a SENT specimen[J]. Fatigue & Fracture of Engineering Materials & Structures, 2014, 37(10): 1153-1164.

[14] Murdani A, Makabe C, Saimoto A, et al. A crack-growth arresting technique in aluminum alloy[J]. Engineering Failure Analysis, 2008, 15(4): 302-310.

[15] Murdani A, Makabe C, Saimoto A, et al. Stress concentration at stop-drilled holes and additional holes[J]. Engineering Failure Analysis, 2008, 15(7): 810-819.

[16] 李坤坤. 钢桥面板典型细节疲劳裂纹修复技术试验研究[D]. 南京:河海大学,2016.

[17] 安群慧. 正交异性钢桥面板纵向 U 肋与横梁接缝的应力特点和疲劳裂纹特性[J]. 世界桥梁,2009,04:26-29+61.

第10章 裂纹冲击闭合技术

10.1 技术特点及优势

10.1.1 技术特点

裂纹闭合冲击改进技术,又称ICR(Impact Crack-closure Retrofit)技术,是国外学者开发出来的一种用于提高构件疲劳性能的新的改进(强化)技术[1-8],以下简称ICR技术。ICR技术的实施过程简称为ICR处理,是采用设备高速冲击,使材料表面产生明显的塑性变形,并通过塑性流动使疲劳裂纹的开口产生闭合,同时引入压应力,降低或消除了因焊接造成的残余拉应力,改善了疲劳裂纹表面的受力状态(图10-1),延缓疲劳裂纹扩展速度,提高疲劳裂纹剩余寿命。ICR处理过程如图10-2所示。

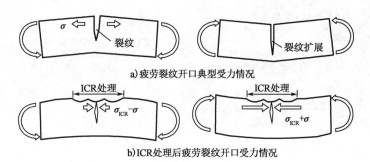

图 10-1 ICR 技术原理

ICR技术试验研究和理论分析表明,其具有以下特点:

(1)设备简单,操作简便,适用范围大

ICR技术所需要的设备为气动工具、空气压缩机以及对应的冲击头,价格便宜。设备小型化,便于运输和现场携带,并且较小的冲击头可适应复杂的构造细节,见图10-3a)。

(2)易于使材料表面产生较大的塑性变形,使裂纹闭合

ICR处理后在其冲击位置能够产生较大的塑性变形,在冲击过程中能够明显地观察到材料表面微小的塑性流动,从而使开口的裂纹产生闭合,见图10-3b)。

(3)改善焊趾局部几何结构

冲击头端部形状为矩形,四周进行了倒角,使得在冲击过程中倒角部位能够增大焊趾与母材的过渡半径,从而降低应力集中,见图10-3c)。

(4)形成残余压应力,改善受力条件

通过残留在表面的塑性变形在冲击部位内部形成一定大小的压应力区,压应力区的存在可以降低因外荷载产生的局部拉应力,从而改善局部受力条件,提高疲劳强度,见图10-3d)。

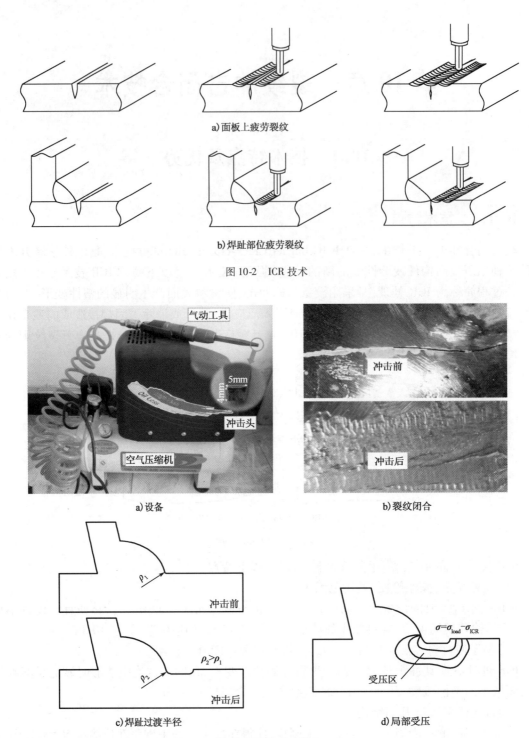

a) 面板上疲劳裂纹

b) 焊趾部位疲劳裂纹

图 10-2　ICR 技术

a) 设备　　b) 裂纹闭合　　c) 焊趾过渡半径　　d) 局部受压

图 10-3　ICR 技术特点

10.1.2　技术优势

裂纹闭合冲击改进技术对材料表面处理改善效果与锤击法(PHP, Pneumatic Hammer Peening)大致相同,都能够较好地降低表面残余应力[9-16]。但裂纹闭合冲击改进技术的锤击力更大、速度更快,能够使表面产生明显的塑性变形[图10-4a)];而锤击法消除残余应力产生的塑性变形很小[图10-4b)],达不到使疲劳裂纹开口闭合的效果。因此,锤击法只能够作为疲劳的预防性维护,即在构件受载前改善焊缝受力条件,而裂纹闭合冲击改进技术能够作为一种大幅延缓疲劳裂纹扩展的技术措施,使得构件不产生疲劳断裂,起到了修复的效果,也可以认为是一种修复技术。

a) ICR处理　　　　　　　　　　　　b) PHP处理

图 10-4　ICR 和 PHP 处理表面塑性变形情况

冲击滚压(滚压)和超声冲击是目前锤击法中常用的两种。冲击滚压的装置主要由主轴、压头、夹具、传感器及控制系统组成。冲击滚压与一般的滚压相比,多了一个冲击的过程,这使得冲击滚压技术具有如下特点:①冲击滚压所需压力较小;②易于使材料表面产生较大的塑性变形;③冲击滚压后构件的表面质量较好;④适用于处理多种复杂的表面;⑤技术简单易行。超声冲击是一种高效消除构件表面或焊缝区残余拉应力的方法。通过设备对材料表面进行高速冲击,使金属表面产生压缩塑性变形,同时改变原有的应力场,改善受力条件。但是,目前超声冲击最大的问题是在冲击过程中能量输出不稳定,导致对残余应力消除的效果差异较大。表 10-1 给出了 ICR 技术与冲击滚压、超声冲击技术之间的对比。

各 技 术 对 比　　　　　　　　　　　表 10-1

技术名称	塑性变形大小	适用性	设备	裂纹闭合	用途
冲击滚压	小	局部构件	相对笨重 价格贵	不能	表面改良技术 预防技术
超声冲击	较大	构件、现场	相对便携 价格贵	不能	表面改良技术 预防技术
ICR 技术	大	构件、现场	便携 价格便宜	能	表面改良技术 预防技术 修复技术

从对比结果来看,ICR 技术具有较大的优势。但是,目前 ICR 技术在国内的研究处于初步阶段,难以真正发挥其巨大的优势。ICR 技术在国内的研究和应用还有很长的路要走。本章针对 ICR 技术,结合国内钢材性能及焊接工艺,在试验和数值模拟上开展了初步的研究,并且得到了较为理想的结论。

10.2 局部特征改善效果

10.2.1 应力特征变化

1)残余应力变化规律

母材受到焊接产生的巨大热影响而膨胀,待其收缩冷却后会在焊缝部位产生较大的焊接残余应力,在荷载作用下,部分位置所承受的应力大小可能超过材料的屈服强度,使得材料提前进入屈服阶段。在加载前进行 ICR 处理,能够降低因焊接产生的残余应力,如图 10-5 所示。

ICR 处理后的焊缝部位表面残余应力得到了明显的改变:压应力分布区的表面残余应力有略微增大;而拉应力分布区的表面残余应力得到了显著降低。在没有受到外荷载作用下,部分区域的残余应力从受拉状态转变为受压状态。残余应力的变化说明了 ICR 处理技术对降低焊接残余应力具有显著的效果,并且还能改变残余应力分布状态,使残余拉应力转变为残余压应力,改善构件表面的受力条件,对于提高疲劳强度具有积极作用。

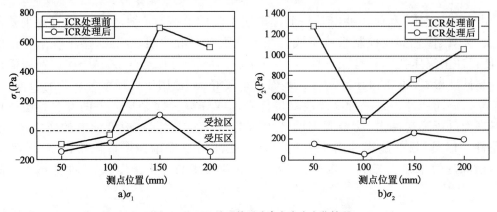

图 10-5 ICR 处理前后残余主应力变化情况

2)表面应力变化规律

表面应力测试过程中测点的布置情况如图 10-6 所示。沿焊缝纵向右侧每隔 75mm 设置(试样板宽为 300mm)一组测点,每组测点包含三个测量位置,分别距焊趾 15mm、25mm、35mm;在焊缝左侧也设置三个测量位置,距焊缝 10mm。按照顺序,分别对每个应变片进行编号,记为 SG-1 ~ SG-12。ICR 处理过程分为两次,即首先沿着焊缝的边缘从下往上进行冲击,然后紧贴着第一次冲击位置的边缘进行第二次冲击。

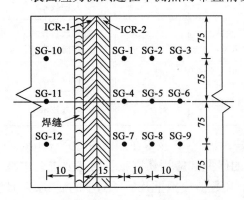

图 10-6 ICR 处理过程中表面应力测点布置

将 ICR 处理过程中对应测点采集的数据进行描绘,得到如图 10-7 所示的测点应变随冲击时间的变化规律。从图 10-7 中可以看到,ICR 冲击后在冲击部位均产生了较大的压缩应变。随着冲击时间的增加,压缩应变呈波动式逐渐增大,最后趋于稳定,说明继续增加冲击时间并不能进一步提高压缩应变。因此,从图中分析得到,对于某一特定的 ICR 设备,当其冲击能量大小保持一致时,所能形成的最大压缩变形也是一定的。因此在实际操作中可以检测冲击部位某一测点的应变变化情况,以监测得到的应变变化趋于稳定时的时间作为 ICR 的处理时间,这给 ICR 技术实施过程提供了一个可参考的量化指标。

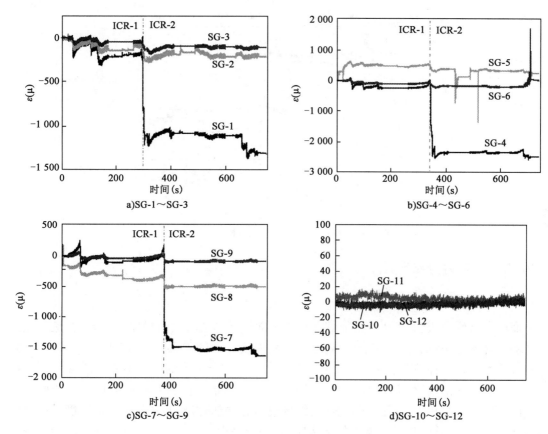

图 10-7　ICR 处理过程中应变变化情况

然而在焊缝另一侧未受到 ICR 处理,该部位的应变变化基本为 0,这可能是由于焊缝的存在显著降低了冲击部位的塑性变形对焊缝另一侧的影响。说明 ICR 处理技术能够对焊缝一侧的受力条件产生较好的改善。如果要改善另一侧的受力条件,则需要在焊缝另一侧进行 ICR 处理,但在实际结构中由于部分构造特征复杂,比如闭口 U 肋内部无法进行 ICR 处理。

图 10-8 在图 10-7 基础上提取了 SG-1、SG-4、SG-7 测点的应变时程曲线进行了对比,得到三个测点在 ICR 处理过程中的应变时程曲线变化相同,但变幅存在一定差异,其中 SG-4 测点在 ICR 处理后的应变变幅最大,即所施加的残余压应力最大,而 SG-1 和 SG-7 的变幅值接近。并且从图中还可以看出,延长 ICR 处理的时间对表面残余压应力施加效果逐步降低,而增加 ICR 处理次数能够显著提高塑性变形的大小,具有较好的效果。

综上所述 ICR 处理能够使处理部位附近的表面产生明显的塑性变形,并且距 ICR 处理位置越近,塑性变形越明显,所施加的残余压应力值越大,随着距离的增加,塑性变形程度降低,对表面应力改善效果降低。因此,采用ICR处理能够将原先焊缝的残余拉应力降低,或转变为残余压应力,并且通过塑性变形所施加的残余压应力较大,在一定情况向能够改变焊缝附件的受力状态,由拉应力区变为压应力区,从受力角度上提高了裂纹的萌生寿命,或延缓了裂纹的扩展速率,能够实现对疲劳裂纹修复的效果。

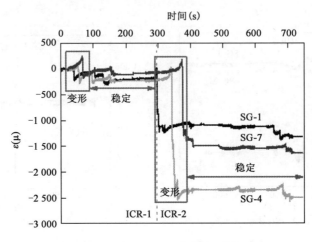

图10-8　SG-1、SG-4、SG-7应变时程曲线对比

10.2.2　应力分布范围

1)试验研究

前面的分析研究表明,ICR冲击能够在材料表面能够形成较大的局部受压区,但是通过测量应变的变化容易得到表面的受压区域范围,而沿厚度方向的受压区分布深度通常难以获得。由于构件的疲劳问题往往是在局部产生的,表面的受压区分布范围的大小并不能很好地分析构件疲劳性能改善的情况,而局部沿厚度方向压应力分布情况能够对构件的局部疲劳性能进行较好的评估。当采用1mm法评估构件的结构应力时,能够得到ICR处理后沿厚度方向的压应力分布情况,就能够得到较为准确的结构应力,使得疲劳评估的结果更加准确。因此,得到ICR处理后压应力沿板厚方向的分布情况具有一定的实际意义。

目前的相关实验研究和理论分析表明,当结构内部存在压应力时,其局部范围内的硬度会增加,而当存在拉应力时,硬度降低。因此通过测量硬度的变化规律,可以间接得到压应力沿板厚方向的分布情况。

图10-9给出了ICR冲击部位沿厚度方向的硬度变化情况(塑性变形大小最大为0.76mm)。测点越靠近表面,其硬度值越大,并且显著地大于母材部位的平均硬度值。随着测量深度的增加,测点的硬度值逐渐降低,并且基本在母材硬度范围内波动。母材采用Q345钢材,其平均硬度约为190MPa。以母材平均值硬度值的上限(2σ)为基准(确保有95%保证率),与测量值拟合的曲线相交,由此可以得到ICR处理后残余压应力的影响深度,这里为5.2mm左右,即通过ICR处理,在距表面5.2mm范围内都存在一定大小的残余压应力,并且随着深度增加,残余压应力大小逐渐减少。

这里得到的压应力分布深度范围只针对图10-9中所对应的试件和ICR处理过程。当条件产生变化时,其对应的压应力分布范围也会产生一定的变化,应根据实际情况做具体测量。

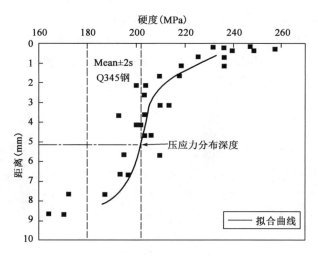

图 10-9　残余压应力分布深度

2)有限元分析

采用 ABAQUS 有限元分析软件对 ICR 处理过程表面及内部的应力变化进行模拟,有限元模型如图 10-10 所示。模型的试件模拟的是本章中所采用的试件,即 U 肋与面板焊缝的构造,采用壳单元进行建模,气铲铲头采用解析刚体进行建模。在试件底部约束沿 Y 方向的位移($U_2=0$),试件两边约束沿 X 方向的位移($U_1=0$)。定义气铲铲头和模型试件的相互接触属性,使气铲铲头沿 Y 方向强制发生一定的位置,从而模拟模型试件受到冲击后产生沿 Y 方向的塑性变形。本次有限元模拟中的设置的塑性变形大小为 0.76mm,与图 10-9 的塑性变形大小一致。

模型试件的采用 CPS4I 单元(四节点双线性平面应力四边形单元,非协调模式),冲击头采用解析刚体,不需要对冲击头进行单元分配。单元尺寸大小为 1mm,在面板与 U 肋部位采用四边形单元,在焊缝部位采用以四边形为主的单元,划分网格后如图 10-11 所示。

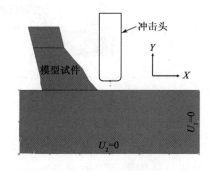

图 10-10　有限元模型

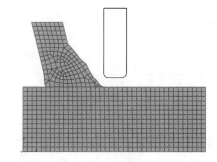

图 10-11　网格划分

ICR 锤击过程分三步进行模拟,如表 10-2 所示。首先建立气铲铲头与模型试件表面接触(Step-1)的过程,即向下产生的位移为 3.001mm,然后开始正式锤击(Step-2),设定的塑性变形大小为 0.76mm,最后气铲铲头回缩回到初始位置(Step-3)。

ICR 锤击过程　　　　　　　　　表 10-2

步骤	Step-1	Step-2	Step-3
$Y(\text{mm})$	-3.001	-3.7601	0

图 10-12 给出了 ICR 锤击模拟过程三个步骤的局部变形图及应力云图。从图中可以看到，随着塑性变形的增大，内部压应力范围和大小都逐渐增大，当铲头离开后，试件仍残留一部分的塑性变形，从而使内部形成残余压应力。

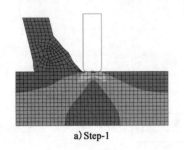 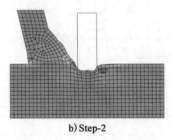 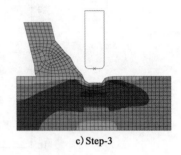

a) Step-1　　　　　　　　　b) Step-2　　　　　　　　　c) Step-3

图 10-12　锤击过程变形情况

在 Step-3 阶段，沿着 ICR 处理部位的表面分别提取了 1～15mm 范围内的应力变化情况，如图 10-13 所示。从图中可以看出，在 ICR 处理部位附近的一定范围内存在较大的拉应力，随着距离逐渐增大，应力逐渐减小；在距处理部位 7.1mm 范围内，由拉应力变为压应力，并且有一定程度的增大，最后趋于平缓。图 10-14 给出了模型试件内部距表面 1mm 位置处的应力变化情况。从图中可以看出，内部 1mm 位置处的应力均为负值，随着距离的变化压应力逐渐增大，在 3mm 左右的位置达到最大值，然后逐渐减小，最后趋于稳定。说明 ICR 处理能够使试件内部产生较大的残余压应力，从而改善局部的受力状态，提高疲劳强度。

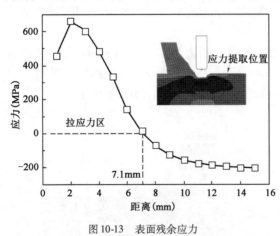 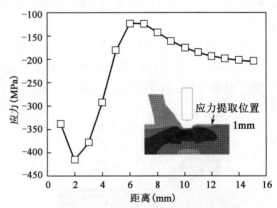

图 10-13　表面残余应力　　　　　　　　图 10-14　内部 1mm 处的残余应力

图 10-15 给出了距 ICR 处理部位 10mm 位置处的应力时程曲线，并在图中添加了一段由实际 ICR 处理过程中的 SG-1 测点的应力时程曲线进行对比。从图中可以看出，10mm 位置处的应力在整个锤击模拟过程中都负值（受压），并且压应力逐渐增大，最后趋于稳定。整个过程产生的真应变 $\varepsilon_{\text{ture}}$ 包含两个部分：弹性变形 ε_{el} 和塑性变形 ε_{pl}。随着气铲铲头的离开，模型试件迅速恢复一部分的弹性变形 ε_{el}，残留一定的塑性变形 ε_{pl}。其中 10mm 位置对应的是实际 ICR 处理过程中 SG-1 测点的位置，从图中可以看出，两条曲线的降低的变化规律总体上是一

致的,并且在 ICR 处理过程中均为负值,趋势吻合较好。

沿着 ICR 处理部位的厚度方向,分别提取了 X 方向和 Y 方向的应力,得到如图 10-16 所示的厚度方向应力变化曲线。从图中可以看出,σ_x 在整个厚度范围内均小于 0,即整个板厚在 X 方向的应力都为压应力,说明这种压应力的存在能够使裂纹的开口产生较好的闭合,并且能够抵消一部分沿 X 方向的荷载拉应力,从而使局部受力得到改善。其中,在距表面 3mm 位置处的压应力最大,压应力呈先增大后减小的变化趋势。图 10-16b) 为沿 Y 方向的应力变

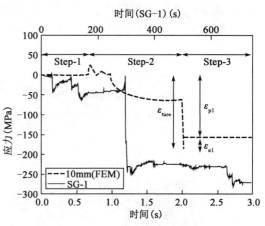

图 10-15 10mm 处的应力时程曲线

化曲线,从图中可以看出,在 ICR 处理部位 5.4mm 范围内产生了明显的残余压应力,但深度超过 5.4mm 后,由于 ICR 处理部位产生局部收缩,导致试件模型背面产生一定的拉应力。通过竖向的应力变化规律可以大致得到 ICR 有限元模拟过程对应的残余压应力分布深度约为 5.4mm,与通过硬度变化推出的应力分布深度 5.2mm 的结果基本一致。

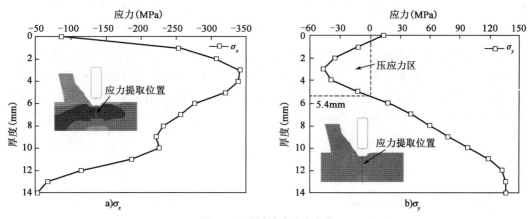

图 10-16 厚度方向应力变化

10.2.3 局部几何特征

ICR 处理后,表面塑性变形大小如图 10-17 所示。发现 ICR 处理后的表面产生了较大程度的凹陷,说明通过高速冲击,表面产生了向下的塑性变形。图中在第一道 ICR 处理(ICR-1)部位的表面产生了约 0.76mm 的塑性变形,而第二道 ICR 处理(ICR-2)部位的表面产生了约 0.33mm 的塑性变形,造成两者塑性变形大小不一致的原因可能是由于 ICR-1 处理后使母材局部范围内的硬度增大,导致 ICR-2 处理时在相同的冲击能量下产生的塑性变形较小,而较小的塑性变形产生的压应力也较小。

对于存在疲劳裂纹的构件,在 ICR 处理后其疲劳裂纹开口可以形成较好的闭合,如图 10-18 所示。图 10-18 为 ICR 修复区与非修复区试件表面附近裂纹宽度情况,其裂纹宽度均值分别为 12.3μm、32.5μm,说明 ICR 处理可有效降低试件表面附近的裂纹宽度。修复后疲劳裂纹开口呈"咬合形",而非修复区的疲劳裂纹开口则呈现出典型的"Z 字形"。由图 10-18b) 推测可

知 ICR 修复区修复前疲劳裂纹位置如图 10-18a)中实线所示。由图 10-18a)可知,修复后裂纹开口位置产生了一定的偏移,说明 ICR 处理使裂纹处钢材产生了明显的塑性流动。

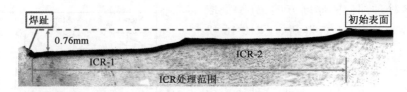

图 10-17 塑性变形大小

a)进行ICR处理

b)未进行ICR处理

图 10-18 裂纹开口闭合情况

ICR 修复后沿板厚方向一定深度范围内的裂纹产生了明显的闭合,即修复后疲劳裂纹的有效长度要小于修复前的有效长度。由于裂纹尖端产生了闭合,其应力强度因子发生了变化,采用 Newman-Raju 公式计算应力强度因子时应相应地采用裂纹闭合后的计算模型。若假设裂纹闭合的深度为 h,则闭合后的 Newman-Raju 裂纹尖端应力强度因子计算模型如图 10-19 所示。

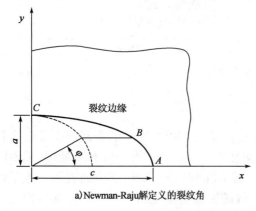
a)Newman-Raju解定义的裂纹角

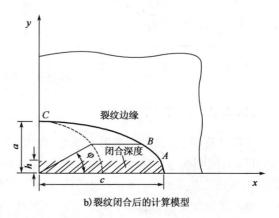
b)裂纹闭合后的计算模型

图 10-19 闭合裂纹应力强度因子计算模型

采用 Newman-Raju 计算拉弯组合荷载下半椭圆形裂纹周边任一点的应力强度因子的公式为[17]:

$$K = [(\sigma_t + H\sigma_b)\sqrt{\pi a/E(k)}]F_s(a/c, a/t, c/w, \varphi) \tag{10-1}$$

式中:σ_t 和 σ_b——分别为名义拉伸应力及弯曲正应力;

a——裂纹深度；

c——半椭圆裂纹长度的一半；

t——板厚；

w——板宽的一半；

φ——Newman 裂纹角。

Newman-Raju 计算公式的应用范围为：$0 \leqslant a/c \leqslant 1, 0 \leqslant a/t \leqslant 1, c/w < 0.5$。

其中式(10-1)中 H 的计算公式如下

$$H = H_1 + (H_2 - H_1)(\sin\varphi)^p, p = 0.2 + a/c + 0.6a/t \tag{10-2}$$

$$H_1 = 1 - 0.34a/t - 0.11(a/c)(a/t) \tag{10-3}$$

$$H_2 = 1 + G_1(a/t) + G_2(a/t)^2 \tag{10-4}$$

$$G_1 = -1.22 - 0.12a/c \tag{10-5}$$

$$G_2 = 0.55 - 1.05 a/c^{3/4} + 0.47 (a/c)^{3/2} \tag{10-6}$$

另外，$E(k)$ 的计算方法为：

$$E(k) = [1 + 1.464 (a/c)^{1.65}]^{1/2} \tag{10-7}$$

F_s 的计算公式为：

$$F_s = [M_1 + M_2 (a/t)^2 + M_3 (a/t)^4] g_1 f_\varphi f_w \tag{10-8}$$

$$M_1 = 1.13 - 0.09(a/c) \tag{10-9}$$

$$M_2 = -0.54 + 0.89/[0.2 + (a/c)] \tag{10-10}$$

$$M_3 = 0.5 - [1/(0.65 + a/c)] + 14 (1 - a/c)^{24} \tag{10-11}$$

$$g_1 = 1 + [0.1 + 0.35 (a/t)^2](1 - \sin\varphi)^2 \tag{10-12}$$

$$f_\varphi = [(a/c)^2 (\cos\varphi)^2 + (\sin\varphi)^2]^{1/4} \tag{10-13}$$

$$f_w = \left[\sec\left(\frac{\pi c}{2w}\sqrt{\frac{a}{t}}\right)\right]^{1/2} \tag{10-14}$$

裂纹闭合后，裂纹半椭圆模型的短半轴 a 的大小发生变化，变为 $a\text{-}h$，其他参数不产生变化。因此，计算裂纹闭合后的应力强度因子只需把公式中的 a 用 $a\text{-}h$ 代替即可，并且应力强度因子计算范围只能为图10-19中的 AC 曲线。

分别取 $a/c = 0.25, a/c = 0.5, a/c = 0.75$ 三种不同的比值下分析裂纹尖端应力强度因子的变化情况，计算公式中，$t = 12\text{mm}, w = 150\text{mm}$，得到正常开口疲劳裂纹尖端的应力强度因子变化曲线，如图10-20a)所示。当疲劳裂纹表面进行 ICR 处理后，疲劳裂纹开口产生闭合，假设闭合深度 $h = 1\text{mm}$，其他参数不变，得到 ICR 处理后疲劳裂纹尖端的应力强度因子 K 变化规律，如图10-20b)所示。

从图10-20中可以看出，当 $a/c = 0.25$ 时，应力强度因子 K 从裂纹表面到最深处（$0 \sim 90°$）先减小后增大，中间存在一个拐点，其中 ICR 处理后的拐点十分明显，并且在裂纹角 $90°$ 时，K 的值比未进行 ICR 处理的疲劳裂纹 K 值小，曲线变化较平缓；当 $a/c = 0.5$ 时，ICR 未处理和进行 ICR 处理后的裂纹尖端应力强度因子 K 的变化无明显差异；当 $a/c = 0.75$ 时，裂纹闭合后中心最深处（$90°$）的应力强度因子 K_C 比同位置开口的疲劳裂纹应力强度因子大。上述变化情况说明当 $a/c < 0.5$ 时，进行 ICR 处理后，开口闭合的裂纹尖端应力强度因子得到了一定程度的降低，而对于 $a/c > 0.5$ 时的疲劳裂纹，采用 ICR 修复技术并不能很好地改善裂纹尖端的应力强度因子,降低裂纹扩展速率,不建议采用 ICR 修复技术。实际疲劳裂纹的 a/c 的比值通常小于 0.5,因此从应力强度因子 K 角度来说,采用 ICR 修复技术对实际疲劳裂纹进行修复处理,具有一定的效果,并且闭合后的 K_C 值比开口时小,能够降低疲劳裂纹的扩展速率。

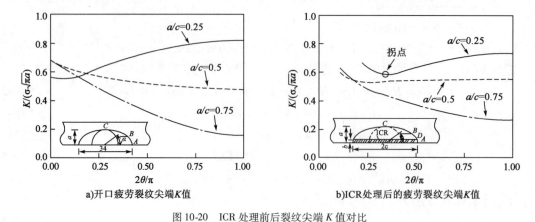

a) 开口疲劳裂纹尖端 K 值   b) ICR 处理后的疲劳裂纹尖端 K 值

图 10-20 ICR 处理前后裂纹尖端 K 值对比

10.3 疲劳裂纹修复效果

10.3.1 疲劳裂纹扩展特征

1) 顶板与竖向加劲肋构造细节

正交异性钢桥面板顶板与竖向加劲肋构造是容易萌生疲劳裂纹的构造细节之一。采用 ICR 技术对该构造开裂细节进行修复,并继续进行疲劳试验研究了修复后裂纹的主要扩展特征[18]。

在高应力幅下,裂纹源区域的原裂纹开口部位随着循环次数的不断增加,原先闭合的开口会逐渐张开,并且裂纹重新开口的位置与裂纹源位置相近。以图 10-21 所示的试验为例,当循环次数达到 81 900 次时,原先裂纹表面处产生微小的裂纹开口[图 10-21a)];当循环次数达到 128 800 次时,裂纹深度达到 12mm,即在焊趾处裂纹已裂透,但表面裂纹的长度未增加;当循环次数达到 187 500 次时,裂纹表面开口较为明显,并且存在明显的表面撕拉的痕迹,如图 10-21b)所示。这种"撕拉"痕迹进一步证明 ICR 处理后的近表面处通过塑性流动已"黏结"在一起,即裂纹开口产生闭合。

同时,利用试验结果对比了裂纹扩展过程中裂纹长度与循环次数之间的关系,近似得到了传统的 $a \sim N$ 曲线,如图 10-22 所示。从曲线的变化规律中反映出,未经 ICR 修复的试件疲劳裂纹扩展速率较大,在整个疲劳试验过程中基本保持不变;而经过 ICR 修复的试件疲劳裂纹扩展速率显著减小,曲线存在明显的转折点 A。把 A 点之前的记为疲劳裂纹扩展前期,A 点之后的记为疲劳裂纹扩展后期。因此,对比试验结果可以看出 ICR 修复后的疲劳裂纹扩展前期位于 ICR 处理区域内,说明 ICR 处理能够显著降低一定区域内疲劳裂纹的扩展速率,从而提高了构件的剩余寿命。

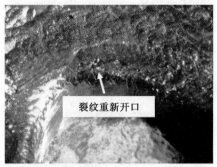
a) 裂纹重新产生微小开口

b) 表面开口明显

图 10-21　ICR 处理部位变化情况

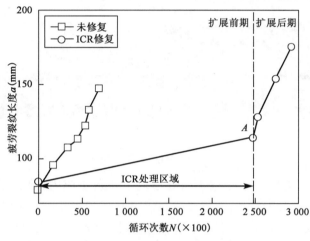

图 10-22　疲劳开裂后扩展速率对比

当裂纹进入扩展后期时,对比了未经过 ICR 修复的试件的裂纹扩展速率,发现在疲劳裂纹扩展后期阶段,速率变化曲线接近为一条直线,即匀速扩展。采用最小二乘法计算了疲劳裂纹扩展速率曲线的平均斜率,即 da/dN 的大小,得到 ICR 修复后的疲劳裂纹后期扩展速率与未进行 ICR 修复后的裂纹基本一致。而此时的疲劳裂纹长度已超过 ICR 修复范围,说明当裂纹扩展超出 ICR 修复范围后,其扩展速率恢复将得到恢复,如图 10-23 所示。

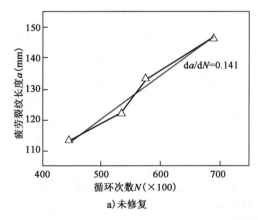
a) 未修复

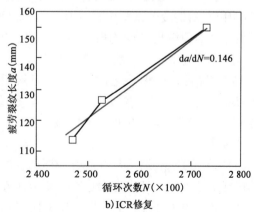
b) ICR 修复

图 10-23　疲劳裂纹扩展后期速率曲线

若不采取措施任凭疲劳裂纹自由扩展,则随着循环次数的增加构件有效受力面积不断减小,最终裂纹瞬断区则会产生断裂。裂纹则会由初始的表面裂纹形成中心裂纹继续扩展,如图10-24 所示。对于未修复构件的疲劳裂纹裂透后扩展轮廓大致呈上下对称(弯曲疲劳荷载—局部拉压受力特征),说明在试件表面不受任何约束,以及等幅加载($R = -1$)的情况下,试件上下表面受到的应力幅、名义应力大小及应力比基本保持一致。

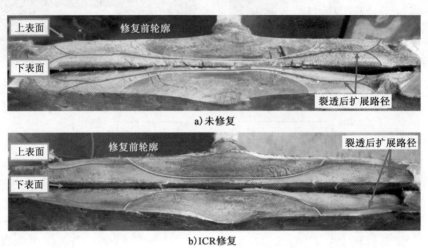

图 10-24　中心裂纹扩展路径

而经过 ICR 修复的构件由于在近表面处形成了残余压应力,改善了近表面处的受力状态;但下表面仍处于自由受力状态,在等幅荷载作用下,上表面(ICR 处理面)的拉应力要比下表面的拉应力小,导致其下表面裂纹尖端的应力强度因子 K 比上表面裂纹尖端的应力强度因子 K 大,从而导致裂纹沿水平方向快速扩展的同时,下表面的裂纹深度比上表面的深,呈现非对称式扩展。

2)顶板与 U 肋构造细节

顶板与 U 肋开裂细节采用 ICR 修复后并继续进行疲劳试验,发现原先开裂部位的裂纹没有明显扩展,裂纹深度也无继续增加,但在原裂纹边缘的两侧则分别产生了新的裂纹(图 10-25)。从图 10-25 中可以看出,新裂纹扩展区与原裂纹扩展区存在一个明显的分界,并没有结合在一起,说明修复后的疲劳试验中在 ICR 修复区域两侧均产生了新的疲劳源区[19]。

虽然针对顶板与 U 肋构造采用 ICR 修复后会在原裂纹以外区域产生新的裂纹,但新裂纹的扩展速率明显低于初始裂纹的扩展速率(图 10-26),且疲劳试验结束后原裂纹仅再次扩展了约 10%,说明 ICR 修复技术能够有效延缓原疲劳裂纹的扩展。此外,新疲劳裂纹的长度均低于 40mm,且新裂纹扩展断面靠近 ICR 修复区的贝纹线的曲率明显大于另一侧,且扩展断面深度最大的位置偏向于 ICR 修复区域一侧,说明 ICR 修复技术对新疲劳裂纹的扩展起到了一定的延缓作用。

同时,带有原始较大裂纹的构件其新裂纹的萌生寿命大约在 180 万次,而构件在无明显缺陷的情况下原裂纹的萌生寿命也在 200 万次左右。从疲劳裂纹萌生的条件来看,新裂纹萌生时的受力条件更加恶化(若不进行 ICR 处理),但对其萌生寿命的影响却不是很大,说明 ICR 修复技术改良了新裂纹萌生部位的受力条件,同时也在一定程度上控制了原裂纹的进一步发展,起到了较好的修复效果。

a) 实际疲劳裂纹扩展断面

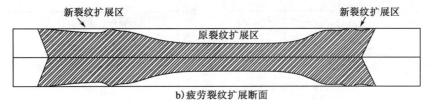

b) 疲劳裂纹扩展断面

图 10-25　顶板与 U 肋疲劳开裂修复后裂纹再次扩展情况

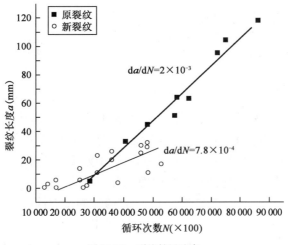

图 10-26　裂纹扩展速率

10.3.2　应力幅变化特征

相关试验研究表明,当构件在反复荷载的作用下,其裂纹源位置的应力随着母材的晶粒滑移会产生重分布,应力大小会逐渐下降,弹性降低,表现为构件的性能衰退。并且当裂纹产生后,开裂位置的应力释放,降低了该部位的应力幅大小,弹性变形进一步减小,使得在开裂位置无法继续承受拉应力,导致截面最终产生断裂破坏。

ICR 修复后能够使裂纹开口产生闭合,也就是说构件表面原先开口位置的金属重新连接在一起(图 10-27),使得原先开裂位置能够重新受力,从而一定程度上提高了构件的整体受力性能。

图 10-28 为两个对比构件在整个疲劳试验过程中的应力幅变化情况,其中,应力幅测量的位置分别为裂纹开裂部位、裂纹边缘的左右两侧位置。从

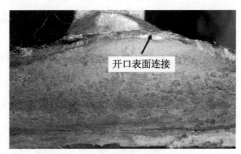

图 10-27　表面连接情况

图 10-28 中可以看到,对于没有修复的构件[图 10-28a)],在裂纹开裂位置的应力幅随循环次数的增加逐渐减小,表明了构件在裂纹开裂部位的性能逐渐衰退;而在裂纹边缘位置的应力幅不断增加,这是由于随着裂纹的扩展,构件的有效截面越来越小,导致在荷载作用下有效截面位置的应力幅不断增大。从断裂力学角度考虑,应力强度因子幅度 ΔK 是控制裂纹扩展快慢的主要因素,而裂纹边缘应力幅的增大会增大应力强度因子幅度,导致裂纹在反复荷载作用下随着循环次数增加扩展速率不断增大,最后在短时间内容易进入失稳扩展状态,导致构件迅速产生断裂。

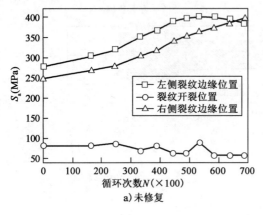
a) 未修复

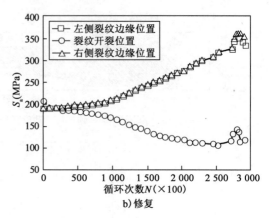
b) 修复

图 10-28 应力幅变化情况

但是,对于采用 ICR 修复的构件,在相同位置测量了试验过程中的应力幅变化情况,发现修复后三个位置的应力幅几乎相同[图 10-28b)],并且在相同外力加载的情况下裂纹边缘的应力幅低于没有修复的构件,从而降低了应力强度因子幅度的大小,延缓了疲劳裂纹扩展。裂纹开裂位置的应力幅虽有一定程度的增大,但使原开口的表面重新形成了受力结构,提高了开裂构件的受力性能,因此,也起到了一定的积极作用。

针对顶板与 U 肋也开展了疲劳试验,并进行了 ICR 修复。发现试验过程中应力幅的变化规律同图 10-28 所示的应力幅变化规律基本一致。在疲劳裂纹萌生后,裂纹源部位的应力幅逐渐下降。采用 ICR 修复后该部位的应力幅增大,说明修复后裂纹开口位置表面连接在一起,形成了共同受力,但由于表面连接厚度较薄,在荷载作用下逐渐发生破坏,导致该部位的应力幅又重新下降,并且下降幅度较快,如图 10-29 所示。

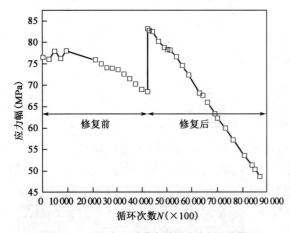

图 10-29 顶板与 U 肋修复前后应力幅变化情况

10.3.3 修复效果对比

1) 止裂孔试验

止裂孔是目前钢箱梁疲劳裂纹临时止裂最常用的方法之一,为了能够对 ICR 修复处理效果进行更直观的评价,采用不同止裂孔孔径对相同的疲劳裂纹试件进行钻孔止裂,并继续开展疲劳试验,对比研究止裂孔修复效果与 ICR 修复效果之间的差异。

构件采用顶板与竖向加劲肋试件,在已有疲劳裂纹的基础上分别进行止裂打孔,孔径分别为 4mm、6mm、8mm,其中孔径为 6mm 的止裂孔是我国目前普遍采用的。试验过程中的加载频率与 ICR 修复后的试验条件基本保持一致。这里以疲劳裂纹扩展至 114mm(单侧约为 45mm)为基准,分别记录对应的循环次数,试验结果如表 10-3 所示。

止裂孔疲劳试验结果 表 10-3

孔径大小(mm)	4	6	8
循环次数 $N[\times 100]$	4 866	5 880	6 870

图 10-30 给出了三个试件设置止裂孔后疲劳裂纹越过止裂孔继续扩展情况的试验结果。从图中可以看到,采用止裂孔进行临时止裂后,当循环次数达到一定程度时,裂纹会沿着自身的扩展路径方向继续扩展。

a) 4mm

b) 6mm

c) 8mm

图 10-30　止裂孔疲劳试验结果

2) 与止裂孔修复效果对比

由于止裂孔试验和 ICR 修复试验分别在不同的应力幅下开展,为了能够对剩余疲劳寿命进行对比分析,这里将每个试验的循环次数进行了换算,得到相同应力幅下的等效循环次数。利用等效循环次数对比了止裂孔和 ICR 修复试验的结果,如图 10-31 所示。针对止裂孔而言,随着止裂孔孔径的增大,其修复效果得到一定程度的提升。其中止裂孔孔径为 4mm 和 6mm 的修复效果与未修复试件效果无明显区别,说明止裂孔的孔径过小,对其临时止裂效果提升不大。然而经过 ICR 修复的试件,当裂纹扩展至 114mm 左右时,其对应的循环次数得到了显著地增加,比未修复试件的循环次数增大了约 1.86 倍,比孔径为 8mm 试件的循环次数增大了约 1.44 倍,比孔径为 6mm 试件增大了约 1.64 倍,平均提高了约 1.5 倍,说明 ICR 处理后的修复效果要显著地优于目前普遍采用的止裂孔的修复技术。

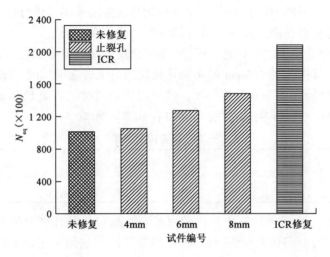

图 10-31 止裂孔与 ICR 处理效果对比

10.3.4 实桥修复效果对比研究

1) ICR 实桥修复试验

针对某大桥疲劳裂纹，采用 ICR 技术对实桥裂纹裂纹进行修复，分析 ICR 处理技术对实桥疲劳裂纹的修复效果。从该桥 2015 上半年年检原始记录中的疲劳裂纹分布情况可以看出，疲劳裂纹几乎全部集中在上下游 5~12 号 U 肋之间，其中尤其以 12 号 U 肋的裂纹数量最多，达到 24 条，其次是 5 号和 8 号 U 肋。因此为方便同其他修复方法修复效果进行对比，初步决定选取车辆荷载相同的不同仓 12 号 U 肋处的疲劳裂纹进行 ICR 修复，对比分析 ICR 处理技术与其他修复技术的修复效果。

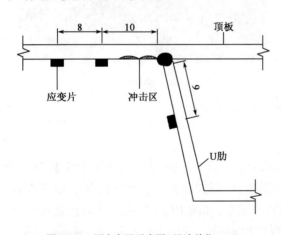

图 10-32 测点布置示意图(尺寸单位:mm)

该桥已采取的疲劳裂纹修复方法有止裂孔法和裂纹焊合法。对实际裂纹及修复方法的分布情况进行观察，选取该桥 1/4 跨上游 12 号 U 肋疲劳裂纹位置进行 ICR 处理，其中，疲劳裂纹裂长 90mm 且已有孔径为 8mm 的止裂孔止裂处理。对该处的疲劳裂纹进行 ICR 处理，ICR 修复区域一端为横隔板过焊孔位置，另一端距离止裂孔中心 25mm。ICR 处理结束后选取相应测点进行打磨贴片，分析修复后的名义应力幅变化情况。应变片粘贴情况如图 10-32 所示。此外，实际裂纹观测过程中在 1/8 跨下游 15 号 U 肋位置发现了一条新的疲劳裂纹，对该疲劳裂纹进行 ICR 修复并对修复后疲劳裂纹的再次扩展情况作跟踪观察。由于实桥疲劳裂纹扩展速率较慢，ICR 修复后疲劳裂纹再次扩展情况有待进一步观察。

2) 修复效果情况

该桥 1/4 跨上游 12 号 U 肋疲劳裂纹及 1/4 跨上游 12 号 U 肋疲劳裂纹 ICR 修复前后的裂

纹情况分别如图 10-33 和图 10-34 所示。

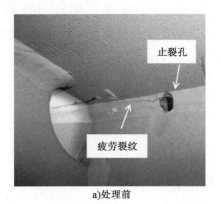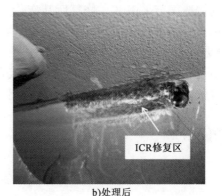

图 10-33　12 号 U 肋裂纹 ICR 修复前后情况

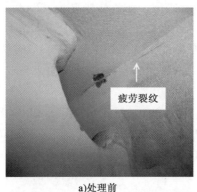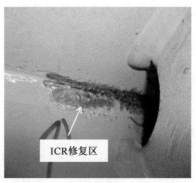

图 10-34　15 号 U 肋裂纹 ICR 修复前后情况

从图 10-33 和图 10-34 中可以看出，ICR 处理后裂纹周围具有明显的凹陷痕迹，表明 ICR 处理使裂纹周围区域钢材产生了明显的塑性变形，这与试验室试验结果相一致。ICR 修复前可以观察到疲劳裂纹在车辆荷载作用下的反复张合的动态过程，而修复后在裂纹位置已观察不到这一现象，说明疲劳裂纹表面由于钢材的塑性流动产生了较好的闭合，重新形成了一个整体。

10.4　本 章 小 结

裂纹闭合冲击改进技术（ICR）是近几年开发出的一种延缓疲劳裂纹扩展，提高裂纹扩展寿命的方法。当裂纹扩展的剩余寿命能够满足构件的服役寿命时，则可以认为起到了修复效果。本章针对该技术，对其技术的作用机理、作用范围、修复后的疲劳性能进行了研究，并与传统的止裂孔技术进行对比，得到了 ICR 技术的特点及修复效果。

通过 ICR 处理，在焊缝表面以及内部均引入了较高的压应力，能够降低由焊接产生的残余拉应力，提高焊缝局部的疲劳性能。ICR 锤击修复后，裂纹的开口能够产生闭合，从而能够降低裂纹表面的应力强度因子，降低裂纹扩展速率。当裂纹扩展超过 ICR 处理范围后，疲劳裂纹的扩展速率会继续增大。

不同的构造细节采用 ICR 修复后其疲劳开裂性能存在差异,顶板与竖向加劲肋的裂纹会呈现非对称式扩展,顶板与 U 肋的裂纹会在原裂纹两侧产生新的裂纹。针对 ICR 技术的修复效果,需要更多的试验来开展研究。

裂纹闭合后,开口表面塑性区会相互连接在一起,使其表面的应力会发生重分布,降低裂纹边缘位置的应力幅,对延缓裂纹扩展起到促进作用。相比于传统的止裂孔技术,ICR 技术能够大幅度提高构件的剩余寿命,并且所需设备简单便携,操作技术要求较低,具有巨大的潜在开发和应用价值。

本章参考文献

[1] 山田健太郎,石川敏之,柿市拓巳,李薈. 疲労き裂を閉口させて寿命を向上させる技術の開発[J]. 平成20年度土木学会中部支部研究発表会講演概要集,2009,5:9-10.

[2] 石川敏之,山田健太郎,柿市拓巳,等. ICR 処理による面外ガセット溶接継手に発生した疲労き裂の寿命向上効果[J]. 土木学会論文集 A,2010,66(2):264-272.

[3] 山田健太郎,石川敏之,柿市拓巳. 疲労き裂を閉口させて寿命を向上させる試み[J]. 土木学会論文集 A,2009,65(4):961-965.

[4] 柿市拓巳,石川敏之,山田健太郎. 鋼床板箱桁橋の垂直補剛材直上き裂へのICR 処理の施工試験[J]. 鋼構造年次論文報告集,2009,17:351-358.

[5] Ishikawa T, Shimizu M, Tomo H, et al. Effect of compression overload on fatigue strength improved by ICR treatment[J]. International Journal of Steel Structures, 2013, 13(1): 175-181.

[6] Ishikawa T, Yamada K, Kakiichi T, et al. Extending fatigue life of cracked out-of-plane gusset by ICR treatment[J]. Doboku Gakkai Ronbunshuu A/JSCE Journal of Structural and Earthquake Engineering, 2010, 66(2): 264-272.

[7] Anami, K., Miki, C., Tani, H., and Yamamoto, H. Improving fatigue strength of welded joints by hammer peeing and TIG-dressing[J]. Structural Eng./Earthquake Eng, JSCE, 17(1): 57-68.

[8] ISHIKAWA T, MATSUMOTO R, HATTORI A, et al. Reduction of Stress Concentration at Edge of Stop Hole by Closing Crack Surface[J]. Journal of the Society of Materials Science, Japan, 2013, 62(1): 33-38.

[9] 苏彦江,林德深. 锤击处理延长焊接接头疲劳寿命的研究[J]. 兰州铁道学院学报,2000,19(3):28-30.

[10] 文志杰. 锤击法消除铸铁焊接应力的研究[D]. 济南:山东大学,2010.

[11] 符浩,刘希林,卢海,等. 钛合金焊接接头残余应力的消除方法[J]. 中国有色金属学报,2010,20(S1):713-716.

[12] Simoneau M R, Thibault M D, Fihey M J L. A Comparison of Residual Stress in Hammer-Peened, Multi-Pass Steel Welds-A514 (S690Q) and S41500[J]. Welding in the World, 2009, 53(5-6): 124-134.

[13] Liu J, Gou W X, Liu W, et al. Effect of hammer peening on fatigue life of aluminum alloy 2A12-T4[J]. Materials & Design, 2009, 30(6): 1944-1949.

[14] Hacini L, Van Lê N, Bocher P. Effect of impact energy on residual stresses induced by hammer peening of 304L plates[J]. Journal of Materials Processing Technology, 2008, 208(1): 542-548.

[15] Hacini L, Van Lê N, Bocher P. Evaluation of residual stresses induced by robotized hammer peening by the contour method[J]. Experimental mechanics, 2009, 49(6): 775-783.

[16] Branco C M, Infante V, Baptista R. Fatigue behaviour of welded joints with cracks, repaired by hammer peening[J]. Fatigue & fracture of engineering materials & structures, 2004, 27(9): 785-798.

[17] Newman Jr J C, Raju I S. An empirical stress-intensity factor equation for the surface crack[J]. Engineering Fracture Mechanics, 1981, 15(1): 185-192.

[18] 袁周致远. 钢箱梁疲劳裂纹ICR技术修复效果研究[D]. 南京: 河海大学, 2015.

[19] 王秋东. 钢箱梁顶板疲劳裂纹ICR修复效果研究[D]. 南京: 河海大学, 2015.

第11章 疲劳开裂修复技术

11.1 钢桥疲劳开裂修复概况

钢箱梁为由正交异性钢桥面板、横隔板、腹板、底板等部分组成的密闭箱形结构,其中,钢桥面板及底板又由顶板、纵肋及横肋等部分组成。钢箱梁内空间狭窄、焊缝密集,构造极为复杂。各部分构件均具有很大的尺寸,通过焊缝连接成一个整体,更换及拆卸困难。因此,钢箱梁的疲劳裂纹修复只能在现场直接对开裂部位采取修复措施。此外,在钢箱梁内进行人工作业时,必须通过横隔板上设置的"人孔"在各箱室间穿行,"人孔"的尺寸仅够一个人通过。由于箱梁内通行不便,加上箱梁内温度、光照、空气等条件都比箱梁外差,在钢箱梁内进行人工作业受其构造及环境条件限制较大,作业人员数量应尽量得少,使用的设备应构造简单、体积较小、重量轻、易携带、易移动,实施工艺应尽量简单、快捷、高效。

钢桥面板产生疲劳裂纹的外因是反复作用的荷载,内因是构造细节本身。由于内因与外因的共同作用,钢桥面板某些构造细节处易产生较严重的应力集中,从而萌生出疲劳裂纹。钢桥疲劳开裂的修复必须有的放矢,从外因和内因两方面着手:从外因来讲,就是防止汽车超载,即避免超过设计活载的汽车轮载反复作用于桥梁;从内因来讲,就是改善钢桥面板关键构造细节处的受力状态,减小应力集中的程度。在修复过程中,应本着以下几个原则进行:尽量减少修复所要耗费的时间和金钱;操作简单,避免或者减少操作时对交通流量限制的要求;确保修复后的原疲劳细节有很大的剩余疲劳寿命。

实桥修复时应当先通过目视检查和无损检测等手段查明疲劳裂纹的位置和大小,判断其劣化等级及其对结构机能的影响程度,同时分析其产生的原因。据此采取相应的处置措施和对策,如继续观测裂纹发展、限制运输、减速或限载、停运,立即进行维修或加固、更换构件乃至更换新桥等,其中绝大多数钢桥都可以通过有针对性的维修加固提高疲劳抗力,延长使用寿命,从而恢复桥梁的各种机能。

在制订钢桥面板维修加固方案时应遵循以下原则:
(1)彻底消除裂纹以及裂纹的影响;
(2)对原结构不产生新的损伤或新的病害;
(3)能有效恢复结构的各项机能;
(4)维修加固设计应合理选材,选择正确的施工工艺和方法,构造设计应力求简单、传力直接、不引起过大的应力集中;
(5)维修加固构造自身必须有足够的耐久性;
(6)应尽量降低对运营的干扰和停运时间;
(7)尽可能不影响原桥梁的外观。

《钢结构加固技术规范》(CECS 77—1996)中规定的钢结构疲劳裂纹止裂和修复方法包括钻孔止裂法、裂纹焊合法及钢板补强法,其他可供选用的方法还有简单拉伸超载法、碳纤维补强法及渗透填充法等[1]。而针对钢桥疲劳开裂的止裂与修复技术,国内目前应用于实桥的主要有钻孔止裂法及裂纹的刨除重焊(裂纹焊合法),而国外针对钢桥疲劳开裂的修复技术研究走在前列,已经应用于实桥的修复技术包括钢板补强技术及裂纹冲击闭合方法(ICR)等,碳纤维应用于钢桥疲劳裂纹的止裂与修复正处于进一步的探讨当中[2-4]。

11.1.1 技术类别

1)止裂孔技术

钻孔止裂[5]通常是在裂纹尖端钻一确定直径的光滑圆孔,其止裂原理在于消除裂纹尖端的应力集中,阻止裂纹的继续扩展,延长钢结构构件的疲劳寿命。止裂孔能够提高焊接构件的疲劳寿命,是利用了裂纹尖端塑性区,去掉这一塑性区,可以控制裂纹的扩展,使弹性区得以恢复,也就相当于改变了构件的几何形状,变成开口构件,其寿命相当于钻孔前构件的寿命与开口构件寿命之和。止裂孔虽然短时间内能够阻止疲劳裂纹的进一步扩展,但随着疲劳荷载的持续作用,裂纹将穿过止裂孔继续发展下去,因此钻孔止裂法通常作为钢箱梁疲劳裂纹修复的一种临时措施加以使用,而不能进行比较彻底的修复。

2)钢板补强技术

钢板补强法[6]是另一种常用的疲劳裂纹止裂手段,补强钢板通过焊接或螺栓连接覆盖在开裂板材开裂区域之上,补强示意见图11-1,疲劳荷载通过补强钢板传递,大大减小了原有疲劳裂纹尖端的循环应力,从而达到止裂的目的。传统的钢板加固存在使结构重量增加、钢板不易制作成各种复杂形状、运输和安装也不方便等问题,且钢板易锈蚀,影响黏结强度,维护费用高。同时,使用钢板补强加固后,新的疲劳裂纹可能在连接焊缝焊趾或螺栓孔孔壁等应力集中部位萌生并扩展,因此,为达到更好的止裂效果,应保证焊接质量,减少焊接缺陷,保证螺栓孔钻孔质量,进行冷扩孔以提高孔边疲劳裂纹寿命。补强钢板应尽量在开裂钢板的两侧对称设置,如果只能在开裂板件一侧设置补强钢板,由于荷载偏心而产生的平面外弯矩将恶化上述部位的应力集中情况,严重影响疲劳裂纹止裂的效果。

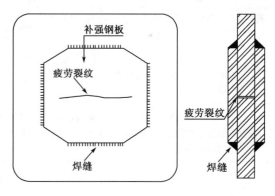

图 11-1 焊接法钢板补强示意

3)裂纹焊合技术

裂纹焊合法是一种常规的疲劳裂纹修复方法,一般可采用碳弧气刨、风铲等将裂纹边缘加工出坡口直至裂纹尖端,然后用焊缝焊合,焊合方法包括热焊及冷焊法。

(1)热焊法:热焊法采用同质焊接材料,如 R207、R307、R317、R337 等焊条。从冶金角度和热力学角度看,该方法是理想的。但从焊接工艺以及预热和热处理等条件考虑,该方法有很不利的因素,即工件的变形难以控制,且劳动条件差,现场不宜采用。

(2)冷焊法:冷焊法主要采用铁基奥氏体焊条和镍基焊条,其优点是工艺简单,工作量小,成本低,并且不需热处理,工件不会产生大的变形。其原理是:焊缝为奥氏体组织,它在焊接的热循环过程中不发生相变,因此,从理论上讲,奥氏体焊缝不要求预热和焊后热处理,这样可以简化工艺,减小热作用范围,减小工作的变形量和残余应力,同时,奥氏体组织塑性高对氢的溶解度也较大,从而有很好的抗裂性能。

4)碳纤维补强技术

碳纤维补强修复技术机理与钢板补强法类似,只是用碳纤维板代替补强钢板粘贴于开裂板件之上。

碳纤维粘贴加固钢结构主要有以下几个特点:比强度和比刚度高,加固后基本不增加原结构的自重和原构件的尺寸;碳纤维板刚度大,有效地减小了疲劳裂纹尖端的循环应力幅值;碳纤维板用胶粘贴于开裂板件之上,可以避免由于焊接或钻孔带来的应力集中及新疲劳裂纹的萌生。由于碳纤维板抗拉强度高,采用碳纤维板补强法时,可以通过对碳纤维板进行预张拉在板件开裂区域引入预压力,进一步改善碳纤维板补强法对疲劳裂纹的止裂和修复效果[7]。

11.1.2 方法对比

针对各个修复技术的特点、适用性、修复效果及对裂纹特征的修复作了对比分析和评价,具体如表11-1所示。

钢箱梁疲劳裂纹修复技术对比 表11-1

修复技术	特　　点	适 用 部 位	修复效果
裂纹焊合	刨除原裂纹后进行重焊	顶板、横隔板、纵肋板等多形式疲劳裂纹	很大程度上取决于焊缝质量
止裂孔	钻孔消除裂纹尖端应力集中	顶板、横隔板、纵肋等多处疲劳裂纹;仅对I型裂纹有效	临时止裂,无法有效地阻止裂纹重新萌生与扩展
钢板补强技术	利用补强钢板传递疲劳荷载,减小原裂纹尖端的循环应力	顶板、肋板开裂局部补强	连接焊缝焊趾或螺栓孔孔壁会产生应力集中
碳纤维补强	利用碳纤维刚度大、抗疲劳性能好的特点,达到减小裂纹尖端循环应力的效果	适用于钢桥面板顶板、肋板开裂局部补强	可避免应力集中及新疲劳裂纹的萌生;采用预张拉可进一步改善止裂效果
TIG重熔	重新熔化焊趾,清除焊缝缺陷,改善焊缝横截面形状,减小应力集中,改善焊接接头疲劳强度	适用于钢桥面板顶板U肋焊缝、U肋对接焊缝等处沿焊趾开裂的疲劳裂纹	可重建裂纹起裂前的状态,延长疲劳寿命;可提高整个焊接接头疲劳裂纹的抗力

11.2 钢桥面板疲劳开裂修复时机选取

11.2.1 疲劳裂纹扩展性能分析

钢箱梁疲劳裂纹产生的原因包括钢材材料本身的质量问题、结构细部的缺陷及焊接细节处的焊接问题等。以钢箱梁典型焊接细节顶板与加劲肋为例,对疲劳构造细节连接焊缝疲劳性能以及裂纹扩展情况进行说明。疲劳细节分为两种类型:一种是顶板与竖向加劲肋连接细节,另一种是顶板与 U 肋连接细节。不同试件的设计构造、钢材强度及焊接工艺等有所不同。两种疲劳细节试验试件及疲劳加载分别如图 11-2 及图 11-3 所示。

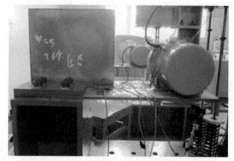

a) 试件示意　　　　　　　　　　　　b) 试验加载

图 11-2　顶板与竖向加劲肋连接细节

a) 试件示意　　　　　　　　　　　　b) 试验加载

图 11-3　顶板与 U 肋连接细节

顶板与竖向加劲肋连接细节分为 SJ1、SJ2、SJ3、SJ4 四组。其中,SJ1、SJ2 系列采用平位焊,SJ3、SJ4 系列采用仰焊。SJ1 系列采用角焊缝焊接,SJ2 系列采用全熔透焊接,SJ4 系列试件仰焊完成后采用锤击处理方式进行残余应力消除。每组试件正式测试 9 个试件,根据名义应力幅分成三组加载,以常幅荷载加载至试件开裂,采用 50MPa、80MPa 和 100MPa 三种加载性能良好的应力幅进行加载,实际加载的名义应力幅浮动范围在 10% 之内。

顶板与 U 肋连接细节不同组试件的顶板厚度以及焊接工艺有所不同,见表 11-2。

不同组试件的尺寸及焊接工艺分类　　　　表 11-2

分组号	顶板厚度	材质	加载方向	工艺
SJ1	14mm		正加载	全熔透焊
SJ2	16mm		正加载	全熔透焊
SJ3	14mm	Q345qD	正加载	全熔透焊 + TIG 重熔 + 激冷处理
SJ4	14mm		正加载	80% 熔透焊
SJ5	16mm		正加载	80% 熔透焊

1)顶板与竖向加劲肋细节裂纹特征

顶板与竖向加劲肋疲劳裂纹的扩展形状如图 11-4 所示,为扁半椭圆形。将疲劳裂纹的扩展形状描绘成图11-5,从图11-5中可以看到,裂纹深度长度与表面长度随循环次数的扩展情况。

a) 上段试件断面

b) 下段试件断面

图11-4 疲劳裂纹扩展形状

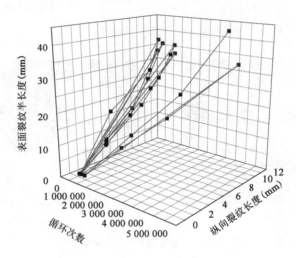

图11-5 顶板与竖向加劲肋的裂纹扩展三维图

为研究宽度方向裂纹长度变化与板厚方向裂纹长度变化的关系,本节计算出裂纹深度比 a/t 以及纵横比 a/c,并绘出 a/t 与 a/c 的变化曲线,图11-6分别为顶板与竖向加劲肋的 a/t 与 a/c 曲线图。可以看出,所有曲线都呈下降趋势,即随着裂纹的扩展,a/c 下降的速率大于板厚比 a/t 下降的速率。但裂纹扩展的初始,纵横比 a/c 会有小幅度的增加。

整理数据时发现,$a/c + a/t$ 与 a/t 之间存在一定联系。因此,在 $a/c - a/t$ 的变化曲线基础上,横坐标不变,将 a/c 与 a/t 之和作为纵坐标,获得了 $a/c + a/t$ 随 a/t 的变化曲线,见图11-7,可看出曲线基本呈现直线上升趋势。因此,运用线性回归分析法获得了疲劳试件 $a/c + a/t$ 与 a/t 的线性函数,如下:

$$y = 0.4x + 0.9$$

将 $a/c + a/t$ 和 a/t 代入线性函数中,可以得到:

$$\frac{a}{c} + 0.6\frac{a}{t} = 0.9$$

疲劳构件的厚度 t 为已知常量,若检测出疲劳构件的宽度方向半裂纹长度 c,根据上述公式,可以获得板厚方向的长度 a。

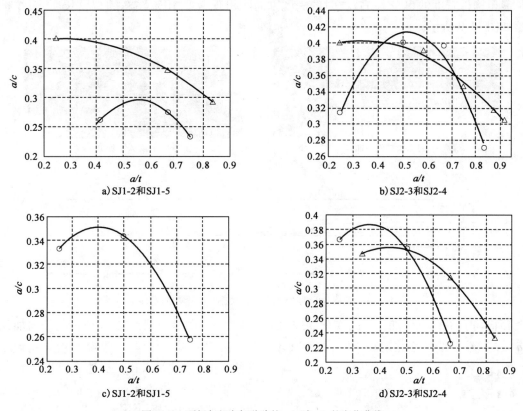

图 11-6　顶板与竖向加劲肋的 a/c 随 a/t 的变化曲线

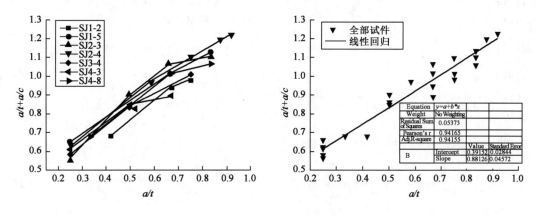

图 11-7　$a/c + a/t$ 随 a/t 的变化曲线

2) 顶板与 U 肋细节裂纹特征

观察上、下段试件的断面可看出，顶板与 U 肋疲劳裂纹的扩展形状也为扁半椭圆形，如图 11-8 所示。

顶板与 U 肋试件发生疲劳破坏后，将其切割，观察发现裂纹在深度方向的扩展与顶板与竖向加劲肋不同。顶板与竖向加劲肋的裂纹在初始阶段以深度方向扩展为主，到后期表面裂纹扩展加快，最终破坏；而顶板与 U 肋的裂纹扩展在初始以表面裂纹扩展为主，在表面裂纹长度扩展至构件宽度的50%左右,此时的深度方向刚出现板厚10%左右的裂纹长度,裂纹扩展描绘如图11-9所示。

a) 上段试件断面

b) 下段试件断面

图11-8 顶板深度方向疲劳裂纹扩展形状

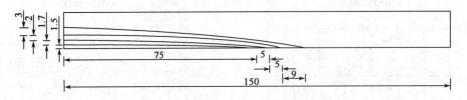

图11-9 顶板与U肋裂纹右半边形状描图(尺寸单位:cm)

顶板与U肋的a/c随a/t的变化曲线,如图11-10所示,其变化曲线与顶板与竖向加劲肋的a/c与a/t曲线的变化趋势不同,曲线整体上升。由此表明,顶板与U肋疲劳裂纹在板厚方向的长度不断增长,且扩展速率稳步增加。

顶板与U肋的$a/c + a/t$值的变化与顶板与竖向加劲肋的有所不同,顶板与U肋的$a/c + a/t$由小变大,直至$a/c + a/t = 0.8 \sim 1.0$,此时发生疲劳破坏。

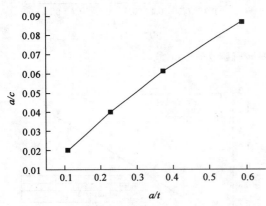

图11-10 顶板与U肋的a/c随a/t的变化曲线

11.2.2 应力强度因子计算

Newman和Raju采用三维有限元法计算了有限厚度平板半椭圆形宽度方向裂纹的应力强度因子。统计试验数据给出了经验公式(11-1):

$$K_{\mathrm{I}} = (\sigma_{\mathrm{t}} + H\sigma_{\mathrm{b}})\sqrt{\pi\frac{a}{Q}}F\left(\frac{a}{t},\frac{a}{c},\frac{c}{b},\varphi\right) \qquad (11\text{-}1)$$

式中:σ_{t}——拉伸正应力;

σ_{b}——弯曲应力;

H——裂纹深度比a/t、纵横比a/c以及参数角φ的函数;

Q——纵横比a/c的函数。

Hosseimi和Mahmoud证明了Newman和Raju经验方程的有效性,Newman和Raju的方程中得出的应力强度因子值,处于试验研究的自然误差范围之内。工程实际中,出于简单方便考虑,人们普遍采用Newman和Raju的经验公式计算宽度方向裂纹的应力强度因子。

根据疲劳试件所受的弯曲应力σ_{b}、疲劳裂纹深度比a/t、纵横比a/c以及参数角φ,采用

Newman 和 Raju 的经验公式计算出应力强度因子,并获得应力强度因子随循环次数、参数角以及裂纹长度的变化曲线。

1) 顶板与竖向加劲肋应力强度因子

(1) 应力强度因子随循环次数的变化(图 11-11)

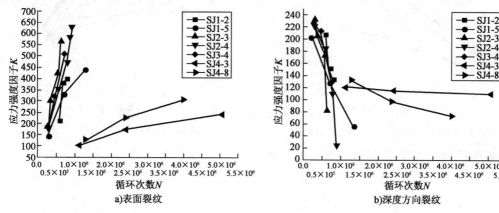

图 11-11 应力强度因子随循环次数的变化

疲劳试件宽度方向裂纹应力强度因子 K 随循环次数 N 的增加而变大,板厚方向的变化趋势与之相反。

(2) 应力强度因子随参数角的变化

以一试件为例,说明应力强度因子 $K/(\sigma\sqrt{\pi a})$ 与参数角 φ 之间的曲线,如图 11-12 所示。

① 宽度方向裂纹尖端的应力强度因子 $K/(\sigma\sqrt{\pi a})$ 随着循环次数的增加而变大;板厚方向的变化趋势与表面裂纹相反。

② 裂纹扩展前期,随着参数角 φ 的变大,应力强度因子 $K/(\sigma\sqrt{\pi a})$ 变大;裂纹扩展后期,随着参数角 φ 的变大,应力强度因子 $K/(\sigma\sqrt{\pi a})$ 变小,且随着循环次数的增加,下降趋势变大。

③ 疲劳裂纹板厚方向应力强度因子 $K/(\sigma\sqrt{\pi a})$ 下降趋势整体呈现先较大,后变慢;宽度方向裂纹的应力强度因子 $K/(\sigma\sqrt{\pi a})$ 的增长趋势与之基本一致。

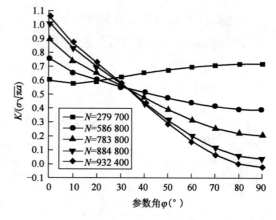

图 11-12 SJ2-4 应力强度因子变化曲线

(3) 应力强度因子随裂纹长度的变化

顶板与竖向加劲肋的应力强度因子 K 与宽度方向疲劳裂纹半长度 c 及板厚方向裂纹深度 a 的曲线如图 11-13 和图 11-14 所示。随着宽度方向裂纹 c 的增长,宽度方向应力强度因子 K 不断增长,而板厚方向裂纹应力强度因子 K 呈下降趋势。

将板厚方向裂纹长度 a 除以构件厚度 t,获得了板厚方向应力强度因子 $K/(\sigma\sqrt{\pi a})$ 与 a/t 的曲线,如图 11-15 所示。

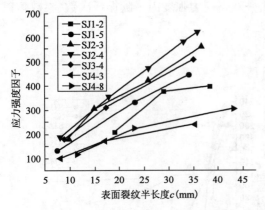

图 11-13 表面裂纹半长度 c 与应力强度因子

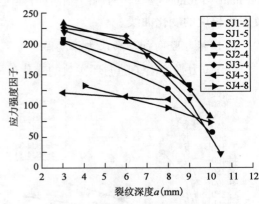

图 11-14 裂纹深度 a 与应力强度因子

观察曲线,利用线性回归法得到线性函数:

$$x + y = 1 \pm 0.1$$

将右边常数取整可得到:

$$x + y = 1$$

即

$$\frac{a}{t} + \frac{K}{\sigma\sqrt{\pi a}} = 1 \tag{11-2}$$

若已知疲劳裂纹的深度,则可根据上述公式计算出对应板厚处的应力强度因子。

2)顶板与 U 肋细节应力强度因子

(1)应力强度因子随参数角的变化

根据以上计算方法,得出顶板与 U 肋焊接细节相对应力强度因子 $K/(\sigma\sqrt{\pi a})$ 与参数角 φ 的曲线,如图 11-16 所示。

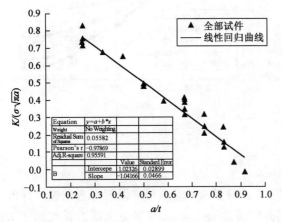

图 11-15 相对裂纹深度 a/t 与相对应力强度因子

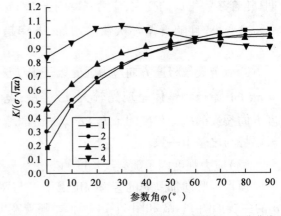

图 11-16 顶板与 U 肋应力强度因子随参数角 φ 变化曲线

对比顶板与竖向加劲肋和顶板与 U 肋的曲线图可以发现,当宽度方向裂纹相对应力强度因子 $K/(\sigma\sqrt{\pi a}) < 0.5$ 时,$K/(\sigma\sqrt{\pi a})$ 随参数角 φ 的增加而增大;当宽度方向裂纹相对应力

强度因子 $K/(\sigma\sqrt{\pi a})>0.6$ 时,$K/(\sigma\sqrt{\pi a})$ 随参数角 φ 的增加而减小。

(2) 应力强度因子随裂纹长度的变化

顶板与 U 肋焊接细节的应力强度因子 K 与疲劳裂纹长度的曲线如图 11-17 和图 11-18 所示,由图可知,其板厚方向的扩展趋势与顶板与竖向加劲肋不同。顶板与 U 肋疲劳裂纹应力强度因子在宽度与板厚两个方向均呈增长趋势。

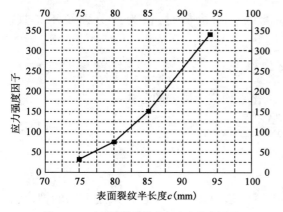

图 11-17 表面裂纹半长度与应力强度因子

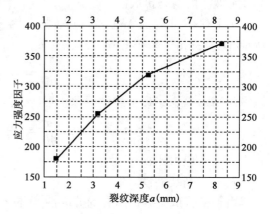

图 11-18 裂纹深度与应力强度因子

11.2.3 疲劳裂纹扩展速率分析基本理论

Paris 分析了大量的试验数据发现,应力强度因子在疲劳裂纹扩展中起关键作用,开创性地将断裂力学理论应用于疲劳裂纹扩展分析。提出了裂纹尖端应力强度因子和裂纹扩展速率的关系表达式,即 Paris 公式:

$$\frac{da}{dN} = C(\Delta K)^m$$

式中:ΔK——应力强度因子幅度;

C、m——材料常数。

将 da/dN 和 ΔK 的关系绘制在双对数坐标图上,可以得到裂纹扩展的三个阶段:近门槛区、稳态扩展区和快速扩展速率区,如图 11-19 所示。

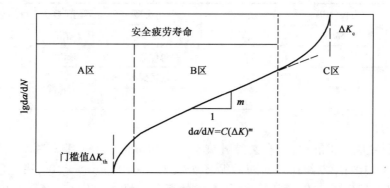

图 11-19 疲劳裂纹扩展的三个阶段

对 Paris 公式两边取对数,可得到如下公式:

$$\log \frac{\mathrm{d}a}{\mathrm{d}N} = \log C + m\log \Delta K \tag{11-3}$$

比较图11-16曲线和式(11-3),曲线的直线部分的斜率可以求出 m 值,由曲线的直线部分的截距可以求出 $\log C$。可见,$\log \mathrm{d}a/\mathrm{d}N$ 与 $\log \Delta K$ 的线性关系只在 ΔK 一部分区间中成立,即式(11-3)只在 ΔK 的一部分区间中成立,对于 ΔK 较低与较高时则不适用,可见Paris公式只能描述疲劳裂纹的稳态扩展区。

由于存在门槛值 ΔK_th,当应力强度因子幅度低于门槛值时,认为疲劳裂纹不扩展。Donahue等提出了修正Paris公式:

$$\frac{\mathrm{d}a}{\mathrm{d}N} = C(\Delta K - \Delta K_\mathrm{th})^m \tag{11-4}$$

Forman考虑了疲劳裂纹快速扩展区,提出了包含平均应力影响的公式:

$$\frac{\mathrm{d}a}{\mathrm{d}N} = \frac{C(\Delta K)^m}{(1-R)K_\mathrm{c} - \Delta K} \tag{11-5}$$

式中:R——应力比;

K_c——断裂韧性。

由于疲劳试验数据固有的分散性,不同材料的疲劳裂纹扩展速率通常采用不同的拟合公式,所以文献中可以查到上百种疲劳裂纹扩展速率公式。然而,Paris公式以及Forman公式以其简单的形式,在工程实际中得到广泛应用[8-12]。

11.2.4 修复时机的确定

1) 顶板与竖向加劲肋

对疲劳试验结果进行直观的分析,获得裂纹扩展长度与循环次数的曲线。依据Paris公式,计算应力强度因子随不同参数的变化曲线。因此,本节从两个角度来评定疲劳试件的修复时机。

(1) 循环次数 N

根据裂纹长度扩展曲线,以裂纹长度增长转折点处的循环次数为修复时机,可以得出不同应力幅、不同焊缝类型、不同焊接工艺以及是否消除残余应力条件下的修复时机,见表11-3。

不同条件下的修复时机   表11-3

编号	应力幅(MPa)	焊接工艺	焊缝类型	是否消除残余应力	修复循环次数 N
1	55	仰焊	角焊缝	消除	1.3×10^6
2	80	平焊	角焊缝	未消除	6.5×10^5
3	100	平焊	全熔透焊缝	未消除	6×10^5
4	100	平焊	角焊缝	未消除	2.5×10^5

(2) 裂纹长度

查看疲劳裂纹深度扩展曲线,在裂纹开展至 6~8mm 时,第一组试件对应的循环次数为 $1.57 \times 10^6 \sim 2.3 \times 10^6$;第二组试件对应的循环次数为 $6 \times 10^5 \sim 6.5 \times 10^5$;第三组试件对应的循环次数为 $4.5 \times 10^5 \sim 6 \times 10^5$;第四组试件对应的循环次数为 $5 \times 10^5 \sim 6.5 \times 10^5$。将各组的循环次数与表11-3中以循环次数为修复时机的结果对比,在一定的误差范围内基本吻合。

因此,各试件对应的裂纹深度在 6~8mm 范围内时需对疲劳试件进行修复。对于顶板与竖向加劲肋疲劳构件,考虑较安全状态,取裂纹深度达到 6mm 时应进行疲劳修复。当裂纹深度 $a=6\text{mm}$ 时,查看图 11-5 顶板与竖向加劲肋的裂纹扩展三维图,可以获得对应的宽度方向裂纹长度 c。

2) 顶板与 U 肋

顶板与 U 肋焊接细节处的宽度方向裂纹半长度 c 与应力强度因子及板厚方向裂纹深度 a 与应力强度因子的曲线,在 $c=80\text{mm}$ 时,其对应的应力强度因子有较小的突变,增长趋势大于初始阶段;而此时对应的裂纹深度仅为 3mm。可知,当宽度方向裂纹扩展了 53% 时,此时深度方向仅扩展 20%,说明顶板与 U 肋的疲劳裂纹扩展初期以表面裂纹扩展为主,后期以板厚方向扩展为主,最终导致疲劳破坏。因此,对于顶板与 U 肋,以宽度方向裂纹半长度 $c=80\text{mm}$ 或板厚方向裂纹深度 $a=3\text{mm}$ 对应的循环次数 N 作为修复时机。

11.3 裂纹焊合法修复技术及效果

11.3.1 试验研究

针对钢箱梁顶板与 U 肋、顶板与竖向加劲肋疲劳细节,分别选取 A、B 两组试件进行裂纹焊合修复试验及修复后疲劳试验[13]。裂纹焊合修复后试件表面情况如图 11-20 所示。针对 A、B 两组试件采取的修复措施及修复后疲劳试验参数分别见表 11-4 和表 11-5。

a) 顶板与U肋试件　　　　　　b) 顶板与竖向加劲肋试件

图 11-20　裂纹焊合实际修复情况

A 组试件试验情况　　　　　　　　　表 11-4

试件编号	预制裂纹长度 (mm)	补焊长度 (mm)	补焊方式	应力幅 (MPa)
A2-1	104	150	补焊	100
A2-2	103	150	补焊	100
A2-3	108	150	补焊	100
A2-4	105	150	补焊	100
A2-5	155	200	补焊	100
A2-6	152	200	补焊+打磨	100
A2-7	157	200	补焊+热处理	100

B 组试件试验情况　　　　　表 11-5

试件编号	裂纹长度(mm)	补焊长度(mm)	补焊方式	应力幅(MPa)
B1	左27 右32	左右各50	补焊	102.3
B2	左31 右24	左右各50	补焊+打磨	101.6

11.3.2 裂纹再萌生特征

1) 开裂位置

对于钢箱梁顶板与竖向加劲肋疲劳细节试件 B1-1、B1-2、B1-3，补焊后的疲劳试验中疲劳裂纹再次萌生位置基本一致，起裂点位于围焊端部附近，随着循环次数的增加，裂纹逐渐向围焊两侧扩展。对于顶板与 U 肋疲劳细节试件 A2-1 ~ A2-7，其起裂点位置如表 11-6 所示。由表 11-6 所示，部分顶板与 U 肋试件补焊后出现焊趾开裂的现象，顶板与竖向加劲肋试件补焊后起裂点的位置与未开裂情况下基本一致，说明裂纹焊合法起到了较好的修复效果。

试件 A2-1 ~ A2-7 裂纹萌生位置　　　　　表 11-6

试件	A2-1	A2-2	A2-3	A2-4	A2-5	A2-6	A2-7
修复方式	补焊	补焊	补焊	补焊	补焊	补焊+打磨	补焊+打磨+热处理
裂纹再次萌生位置	焊根、焊趾	焊根	焊根、焊趾	无	焊根	焊根	焊根

2) 扩展速率

对于顶板与 U 肋疲劳细节试件，各试件的焊后疲劳裂纹再次扩展速率曲线变化趋势基本一致，因此，选取试件 A2-1、A2-7 进行对比分析，见图 11-21。

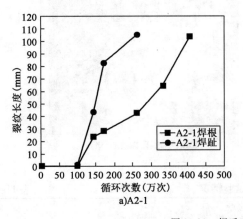
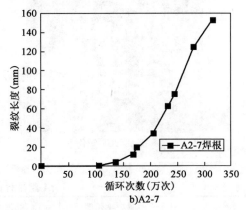

a) A2-1　　　　　　　　b) A2-7

图 11-21　焊后疲劳裂纹扩展速率

由图 11-21 可知，焊合修复后焊根疲劳裂纹再次扩展时，其裂纹扩展速率变化趋势基本一致，总体呈现出由慢到快的特点。对于焊趾处的疲劳裂纹，在裂纹扩展初期，其扩展速率较快，随着焊根疲劳裂纹扩展长度、扩展速率的增加，其扩展速率逐渐减缓。

11.3.3 剩余寿命影响因素

分别从修复时机、焊缝是否打磨、是否焊后热处理三个方面研究不同因素对疲劳裂纹剩余寿命的影响。

1）修复时机对疲劳寿命的影响

以预制疲劳裂纹长度来评定修复时机，两顶板与U肋试件的预制裂纹长度、补焊长度、加载应力幅等试件参数如表11-4所示。

A2-1修复时机为裂纹裂长100mm修复时机，A2-5修复时机为裂纹裂长150mm修复时机。100mm与150mm修复时机焊合修复效果对比如图11-22所示。

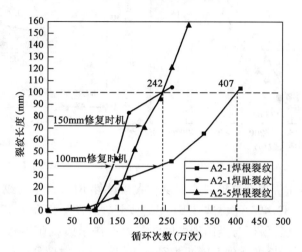

图11-22　100mm与150mm修复时机焊合修复效果对比

由图11-22可知，焊合修复后的疲劳试验中，试件A2-1的焊根裂纹扩展速率小于A2-5的焊根裂纹扩展速率。以焊根裂纹开裂100mm为基准，试件A2-1对应疲劳寿命为407万次，试件A2-5对应疲劳寿命为242万次，即在加载频率及疲劳细节名义应力幅基本一致的条件下，若裂纹修复时机由100mm调整为150mm，则焊合修复后顶板与U肋焊接接头疲劳细节焊根开裂100mm疲劳寿命下降40%，表明裂纹裂长100mm修复时机的修复效果要优于裂纹裂长150mm修复时机的修复效果。

2）焊缝打磨对疲劳寿命的影响

分别选取钢箱梁顶板与U肋焊接接头疲劳细节试件A2-5、A2-6，顶板与竖向加劲肋焊接接头疲劳试件B1、B2进行疲劳裂纹剩余寿命对比。各试件参数见表11-4和表11-5。

对试件A2-5、A2-6的预制疲劳裂纹进行补焊修复及修复后的疲劳试验，其中，A2-5仅针对裂纹进行补焊，A2-6在补焊后对补焊焊缝进行打磨处理。试件A2-5、A2-6的修复效果对比如图11-23所示。

由图11-23可知，试件A2-5焊根裂纹扩展速率大于试件A2-6焊根裂纹扩展速率。试件A2-5的疲劳裂纹萌生寿命为89.24万次，试件A2-6的疲劳裂纹萌生寿命为137.96万次，即对补焊焊缝进行打磨可提高顶板与U肋焊接接头细节裂纹萌生寿命约54.6%。若以焊根裂纹长度150mm为基准，试件A2-5对应的疲劳寿命为289.43万次，试件A2-6对应疲劳寿命为311.43万次，表明打磨对顶板与U肋焊接接头疲劳细节150mm剩余寿命提升效果不大。

对试件B1-1、B1-2预制疲劳裂纹进行补焊修复及修复后的疲劳试验。其中，试件B1-1仅针对裂纹进行补焊，试件B1-2补焊后对补焊焊缝进行打磨处理。考虑顶板与竖向加劲肋焊接接头围焊端部两侧开裂速度不同，选取试件B1-1、B1-2裂纹扩展速率较快的一侧进行对比。

试件 B1-1 右侧、B1-2 左侧焊合修复效果对比如图 11-24 所示。

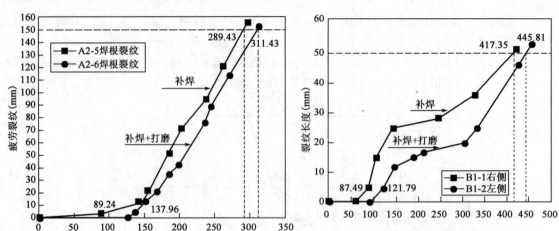

图 11-23　试件 A2-5、A2-6 修复效果对比　　图 11-24　试件 B1-1 右侧、B1-2 左侧焊合修复效果对比

开裂初期，试件 B1-1 焊根裂纹扩展速率显著大于试件 B1-2 焊根裂纹扩展速率。试件 B1-1 的疲劳裂纹萌生寿命为 87.49 万次，试件 B1-2 的疲劳裂纹萌生寿命为 121.79 万次，表明通过对补焊焊缝进行打磨处理，顶板与竖向加劲肋焊接接头细节裂纹萌生寿命提升了 39.2%。若以围焊端部单侧裂纹开裂长度达到 50mm 为基准，试件 B1-1 对应疲劳寿命为 417.35 万次，试件 B1-2 对应疲劳寿命为 445.81 万次，表明打磨对顶板与竖向加劲肋焊接接头疲劳细节 50mm 疲劳寿命提升效果不大。

3) 焊后热处理对疲劳寿命的影响

分别选取顶板与 U 肋焊接接头疲劳细节试件 A2-6、A2-7，其中，A2-7 进行焊后热处理。热处理温度为 600~640℃，恒温时间为 2h，升降温速度为 125℃/h。试件 A2-6、A2-7 参数如表 11-4 所示。两试件修复效果对比如图 11-25 所示。

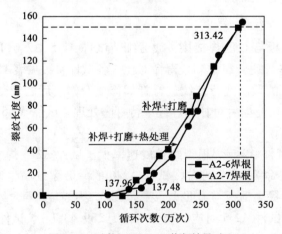

图 11-25　试件 A2-6、A2-7 修复效果对比

由图 11-25 可知，试件 A2-6、A2-7 的疲劳裂纹扩展速率较为接近，且两试件的疲劳裂纹萌生寿命基本一致，约为 138 万次。若以裂纹扩展长度达到 150mm 为基准，试件 A2-6、A2-7 疲劳寿命相同，表明热处理对顶板 U 肋焊接接头疲劳细节修复效果影响不显著。

11.3.4 金相分析试验

考虑试样的代表性以及组织的均匀性,沿垂直焊缝的方向,采用线切割的方法切下带有焊缝和热影响区的试样[17]。切割区域如图 11-26 所示。

使用磨抛机对金相试样进行打磨抛光处理,抛光完成后采用4%硝酸酒精对试件抛光面进行化学腐蚀,腐蚀后试样表面情况如图 11-27 所示。

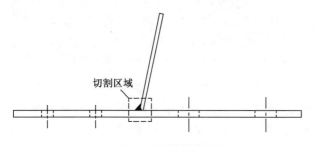

图 11-26　金相试样切割区域

图 11-27　腐蚀后的金相试样表面

由图 11-27 可知,试样断面接头两侧重焊焊缝焊趾处,均存在开裂裂纹,裂纹自焊趾部位起裂,沿顶板垂直方向开裂,原焊缝焊根开裂部位存在未完全刨除的残留裂纹缺陷,缺陷位置位于重焊焊缝熔融区下方。使用金相显微镜观察试样微观金相组织,对材料组织形态进行分析,试样母材、焊缝区、热影响区材料金相分别如图 11-28 所示。

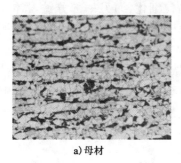 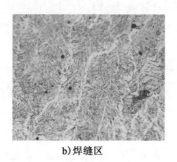 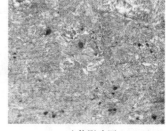

a) 母材　　　　　　　　　b) 焊缝区　　　　　　　　　c) 热影响区

图 11-28　材料金相

由图 11-28 可知,试样母材、焊缝区、热影响区材料金相具有明显区别。由图 11-28a) 可知,母材部分为热轧钢的典型组织形态,基体为等轴铁素体和带状分布的片状珠光体,铁素体晶粒组织明显;由图 11-28b) 可知,焊缝区白色相为铁素体,粗针状及块状的先共析铁素体沿柱状晶晶界分布,粗针铁素体魏氏组织向晶内生长,晶内有大量细针状铁素体及少量珠光体;由图 11-28c) 可知,热影响区是焊缝两侧因焊接热作用没有熔化但发生金相组织变化和力学性能变化的区域,有色部分为母材热影响过热区组织,铁素体针状分布,魏氏组织沿柱状晶晶界析出。铁素体是碳与合金元素溶解在 a-Fe 中的固溶体,铁素体的强度和硬度都不高,但塑性与韧性较好,铁素体增多对提高疲劳性能有帮助。而珠光体是铁碳合金中共析反应所形成的铁素体与渗碳体的机械混合物,珠光体的性能介于铁素体和渗碳体之间,强度高且硬度适中,塑性和韧性较好。魏氏组织是由于过热而造成的一种组织缺陷,这种组织缺陷会造成钢材强度和韧性的下降。低碳钢在经过焊接后直接进行空气冷却最易出现魏氏组织,缓冷则不易出现,魏氏组织可以通过焊后热处理加以消除[14-17]。

熔合区是焊接接头中焊缝金属向热影响区过渡的区域。热影响区按照区内各点受热情况的不同,可分为过热区、正火区和部分相变区,试样不同区域的金相如图 11-29 所示。

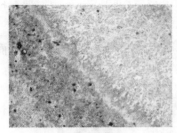  

a) 熔合区和过热区 　　　　　 b) 正火区 　　　　　 c) 部分相变区

图 11-29　热影响区金相

熔合区很窄,两侧分别为经过完全熔化的焊缝区和完全不熔化的热影响区,熔合区具有明显的化学不均匀性,从而引起组织不均匀,组织特征为少量铸态组织和粗大过热组织,因而塑性差,脆性大,易产生焊接裂纹和脆性断裂,是焊接接头最薄弱的环节之一。过热区是指热影响区内具有过热组织或晶粒显著粗大的区域,该区内奥氏体晶粒急剧长大,形成过热组织,因此塑性和韧性差,也是焊接接头的一个薄弱环节。正火区是指热影响区内相当于受到正火热处理的区域,此区域金属完全发生重结晶,冷却后为均匀而细小的正火组织,力学性能明显改善,是焊接接头中组织和性能最好的区域。部分相变区是指热影响区内组织发生部分转变的区域,该区内的热温度在珠光体和部分铁素体发生重结晶,使晶粒细化,而另一部分铁素体来不及转变,冷却后成为粗大的铁素体和细晶粒珠光体的混合组织。由于晶粒大小不一,故该区力学性能较差。

熔焊方法不可避免地要出现熔合区和热影响区,这两个区域的大小和组织性能取决于被焊材料、焊接方法、焊接工艺参数等因素,焊接方法、焊缝形式的不同导致焊缝和热影响区晶粒组织组成的不同,晶粒大小也不同,对试件的疲劳性能有一定的影响。一般来说,加热能量集中或提高焊接速度可减少上述两区。熔合区和热影响区的存在对提高焊接接头的性能不利,在熔焊过程中无法消除它,所以常采用焊后热处理来消除或改善。

对试样焊合修复后 U 肋两侧再开裂裂纹起裂位置及裂纹尖端进行微观金相观测,试样焊趾及焊根裂纹起裂点及裂纹尖端金相分别如图 11-30 及图 11-31 所示。

a) 焊趾裂纹 　　　　　　　　　 b) 焊根裂纹

图 11-30　裂纹起裂点金相

由图 11-30 及图 11-31 可知,焊趾裂纹起裂点位于接头焊缝区,沿焊缝区向下扩展,焊根裂纹起裂位置位于接头熔合区,沿熔合区与热影响区过热区边界向过热区扩展。焊接接头焊缝区由于焊接作用而造成焊缝金属性能下降,而焊接熔合区、热影响区过热区金属塑性和韧性差,是焊接接头中易产生焊接裂纹的区域之一,可以看出,裂纹起裂位置和上述结论相吻合,焊接接头焊缝区、熔合区、热影响区过热区是接头疲劳裂纹易开裂部位。

a) 焊趾裂纹

b) 焊根裂纹

图11-31　裂纹尖端金相

综上所述,裂纹重焊过程中,由于焊接作用,会导致焊接接头位置金属性能发生变化,焊缝区、熔合区、热影响区过热区金属塑性和韧性下降,是焊接接头中易产生焊接裂纹的区域,焊接过程中应通过控制焊接工艺或焊后热处理的方法来消除或改善上述区域,以改善焊接接头性能。

11.4　碳纤维补强技术及效果

11.4.1　补强操作

碳纤维复合材料因具有强度高、耐腐蚀、自重轻、体积小、补强效果好以及施工方便等优点,已经成功应用于混凝土以及砌体结构中。已有研究表明,碳纤维复合材料加固钢构件能使钢材疲劳裂纹前端的应力强度因子幅值减小,从而降低裂纹扩展速率,进而提高疲劳损伤钢构件的剩余疲劳寿命。研究表明,碳纤维复合材料可用于裂纹萌生后的加固修复,同时也可作为预防裂纹产生的措施。碳纤维加固操作步骤如下:

(1) 将碳纤维布裁剪为标准大小的碳纤维条。碳纤维条长度与试件宽度相同,为300mm,宽度为100mm。

(2) 粘贴补强定位。清理打磨裂纹附近试件表面,在试件裂纹附近进行测量定位,用铅笔在构件的补强部位进行划线,确定碳纤维布粘贴位置。用粗砂纸打磨试件的黏结区域,清除表面防护材料、氧化层、污染物和其他杂质,然后用细砂纸交叉打磨黏结区域,达到一定的表面粗糙度。碳纤维布粘贴位置如图11-32所示。

(3) 用脱脂棉纱蘸酒精溶液后擦洗打磨表面,去除油污及污染物,晾置干燥,用黏结剂浸润表面。

(4) 涂抹黏结剂。按黏结树脂的使用说明,将不同组分按适当比例混合并搅拌均匀,并根据施工进度、固化温度确定固化剂的用量。将配制好的黏结剂用排刷涂抹在构件的粘贴部位,根据黏结剂的浓度和重度、黏结面的粗糙程度、结构类型等确定其用量。

涂黏结剂时要求胶层厚度均匀、无气泡,胶层厚度一般控制在 0.1~0.3mm 之间。若厚度不均匀或有气泡,则反复用刷子多刷几次。一般经验是在对 CFRP 补强片加压时沿黏结面周边挤出一些胶瘤,而且不能有空白,也不能出现流淌现象。如果出现空白,则需要采用针注法补胶,然后再加压;如果出现胶液流淌,则说明涂胶过多,应减少涂胶用量,并及时清理溢出的胶液。

(5)铺贴碳纤维布。将准备好的 CFRP 补强片按垂直于焊缝方向进行铺贴,要求 CFRP 补强片平整,并用力紧压补强片,以赶走胶层中的气泡。若补强片为碳纤维布,则应在补强片表面涂浸渍树脂,并用滚筒顺着碳纤维布的纤维方向反复滚压,以使黏结剂充分浸润碳纤维布。滚压时不得损伤碳纤维布,在接近碳纤维布端部时应从中间向两端滚压,以免碳纤维布鼓起,而且在滚压时,应用力按住碳纤维布,以防止其滑动。粘贴碳纤维布后,焊接接头试件见图 11-33。

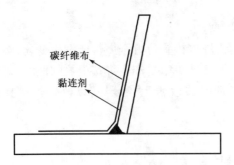

图 11-32 碳纤维布粘贴示意

图 11-33 粘贴碳纤维布后的试件

11.4.2 试验研究

疲劳试件采用与实桥相同钢材制造,即采用 Q345-qD 级钢板制作,弹性模量 $E_s = 2.1 \times 10^5$ MPa。疲劳细节为钢箱梁顶板与竖向加劲肋接头及 U 肋对接接头[13],试件图如图 11-34 所示。

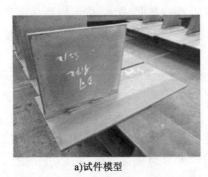

a)试件模型

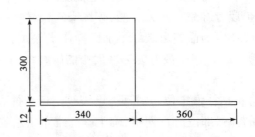

b)试件正视图(尺寸单位:mm)

图 11-34 试验试件

针对钢箱梁顶板与竖向加劲肋疲劳细节 B2 组试件,采用疲劳损伤试验进行疲劳裂纹预制,并利用超声检测设备对开裂情况进行检测,记录相应的开裂位置、裂纹长度。对该组三个试件分别采用不同的碳纤维补强方法进行修复。B2 组各试件采用的补强措施如表 11-7 所示。试件表面测点布置如图 11-35 所示。

B2 组试件修复措施 表 11-7

疲劳细节	试件编号	裂纹长度(mm)		处理措施	应力幅(MPa)
		端头左侧	端头右侧		
顶板与竖向加劲肋	B2-1	30	28	碳纤维	100
	B2-2	31	27	钻孔+碳纤维	100
	B2-3	34	32	补焊+碳纤维	100

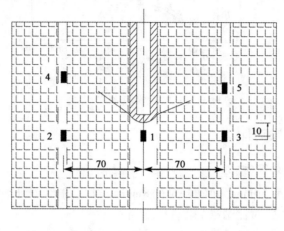

图 11-35 B2 组试件表面测点布置

11.4.3 修复后裂纹扩展规律

对试件 B2-1 预制疲劳裂纹进行碳纤维补强修复并进行修复后疲劳试验。修复后的疲劳试验中裂纹扩展规律如图 11-36 所示。

由图 11-36 可知,试件 B2-1 随着循环次数的增加,疲劳裂纹继续扩展;试件 B2-2 由于止裂孔的临时止裂效果,待循环次数增加到 120 万次的时候,裂纹穿过止裂孔继续发展;试件 B2-3 待循环次数增加到 75 万次左右时萌生疲劳裂纹并继续扩展。三试件疲劳裂纹扩展速率总体呈现出由快到慢再到快的变化趋势。若以围焊端部单侧裂纹开裂长度达到 50mm 为基准,B2-1 的裂纹剩余寿命为 94.9 万次,B2-2 的裂纹剩余寿命为 195.19 万次,B2-3 的裂纹剩余寿命为 611.35 万次。

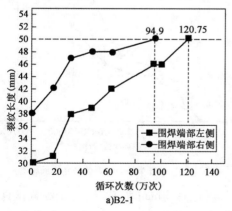
a)B2-1

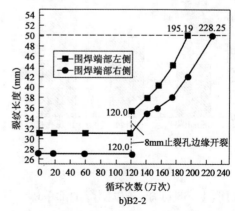
b)B2-2

图 11-36

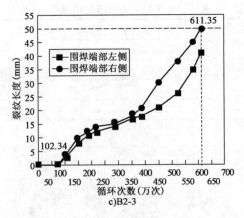

图 11-36　B2 组试件疲劳裂纹扩展规律

11.4.4　修复效果对比

1) 与钻孔止裂修复效果对比

以裂纹扩展至总长度 50mm 为基准，对比 8mm 止裂孔、碳纤维补强、8mm 止裂孔 + 碳纤维补强三种方法总剩余寿命，对比结果如图 11-37 所示。

由图 11-37 可知，8mm 止裂孔法、碳纤维补强法及 8mm 止裂孔 + 碳纤维补强法在疲劳裂纹扩展至总长度 50mm 时，疲劳寿命分别为 79.86 万次、120.75 万次和 195.19 万次，表明碳纤维补强对裂纹剩余寿命的提高效果要优于 8mm 止裂孔。

2) 与焊合法修复效果对比

选取钢箱梁顶板与竖向加劲肋疲劳细节试件 B1-2 与 B2-3 对比碳纤维补强法与裂纹焊合法的修复效果，两试件具体参数见表 11-8。分别选取裂纹扩展速率较快的试件 B1-2 左侧及试件 B2-3 右侧进行对比，对比结果如图 11-38 所示。

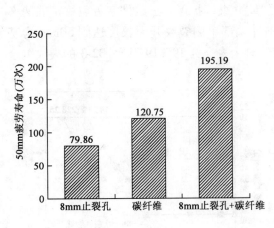

图 11-37　总剩余寿命对比　　　　图 11-38　碳纤维补强与焊合修复效果对比

由图 11-38 可知，若以围焊端部单侧裂纹开裂长度达到 50mm 为基准，裂纹焊合试件的裂纹剩余寿命为 445.81 万次，裂纹焊合与碳纤维补强叠合使用试件的裂纹剩余寿命为 611.35

万次,表明将碳纤维补强与裂纹焊合叠合使用可有效提高裂纹的剩余寿命。

B1-2、B2-3 参数对比　　　　　　表 11-8

试件编号	裂纹长度(mm)	补焊长度(mm)	加载频率	补焊方式
B1-2	左31右24	左右各50	11.19	补焊+打磨
B2-3	左32右34	左右各50	11.2	补焊+打磨+碳纤维

11.5 本章小结

针对钢箱梁顶板与竖向加劲肋疲劳细节、顶板与 U 肋疲劳细节,采用局部足尺试件进行疲劳试验,根据疲劳裂纹扩展长度与循环次数关系曲线、应力强度因子随不同参数的变化曲线,从循环次数及裂纹长度这两个角度确定适宜的修复时机。针对已有疲劳裂纹的两疲劳细节局部足尺试件,分别进行裂纹焊合修复试验及碳纤维补强修复试验,并进行再次疲劳加载,分析不同修复方法下的疲劳裂纹剩余寿命。

焊合修复后裂纹起裂点位置、扩展速率与修复前基本一致,初步说明裂纹焊合法具有较好的修复效果。对疲劳裂纹剩余寿命影响因素进行分析,结果表明裂纹裂长 100mm 修复时机的修复效果要优于裂纹裂长 150mm 修复时机的修复效果,而焊缝打磨及焊后热处理对裂纹疲劳寿命的影响不大。金相试样的分析结果表明,焊趾及焊根裂纹起裂点分别位于接头焊缝区和接头熔合区,而焊接熔合区、热影响区过热区金属塑性和韧性差,是焊接接头中易产生焊接裂纹的区域之一,焊接过程中应通过控制焊接工艺或焊后热处理的方法来消除或改善上述区域,以改善焊接接头性能。将碳纤维补强技术与止裂孔修复、裂纹焊合修复进行修复效果对比,分析结果表明碳纤维补强对裂纹剩余寿命的提高效果要优于 8mm 止裂孔的提高效果且将碳纤维补强与裂纹焊合叠合使用可有效提高裂纹的剩余寿命。

本章参考文献

[1] 中国工程建设标准化协会. CECS 77—1996 钢结构加固技术规范 [S]. 北京:中国计划出版社,1996.
[2] 曾志斌. 正交异性钢桥面板疲劳裂纹的维修加固方法[J]. 钢结构,2013,28(4):20-24.
[3] 尹越,刘锡良. 钢结构疲劳裂纹的止裂和修复[C]//第四届全国现代结构工程学术研讨会论文集,2004.
[4] 冯亚成,王春生. 正交异性钢桥面板纵肋与桥面板连接细节的疲劳评估及修复措施[J]. 钢结构,2011,26(2):27-30.
[5] 郭阿明,王力忠,田秋月. 疲劳裂纹钻孔止裂技术研究[J]. 四川建筑科学研究,2008,34(4):107-109.
[6] 叶士昭,高翠枝,李维明,等. 粘贴钢板加固桥梁分阶段受力抗弯承载力极限状态分析[J]. 中国水运:理论版,2007,5(3).
[7] 邓军,黄培彦. FRP 加固钢桥的设计方法[C]//中国公路学会桥梁和结构工程分会 2006

年全国桥梁学术会议,2006.

[8] 瞿伟廉,鲁丽君,李明.工程结构三维疲劳裂纹最大应力强度因子计算[J].地震工程与工程振动,2007,(6).

[9] 于世光,朱如鹏.基于FRANC3D计算三维疲劳裂纹最大应力强度因子[J].机械工程师,2008(6):108-110.

[10] Norio H, Yasuhiro K. Calculation of stress intensity factor from stress concentration factor [J]. Engineering Fracture Mechanics, 1978, 10:215-221.

[11] Zhongshan H, Weilian Q. Solid modeling method and calculation of stress intensity factor for structure with 3-D Surface Crack [C] // Mechanic Automation and Control Engineering (MACE), 2010 International Conference on. IEEE, 2010:1374-1376.

[12] Wei-lian Q, Li-jun L, Ming L. Calculation of Stress Intensity Factor of Crack at Hole for Ear Plate Connecting Cable with Guyed Mast [J]. Journal of Wuhan University of Technology, 2009.

[13] 李坤坤.钢桥面板典型细节疲劳裂纹修复技术试验研究[D].南京:河海大学,2016.

[14] 王东林.焊接金相[J].材料开发与应用,1984,6:006.

[15] 田燕.焊接区断口金相分析[M].北京:机械工业出版社,1991.

[16] 顾伟.LPG储罐用钢09MnNiDR的焊接接头金相分析[J].焊接技术,2013 (4).

[17] 姜泽东,王思盛.不锈钢焊接接头高温服役脆性相析出韵金相分析[J].电焊机,2010,40(4):71-74.

第12章　疲劳预防性养护技术探讨

12.1　焊接结构疲劳强度的主要影响因素

12.1.1　应力集中的影响

应力集中对于焊接结构的疲劳强度有着极为重要的影响。焊接结构的疲劳裂纹往往从焊接接头的焊趾或焊根处开始,因为这些部位存在着严重的应力集中[1-4]。焊接结构与接头中的应力集中按其成因可归为两类:

(1)结构上的不连续区域内应力的复杂分布所造成的宏观应力集中。

(2)因焊趾区、焊根区、焊接错边、根部间隙及气孔等缺陷形成焊接接头的固有应力集中源而引起的局部应力集中。

焊接结构的几何形状一般比较复杂,在焊接结构几何突变处所产生的应力往往能引起比名义应力大得多的局部应力。这时疲劳裂纹总是从这些结构的局部应力集中处开始[4-8]。因而,如何降低这些部位的应力集中,对于改善焊接结构的疲劳性能非常重要。

1) 接头形式的影响

焊接接头的形式主要有对接接头、十字接头、T形接头和搭接接头,在接头部位由于传力线受到干扰,因而发生应力集中现象。焊接接头形式不同,其传力线受到的干扰程度不同,因此应力集中程度也不同,从而产生接头疲劳强度的差异。一般来说,应力集中程度越高,其疲劳强度越低。

对接接头的力线干扰较小,因而应力集中系数较小,其疲劳强度也将高于其他接头形式。但试验表明,对接接头的疲劳强度在很大范围内变化,这是因为有很多因素影响对接接头的疲劳性能的缘故,如试样的尺寸、坡口形式、焊接方法、焊条类型、焊接位置、焊缝形状、焊后的焊缝加工、焊后的热处理等均会对其发生影响。

十字接头或T形接头在焊接结构中得到了广泛的应用。由于在焊缝向母材过渡处具有明显的截面变化,其应力集中系数要比对接接头的应力集中系数高,因此,十字接头或T形接头的疲劳强度要低于对接接头。对未开坡口的贴角焊缝连接的接头和局部熔透焊缝的开坡口接头,当焊缝传递工作应力时,其疲劳断裂可能发生在两个薄弱环节上,即焊趾或焊缝上。对于开坡口焊透的十字接头,断裂一般只发生在焊趾处,而不是在焊缝处。搭接接头的疲劳强度是很低的,这是由于其力线受到了严重的扭曲,应力集中程度更高。

2) 焊缝几何参数的影响

焊缝局部几何形状的变化,对焊接结构的疲劳强度存在十分明显的影响,Yamaguchi通过试验研究了焊缝余高对焊接接头疲劳强度的影响。焊缝的余高是应力集中源,如果焊后不经机械加工，将使其疲劳强度大大降低。影响横向对接接头应力集中的主要因素是焊缝与试样轴线的过渡角 θ、余高高度 h、过渡圆角半径 r 和焊缝宽度 w。图 12-1 为过渡角 θ 对接头疲劳强度的影响。

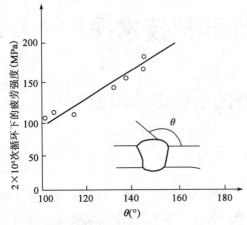

图 12-1　过渡角 θ 对接头疲劳强度的影响

试验中 W（焊缝宽度）和 h（高度）变化，但 h/W 比值保持不变。这意味着过渡角 θ 保持不变，试验结果表明，其疲劳强度也保持不变。但如果 W 保持不变，h 作为变化参量，则发现 h 增加，接头的疲劳强度降低，这显然是过渡角 θ 降低的结果。

Sander 等人的研究结果表明，焊缝过渡半径同样对接头疲劳强度具有重要影响，即过渡半径增加（过渡角保持不变），疲劳强度随之增加。

如果使用机械加工方法将余高切除，则应力集中可以大大减小，对接接头的疲劳极限可以提高 30%～120% 或更多，经过加工的对接接头的疲劳极限与带有氧化皮的母材金属的疲劳极限几乎相等。对接头的整个表面进行磨光，可使母体金属和接头的疲劳极限再提高 30%～35%。但当焊缝带有严重缺陷或未焊透时，其缺陷或未焊透处的应力集中要比焊缝表面的应力集中严重很多，这时对焊缝表面进行机械加工是毫无意义的。

3）焊接缺陷的影响

焊接缺陷主要是指焊缝中的裂纹、未焊透、咬边、气孔、夹渣等。这些缺陷的存在，使得焊缝局部产生应力集中，因而使焊接结构疲劳强度降低。大量试验结果证明，焊接缺陷对焊接结构疲劳性能有显著的影响。焊趾部位存在有大量不同类型的缺陷，这些不同类型的缺陷导致疲劳裂纹早期开裂，使母材的疲劳强度急剧下降。焊接缺陷大体上可分为两类：面状缺陷（如裂纹、未熔合等）和体积型缺陷（气孔、夹渣等），它们的影响程度是不同的，同时焊接缺陷对接头疲劳强度的影响与缺陷的种类、方向和位置有关。

焊缝中的裂纹，如冷、热裂纹，除伴有具有脆性的组织结构外，是严重的应力集中源，它可大幅度降低结构或接头的疲劳强度。早期的研究已表明，在宽 60mm、厚 12mm 的低碳钢对接接头试样中，在焊缝中具有长 25mm、深 5.2mm 的裂纹时（它们约占试样横截面积的 10%），在交变荷载条件下，其 2×10^6 循环次数的疲劳强度降低了 55%～65%。未焊透的主要影响是削弱截面积和引起应力集中。以削弱面积 10% 时的疲劳寿命与未含有该类缺陷的试验结果相比，其疲劳强度降低了 25%，这意味着其影响不如裂纹严重。未熔合属于平面缺陷，因而不容忽视，一般将其和未焊透等同对待。表征咬边的主要参量有咬边长度 L、咬边深度 h、咬边宽度 W。影响疲劳强度的主要参量是咬边深度 h，目前可用深度 h 或深度与板厚比值 (h/B) 作为参量评定接头疲劳强度。气孔为体积缺陷，Harrison 对前人的有关试验结果进行了分析总结，疲劳强度降低主要是由于气孔减少了截面积尺寸造成，它们之间有一定的线性关系。但是一些研究表明，当采用机械加工方法加工试样表面，使气孔处于表面上时，或刚好位于表面下方时，气孔的不利影响加大，它将作为应力集中源起作用，而成为疲劳裂纹的起裂点。这说明气孔的位置比其尺寸对接头疲劳强度影响更大，表面或表层下气孔具有最不利影响。国际焊接学会（IIW）的有关研究报告指明：作为体积型缺陷，夹渣比气孔对接头疲劳强度影响要大。

通过上述介绍可见,焊接缺陷对接头疲劳强度的影响,不但与缺陷尺寸有关,而且还决定于许多其他因素,如表面缺陷比内部缺陷影响大,与作用力方向垂直的面状缺陷的影响比其他方向的大;位于残余拉应力区内缺陷的影响比在残余压应力区的大;位于应力集中区的缺陷(如焊缝趾部裂纹)比在均匀应力场中同样缺陷影响大。

12.1.2 焊接残余应力的影响

焊接构件在焊接过程中由于受到不均匀加热和热循环的综合作用,并且加热过程所引起的热变形和组织变形会受到焊件本身刚度的约束,其形状和应力会发生一定的改变。在焊接过程中所产生的应力被称为瞬态或暂态应力,而在焊接过程结束和构件完全冷却后依然残留的应力则被称为剩余或残余应力。可以采用以下方法来判别焊接残余应力的产生情况:当焊接构件最后冷却的部分以热应力为主时,所呈现的焊接应力为拉伸应力;当以相变应力为主时,便有了焊接压应力的产生。

焊接残余应力对于结构疲劳强度的影响是人们广为关心的问题,为此人们进行了大量的试验研究工作。试验往往采用有焊接残余应力的试样与经过热处理消除残余应力后的试样,进行疲劳试验对比。由于焊接残余应力的产生往往伴随着焊接热循环引起的材料性能变化,而热处理在消除残余应力的同时也恢复或部分地恢复了材料的性能,同时也由于试验结果的分散性,对试验结果就产生了不同的解释,对焊接残余应力的影响也就有了不同的评价。

试以早期和近期一些人所进行的研究工作为例,可清楚地说明这一问题,对具有余高的对接接头进行的 2×10^6 次循环试验结果,不同研究者得出了不同结论,有人发现:热处理消除应力试样的疲劳强度比焊态相同试样的疲劳强度增加 12.5%;另有人则发现焊态和热处理的试样的疲劳强度是一致的,即差异不大;但也有人发现采用热处理消除残余应力后疲劳强度虽有增加,但增加值远低于 12.5%等。对表面打磨的对接接头试样试验结果也是如此,既有的试验认为,热处理后可提高疲劳强度 112%,但也有的试验结果说明,热处理后疲劳强度没有提高等。这个问题长期来使人困惑不解,直到苏联一些学者在交变荷载下进行了一系列试验,才逐渐澄清这一问题。

其中最值得提出的是 Trufyakov 对在不同应力循环特征下焊接残余应力对接头疲劳强度影响的研究。通过试验得出焊接残余应力对接头疲劳强度的影响与疲劳荷载的应力循环特性有关。即在循环特性值较低时,影响比较大。焊接残余应力不仅影响 $S\text{-}N$ 曲线位置,对疲劳裂纹扩展速率的影响也是人们关注的问题。日本 ohta 等人对 J1SSM490B 钢的焊接接头及母材疲劳裂纹扩展试验表明,热处理消除应力试验的疲劳裂纹扩展速率得到改善,其门槛值提高到与母材相等的程度。

焊接残余应力对焊接接头疲劳性能的影响比较特别,这是因为虽然焊接残余应力可以改变平均应力的大小,但却不能改变应力幅值的大小。平均应力会因为受到残余拉应力的作用而有所增大,这便造成了实际工作过程中的应力值有可能达到或超出疲劳极限,所以残余拉应力对疲劳性能产生不利的影响,它将降低疲劳强度;同时,平均应力会因为受到残余压应力的作用而有所减小,实际工作过程中的应力值可能要小于所承受的荷载值,所以残余压应力会对疲劳性能产生有利的影响,它将提高疲劳强度。焊接结构由于自身的特殊性往往既存在残余拉应力又存在残余压应力,如果能通过加工处理的方法,使得材料表面或应力集中区产生残余压应力,则其焊接接头的疲劳性能将能得到提高;相反,如果残余拉应力作用于材料的表面或应力集中区,则焊接接头的疲劳性能会被降低,故应尽量避免残余拉应力的产生或将其转化为残余压应力。

12.2 疲劳预防的主要途径与方法

焊接接头疲劳裂纹一般在焊根或焊趾两个部位萌生,通过控制焊接质量,减少焊接缺陷,保证焊缝根部成型良好,通常可以抑制焊根处疲劳裂纹的产生,此时焊趾处成为焊接接头的危险点,因此,改善焊接接头疲劳强度的方法多针对于此。可以采取的方法主要有:减少和消除焊接缺陷,尤其是焊趾浅层的微小裂纹夹杂等;改善焊缝成型,使焊缝向母材的过渡平缓,以降低焊趾处应力集中;调节焊接残余应力场,降低焊缝区域的残余拉应力,或者将残余拉应力转化为压应力,以提高疲劳强度[9-13]。目前,各种用于改善焊接接头疲劳强度的方法见表12-1。

改善焊接接头疲劳强度的方法　　　　　　表12-1

疲劳改善措施	改善焊缝形状	机械方法	机械加工
			焊缝磨削
			高压水冲击
		局部重熔	TIG熔修
			喷熔修形
	残余应力	应力释放法	爆炸法
			激光冲击
			局部加热
			局部挤压
			预过载
		力学接触	喷丸
			普通锤击
			超声冲击
	改善局部受力	降低应力幅	粘贴碳纤维布
			增设附加构造

12.2.1 改善焊缝几何形状

1)机械加工法

机械加工法是指使用机械对焊缝表面进行整体打磨,使其形成规定的形状,该方法不但可以改善焊缝整体几何形态,而且可以消除表面缺陷,因而可以有效提高焊缝的疲劳强度。但是这种表面机械加工的成本很高,用于角焊缝的整体磨光时,为确保规定的焊缝尺寸,要先在原有的焊缝上再叠焊一层附加焊道作为磨光带,再进行磨光,工艺比较复杂。机械加工法原理如图12-2所示。

2）焊缝磨削法[14]

对焊缝与母材交界处进行打磨，目的是加大焊缝与母材过渡处的圆角半径，以及减小过渡角，降低应力集中并消除焊缝夹渣，从而提高焊缝疲劳性能。国际焊接学会（IIW）推荐采用高速电力或水力驱动的砂轮，转速为 15 000~40 000r/min，砂轮由碳—钨材料制作，其直径应保证打磨深度半径应等于或大于 1/4 板厚。国际焊接学会最近的研究表明，试样经打磨后，其 2×10^6 循环下的标称疲劳强度提高 45%，如果将得到的 199MPa 疲劳强度标称值换算成相应的特征值（135MPa），也高于国际焊接学会的接头细节疲劳强度中最高的 FAT 值。磨削焊趾有圆头磨打磨和砂轮打磨两种方法，如图 12-3 及图 12-4 所示。

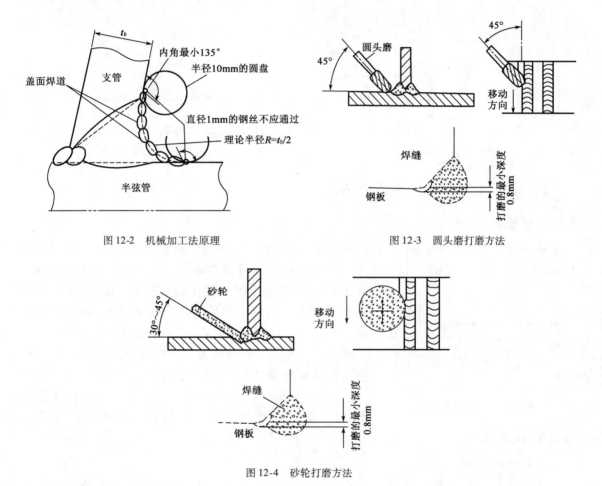

图 12-2　机械加工法原理

图 12-3　圆头磨打磨方法

图 12-4　砂轮打磨方法

3）TIG 熔修[15-17]

钨极惰性气体保护焊英文简称 TIG（Tungsten Inert Gas Welding）焊。焊趾 TIG 熔修是 20 世纪 20 年代国外率先发展起来的一种改善接头疲劳强度的焊后处理工艺，该工艺是以钨极氢弧为热源，将焊趾重新熔化，形成过渡均匀的重熔层，使焊缝与母材之间的表面实现圆滑过渡，减小焊趾应力集中系数，并清除焊趾部位存在的类裂纹形态的咬边及微小非金属夹渣物等焊接缺陷，从而提高接头的疲劳强度，其原理如图 12-5 所示。TIG 熔修可大幅度提高焊接接头的疲劳强度，但其准备工作烦琐，实际效果受工艺参数、焊接位置影响较大。

4) 喷熔修形法[18-20]

喷熔技术是通过合适的热源将金属粉末或丝材喷涂到接头焊趾部位,或在涂敷过程就将所喷材料熔化,或涂敷后再将所喷材料熔化,由此在接头焊趾部位以冶金方式结合了具有足够厚度和曲率半径且表面光滑的金属覆盖层,从而降低了焊趾处的应力集中系数,提高了焊接接头的疲劳强度,喷涂技术原理如图12-6所示。喷熔修形的疲劳改善效果明显,但其工艺复杂,使用的合金粉末成本较高,由于使用合金粉末,具有一定的污染性。

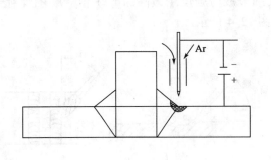

图12-5 TIG熔修原理

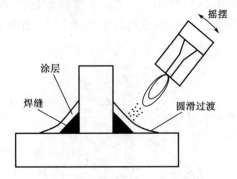

图12-6 喷涂修形原理

12.2.2 改善焊接残余应力场

1) 爆炸法[21]

爆炸法是针对大型焊接构件去除残余应力的一种有效方法。苏联和我国都进行过爆炸方法提高焊接接头疲劳强度的研究工作。其机理为:利用炸药的爆炸力在焊接结构中的局部位置造成严重的塑性变形,消除焊接结构中相关接头部位存在的残余拉应力,使之转化为压缩残余应力,如图12-7所示。该法常用于大型储存容器的消应处理。爆炸法虽然效率较高,提高焊接结构的疲劳效果也尚可,但仍然存在一些问题。例如:安全性差,工艺选择困难,无论是理论上还是实际操作方面都存在很大的问题,难以制订出较合适的具体工艺,如布药方式的确定及炸药用量的选取,提高疲劳强度效果不稳定等。

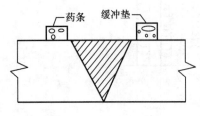

图12-7 爆炸法原理示意图

2) 局部加热法

采用局部加热可以调节焊接残余应力场,即在应力集中处产生压缩残余应力,因而对提高接头疲劳强度是有利的。这种方法目前限用于纵向非连续焊缝或具有纵向加筋板的接头。局部加热位置对接头的疲劳强度有重要的影响,当点状加热是在焊缝端部处两则进行时,则在焊缝端部的缺口处引起了压缩残余应力,结果疲劳强度提高53%;但是当点状加热是在焊缝端部试样中心进行时,距焊缝端部距离是相同的,这虽然产生了同样的显微组织影响,但由于残余应力为拉伸残余应力,则所得到的接头疲劳强度与非处理试样相同。与局部加热法类似的还有Gurnnert's方法,这种方法巧妙地解决了加热位置和加热温度的问题,但仍然对接头形式具有选择性。

3) 局部挤压法

局部挤压法的挤压位置和局部加热法的加热位置恰好相反,挤压位置是需要产生残余压缩应力的地方。通过对应力集中处进行挤压引入残余压应力,从而提高接头的疲劳性能。高强钢试样采用挤压法其效果比低碳钢更为显著。

4) 激光冲击法[22,23]

激光冲击强化技术是利用强激光诱导冲击波来强化金属表面的一种新技术,其原理如图12-8所示,由三部分构成:待处理工件、表面吸收层和约束层。表面吸收层的作用是吸收激光能量发生气化电离爆炸,同时保护工件表面,常用表面吸收层材料为黑漆或者铝箔。约束层作用是限制等离子体爆炸,增加冲击波压力峰值和延长冲击波作用时间,常用约束层材料为水或者玻璃。当短脉冲高峰值功率密度的激光辐射金属表面时,表面吸收层涂覆层吸收激光能量发生爆炸性气化蒸发,产生高压(GPa)等离子体,该等离子体受到约束层的约束爆炸时产生高压冲击波作用于金属表面并向内部传播。在材料表层形成密集、稳定的位错结构的同时,使材料表层产生应变硬化残留很大的压应力,显著地提高材料的抗疲劳和抗应力腐蚀等性能。

5) 预过载法

通常预过载法用于存在有裂纹的结构体,通过荷载的施加,使得裂纹尖端钝化,延长裂纹体的寿命。而对于焊接接头,焊趾部位存在有应力集中,施加拉伸荷载后材料会在应力集中处发生屈服,并伴有一定的拉伸塑性变形,卸载后的焊趾部位将形成压缩应力。图12-9为 Harrison 的研究结果,其中 S_1 为预过载应力、S_0 为焊态试样的疲劳强度、S_2 为预过载后的接头疲劳强度。可以看出,一定范围内,两种形式接头的疲劳强度都随着预过载强度的增加而增加,说明了预过载法可以提高焊接接头的疲劳强度。然而这种方法与其他方法相比较来说,其对疲劳强度的提高是较小的,从实际角度来看,这种方法实施起来也是比较困难的。

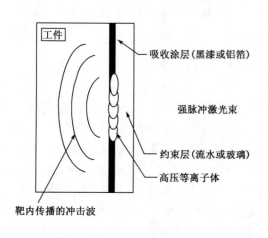

图12-8 激光冲击强化原理

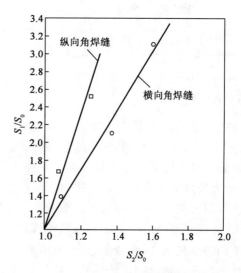

图12-9 预过载在 $r=0$ 条件下对非承载角焊缝疲劳强度的影响

12.2.3 改善焊缝形状并引入残余压应力

1) 高压水冲击法[24-26]

高压水冲击法是将具有100MPa以上压力并带磨料(金刚砂、氧化铝等)的高压水高速喷向焊缝的焊趾周围,在使该处承受高压冲击的同时,对表面进行磨光加工,从而获得既形成表面残余压应力,又改善焊缝几何形状的效果。目前,关于高压水冲击表面强化技术的研究还不成熟,特别是有关工艺参数与性能方面的系统研究还很少,其设备也没有商业化。该方法的特点是处理速度快,生产效率高。缺点是高压水喷射装置结构较复杂,体积庞大,设备购置费较高。高压水冲击法原理见图12-10。

2) 锤击法

锤击法是利用顶端装有半球形锤头的电动或气动工具对焊趾部位进行锤击(图12-11),一方面改善焊趾处初始缺陷和几何形状,另一方面使焊趾表面产生塑性变形,引起残余压应力,从而提高焊缝的疲劳性能。国际焊接学会推荐的气锤压力应为 5~6Pa。锤头顶部应为 8~12mm直径的实体材料,推荐采用4次冲击,以保证锤击深度达0.6mm。国际焊接学会最近的工作表明,对于非承载T形接头,锤击后其 2×10^6 循环周次下,接头疲劳强度提高54%。普通锤击法目前应用的相对较多。这种方法使用起来较为方便,成本相对较低,效果很好。该方法具有实施方便、成本较低、疲劳改善效果较好等优点。

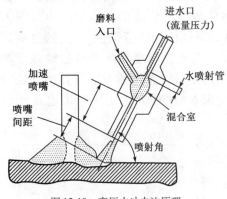

图12-10 高压水冲击法原理

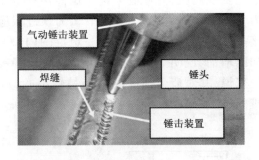

图12-11 气动锤击装置

3) 喷丸法[27,28]

喷丸法是以压缩空气为动力,将丸粒喷射至焊缝表面及其周围,使被喷射部位发生加工硬化,产生残余压应力;同时,焊缝表面和焊趾部分也因丸粒的冲击作用而变得光滑圆顺。因此,喷丸处理具有改善焊缝形状参数以及引入残余压应力的双重作用,与磨光加工和TIG重熔相比,喷丸处理的生产效率要高得多,其对焊接接头疲劳强度的改善效果也很显著。喷丸法处理原理见图12-12。但使用该方法处理焊接接头及结构,提高其疲劳强度的应用实例却并不多见,其原因是受喷丸工艺的本身及实施特点所限。首先,焊接结构一般构造较为复杂,若使整个结构得以处理,需在较多方向、长时间喷射丸粒,受处理面积很大,消耗大且针对性不强、灵活性差。而焊接结构需处理的一般只是较为薄弱的焊接接头部位(焊趾及焊缝端部)。其二,喷丸处理所需设备一般较为庞大,不适用于现场作业。有些焊接结构处于半封闭状态,不便于进行喷丸处理。其三,喷射时丸粒大量反射,需要考虑安全防护问题及丸粒的回收。其四,噪声极大,一般需采取隔声降噪措施。其五,设备复杂、投资较大。正是这些因素限制喷丸法在处理焊接接头及结构中的应用。

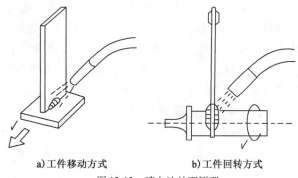

a)工件移动方式　　b)工件回转方式

图 12-12　喷丸法处理原理

4) 超声冲击法[29-31]

该方法提高焊接接头疲劳强度的机理与锤击和喷丸基本一致,是利用超声波作为动力源,加载过程主要依靠机械谐振作用,通过阵列的冲击针头对被处理工件进行以 100~120Hz 频率持续冲击的一种方法。超声波冲击消除焊接残余应力工艺是用高频率冲击头,撞击焊缝及热影响区,使以焊趾为中心的一定区域的焊接接头表面产生足够深度的塑变层,从而有效地改善焊缝与母材过渡区(焊趾)的外表形状,降低焊接接头的应力集中程度,重新调整焊接残余应力场。超声波冲击形成的表面压应力将降低、均匀化和消除焊接残余拉应力,从而使接头疲劳强度得以提高。超声波冲击处理工艺采用的参数不同,处理效果也不同,当超声波冲击处理的接头在焊趾处出现凹槽时,其处理效果最佳。对于局部构造复杂的部位,采用超声波冲击法消除焊接残余应力有着操作灵活、不受焊缝位置和构件尺寸大小限制等优点。

超声波冲击设备如图 12-13 所示。

图 12-13　超声波冲击设备

12.2.4　改善焊接接头的结构受力

为提高焊接接头的疲劳寿命,除采用上述方法来改善焊接接头的自身疲劳强度外,还可采取一些措施改善接头的结构受力,降低接头的疲劳应力幅,从提高其疲劳性能。工程师们采取各种补强方法,如螺栓连接、黏钢法以及近些年出现的粘贴碳纤维复合材料(CFRP)法对疲劳损伤的结构进行补强,传统钢结构补强方法多为通过螺栓或焊接钢板,存在以下缺点:所需劳动力大,时间长;需要额外钻孔或增加连接板,在施工过程中,需要支撑钢板;存在板端部焊缝疲劳破坏的可能;质量增加而导致构件承载力不足或变形增大;钻孔导致构件截面削弱,产生新的应力集中等;对现场设备要求较高,不便于施工[32-34]。

CFRP材料具有强度高、耐腐蚀、自重轻、体积小、补强效果好、施工方便等特点。已有研究表明,碳纤维复合材料加固钢构件能使钢材疲劳裂纹前端的应力强度因子幅值减小,从而降低裂纹扩展速率,进而提高疲劳损伤钢构件的剩余疲劳寿命。日本学者Inaba等在文献中采用CFRP粘贴非承重型十字形焊接接头,并对其进行疲劳试验。研究表明,CFRP能够承载部分应力,同时胶粘材料能够改善焊趾部分的形状,从而减少焊趾局部应力集中程度并提高疲劳寿命的效果。国家工业建筑诊断与改造工程技术研究中心的张宁等人对十字形横肋试件进行了疲劳试验研究(图12-14)。结果表明,碳纤维加固后焊趾处应力重新分布,碳纤维承担焊趾处的部分应力,焊趾处钢材应力明显降低,导致钢材焊趾处应力集中系数的降低,改善了钢构件焊趾部位的疲劳性能。

同济大学的陈涛等人针对非承重十字形焊接接头(图12-15),对碳纤维复合材料改善焊接接头的疲劳性能进行了研究,考察外贴碳纤维复合材料用量和应力幅对疲劳寿命的影响。试验结果表明,粘贴碳纤维布能够减少板内应力值并能降低应力集中程度,从而提高疲劳寿命。粘贴层数的增加对于提高疲劳寿命是有利的。

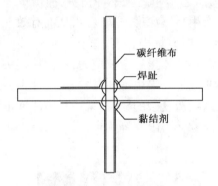

图12-14 碳纤维布加固十字形接头示意图

图12-15 粘贴碳纤维布后的试件

12.3 钢箱梁的疲劳预防养护技术探究

12.3.1 钢箱梁构造及环境特点

钢箱梁是一种由正交异性钢桥面板、横隔板、腹板、底板等部分组成的密闭箱形结构,其中,正交异性钢桥面板又由顶板、纵肋及横隔板(横肋)等部分组成。钢箱梁内加劲肋纵横交错,焊缝密集,构造极为复杂。各部分构件都具有很大的尺寸,通过焊缝连接成一个整体,更换维修困难。因此,大桥服役后对钢箱梁进行疲劳预防处理,只能在现场进行,直接施加于疲劳敏感部位。在钢箱梁内进行人工作业时,必须通过横隔板上设置的"人孔"在各箱室间穿行,"人孔"的尺寸仅够一个人通过。由于箱梁内通行不便,加上箱梁内温度、光照、空气等条件都比箱梁外差,因此,在钢箱梁内进行人工作业受其构造及环境条件限制较大,作业人员数量应尽量得少,使用的设备应符合构造简单、体较小巧、质量轻盈、易携带的要求,实施步骤应尽量简单、快捷、高效。

12.3.2 疲劳预防措施可行性分析

虽然改善焊接接头疲劳性能的方法很多,但其大多用于工厂加工或处于试验室研究阶段,很少用于现场实施,其主要原因有设备庞大笨重、工艺复杂、相关技术尚不成熟、对构件形状与尺寸有限制、对焊缝与操作环境有特殊要求等。

机械加工法、喷丸法由于设备庞大复杂,一般用于工厂加工,因此,不适用于实桥应用。高压水冲击法、激光冲击法设备庞大复杂、成本高昂、技术不成熟,目前仍停留于试验室阶段,不能应用于实桥。爆炸法适用于中等及以上厚度的板件,而实桥中钢箱梁各构件的板厚都较小,采用爆炸法易对构件产生损伤,且该法危险性较大,如在箱梁中使用,由于空间密闭狭窄,安全难以保障,噪声问题也很突出,因此,该法不适用于实桥。局部加热法适用于纵向非连续焊缝,而钢箱梁中接头多为连续焊缝,因此,该法不适用于实桥。局部挤压法一般用于特定零构件的强化,且处理的零构件尺寸较小,而钢箱梁中各构件尺寸较大且通过焊缝连接成整体,因此,该法也不适用于实桥。预过载法应在桥梁投入运行前实施,不适用于已服役的桥梁。焊缝磨削法、TIG熔修、普通锤击法、超声冲击法、喷熔修形、粘贴碳纤维布等方法具有设备轻巧易携带、成本低、工艺简单、受现场环境影响较小等特点,并且研究表明,以上方法对改善焊接接头都具有较好的效果。

TIG熔修、喷熔修形属于焊接方法,经研究证明,其平焊时能够取得较好的疲劳改善效果,但若在钢箱梁中进行现场实施,由于钢桥面板焊缝都位于较高位置,实施过程中焊缝会经历熔融态,重力的影响会导致熔融态的焊缝金属下滴,影响焊缝成形,从而降低预防处理的实际效果。

综合各种因素,经实桥应用可行性分析,认为焊缝磨削法、普通锤击法、超声冲击法、粘贴碳纤维布这4种方法具有设备轻巧,工艺简单、成本较低、受焊缝位置影响较小、受实桥环境影响较小等特点,比较适用于钢箱梁疲劳预防的现场处理。

12.4 焊缝磨削及其作用机理

12.4.1 焊缝磨削原理及操作

1)焊缝磨削原理

焊缝磨削法是通过使用特定的打磨工具,对焊缝与母材交界处进行打磨,一方面加大焊缝与母材交界处的圆角半径,减小过渡角,从而降低应力集中,另一方面消除浅层的焊缝夹渣、裂纹等缺陷,从而提高焊缝的疲劳性能。

2)焊缝磨削的一般操作

(1)磨削工具可采用砂轮或圆头磨,采用圆头磨可以使焊缝获得更加圆滑的几何过渡。磨头可采用硬质合金旋转锉,打磨工具采用电动直磨机,如图12-16所示。

a) 磨削工具　　　　　　　　　b) 旋转锉

图 12-16　焊缝磨削工具

（2）磨削时,旋转锉从焊缝一端开始匀速向另一端缓慢移动,移动速度控制在 10cm/min 左右。磨头轴向与焊缝长度方向夹角为 35°~50°,磨头与板件夹角为 45°~60°,图 12-17 为顶板与 U 肋连接焊缝的磨削处理方法。

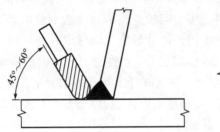 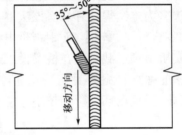

图 12-17　焊缝磨削方法示意

3）工艺要点

(1) 磨削焊缝时,应向下磨掉焊缝与母材交界区母材的一部分材料,形成一个光滑的圆弧形凹坑,如图 12-18 所示。

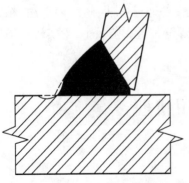

（2）磨削深度为从可见的咬边处开始往下 0.6mm,但总的打磨深度不应超过 2mm,如果没有咬边,则打磨的深度为 0.6mm。

（3）应首先选用较小直径的旋转锉进行磨削,磨削出正确的位置后改用较大直径的旋转锉。

（4）旋转锉应沿着焊缝方向缓慢地向前推进,旋转锉与板件和行进方向间的角度如图 12-17 所示。

（5）打磨的速度根据焊缝形状和材质确定,推荐打磨速度为 5~10cm/min。

图 12-18　焊趾磨削效果示意

12.4.2　磨削对焊缝外观的影响

以顶板与 U 肋连接焊缝为例,分析磨削处理对焊缝外观的影响。图 12-19 为磨削处理后焊趾与焊根的外观状态。对焊趾部位进行磨削时,打磨头与焊趾部位充分接触,同时磨去焊趾处顶板与焊缝的部分钢材,形成明显的弧坑,如图 12-19a）所示。焊趾磨削过程比较顺畅,打磨后弧坑表面光滑光亮,磨削质量容易得到保证。

对焊根部位进行磨削时,由于焊根处焊缝较隐蔽,U 肋腹板与顶板的夹角也较小,因此磨削时磨头无法与焊根充分接触,仅在焊根处存在焊瘤且焊瘤较突出时,磨头才能与其接触并将其磨削平滑,如图12-19b)所示,该处焊瘤由于较突出,磨削后焊瘤与顶板过渡角明显减小,过渡更加平滑。此外,焊根磨削过程中磨头由于受到顶板与U肋腹板的阻碍,磨头容易发生"跳跃"现象,打磨质量很难控制。

a) 焊趾磨削处理效果

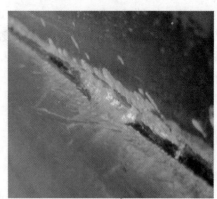
b) 焊根磨削处理效果

图12-19 磨削处理后焊趾与焊根的外观效果

图12-20为磨削前后焊趾断面的变化情况。可以看出,磨削前焊趾过渡半径很小,几何突变程度大,磨削后焊缝与母材过渡圆滑、平缓,焊趾处产生明显的圆弧形磨坑,磨坑表面光滑,半径较大。图12-21为磨削部位显微镜下放大50倍的照片,可以明显区分出焊缝与母材金属,焊缝与母材过渡平缓,磨削表面光滑无明显缺陷。

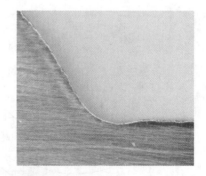

图12-20 焊趾几何过渡变化

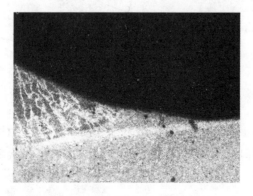

图12-21 磨削后焊趾50倍观察结果

12.4.3 磨削对应力集中的影响

原焊态的焊趾部位由于过渡半径很小,其局部应力集中明显,而磨削处理后其局部应力集中将大大降低。有限元分析中,分别建立原焊态与磨削处理后的顶板与U肋接头计算模型,在相同荷载下的计算结果如图12-22a)所示,可以发现,原焊态的焊趾处最大应力为241MPa,而磨削处理后,焊趾部位由于具有较大的过渡半径,其应力集中得到明显改善,应力分布更加均匀,如图12-22b)所示,此时应力最大位置为磨削弧坑底部,最大值约为93MPa,与原焊态相比,下降了61.4%。

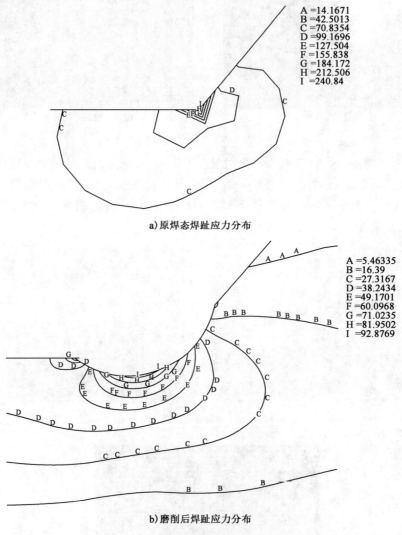

a) 原焊态焊趾应力分布

b) 磨削后焊趾应力分布

图12-22 磨削对焊趾应力的影响

有限元计算得到磨削半径对焊趾与焊根应力的影响如图12-23所示。随着焊趾处磨削半径的增加,焊趾应力逐渐降低,且降低趋势逐渐减缓,当磨削半径从2mm逐步增至5mm时,焊趾应力分别下降了12.5%、7.1%、4.1%。焊根应力无明显变化,说明焊趾处磨削处理对焊根应力无明显影响。

有限元计算得到磨削深度对焊趾与焊根应力的影响如图 12-24 所示。可以看出，随着焊趾处磨削深度的增加，焊趾应力呈线性上升趋势，磨削深度每增加 0.2mm，焊趾应力增加约 4MPa。焊根应力随磨削深度增加变化较不规律，但总体呈下降趋势。

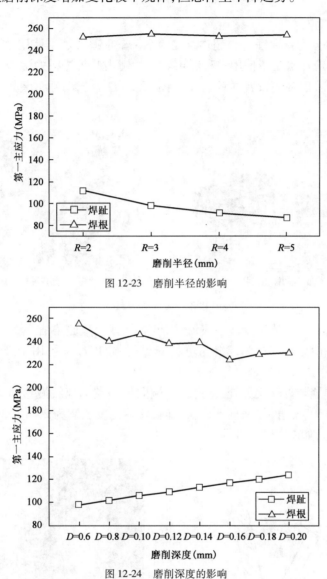

图 12-23 磨削半径的影响

图 12-24 磨削深度的影响

12.5 锤击法及其作用机理

12.5.1 锤击处理原理及操作

1) 锤击处理的原理

锤击法是利用顶端为半球形锤头的电动、气动或超声工具，以较高的频率，对焊缝与母材交界处或整个焊缝表面进行锤击,一方面改善焊缝与母材交界处的几何过渡,并消除表面的微小缺陷,另一方面使锤击区域浅层一定深度内产生塑性变形,引起残余压应力,从而提高焊缝的疲劳性能。

2)锤击处理的一般步骤

(1)锤击法一般分为普通锤击与超声冲击两种:普通锤击是指使用电动或气动锤击工具进行的锤击处理,超声冲击是指使用一种超声驱动的锤击装置进行的锤击处理,超声冲击的冲击频率较普通锤击高,但振幅较普通锤击小。图12-25a)为气动锤击装置,图12-25b)为超声冲击装置。

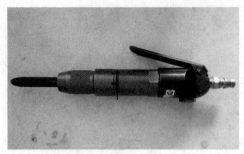
a)气动锤击工具

b)超声冲击工具

图12-25 超声冲击装置

(2)锤击前应清除焊缝周围熔渣及飞溅等杂物,保证处理面清洁。

(3)普通锤击一般处理部位为焊缝与母材交界处,超声冲击可用于焊缝与母材交界处以及整个焊缝表面。

(4)锤头对准焊缝与母材交界处,从焊缝一端向另一端匀速缓慢移动进行锤击,锤头与板件平面近似成45°~60°夹角,并垂直于移动方向,移动速度控制为20~30cm/min,沿焊缝熔合线往返锤击3~4遍,如图12-26所示。

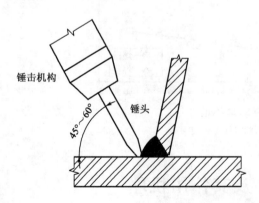

图12-26 锤击方法示意图

3)工艺要点

(1)锤头端部为半球状,直径通常为4~8mm,应根据焊缝形态尺寸合理选用。

(2)锤击压痕应以焊缝与母材交界线为中心,使得两侧的焊缝金属与母材都产生变形,形成无明显击痕的光滑表面。

(3) 锤头应与钢板表面成 45°~60°，并大约垂直于移动方向。
(4) 往复锤击 3~4 遍，使凹坑深度达到 0.6mm 左右。
(5) 目测检查锤击后的焊趾部位，应出现光亮圆滑匀顺的凹弧沟和光亮均匀的麻点。

12.5.2 锤击处理对焊缝外观的影响

针对顶板与 U 肋连接焊缝进行气动锤击，比较锤击处理前后焊缝外观的变化。顶板焊趾与焊根部位均进行了锤击处理，锤击前后的焊缝表面外观如图 12-27 及图 12-28 所示。与原焊态焊缝相比，经锤击处理的焊缝在锤击区域表面产生了均匀密布的光亮麻点，该麻点实际为锤头与钢材接触时产生的小凹坑，锤击后由于麻点的存在钢材表面光滑程度降低。

a) 锤击前　　　　　　　　　　　　b) 锤击后

图 12-27　焊趾锤击前后表面外观对比

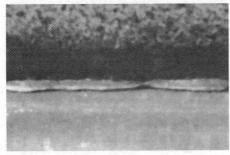 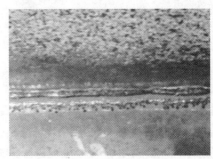

a) 锤击前　　　　　　　　　　　　b) 锤击后

图 12-28　焊根锤击前后表面外观对比

由于焊缝的焊趾部位较突出，且顶板与 U 肋腹板夹角较大，锤击时，锤头能够与焊趾充分接触，因此，锤击后焊趾处几何过渡更加圆滑，锤击形成明显的弧坑，如图 12-29a) 所示，沿焊缝产生一条明显的锤击痕迹；而焊根部位的焊缝较隐蔽，且此处的顶板与 U 肋腹板夹角较小，锤击时，锤头往往不能与焊缝接触，故锤击后通常在接近焊根的顶板和 U 肋腹板上留下锤击痕迹，仅在焊根存在焊瘤且焊瘤较大时，锤头可与其接触，对其几何过渡起到改善作用，如图 12-29b) 所示，该处焊瘤由于较突出，锤击后与顶板过渡平滑。

原焊态与锤击处理后焊趾部位在显微镜下的宏观形态如图 12-30 所示，可以看出，原焊态焊趾处无明显过渡半径，几何突变较大，焊趾部位存在微小缺陷，缺陷长度约为 415μm，与顶板表面有明显分界线，推测为焊接时产生的微小焊渣，焊缝表面不平整，有微小凹槽。锤击处理后的焊趾几何过渡平缓，过渡半径较大，焊缝与顶板表面也较平整。

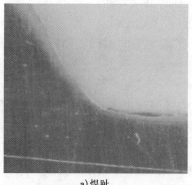
a) 焊趾

b) 焊根焊瘤

图 12-29 锤击后焊缝的过渡形态

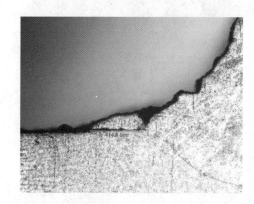
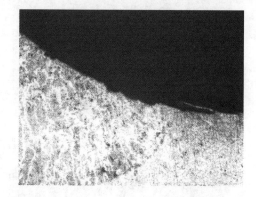

图 12-30 锤击对焊趾形态的影响

12.5.3 锤击处理对金相组织的影响

锤击处理后的接头金相组织形态发生改变，采用 200 倍放大观察，可以看出，锤击区域存在 3 种金相形态，最表层的金相组织呈现出明显的分层状纹理，该区域离锤击表面最近，受锤击作用最强，向下金属组织的分层现象逐渐减轻，纹理变得模糊，该区域仍受到锤击的影响，但影响较上层减弱，再向下可见均匀分布的颗粒状金相组织，该区域由于深度较大，已基本不受锤击的影响，如图 12-31 所示。从图 12-31 可以看出，过渡区与下层金属组织的区别已不明显，但过渡区仍存在较模糊的分层状纹理。

气动锤击区域的接头金相组织如图 12-32 所示，图 12-32a)、b) 为锤击位置浅层的金相组织，图 12-32c)、d) 为锤击位置较深处的金相组织。可以看出，接近锤击区域的浅层金属组织与深层金属组织相比有较大区别，接近锤击区域的浅层金属组织产生均匀密布且相互平行的斜向纹理，其方向大致垂直于锤击方向，说明气动锤击后金属组织发生了改变，产生了垂直于锤击方向的压

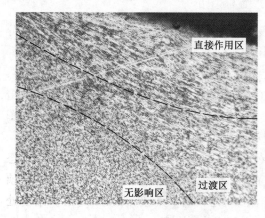

图 12-31 锤击接头金相组织过渡

缩变形,而位于较深处的金属组织则与原焊态对应位置的金相组织类似。

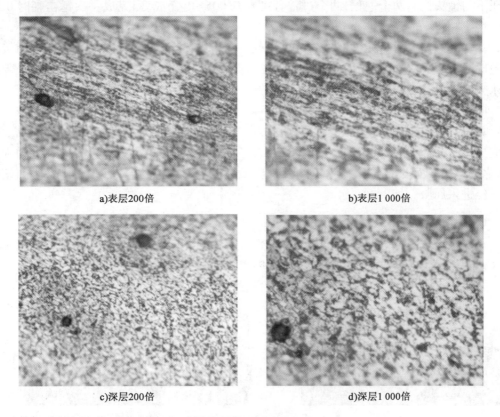

图 12-32 气动锤击区域的接头金相组织

12.5.4 锤击处理对残余应力的影响

建立顶板与 U 肋接头锤击仿真模型(图 12-33),以分析锤击过程对接头残余应力及变形的影响。由于真实的锤击过程非常复杂,锤击频率很高,对于气动锤击,一分钟内锤头往返次数高达几千次,对于超声冲击则更高,为简化计算,本模型中只进行了一次锤击过程的模拟,真实锤击过程的影响可近似成每次锤击过程的叠加。

锤击过程实际为高速状态下锤头与接头区域金属的接触作用,通常锤头金属硬度更高,且锤头的受力不是关注的重点,因此,本模型中将锤击过程简化为刚体与柔体的接触问题,刚度较大的锤头作为刚体,刚度相对较小的接头金属作为柔体。接头模型与锤头模型均按试验工况建立实体几何,并采用 SOLID185 单元划分网格,为得到精确的计算结果及提高计算结果的收敛速度,对接头区域进行网格细化,单元尺寸为 1mm。锤头半球形表面设置目标单元 TARGE170,可能与锤头接触的接头表面区域设置接触单元 CONTA174,通

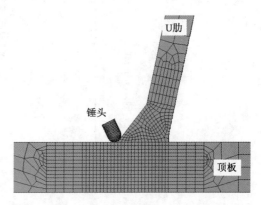

图 12-33 顶板与 U 肋接头锤击仿真模型

过给锤头施加刚体位移模拟锤击过程,锤头位移方向与顶板平面夹角约为60°,锤击过程分为锤头压下与锤头提起两个过程,两个过程分别在0.005s内完成,即完成一次锤击耗时0.01s,与实际情况相符。

计算得到锤击完成后接头部位的变形情况,如图12-34所示。图中实线为锤击前接头表面的轮廓线,黑色部分为计算得到的锤击后的接头截面。可以发现,锤击完成后,焊趾部位产生了永久变形,产生明显的弧形锤坑,相对于原焊态焊趾,其几何过渡更加圆滑,过渡半径大大增加。同时还可以发现,锤击凹坑的边缘位置产生相反的变形,即产生轻微的隆起现象。

计算得到锤击完成后接头区域米塞斯等效应力的分布情况,如图12-35所示。可以发现,锤击完成后,焊趾附近区域产生残余应力,应力影响范围呈圆弧形,其深度方向范围约为半个板厚,靠近接头表面的浅层区域应力水平最高,最大应力值超过材料的屈服强度,表明该区域材料已经进入屈服。

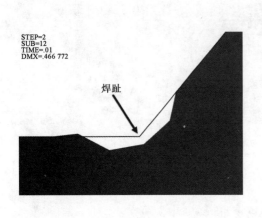

图12-34 锤击前后变形图   图12-35 锤击完成后等效应力分布云图

计算得到锤击完成后焊趾位置沿顶板厚度方向残余应力的分布,如图12-36所示。图中SEQV表示等效应力,S_1为第一主应力,S_3为第三主应力。可以看出,锤击产生的残余应力在

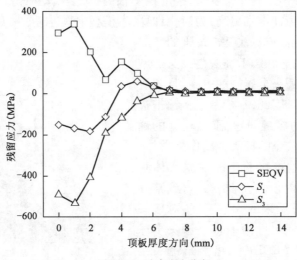

图12-36 残余应力分布

顶板内的影响深度约为6mm,其值在接近表面区域最高,后逐渐减小。距顶板表面4mm以内区域,第一主应力与第三主应力均为负值,表明该区域材料为三向受压状态,距顶板表面4mm以下区域,第一主应力为拉应力,拉应力峰值约59.5MPa。等效应力在距顶板表面约1mm处达到峰值,其值超过材料屈服强度,表明该区域材料已进入塑性。从残余应力分布情况可以看出,锤击处理可使焊趾处一定深度内产生高值的压缩残余应力,该应力与焊接残余应力相叠加,可使初始的拉伸残余应力降低或转变为压缩残余应力,从而提高疲劳性能。

12.6 局部构造措施及其作用机理

12.6.1 局部构造措施及其原理

1) 局部构造措施的原理

局部抗疲劳构造措施是指在易疲劳部位设置附加的构造,增加局部的刚度,减小疲劳构件的面外变形和应力,降低应力幅,从而提高该构造细节的疲劳性能。例如,在顶板与U肋接头处设置支撑板,以减小顶板与U肋的弯曲变形,改善该细节的疲劳性能。

2) 局部构造措施的方法

以顶板与U肋接头处设置角撑板为例,对其实施方法进行简要说明:

(1) 在顶板与U肋接头处设置三角形支撑板(图12-37),以减小顶板与U肋的面外变形,降低接头的应力幅。

图12-37 角撑板示意图

(2) 角撑板宜设置在横隔板跨中区域,两边分别与顶板、U肋腹板外壁采用贴角焊缝连接,角撑板平面应与顶板和U肋腹板平面保持垂直。

(3) 角撑板在接头处开设圆弧形过焊孔,避免角撑板、U肋、顶板交叉处的应力集中以及交叉焊缝的相互影响。

12.6.2 局部构造对应力幅的影响

通过有限元计算分析角撑板构造对顶板与U肋接头应力幅的影响。采用Shell81单元建立钢桥面板节段模型,模型中在中央U肋横隔板跨中位置设置角撑板,有限元模型如图12-38所示。模型中施加双轮胎荷载,轮重100kN,荷载在横桥向设置不同工况,如图12-39所示。

计算得到各工况下,原构造与角撑板构造钢桥面板在角撑板截面位置处的顶板应力分布以及接头附近的顶板应力分布,如图 12-40 ~ 图 12-42 所示,图中,顶板应力为顶板底面的横桥向应力。可以看出,在 C1 工况作用下,角撑板构造对接头处顶板的应力无明显影响,两种构造下的顶板应力分布曲线基本重合。在 C2 工况作用下,两种构造下接头附近的顶板应力存在差别,角撑板构造下接头位置顶板应力有小幅降低,降低幅度约为 6.9%,U 肋外靠近接头的顶板应力也有所降低,降低幅度为 10% ~ 20%。在 C3 工况作用下,角撑板对接头区域顶板应力的降低作用较明显,接头处顶板应力降低约 14.3%,接头外顶板应力降低 20% ~ 40%。这表明在 U 肋两侧设置角撑板有助于降低车轮荷载横桥向偏心所引起的顶板与 U 肋焊接接头处顶板底部应力水平。

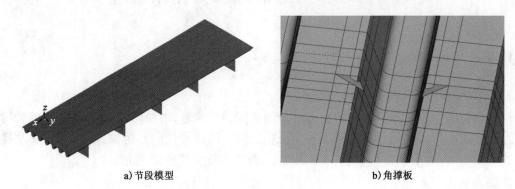

a) 节段模型　　　　　　　　b) 角撑板

图 12-38　钢桥面板角撑板构造

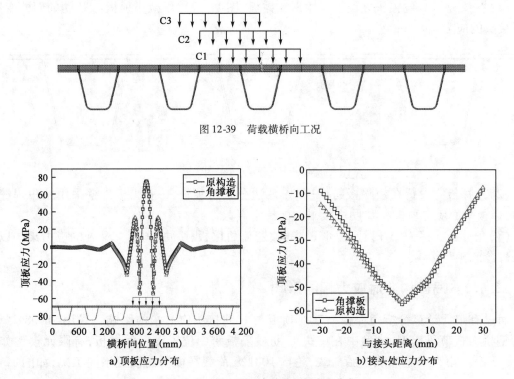

图 12-39　荷载横桥向工况

a) 顶板应力分布　　　　　　　　b) 接头处应力分布

图 12-40　C1 工况下各构造顶板应力分布

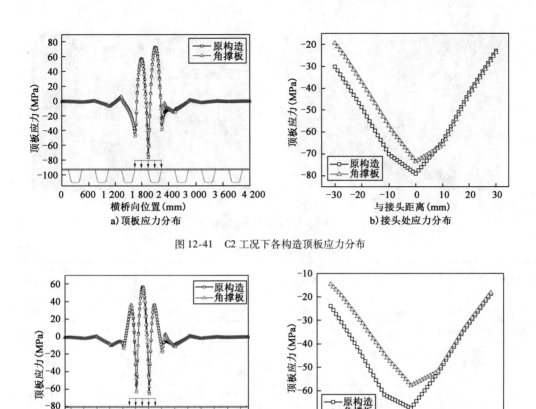

图 12-41　C2 工况下各构造顶板应力分布

图 12-42　C3 工况下各构造顶板应力分布

12.7　预防措施对钢箱梁疲劳寿命的影响

通过疲劳试验对上述疲劳预防措施的实际效果进行研究。本试验采用顶板与 U 肋连接细节的足尺截断模型，模型包含顶板与 U 肋腹板部分，如图 12-43a)所示。试验装置为机械型疲劳试验机[图 12-43b)]，试件一端固定于基座，一端与试验机的作动器连接，作动器产生竖直方向的循环荷载，从而在试件内产生循环的弯曲应力。本试验模拟顶板裂纹，其疲劳主要与顶板横桥向的面外弯曲有关，与试验中受力状态接近。

试验中以焊根的名义应力为控制应力，应力幅设为 100MPa，各组试件寿命数据如表 12-2 所示。SJ1 为原焊态试件，SJ2 为角撑板试件，SJ3 为气动锤击试件，SJ4 为超声冲击试件，SJ5 为磨削处理试件。备注中括号外数据为试件加载时循环次数超过 1 000 万次未发现疲劳裂纹或裂纹长度未达到破坏标准的循环次数，备注中括号内数据为裂纹长度。

从疲劳寿命汇总情况可以看出，除超声冲击外，其他预防措施处理的试件寿命均较原焊态有所增长。气动锤击处理与焊缝磨削处理试件疲劳寿命延长效果最明显，其中气动锤击试件 1000 万次荷载循环均未出现裂纹，磨削试件除 SJ5-3 外未出现裂纹。

a) 顶板与U肋接头试件

b) 疲劳试验机

图 12-43　试件与加载装置

SJ1～SJ5 系列试件试验结果　　　　　表 12-2

试件编号	名义应力幅（MPa）	N_{100}	备注	试件编号	名义应力幅（MPa）	N_{100}	备注
SJ1-1	100.9	4 177 100	—	SJ3-3	101.1	—	10 000 000
SJ1-2	100.9	2 243 700	—	SJ4-1	101.1	2 573 200	—
SJ1-3	101.4	2 429 400	—	SJ4-2	101.1	2 479 500	—
SJ2-1	100.0	4 047 800	—	SJ4-3	100.7	4 050 400	—
SJ2-2	100.0	6 920 400	—	SJ5-1	101.3	—	10 000 000
SJ2-3	100.0	—	10 000 000(10)	SJ5-2	101.1	—	10 000 000(15)
SJ3-1	93.5	—	10 000 000	SJ5-3	100.9	2 585 300	—
SJ3-2	93.1	—	10 000 000				

　　为直观地比较试件经过不同措施处理后的预防效果，将本次试验结果与日本 K. Yamada 等学者研究的类似疲劳细节的原焊态试件试验结果（简称 JP K. Y.）进行对比分析。同时参考日本钢道路桥疲劳设计指南（以下简称为 JSSC）中类似疲劳细节对应的疲劳强度曲线对此次疲劳试验进行评价和比对，如图 12-44 所示。

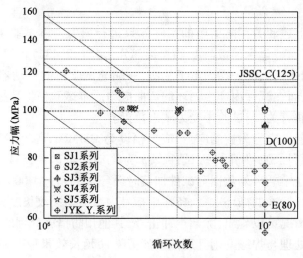

图 12-44　各组试件数据对比图

在保持相同初始加载应力幅的条件下，以 N_{100} 作为疲劳寿命对比的标准，从图 12-44 可知：①本试验中原焊态试件(SJ1 系列)试验数据点落在 JP K.Y. 数据群中，且原焊态试件疲劳寿命总体相较于 JP K.Y. 的试验结果离散性相近，表明本试验数据结果可信度高；②超声冲击处理试件(SJ4 系列)试验数据点同样落在 JP K.Y. 数据群中，且与原焊态试件数据相接近，离散程度小，本试验中超声冲击处理并没有能提高原焊态试件的疲劳寿命，预防效果不明显；③气动锤击处理试件(SJ3 系列)和磨削处理试件(SJ5 系列)试验数据点落在 JP K.Y. 数据群右侧，两者数据离散程度小，相比较原焊态试件数据可知，其疲劳寿命得到较大的提高，故本试验中气动锤击处理和磨削处理效果较好；④角撑板试件(SJ2 系列)试验数据点落在 JP K.Y. 数据群右侧，数据离散程度大，两个数据点位于原焊态右侧，考虑到其对焊根应力降低作用不大，该结果受焊根形态影响较大，认为其预防效果较锤击与磨削法小。对比各组试件的平均疲劳寿命可得(表 12-3)，相比较于原焊态试件的平均疲劳寿命，超声冲击处理试件的平均疲劳寿命仅提高了 2.9%，设置角撑板、磨削处理和锤击处理试件的平均疲劳寿命分别提高了 136.9%、155.2% 和 239.0%，又由于受试验条件限制，气动锤击处理试件和磨削处理试件并没有开裂，其实际平均疲劳寿命应大于 1 000 万次。

各组试件平均疲劳寿命　　　　　　　　　　　　　　表 12-3

试件编号	疲劳寿命	平均疲劳寿命	试件编号	疲劳寿命	平均疲劳寿命
SJ1-1	4 177 100	2 950 067	SJ4-1	2 573 200	3 034 367
SJ1-2	2 243 700		SJ4-2	2 479 500	
SJ1-3	2 429 400		SJ4-3	4 050 400	
SJ2-1	4 047 800	6 989 400	SJ5-1	10 000 000	7 528 433
SJ2-2	6 920 400		SJ5-2	10 000 000	
SJ2-3	10 000 000 *		SJ5-3	2 585 300 *	
SJ3-1	10 000 000	10 000 000			
SJ3-2	10 000 000				
SJ3-3	10 000 000				

注：SJ2-3 的疲劳寿命以 1 000 万次计，SJ5-3 的疲劳寿命以 2 585 300 次计。

12.8　本章小结

针对钢箱梁顶板与 U 肋疲劳细节，建立了不同预防处理措施下的有限元模型，对各种预防处理措施作用机理进行了研究，并分析了各预防处理措施对应力集中、焊缝外观、应力幅等方面的影响。同时采用局部足尺试件进行疲劳试验，对比分析不同预防处理措施下的疲劳寿命。

磨削和锤击处理均能有效增大焊趾过渡半径，改善焊趾几何突变，而由于操作原因对焊根几何突变均无明显改善。随着焊趾处磨削深度的增加，焊趾应力呈线性上升趋势，磨削深度每增加 0.2mm，焊趾应力增加约 4MPa；焊根应力随磨削深度增加变化较不规律，但总体呈下降趋势。锤击使焊趾浅层区域形成压缩分层状组织结构。锤击后焊趾部位颗粒状晶粒消失，形成分层状纹理，纹理方向大致与锤击方向平行。锤击处理可使焊趾处一定深度内产生高值的压缩残余应力,该应力与焊接残余应力相叠加,可使初始拉伸残余应力降低或转变为压缩残余应力,从而提高疲劳性能。在U肋两侧设置角撑板,增加了局部刚度,降低了车轮荷载横桥向偏心所引起的顶板与U肋焊接接头处顶板底部应力水平。相同加载工况下的疲劳试验表明,设置角撑板、磨削处理和锤击处理可显著提升钢桥面板顶板和U肋的疲劳寿命,本次试验中疲劳寿命提升分别超过了1.3倍、1.5倍和2.3倍。

本章参考文献

[1] 田锡唐. 焊接结构[M]. 北京:机械工业出版社, 1996.

[2] 霍立兴. 焊接结构工程强度[M]. 北京:机械工业出版社, 1995.

[3] 管德清. 焊接结构疲劳断裂与寿命预测[M]. 长沙:湖南大学出版社, 1996.

[4] Zhao Y X, Wang J N, Gao Q. Statistical evolution of small fatigue crack in 1Cr18Ni9Ti weld metal[J]. Theoretical and applied fracture mechanics, 1999, 32(1):55-64.

[5] 霍立兴. 焊接结构的断裂行为及评定[M]. 北京:机械工业出版社, 2000.

[6] Fisher J W. Fatigue and fracture in steel bridges:case studies[M]. NY:John Wiley&Sons Inc, 1984.

[7] Lieurade H P, Huther I. Fatigue strength improvement solutions for welded structures and components:IIW 54th Annual Assembly Conference [C]. Ljubljana:IIW, 2001, XIII-1904-01.

[8] Padilla K. Fatigue behavior of a 4140 steel coated with a NiMoAl deposit applied by HVOF thermal spray[J]. Surface and Coatings Technology, 2002, 150(2):151-162.

[9] 霍立兴,王东坡,王文先. 提高焊接接头疲劳性能的研究进展和最新技术[C]//与时俱进 追求卓越——中国机械工程学会焊接学会四十周年、中国焊接协会十五周年纪念文集. 北京:中国机械工程学会, 2002, 146-158.

[10] 李炳华. 提高焊缝疲劳强度的新工艺[J]. 机车车辆工艺, 1997, 1:13-19.

[11] 时群超. 焊接接头疲劳强度改善技术在海洋工程中的应用[J]. 电焊机, 2011, 41(8):29-33.

[12] Ye N, Moan T. Improving fatigue life for aluminium cruciform joints by weld toe grinding [J]. Fatigue & Fracture of Engineering Materials & Structures, 2008, 31(2):152-163.

[13] Baptista R, Infante V, Branco C M. Study of the fatigue behavior in welded joints of stainless steels treated by weld toe grinding and subjected to salt water corrosion[J]. International Journal of Fatigue, 2008, 30(3):453-462.

[14] 黄小平,崔维成. 打磨处理改善焊缝疲劳性能的试验研究[J]. 船舶力学, 2004, 7(6):92-99.

[15] 王东坡,霍立兴,张玉凤. TIG熔修法改善含咬边缺陷焊接接头疲劳性能[J]. 天津大学学报:自然科学与工程技术版, 2004, 37(7):570-574.

[16] Horn A M, Huther I, Lieurade H P. Fatigue behaviour of T-joints improved by TIG dressing [J]. Welding in the World, 1998, 41(4):273-280.

[17] 王东坡,霍立兴,张玉凤. TIG熔修法改善含咬边缺陷焊接接头疲劳性能[J]. 天津大

学学报：自然科学与工程技术版，2004，37(7)：570-574.

[18] 邓彩艳，王东坡，郭文红，等. 火焰喷熔修形法提高 Q235 钢焊接接头疲劳性能的研究[J]. 焊接，2008，3：32-35.

[19] 张中平，霍立兴，王东坡，等. 等离子喷涂法改善 1Cr18Ni9Ti 接头的疲劳性能[J]. 焊接学报，2005，26(9)：49-51.

[20] 邓彩艳，王东坡，郭文红，等. 喷熔修形法提高焊接接头疲劳强度[J]. 天津大学学报，2008，41(3)：377-381.

[21] 高桦，褚瑶，陈维波，等. 爆炸处理提高 16Mn 钢疲劳性能[J]. 固体力学学报，1987，19(2)：164-168.

[22] 王学德，胡雅骥，王路成，等. 激光冲击消除焊接残余应力[J]. 塑性工程学报，2013，19(6)：126-129.

[23] 周磊，汪诚，周留成，等. 激光冲击表面强化对焊接接头力学性能的影响[J]. 中国表面工程，2010，23(5)：41-44.

[24] 张大，李耐锐，曾元松，等. 高压水射流参数对材料表面强化性能的影响[J]. 材料科学与工程学报，2007，25(5)：750-754.

[25] 吉春和，张新民. 高压水射流喷丸技术及发展[J]. 热加工工艺，2008，36(24)：86-89.

[26] HAN S H, HAN J W, NAM Y Y, et al. Fatigue life improvement for cruciform welded joint by mechanical surface treatment using hammer peening and ultrasonic nanocrystal surface modification[J]. Fatigue & Fracture of Engineering Materials & Structures, 2009, 32(7)：573-579.

[27] G·费尔，B·洛伯尔，R·B·瓦特毫斯. 喷丸硬化产生的压应力在弯曲疲劳和接触疲劳状态下的稳定性[J]. 宇航材料工艺，1991，41(1)：51-54.

[28] Kobayashi M, Matsui T, Murakami Y. Mechanism of creation of compressive residual stress by shot peening[J]. International Journal of Fatigue, 1998, 20(5)：351-357.

[29] 王东坡，霍立兴，张玉凤，等. 提高焊接接头疲劳强度的超声波冲击法[J]. 焊接学报，1999，20(3)：158-163.

[30] 王东坡，霍立兴，张玉凤，等. 超声冲击法提高低碳钢焊接接头疲劳强度的研究[J]. 机械强度，1999，21(4)：289-291.

[31] 王东坡，田瑞莹，霍立兴，等. 超声冲击处理焊接接头疲劳设计若干问题的探讨[J]. 机械工程学报，2006，42(11)：173-178.

[32] 陈涛，余倩倩，顾祥林，等. 粘贴碳纤维复合材料后非承重十字形焊接接头疲劳性能[J]. 建筑结构学报，2010，s2：270-274.

[33] Dawood M, Rizkalla S, Sumner E. Fatigue and overloading behavior of steel-concrete composite flexural members strengthened with high modulus CFRP materials[J]. Journal of Composites for Construction, 2007, 11(6)：659-669.

[34] 张宁，岳清瑞，杨勇新，等. 碳纤维布加固钢结构疲劳试验研究[J]. 工业建筑，2004，34(4)：19-21.

[35] 陈祥. 钢箱梁疲劳损伤预防性维护措施研究[D]. 南京：河海大学，2016.